KJB

© Viktoria van Evert

Anna Benning wurde 1988 als jüngstes von drei Kindern geboren. Die Leidenschaft für Geschichten bestimmt seit vielen Jahren ihren Weg: Nach einem Studium der Literaturwissenschaft und Stationen als Buchrezensentin und Aushilfsbuchhändlerin arbeitet sie seit 2013 in einem Verlag. Eines Tages fasste sie sich ein Herz und brachte ihre eigenen Geschichten zu Papier. Mit »Dark Sigils« veröffentlicht sie nach »Vortex« bereits ihre zweite Trilogie.

Weitere Informationen zur Autorin unter
www.annabenning.de und auf Instagram unter
annabenning.books

Weitere Informationen zum Kinder- und Jugendbuchprogramm der S. Fischer Verlage finden Sie unter
www.fischerverlage.de

ANNA BENNING

DARK SIGILS

WIE DIE DUNKELHEIT BEFIEHLT

Band 2

KJB

Alle Bücher von Anna Benning bei FISCHER KJB:

Die *Dark Sigils*-Trilogie:
Band 1: *Was die Magie verlangt*
Band 2: *Wie die Dunkelheit befiehlt*
Band 3: Erscheint im Frühjahr 2024

Die *Vortex*-Trilogie:
Band 1: *Der Tag, an dem die Welt zerriss*
Band 2: *Das Mädchen, das die Zeit durchbrach*
Band 3: *Die Liebe, die den Anfang brachte*

Erschienen bei FISCHER KJB

Umschlaggestaltung: Max Meinzold
Umschlagillustration: Max Meinzold
Illustrationen: Max Meinzold
Satz: Dörlemann Satz, Lemförde
Druck und Bindung: GGP Media GmbH, Pößneck
Printed in Germany
ISBN 978-3-7373-6201-6

Für Philipp
Danke, dass du an mich glaubst,
mit mir lachst, und immer
an meiner Seite stehst.

Liebe ist nicht weich,
wie die Dichter sagen.
Liebe hat Zähne, die beißen,
und Wunden, die sich
niemals schließen werden.

Stephen King

Rückblick

Die Dark Sigils sind die mächtigsten Artefakte, die jemals geschmiedet wurden. Sie statten sieben Träger mit sieben außergewöhnlichen Fähigkeiten aus. Doch zugleich nimmt die Magie der Dark Sigils den Trägern ihre Freiheit. Jedes muss in einer eigenen Blutlinie weitervererbt werden, was bedeutet, dass es keine Liebe unter den Sieben geben darf.

Rayne Harwood erfuhr erst vor wenigen Monaten, dass ihr Vater der Träger eines Dark Sigils war, und das Leben, das nun als seine Erbin vor ihr liegt – eine frühe Hochzeit und die Zeugung eines Kindes, um die Blutlinie zu erhalten –, kommt für sie nicht in Frage. Denn Rayne hat sich in Adam Tremblett verliebt, der nicht nur selbst einer der Sieben ist … sondern auch deren Anführer. Der Mirrorlord.

Nachdem Adam deutlich gemacht hat, dass er an seinen Pflichten festhalten wird, sieht Rayne nur eine Möglichkeit: Sie schließt sich den Rebellen des Auges an, um mit ihnen nach dem geheimnisumwitterten achten Dark Sigil zu suchen – ein Dolch, der angeblich die Fähigkeit besitzt, die Träger von ihren Dark Sigils zu trennen. Dieser Dolch würde für Rayne somit nicht nur ein freies Leben bedeuten … er würde auch ihrer Liebe zu Adam noch eine letzte Chance geben.

PROLOG

5. Mai 2011, 12:00 Uhr
In einer Stadt außerhalb der Zeit
Victor Tremblett ist 25 Jahre

Willkommen in Nova, Sigil-Träger.«

Der Mann in der schneeweißen Tunika neigte den Kopf zur Begrüßung. Es war keine tiefe Verbeugung, wie Victor es gewohnt war. Aber das hatte er in dieser gottverdammten Stadt am Ende der Welt auch nicht erwartet.

»Ältester«, erwiderte er knapp und lief dabei weiter in den schwach beleuchteten Korridor hinein. In diesem Teil des Ewigen Tempels gab es keine Fenster, und die Wände waren so hoch, dass man die Decke nicht einmal mehr erahnen konnte.

Victor schaute beunruhigt an der Mauer entlang. Jeder einzelne Millimeter davon war mit Malereien bedeckt. Genau bis zu der Stelle, wo der Älteste auf ihn wartete.

Es waren jedoch nicht nur die Bilder, die Victor eine Gänsehaut bescherten. Auch der Anblick des Ältesten machte ihn nervöser, als er es zugeben wollte. Und das, obwohl Victor ihn bereits von der Handvoll Besuche kannte, die er dem Tempel in den letzten Jahren abgestattet hatte.

Der Älteste sah aus, als hätte er alles Menschliche schon vor Jahrhunderten hinter sich gelassen. Seine Haut leuchtete winterblau, ebenso seine Augen. Es war, als wäre sein gesamter Körper von Magie erfüllt und als würde diese Magie in winzigen Dosen nach außen dringen. In seiner Mimik gab es keinerlei Ausdruck, den man hätte deuten können. Keine Regung, die einem zeigte, was im Kopf des Ältesten vor sich ging.

Es war, mit einem Wort, *verstörend.*

»Ihr seid der Einzige, der die Prädiktion vernommen hat?«, fragte Victor, nachdem er direkt an der Mauer zum Stehen gekommen war.

Der Älteste nickte bloß.

»Und der Maler?«

Diesmal neigte der Älteste den Kopf. Sein Gesicht blieb dabei weiterhin ohne Regung, doch die Geste suggerierte eine gewisse Verwunderung. So als wäre die Antwort auf Victors Frage mehr als offensichtlich. Was sie zugegebenermaßen auch war.

»Er wurde Eurem Befehl gemäß hingerichtet, Sigil-Träger.«

Sigil-Träger. Niemand sonst auf der Welt wagte es, den Mirrorlord als Sigil-Träger anzusprechen. Victor hatte allerdings ganz andere Sorgen, als sich über die herablassende Anrede zu ärgern. Er ließ seinen Blick zu der Malerei direkt neben dem Ältesten wandern. Schließlich war sie der Grund, warum er heute in den Tempel gekommen war. Und es nützte nichts, die Angelegenheit noch weiter hinauszuzögern.

Die Farbe des Bildes wirkte noch frisch, aber natürlich sagte das nichts über dessen Alter aus. Jedes einzelne Gemälde hier im Tempel – selbst wenn es bereits vor Jahrhunderten entstanden war – wirkte, als hätte jemand gerade erst den Pinsel abgesetzt. Es könnte vor einer Stunde angefertigt worden sein oder vor fünfzig Jahren. An diesem Ort machte es keinen Unterschied.

Victor ging näher an die Wand heran und blickte forschend über die Malerei. In der Mitte war die dunkle Silhouette eines Menschen zu sehen, beide Hände hielt sie nach links und rechts von sich gestreckt. Vor ihr lag eine Stadt mit hohen Häusern und schimmernden Fassaden. Und zwischen den Gebäuden … da stiegen dunkle Schwaden in Richtung Himmel empor.

Je länger Victor seine Augen auf das Gemälde richtete, desto mehr kam es ihm vor, als würden sich die Pinselstriche bewegen. Die Silhouette erhob sich, bis sie nicht mehr auf dem Boden stand, sondern viele Meter darüber schwebte. Und die Schwaden … sie vermischten sich mit den Wolken und breiteten ihre Schatten in alle Richtungen aus. Erst über die Häuser, dann über die Stadt und dann über die ganze Welt.

Das Bild entfachte eine tiefe Unruhe in Victor, die er von sich selbst nicht kannte. Und er musste sich mit ganzer Kraft dazu zwingen, eine Hand auszustrecken und sie auf den warmen Stein zu legen.

Es dauerte nur Sekunden, bis die Stimmen zu ihm drangen.

Ein Tremblett, schien das Gemälde zu flüstern. *Ein Tremblett mit fehlgeleitetem Herzen wird das Ende des Mirrors herbeiführen. Mit dem Sigil, das verlorenging, werden beide Welten in Dunkelheit getaucht. Ein Tremblett mit fehlgeleitetem Herzen wird das Ende des Mirrors herbeiführen. Mit dem Sigil, das verlorenging, werden beide Welten in Dunkelheit –*

Victor machte einen hastigen Schritt zurück, und die Stimmen verstummten.

Ihm war bewusst gewesen, dass ihn hier im Tempel nichts

Gutes erwarten würde. Er hatte das Unheil förmlich gespürt. Aber er hatte nicht geahnt, wie präzise die Prädiktion war. Sie ließ keinerlei Zweifel daran, welche der Familien von ihr betroffen war.

Seine Familie.

»Zerstört es.«

Die winterblauen Augen des Ältesten weiteten sich bei Victors Worten, und seine Gesichtszüge, die sonst in immerwährender Apathie gefangen waren, entgleisten. Zum ersten Mal schien der Älteste von etwas übermannt zu werden, das einer Gefühlsregung gleichkam.

Victor kannte den Grund. Die Gemälde im Ewigen Tempel waren heilig. Aber dennoch, er durfte kein Risiko eingehen. Egal, ob die Prädiktion ihn, seine Tochter Leanore oder erst deren Nachkommen betraf – sollten die anderen Trägerfamilien davon erfahren, wären die Folgen für seine Blutlinie desaströs.

Niemand würde den Trembletts je wieder vertrauen. Und Victor … er würde nicht nur den Thron verlieren, sondern *alles*.

Er fixierte den Ältesten. »Zerstört es. Vor meinen Augen und mit eigenen Händen. Das ist ein Befehl.«

Der Älteste hielt Victors Blick stand. Sicherlich spielte er in Gedanken durch, welche Konsequenzen eine Verweigerung nach sich ziehen würde, und gelangte zu demselben Ergebnis, zu dem auch Victor kam.

Das Gemälde wäre am Ende zerstört. Die einzige Frage war, ob der Älteste dann noch am Leben wäre, um es zu bezeugen.

Ohne ein weiteres Wort legte der Älteste eine Hand auf das Gemälde. Der Stein bebte unter seinen bläulich schimmernden Fingern, während das Bild zu zerfallen begann. Die Silhouette, die Stadt, die Dunkelheit – *alles.* Und Victor blieb stehen, wo er war. So lange, bis auch der letzte Steinbrocken zerbrochen vor ihm lag.

So lange, bis die geflüsterten Worte verstummten und er sicher sein konnte, dass niemand je erfahren würde, welch düstere Zukunft der Familie Tremblett vorherbestimmt war …

TEIL 1

DIE WUNDE

1

Ich hatte keinen blassen Schimmer, wie ich in diese Situation hineingeraten war.

Ja, ich hatte mich freiwillig einer Gruppe von Rebellen angeschlossen. Ja, ich hatte zugestimmt, mein bisheriges Leben hinter mir zu lassen. Ja, ich war bereit gewesen, mich für den Plan, den die Rebellen verfolgten, in Gefahr zu bringen.

Aber *das hier* … das war ganz sicher niemals Teil der Abmachung gewesen.

»Steh schon auf!«, rief Dorian und warf mir mit voller Wucht meinen Schlagstock entgegen. Es war eine militärische Trainingswaffe, für seine Größe sogar überraschend leicht, und trotzdem entwich mir ein schmerzhaftes Keuchen. Denn bevor ich es auffangen konnte, traf es auf eine Reihe von blauen Flecken rund um meine Rippen.

»Du musst dich mehr konzentrieren.« Dorian stellte sich neben mich und schaute mit kritischem Blick zu mir herab. Seine schwarzen Haare, die er stets als Irokesen nach oben gestylt trug, saßen perfekt – ganz im Gegensatz zu dem Nest, das sich sicherlich gerade auf meinem eigenen Kopf entfaltete. Aber klar, *er* hatte heute ja auch noch keinen Finger gerührt.

»Je länger ein Kampf dauert, umso mehr Kraft kostet es,

Magie zu wirken. Selbst bei einer so mächtigen Magie wie deiner. Deshalb muss jeder Angriff sitzen.«

»Ich … *kann* … nicht … mehr!«, sagte ich mit Nachdruck, auch wenn mein Stolz die Worte nur schwer über meine Lippen kommen ließ.

»Doch, du kannst.« Dorians Stimme hatte einen Tonfall angenommen, der keinerlei Raum für Diskussionen ließ. »Du musst besser werden, wenn wir unser Ziel erreichen wollen.«

Unser Ziel.

Worte wie diese warf mir Dorian seit über vier Monaten an den Kopf. Er sagte es, als wäre ich schon seit Jahren ein Teil der Rebellen. Als wäre es mein größter Wunsch, *unser Ziel* mit ihm zu verfolgen. Als wäre das hier mehr als nur eine Zweckgemeinschaft.

Ich fixierte Dorian und war drauf und dran, ihm meinen Schlagstock vor die Füße zu pfeffern und aus der Trainingshalle zu stürmen. Stattdessen grummelte ich einige Flüche vor mich hin und hievte mich wieder auf meine wackeligen Beine.

»Also gut, dann versuchen wir es noch einmal«, sagte Dorian, als würde er mir damit einen persönlichen Gefallen tun. Er öffnete seine rechte Hand, die er bis eben zur Faust geschlossen hatte. Drei kleine silberne Kugeln kamen zum Vorschein. Ein winterblaues Schimmern zog durch ihr Inneres und blitzte durch die filigranen Lücken in ihrer Außenhülle hervor.

Inzwischen wusste ich, dass man die Dinger *Sparrings-Sphären* nannte, weil sie bevorzugt zu Trainingszwecken eingesetzt wurden. Mit ihrer Hilfe arbeitete man an der eigenen Treffsicherheit, Beweglichkeit und Ausdauer. Nach außen hin sahen die Sphären ziemlich hübsch aus, wie versilberte und aufwendig verzierte Golfbälle. Doch ich wusste es besser, denn diesen drei Kugeln hatte ich jeden einzelnen meiner blauen Flecken zu verdanken.

Schon drückte Dorian einmal von außen gegen die Hüllen der Sphären, und sie schwebten empor. Ein leises Surren ging von ihnen aus, während sie über Dorians Hand in der Luft verharrten. Ihr Magiespeicher war aktiviert worden – und er würde sich erst wieder deaktivieren, wenn ich den Sphären einen Schlag verpasst hatte.

Ein Bild tauchte vor meinem inneren Auge auf. Von einer anderen Trainingsstunde, in einer anderen Stadt. Ich sah *ihn* wieder vor mir, wie er mit lockeren, fließenden Bewegungen – *und geschlossenen Augen, verdammt nochmal!* – eine Sphäre nach der anderen erwischt hatte, als gäbe es nichts Leichteres auf der Welt. Bei der Erinnerung kochte eine Mischung aus Sehnsucht und unendlicher Frustration in mir hoch, die ich allerdings sofort ausblenden musste, als die drei Sphären langsam auf mich zuflogen.

Ich begann, mich im Kreis zu drehen und meinen Schlagstock dabei sanft hin und her zu schwingen. Der Ablauf des Trainings hatte sich in den letzten Wochen so in mein Gedächtnis eingebrannt, dass alles, was ich tat, mehr Instinkt war als bewusstes Handeln. Zuerst würde nur eine Sphäre auf mich zurauschen, immer wieder, aus allen vier Himmelsrichtungen. Dann kam die zweite dazu und verdoppelte die Anzahl der Angriffe. Bis dahin war es noch halbwegs einfach, die Sphären abzuwehren. Erst, wenn die dritte dazustieß, bekam ich Probleme, weil sie zusätzlich und ohne ein erkennbares Muster versuchte, meine Beine zu treffen und mich dadurch zu Boden zu schicken.

Sphäre Nummer drei war ein hinterhältiges Miststück.

Ich rotierte den Schlagstock langsam vor mir umher. Dabei

achtete ich genau auf die Bewegung meiner Füße und scannte ständig den Raum um mich herum. Es war ein Ablauf, der mich inzwischen jede Nacht beim Einschlafen einholte. Wie ein Tanz, dessen Schritte ich zwar in- und auswendig kannte … den ich aber einfach nicht richtig tanzen konnte.

Schon verdoppelte Sphäre eins ihr Tempo und rauschte auf mich zu. Ich biss die Zähne zusammen und wehrte sie mit dem Schlagstock ab, ohne sie jedoch zu treffen. Kaum dass sie etwas Abstand zu mir gewann, richtete ich eine Hand in ihre Richtung und ließ der Magie freien Lauf.

Feine rote Linien, die wie Flammen anmuteten, zogen über meinen rechten Arm. Sie breiteten sich aus – von dort, wo das Sigil in der Form eines Drachens saß, über meinen gesamten Körper. Ignis' Wärme erfüllte mich, und ich zögerte nicht mehr, sondern fixierte die Sphäre und feuerte einen Magiestoß in ihre Richtung ab. Rote Schwaden sausten pfeilschnell auf die Kugel zu, doch sie flog im allerletzten Moment zur Seite.

Mist! Innerlich wollte ich schreien, denn auch die nächsten Magiestöße trafen nicht ihr Ziel. Ich verfehlte die Sphäre jedes Mal um Haaresbreite, und schon nach kurzer Zeit kamen Sphäre Nummer zwei und drei mit ins Spiel. Jetzt hatte ich keine Chance mehr, das wusste ich. Ihre gleichzeitigen Angriffe brachten mich so an meine Grenzen, dass ich mich immer weiter von ihnen nach hinten drängen ließ.

Dorian stand nur da, die Arme vorm Oberkörper verschränkt. Ich hatte diesen Blick inzwischen so satt, den er mir jedes Mal zuwarf, wenn er merkte, dass ich nach wie vor nicht auf dem Level war, das ich offenbar erreichen musste.

Als eine der Sphären erneut auf mich zuflog, traf ich sie seitlich mit dem Schlagstock. Sie verharrte in der Luft. Schnell schickte ich einen Magiestoß aus meinem Sigil hinterher, und bevor ich es richtig begreifen konnte, schepperte das Ding gegen die Wand, wo es in zwei Hälften zerbrach. Trotzdem leuchtete die Sphäre weiter in ihrem Magieblau, und ich wusste, was nun folgen würde. Diese Lektion hatte ich auf die harte Tour gelernt, mehrere Male. Ich warf mich in die Vorwärtsrolle, als von der zerstörten Sphäre ein halbes Dutzend Magieschwaden auf mich zusteuerte. Als finales Abschiedsgeschenk rasten sie in meine Richtung, und ich sprang über sie hinweg, ohne dass mich auch nur eine berührte.

Ich gestattete mir ein triumphierendes Lächeln, als Dorian mir ein Kompliment zurief, und kämpfte weiter, duckte mich und hechtete über die zwei verbliebenen Sphären hinweg. So gut es ging, verdrängte ich das Brennen in meiner Lunge, den schmerzenden Protest der Muskeln in meinen Beinen und versuchte, nicht nachzudenken. Stattdessen konzentrierte ich mich nur auf mich selbst, meine Magie und meine Umgebung.

Es dauerte ein paar Minuten, bis ich auch Sphäre Nummer zwei erwischte. Ich traf sie, kurz bevor sie mich von hinten angreifen konnte, und auch sie landete auf dem Boden und schenkte mir zum Abschied mehrere Magiestöße, die wie Lenkraketen nur eines im Sinn hatten: mich zu treffen. Ich fokussierte die blauschimmernden Schwaden, wich ihnen erfolgreich aus und –

Etwas prallte gegen mich. Erst gegen mein linkes Bein, dann gegen mein rechtes. Ich ging zu Boden und stöhnte, als ich mit dem Kopf aufschlug. Einige der verbliebenen Magiestöße trafen mich an der Seite, woraufhin mir der Schlagstock klappernd aus der Hand fiel. Er rollte über den Boden davon, zu weit entfernt, um noch nach ihm greifen zu können.

»Verdammtes Miststück!«, schrie ich und zog meine schmerzenden Beine zu mir. Sphäre Nummer drei verlangsamte sich und umkreiste beinahe selbstgefällig meinen Kopf.

Ich hob die rechte Hand, ohne nachzudenken und nur getrieben durch diese Wut-und-Frustrations-Mischung, die sich seit Wochen in meinem Bauch ansammelte. Fast wie von allein bündelte sich die Magie in einem roten Licht zwischen meinen Fingerspitzen. Sie breitete sich wie eine Flamme aus und verursachte dabei ein unwirkliches Rauschen. Die Magie formte sich zu einer gleißenden Klinge, einem *Schwert,* das ich, ohne zu zögern, direkt in die Sphäre rammte, die daraufhin nicht nur entzweibrach, sondern in winzige Magie- und Silberpartikel zerbröselte.

Ich entließ einen langen Atemzug. Das Magieschwert leuchtete feuerrot, und die Wärme, die es ausstrahlte, wanderte durch meinen Arm in meinen gesamten Körper hinein. Erst, als ich die Augen schloss, zog sich die Waffe in meine Hand zurück, ebenso verschwanden die Linien auf meiner Haut. Ich legte den Kopf auf den Boden und dachte nur eines.

Fuck.

Dorian kam zu mir gelaufen, und ich wusste, was er sagen würde, noch bevor er seinen Mund öffnete.

»Ist das dein Ernst? Was haben wir über die Benutzung deiner Magiewaffe gesagt?«

»Keine Ahnung«, log ich, »aber du wirst mich sicher gleich daran erinnern.«

Ich hörte, wie Dorian neben mir zum Stehen kam. Nicht nur an seinen verhallenden Schritten, sondern auch am theatralischen Seufzen. »Was ist dein Problem, Rayne? Du bist die Trägerin von Ignis. Von einem *Dark Sigil* – einem der mächtigsten Sigils überhaupt. Diese Übung sollte ein Kinderspiel für dich sein.«

Ich antwortete nicht. Ich wollte Dorian nicht zum hundertsten Mal erklären müssen, dass ich schon immer Schwierigkeiten damit gehabt hatte, präzise Bewegungen auszuführen. Er wusste schließlich von meinem Tremor, er wusste, dass meine Hände seit meiner Kindheit ständig zitterten, und das nicht nur, wenn ich nervös oder angespannt war. Deshalb hatte ich auch noch nie in meinem Leben eine Schusswaffe abgefeuert, obwohl ich in der Zeit im Waisenhaus, als ich noch Teil von Lazarus Wrights' Bande gewesen war, mehr als einmal die Chance dazu gehabt hätte.

Ich hatte keine Lust, Dorian wieder und wieder zu sagen, dass der Tremor in den letzten vier Monaten zwar deutlich besser geworden, aber eben nicht verschwunden war. Dass ich immer schon gut mit Sigils hatte kämpfen können und mit Ignis – mit meinem Sigil – Unmengen an mächtiger Magie freilassen konnte. Aber drei kleine Kugeln damit zu treffen, die auch noch in Bewegung waren? Das fiel mir verdammt schwer.

»So werden wir niemals zur Schattenathame gelangen«, sagte Dorian, und ich stöhnte innerlich.

Die Schattenathame.

Noch ein Wort, das seit Wochen mein Leben bestimmte. Es war der Grund, warum ich hier war – und das gemeinsame Ziel, von dem Dorian so gerne sprach. Nur wegen der Athame hatte ich mich den Rebellen angeschlossen und ließ mich seither Tag um Tag von den Sphären durch die Gegend scheuchen.

Als Dorians Großmutter, Nessa Greenwater, die gleichzeitig die Anführerin der Rebellen war, die Schattenathame das erste Mal erwähnt hatte, war sie mir wie der Heilige Gral vorgekommen. Es sollte das verloren gegangene achte Dark

Sigil sein. Ein Dolch, der es angeblich möglich machte, die anderen sieben Dark Sigils von ihren Trägern zu lösen. Und zwar, ohne sie zu töten. Auch wenn ich keinen Beweis hatte, dass dieser Dolch tatsächlich existierte, so wollte ich doch unbedingt daran glauben. Die Schattenathame war meine einzige Hoffnung auf Freiheit. Denn wenn es wirklich möglich war, die Dark Sigils nicht innerhalb einer Blutlinie, sondern völlig frei weiterzugeben, dann könnten Adam und ich …

Wir könnten zusammen sein.

Wir könnten jedes erdenkliche Leben führen, das wir führen *wollten*. Ohne die Pflicht, in den Palästen des Mirrors zu leben. Und ohne den Zwang, jemanden zu heiraten, den wir nicht liebten.

Also ja. Die Schattenathame war mein Ziel. Ich wollte nicht nur – ich *musste* sie finden. Doch meine Geduld mit den Rebellen war langsam am Ende. Denn selbst nach vier Monaten war ich der Athame keinen Schritt näher gekommen. Ich wusste ja nicht einmal, wo wir nach ihr suchen würden!

Dorian schaute noch immer auf mich herab. Und als er mir eine Hand entgegenstreckte, um mir auf die Beine zu helfen, ignorierte ich sie und rappelte mich mit eigener Kraft auf. »Ob du es glaubst oder nicht«, sagte ich, »ich gebe mein Bestes.«

»Ist mir schon klar, dass du das tust.« Dorian presste mir den Schlagstock mit Nachdruck gegen den Bauch. »Aber es ist nicht genug. Es wird nicht genug sein.«

»Woher willst du das wissen?« Ich funkelte ihn an. »Keiner von euch hat die Athame je zu Gesicht bekommen. Nicht du, nicht deine Großmutter. Ihr habt doch selbst keine Ahnung, was uns erwarten wird. Und den Ort, wo wir hinmüssen, kennst du genauso wenig wie ich! Also – woher nimmst du die Sicherheit, so etwas zu behaupten?«

Dorian kniff die Augen zusammen. »Wir gehen einfach vom Schlimmsten aus. Dann können wir immer noch positiv überrascht werden.«

Ich schnaubte. Was für eine bescheuerte Antwort! Dorian tat ständig so, als hätte seine Großmutter ihn in alles eingeweiht, was aber nicht der Fall war. Es wäre mir leichter gefallen, ihn zu mögen, wenn er einfach zugeben würde, dass wir beide im Dunkeln tappten.

Ich baute mich vor Dorian auf und hatte Mühe, ihn nicht vor lauter Wut anzuknurren. »Wenn ich meine Magie gegen dich einsetzen würde …«

»… hätte ich keine Chance.« Dorian wirkte völlig unbekümmert. »Ich weiß, dass du mit Ignis jede dieser Sphären zerstören könntest, wenn du wolltest. Ich weiß, wie mächtig dein Dark Sigil ist. Darum geht es nicht.«

»Nur deshalb bin ich doch hier! Ihr braucht meine Magie! Ihr braucht Ignis, um zur Schattenathame zu gelangen. Deine Großmutter hat es selbst gesagt: Ohne meine Fähigkeit, andere Magie zu zerstören, wird uns die Bergung nicht gelingen. Wieso dann diese Kampfspielchen? Die Athame wird wohl kaum von gemeingefährlichen, fliegenden Kugeln bewacht.«

»Nein. Aber du wirst uns nicht viel nützen, wenn du deine Magie in einem riesigen Schwall entlässt und dann in Ohnmacht fällst. So wie beim letzten Mal. Wenn meine Großmutter die Aufzeichnungen über die Athame richtig gedeutet hat, wird es etliche Hindernisse auf dem Weg zu ihr geben. Ignis' Magie bringt uns nichts, solange du sie nicht *kontrollieren* kannst.«

Meine Hände zitterten wie auf Kommando. Ich presste die Lippen aufeinander, spürte, wie meine Wangen rot anliefen, und versuchte, mir nichts anmerken zu lassen. *Kontrolle.* Genau das war schon immer meine Achillesferse gewesen. Meine Gefühle konnte ich nur schwer bändigen, und das Problem hatte sich offenbar auf mein Sigil übertragen.

Und deshalb war genau das passiert, was Dorian eben gesagt hatte. Als ich das letzte Mal Unmengen an Magie zerstört hatte, war die Wirkung auf meinen Körper so heftig gewesen, dass ich in Ohnmacht gefallen war. Ich hatte die Bündelung der Chaosmagie, die sich beinahe über London ausgebreitet hätte, zwar gestoppt, aber nur, weil Adam an meiner Seite gestanden hatte. Er hatte mir den Rücken freigehalten, und meine Magie, die mir oft so aufbrausend und unkontrollierbar vorkam, zur Ruhe gebracht.

Er hatte gelenkt. Ich hatte zerstört.

Allein hätte ich die Bündelung niemals stoppen können. Und daran hatte sich vier Monate später noch immer nichts geändert.

Das wusste ich. Und Dorian und Nessa wussten es ebenfalls.

»Rayne ...«, setzte Dorian an, nun etwas versöhnlicher. »Das hier ist wirklich wichtig.«

»Daran musst du mich nicht erinnern.«

Er kam einen Schritt auf mich zu. Sein Blick wanderte suchend über mein Gesicht hinweg, sein Mund etwas unentschlossen zur Seite gezogen. »Ich verstehe, dass die letzten Monate etwas viel waren, aber du hast die Entscheidung getroffen, die Sieben zu verlassen und dich uns anzuschließen. Es wird Zeit, auch entsprechend zu handeln.«

Die letzten Monate waren ... *etwas viel?* Ich hätte beinahe gelacht. Was genau meinte er nur? Die Auswahl war immerhin groß: Das Waisenhaus, in dem ich mein halbes Leben verbracht hatte, lag in Schutt und Asche. Man hatte mich in den Mirror entführt, in die Spiegelwelt oben am Himmel, nur um mir dort zu sagen, dass mein Vater einer der Sieben gewesen war – und einer der mächtigsten Sigil-Träger der Welt. Von ihm hatte ich mein Dark Sigil geerbt, ein wunderschönes Armband in Drachenform, das jegliche Magie der Welt zerstören konnte. Ach ja, und dann war da noch die Tatsache, dass ich dem Jungen, in den ich mich verliebt hatte, den Rücken gekehrt hatte … und wofür? Nur um mich Tag für Tag von diesen gottverdammten Sparrings-Sphären durch die Gegend jagen zu lassen!

Ich starrte Dorian an. Er war gerade mal vier Jahre älter als ich, und ich hatte es satt, mich von ihm hinhalten zu lassen.

»Wann suchen wir die Schattenathame endlich? Ich bin jetzt seit *Monaten* bei euch, und alles, was wir tun, ist, über diesen Dolch zu reden. Wo ist er versteckt? Was genau erwartet mich, wenn wir ihn bergen wollen? Wieso sagt Nessa mir nicht, was eigentlich meine Aufgabe ist?«

»Weil sie noch nicht alle Informationen hat«, erwiderte Dorian. »Lass meine Großmutter ihren Teil tun, und wir erledigen unseren. Ich glaube, du würdest besser im Training vorankommen, wenn du aufhörst …«, er stockte, wägte sichtlich seine Worte ab, »… wenn du nicht mehr andauernd an die Sieben denkst. Oder willst du etwa nach Septem zurück?«

»Es gibt kein Septem mehr«, erwiderte ich. »Ihr habt den Palast zerstört, schon vergessen?«

»Nein, glaub mir, haben wir nicht.« Dorian starrte mich ernst an, eine Hand zur Faust geballt. »Aber es gibt noch immer den *Mirrorlord*. Vielleicht bereust du ja inzwischen, dass du dich von Adam Tremblett abgewendet hast. Vielleicht kannst du dich deshalb nicht hier einfinden, weil du einfach zu verknallt in ihn bist?«

Statt zu antworten warf ich Dorian mit aller Kraft und laut scheppernd den Schlagstock vor die Füße.

»Wir sind fertig für heute«, fauchte ich und stürmte aus dem Trainingsraum.

Kühle Luft schlug mir entgegen, kaum dass ich nach draußen getreten war. Sie drang durch den Stoff meines Sweatshirts und verursachte Stiche auf meiner noch schweißnassen Haut. Schnell zog ich den Kragen über die untere Hälfte meines Gesichts, bis der Rest meines Körpers sich an die Temperaturen gewöhnen konnte.

Ich lief vorbei an verwaisten Lagerhallen und einer Reihe von Baumgerippen. Die Los-Angeles-Basis, in der wir uns seit zwei Wochen befanden, war der einzige Stützpunkt der Rebellen, der tatsächlich auf einem ehemaligen Militärgelände aufgebaut worden war. Es gab mehrere Kasernen und Waffenlager, ein Lazarett, Truppenübungsplätze und sogar einen Hangar samt Flugplatz. Alles war umzäunt und abgesichert; mehrere hohe Wachtürme standen auf dem asphaltierten Außengelände.

Seit ich mich den Rebellen des Auges angeschlossen hatte, waren wir alle paar Wochen in eine neue Basis umgezogen. Von London nach Paris, von Paris nach Madrid, von Madrid nach New York, von New York nach Chicago und schließlich hierher, einige Kilometer außerhalb von Los Angeles, in die Mitte vom Nirgendwo.

Nessa Greenwater war der Meinung, es wäre besser, in Bewegung zu bleiben. Seit das Auge den Septem-Palast zerstört hatte, musste die Rebellengruppe besonders vorsichtig sein, für den Fall, dass der Mirrorlord doch noch beschloss, ihnen als Vergeltung seine Armee hinterherzuschicken. Das sagte

Nessa jedenfalls, aber ich war mir sicher, dass es ihr in Wahrheit hauptsächlich um mich ging. Sie wollte mich vor den Sieben verstecken, so gut es ging.

Warum, war mir allerdings schleierhaft. Weder Adam noch Dina noch Celine hatten jemals nach mir suchen lassen. Nirgends waren Magiehäscher aufgetaucht, und in dem Punkt hatte Nessa ganz sicher recht – Adam hätte seine Armee jederzeit an unsere Fersen heften können.

Wenn er es gewollt hätte.

Ich fragte mich oft, wie es ihnen ging. Während ich hier unten in Prime von Stadt zu Stadt wechselte, waren Adam, Dina, Cedric und die anderen dort oben, im Mirror.

Unwillkürlich wanderte mein Blick in Richtung des graublauen Nachmittagshimmels. Obwohl er beinahe wolkenfrei war, konnte man die Mirror-Version von Los Angeles aus dieser Entfernung nur schwach erkennen. Silbrige Konturen von Gebäuden zeichneten sich ab, die einige Kilometer über der Erde auf dem Kopf zu hängen schienen.

Ich wusste natürlich, dass Adam nicht in Mirror-Los-Angeles war. Wobei ich es nicht *wusste*, aber ich glaubte es zumindest. Er, Dina und Celine waren wahrscheinlich in Mirror-London, dem Regierungssitz. Zwar nicht mehr in Septem, aber … irgendwo dort.

Seit das Auge den Palast zerstört hatte, gab es viele Unruhen im Mirror, so viel war an Nachrichten zu mir durchgedrungen. Die Magistrate, die lange über den Magietransfer nach Prime verfügt und sich dabei vor allem selbst immer reicher und reicher gemacht hatten, waren von Adam größtenteils ausgetauscht worden. Nur, was bedeutete das? Hatte es seinem Ansehen im Mirror geschadet? Gab es neue Intrigen gegen ihn? Ich hatte keine Ahnung.

Die Unwissenheit zermürbte mich. Und ja, wahrscheinlich hatte Dorian recht, das ständige Grübeln über die Sieben lenkte mich vom Training ab. Aber was sollte ich dagegen tun?

Die Dark Sigils, die wir Sieben trugen, waren die ältesten Sigils der Welt. Sie verbanden uns auf eine Art und Weise miteinander, die nur schwer in Worte zu fassen war. Und während ich hier unten in Prime vor mich hinfristete, ging zwischen den anderen womöglich sonst was vor sich.

Sebastian Lacroix und Nikita Fairburn hatten sich offen gegen Adam gestellt. Sebastian versuchte seither, ihm den Thron des Mirrors streitig zu machen. Er war mit seinem Vorhaben, Mirrorlord zu werden, bislang zwar gescheitert – dennoch … es änderte nichts daran, wie gefährlich Sebastian war.

Er hatte einen von uns – Matt, der in der kurzen Zeit ein echter Freund für mich geworden war – mit seinem Dark Sigil manipuliert, bis der bereitwillig alles getan hatte, was Sebastian von ihm wollte. Ein Blick in den Engelsspiegel, und Matt war nicht mehr er selbst gewesen. Seither hatte ich nichts von ihm, Sebastian und Nikki gehört. Ich wusste nicht, ob es Matt gutging, ob Adam, Dina und Celine womöglich nach ihm suchten, ich wusste *rein gar nichts.*

Ein frustrierter Laut entwich mir, während ich über das Außengelände streifte. Ich war so wütend – auf Dorian, auf mich und auf die gesamte Situation. Wahllos stapfte ich über die Wege zwischen den Baracken, am Zaun entlang und um den Flugplatz herum, bis ich schließlich auf die hinterste Kaserne zusteuerte. Ich war so mit mir selbst und meinen Gedanken beschäftigt, dass ich die zwei Gestalten vor dem Eingang erst sah, als Lily mir zuwinkte.

Sie hatte ihre schwarzen Haare zu einem Knoten auf ihrem Kopf hochgebunden – eine Frisur, an die ich mich selbst nach vier Monaten noch immer gewöhnen musste. Früher hatten ihre Locken meist frei und wild zu allen Seiten abgestanden, heute sah sie aus wie die perfekte Soldatin.

Neben ihr saß Echo, der mich heute Mittag noch in der Form eines Schmetterlings verabschiedet und sich nun in eine große schwarzblaue Raubkatze zurückverwandelt hatte.

Das Einzige, das immer gleich an ihm blieb, war der weiße sternförmige Fleck auf seiner Stirn.

Ich lief auf die beiden zu und lächelte, als Echo sich erst schnurrend an meine Beine schmiegte und dann in viele Magiepartikel zerstäubte, bevor er als kleiner Singvogel auf meiner Schulter Platz nahm. Noch vor kurzem hatte mich der Gedanke, dass sich ein magisches Tier – ein *Spektralwesen* – uns angeschlossen hatte, in ungläubiges Staunen versetzt. Inzwischen war Echo allerdings zu einem meiner größten Ruhepole geworden. Er führte sein eigenes Leben, oft verschwand er tage- oder sogar wochenlang, aber er kehrte jedes Mal zurück.

»Und, wie lief das Training heute?«, fragte Lily. Offenbar sprach mein Gesichtsausdruck Bände, denn sie schnitt eine Grimasse. »So gut, hm?«

»Wir leben beide noch, mehr war nicht zu erwarten.«

Lily verdrehte die Augen. Sie war der Meinung, dass ich mich zu sehr in die Streitigkeiten mit Dorian hineinsteigerte. In den ersten Wochen hatte sie noch beim Kampfunterricht zugeschaut und versucht, zwischen ihm und mir zu vermitteln. Irgendwann war es ihr allerdings zu viel geworden, und inzwischen trainierte sie mit Edge und Blicker, zwei Rebellen, die beim Auge die Gruppe für Einbrüche anführten und mit denen sie sich angefreundet hatte.

Nur Lily konnte erahnen, wie ich mich wirklich fühlte. Wir

waren zusammen im Waisenhaus aufgewachsen, und sie war die einzige Familie, die ich je gehabt hatte. Sie und ich hatten die Oberen, die im Mirror lebten, immer dafür verabscheut, dass sie den Rest der Welt in Armut vor sich hinvegetieren ließen. Dass ich selbst zu den Oberen gehörte – dass mein Vater aus einer der Familien stammte, die über sämtliche Mirror-Städte der Welt herrschten –, war für mich eine größere Erschütterung gewesen als für Lily.

Sie behandelte mich nicht anders, als sie es immer schon getan hatte. Es war ihr egal, ob mein Nachname Sandford oder Harwood war. Es war ihr egal, dass ich ein Dark Sigil trug. Für sie war ich nur *Ray*, und das bedeutete mir mehr, als ich es Lily jemals sagen konnte.

»Nächstes Mal komme ich wieder mit«, raunte sie mir zu und grinste breit. »Und wenn Dorian was Blödes zu dir sagt, verpasse ich ihm einen Magiestoß mitten auf den Hintern.«

Die Vorstellung war so gut, dass ich laut lachen musste. Lily stimmte mit ein, doch als sie sich bei mir unterhakte, wurde ihr Gesicht wieder ernst. »Ich wollte dich gerade schon suchen gehen«, erklärte sie gedämpft. »Deine Mutter ist nämlich zurück.«

Ich furchte die Stirn. Das war früh. Ich hatte mit ihrer Rückkehr erst in einigen Tagen gerechnet. »Und Nessa auch?«, fragte ich.

Ein sorgenvoller Ausdruck trat in Lilys braune Augen. »Ja. Offenbar gab es bei der Mission Probleme.«

»Probleme?«

Sie zog ratlos die Schultern nach oben. »Mehr weiß ich auch nicht, aber … man hat mir gesagt, ich soll dich suchen und zur Kommandostation bringen, und zwar so schnell wie möglich.«

2

Echo flatterte in seiner Vogelgestalt neben meinem Kopf her, während wir auf das längliche Gebäude zusteuerten, in dem die Kommandostation lag.

Ich vergrub das Gesicht noch etwas tiefer im Kragen meines Sweatshirts, als uns eine Gruppe von Rebellen entgegenkam. Sie trugen dicke Jacken und Wollmützen, denn für Los Angeles war es ungewöhnlich kalt. Sie nickten uns im Vorbeigehen zu, und während Lily freundlich Hallo sagte und dabei sogar noch ihre Namen parat hatte, nickte ich nur mechanisch zurück. Nur zu wenigen hier auf der Basis hatte ich bislang Kontakt gehabt.

Es lebten ungefähr fünfhundert Rekruten auf dem Stützpunkt, hatte Dorian einmal gesagt. Wobei etwa zwanzig davon stets mit Nessa Greenwater reisten, sobald sie eine Basis wieder verließ. Der *Innere Kreis,* wie sie es nannten. Ein Kreis, der über die Entwicklungen im Auge entschied und zu dem ich nun ebenfalls zählte, ob ich es wollte oder nicht.

Die Rekruten wussten natürlich längst, wer ich war, egal, in welcher Basis wir unterkamen. Weil ich allerdings die Trägerin eines der Dark Sigils war und damit zu ihren Feinden gehörte, gab es immer noch viele Leute innerhalb der Rebellen, die mir mit Misstrauen begegneten.

Im Grunde war es mir egal. Ich war beim Auge, um Nessa bei der Bergung der Schattenathame zu helfen, nicht mehr und nicht weniger. Danach würden Lily und ich die Rebellen sofort wieder verlassen, so hatten wir es abgemacht.

Echo flatterte auf den Boden, verwandelte sich in eine schillernde Eidechse und glitt über den Asphalt davon, während wir das Gebäude betraten. Es war nicht viel los, am Eingang begegneten uns kaum Soldaten. Erst, als wir mit dem Fahrstuhl hochgefahren waren und im obersten Stockwerk ankamen, sahen wir die Gruppe von Leuten, die sich in dem Saal am Ende des Flurs versammelt hatte. Es war fast der gesamte Innere Kreis.

Lily und ich blieben zögerlich am Eingang stehen, während sich die Blicke auf uns richteten. Jeder der Anwesenden trug eine Reihe Sigils am Körper: Medaillons, Ringe, Armbänder, alle aufwendig geschmiedet. Jedes einzelne davon stammte aus Nessa Greenwaters Hand. Dorians Großmutter war früher die beste Sigil-Schmiedin im Mirror gewesen. Doch dann war ihre Tochter ermordet worden, und sie hatte eine Rebellion gegen die Sieben gestartet, die sie heute noch anführte.

Nur ihretwegen war das Auge so weit gekommen. Sie hatte täuschend echte Repliken der Dark Sigils hergestellt, die nun an den Händen und Hälsen der Leute um mich herum hingen: Saphirschlüssel, Schlangenbänder, Seelenringe … eine Frau neben mir trug sogar eine Kopie von Ignis am Unterarm. Als sie meinen Blick bemerkte, zog sie ihren Ärmel etwas verlegen darüber und sah zu, dass sie schnell von mir wegkam.

»Komm«, sagte Lily, und ich folgte ihr, während die Leute um den Kommandotisch herum Platz für uns machten.

Nessa saß mit dem Rücken zu uns an der Vorderseite des Tisches. Daneben: meine Mutter und einige Frauen und Männer, die weit oben in der Hierarchie des Auges standen. Natürlich war auch Dorian unter ihnen. Er musste direkt von der Trainingshalle hierhergekommen sein, jedenfalls trug er noch dieselben Klamotten.

Sie alle waren in ein Gespräch vertieft, ihre Gesichter wirkten angespannt. Ich hatte keine Ahnung, wohin Nessa und meine Mutter vor ein paar Tagen aufgebrochen waren. Meine Mutter hatte mir nur gesagt, es würde etwa zwei Wochen dauern, bis wir uns wiedersähen, und dass ich mir keine Sorgen machen müsste.

Ob ich mir Sorgen gemacht *hätte,* wusste ich nicht. Die Stimmung zwischen meiner Mutter und mir war auch vier Monate nach unserem Wiedersehen nicht die beste. Allerdings ... Erst jetzt fiel mir auf, dass sie offenbar verletzt war. Ihr linker Arm hing in einer Schlinge, und ihre braunen Locken waren zur Seite gebunden, weil eine Mullbinde eine ihrer Schläfen verdeckte. Hinter ihr standen zwei Soldatinnen, die ebenfalls lädiert aussahen.

Lily zog mich zu ihnen hinüber. Während mir die beiden Frauen nur vage bekannt vorkamen, schien Lily genau zu wissen, wen sie vor sich hatte. Über das streng aussehende Gesicht der linken Soldatin huschte bei Lilys Anblick ein kleines Lächeln, was mich nicht wunderte. Jeder, der Lily begegnete, schloss sie umgehend ins Herz.

»Jude?«, flüsterte Lily. »Was ist passiert?« Sie deutete auf die Verletzungen der Frau. »Warum seid ihr so früh zurück?«

Die Soldatin lehnte sich näher zu Lily. »Es gab eine heftige Abby-Bündelung«, hörte ich sie sagen. »Mitten in Hongkong. Hat einen ganzen Straßenzug zerlegt. Wir hatten Pech, weil wir in der Nähe waren. Überall Chaos. Können froh sein, dass wir lebendig rausgekommen sind.«

»In Mirror-Hongkong?«, fragte Lily, aber die Frau schüttelte den Kopf.

»Nein. In *Hongkong*. Prime.«

»O Gott.« Lily zog ihr Comm hervor und presste die Lippen zusammen, als sie die neuesten Nachrichten auf dem Bildschirm aufrief. Ich blickte auf die Ruinen der Hochhäuser, und mir lief eine Gänsehaut über den Rücken.

Bis vor kurzem waren die Bündelungen nur ein Problem des Mirrors gewesen. Die Chaosmagie hatte sich dort in der Atmosphäre gesammelt, und wann immer eine sehr große Menge Magie im Mirror freigesetzt wurde, stürzten die Abbys sich darauf. Ganze Stadtteile waren bereits zerstört worden, überall auf der Welt, in nahezu jeder Mirrorstadt.

Dass das Phänomen nun in Prime auftrat, war völlig neu. In den letzten Monaten war es ein- oder zweimal passiert, kleinere Bündelungen, aber das allein reichte schon, um mich an jenen schrecklichen Tag in London zurückzukatapultieren, als sich am Himmel die Chaosmagie zusammengezogen hatte. Tausende Schwaden schwarzer Magie, die zu Kreaturen aus Schatten wurden und sich auf uns gestürzt hatten. Damals hätten sie jeden von uns mit Leichtigkeit getötet, wenn Ignis mir mit seiner Magie nicht zur Seite gestanden hätte. Wenn Adam und ich nicht gemeinsam …

Ich merkte, wie meine Hände zu zittern begannen, und zwang mich zurück ins Hier und Jetzt. Was in London passiert war, war eine Verkettung von unglücklichen Ereignissen gewesen … zumindest hatte ich das geglaubt. Angesichts der Bilder auf Lilys Comm war ich mir jedoch nicht mehr sicher.

Hatte sich die Lage wirklich so sehr verschlechtert?

Am Tisch nahm das Gespräch eine hörbar hitzige Wendung, für einen Moment redeten alle durcheinander. Meine Mutter schaute suchend über ihre Schulter und blieb an mir hängen. Sie nickte Nessa kurz zu, die daraufhin aufstand und beide Hände hob.

»Ruhe!«, rief sie mit tiefer Stimme, was augenblicklich sämtliche Anwesenden zum Schweigen brachte. »Ihr habt gehört, was in Hongkong passiert ist. Wir hatten es schon lange befürchtet. Auf Befehl aus Septem wurde über viele Jahre hinweg gepanschte Magie in die Armenviertel gebracht. Unsere Welt wurde verschmutzt mit ihr, hat die Leute süchtig gemacht, Menschenleben gefordert. Und selbst wenn die Lieferungen dank unseres Einsatzes endlich versiegt sind – der Schaden ist nicht mehr abzuwenden. Die Chaosmagie existiert nun auch in Prime, und wir können nur hoffen, dass die Bündelungen, zu denen sie sich zusammenfindet, nicht noch stärker werden.«

Ich ballte beide Hände zu Fäusten. *Auf Befehl aus Septem.* Natürlich schob Nessa die Schuld für die Chaosmagie auf die Sieben. Und ja – der Befehl, die Magie so stark zu verdünnen, dass man Prime großflächig damit beliefern konnte, war tatsächlich aus Septem gekommen. Aber nicht von Adam. Nicht von einem der heutigen Sieben. Sondern von Adams Mutter. Leanore Tremblett, die damalige Mirrorlady. Und die war bereits vor knapp einem Jahr ums Leben gekommen.

Doch der Hass, der sich nun auf allen Gesichtern im Raum abzeichnete, galt einzig und allein dem amtierenden Mirrorlord. Völlig gleich, ob Adam etwas für die Lage konnte oder nicht.

»Unsere Mission in Hongkong war dennoch erfolgreich«, fuhr Nessa fort. »Wir haben sogar viel wertvollere Informationen bekommen, als wir ursprünglich angenommen haben. Informationen, nach denen wir sofort handeln müssen.« Nessa zog einen Mundwinkel hoch – eine Geste, die fast einem Lächeln gleichkam. »Um es kurz zu machen: Wir werden das Desimeter des Mirrors in unseren Besitz bringen.«

Aufgeregtes Gemurmel machte sich breit, das in verwunderte Rufe überging. Ich tauschte mit Lily einen verwirrten Blick. Was zur Hölle war ein Desimeter?

»Einige von euch wissen, dass ich das Desimeter als junge Frau selbst geschmiedet habe«, sprach Nessa weiter. »Dieses Sigil hat mich damals offiziell zur Schmiedin der Sieben gemacht. Die Ressourcen zu seiner Herstellung gibt es nicht mehr, das Desimeter ist daher einzigartig und wird es immer bleiben.«

»Tja, und genau deswegen ist das verdammte Ding besser gesichert als die Kronjuwelen!«, grölte einer der Rebellen direkt hinter ihr, ein schlaksiger Typ mit Tattoos, die ihm bis zum Kinn reichten.

Es war Edge, Lilys neuer Trainingspartner. Er trug eine Fliegerbrille auf zerzausten, grüngefärbten Locken. Ihm wurden sagenhafte Fähigkeiten in Sachen Türenknacken nachgesagt. Zusammen mit seinem Freund Blicker, der ebenfalls anwesend war und alle anderen Leute im Raum um eineinhalb Köpfe überragte, bildete er das beste Einbruchsteam des Auges. Ich war den beiden schon einmal im Mirror begegnet, als sie sich Zutritt zur Villa der Obersten Magistratin verschafft hatten. Damals waren wir allerdings noch Feinde gewesen.

»Richtig erkannt, Edge«, sagte Nessa. »Und das hat uns bedauerlicherweise bis jetzt daran gehindert, das Desimeter in Besitz zu nehmen. Damit ist nun Schluss – dank unserer Spione.«

»Was ist denn dieses Desimeter überhaupt?« Es war Lily, die die Frage stellte, und ich war ihr dankbar dafür. Dass es etwas Wichtiges war, lag auf der Hand, aber ich hatte Nessa nicht die Genugtuung verschaffen wollen, nachzufragen.

Nessas Blick glitt zu Lily, und auch ihre Gesichtszüge wurden unmerklich weicher. Sie mochte Lily. Anders als mich.

»Das Desimeter ist ein Kompass. Und es wird nicht weniger tun …«, Nessa machte eine Kunstpause, »…, als uns zur Schattenathame zu führen. Das hier ist der letzte Schritt auf unserem Weg zum achten Dark Sigil.«

Meine Gedanken rasten. Ein Kompass? Bedeutete das etwa – Nessa wusste überhaupt nicht, wo sie nach dem Dolch suchen sollte? Obwohl sie das eigentlich die ganze Zeit behauptet hatte?

Wieder Gemurmel, unterbrochen durch einen Zwischenruf aus den hinteren Reihen. »Edge hat recht. Wir haben bereits versucht, ans Desimeter zu kommen. Die Schutzmaßnahmen im Mirror sind einfach zu groß.«

Nessa wiegte den Kopf. »Bis jetzt, ja, da stimme ich zu. Aber uns spielt die aktuelle Mirrorpolitik in die Hände. Wir haben das Desimeter nie finden können, weil es traditionell unter der Aufsicht des Höchsten Magistraten ist. Seit Agrona Soverall das Amt übernommen hat, muss sie es den Statuten zufolge auf allen größeren Reisen mitführen. Und genau das könnte jetzt unsere Trumpfkarte werden. Denn offenbar plant der Mirrorlord angesichts der zunehmenden Bündelungen ein offizielles Treffen mit den Magistraten und den führenden Regierungen Primes.«

Ich spürte, wie Lily bei der Erwähnung von Adam sofort

zu mir sah, doch ich starrte nur weiter angespannt auf Nessas Hinterkopf. Es sollte ein Treffen geben? Zwischen Prime und dem Mirror?

Das war … unglaublich. Es hatte zwar sporadische Besuche von Politikern im Mirror gegeben, aber niemals ein öffentliches Treffen, bei dem auch das Oberhaupt des Mirrors anwesend war.

»Und das Beste kommt noch.« Nessa klang sehr zufrieden mit sich. »Das Treffen wird nicht im Mirror stattfinden.«

»Der Mirrorlord kommt hierher?« Die Frage kam von einem weißhaarigen Mann – einer von Nessas direkten Beratern, wenn ich mich nicht täuschte. Seine Stimme klang ungläubig.

»Nein, der Treffpunkt ist auch nicht in Prime.« Nessa schüttelte den Kopf.

Ich zog die Augenbrauen zusammen. Dieselbe Frage stand allen Anwesenden ins Gesicht geschrieben.

Wo dann?

»Offenbar wurden die verbliebenen Überreste Septems dazu genutzt, ein vollkommen neues Gebäude zu errichten. Kein Palast mehr, sondern … ein recht schlichtes Plateau, das *zwischen* Prime und Mirror wechseln kann. Ein neutraler Ort, den der Mirrorlord zukünftig für Verhandlungen nutzen möchte.«

Gemurmel ging durch den Raum, und auch ich brachte keinen klaren Gedanken zustande. Zwischen unserer Welt und dem Mirror lagen mehrere Kilometer Luftlinie und eine unsichtbare, aber unüberwindbare Barriere, die beide Welten komplett voneinander trennte.

Dort sollte ein Treffen stattfinden? Wie konnte das möglich sein?

»Laut unseren Informanten beginnt das Treffen bereits übermorgen und dauert einige Tage.« Nessa hob die Hände. »Das ist die Chance für uns! Wir müssen das Desimeter an uns bringen, koste es, was es wolle. Allerdings haben wir nicht mal achtundvierzig Stunden für unsere Vorbereitungen.« Sie ließ ihren Blick über die Rebellen gleiten. »Der Plan ist wie folgt: Wir werden ein Team bei dem Treffen einschleusen. Es wird schwierig werden, überhaupt auf das Gelände zu kommen und im Grunde vollkommen unmöglich, in die geschützten Bereiche zu gelangen. Doch wir haben einen entscheidenden Vorteil: Das Plateau ist aus den Überresten Septems erbaut worden. Und die Magie Septems wird sich immer und zu jeder Zeit von einem Dark Sigil öffnen lassen. Glücklicherweise …«, Nessas Blick wanderte weiter und blieb schließlich an mir hängen, »… glücklicherweise besitzen wir eines davon.«

Ich presste die Lippen aufeinander. Nessa wollte, dass ich mit einer Gruppe von Rebellen auf dieses Plateau ging? Dorthin, wo die Sieben sein würden? Wirklich? Nach all den Wochen, in denen sie mich so aufwendig versteckt hatte?

Nun hatten sich alle im Raum zu mir umgedreht. Ich versenkte beide Hände in den Taschen meines Sweatshirts, um das Zittern zu verbergen, das mich in diesem Moment überkam.

Auf keinen Fall wollte ich vor diesen Leuten Schwäche zeigen.

Es war ein cleverer Schachzug von Nessa, diesen Plan vor den Rebellen zu verkünden, bevor sie überhaupt mit mir darüber gesprochen hatte. Wenn ich ablehnte, würde jedes Mitglied des Auges sofort glauben, dass ich mich nicht für ihre Sache in Gefahr begeben wollte.

»Unsere Chancen sind am größten, wenn wir gleich zu Beginn des Treffens zuschlagen«, fuhr Nessa fort, den Blick nun wieder zu ihren Leuten gerichtet. »Es soll einen großen Empfang geben, bei dem weitaus mehr Gäste geladen sind als an den folgenden Tagen, in denen die Unterhändler in Arbeitsgruppen zusammensitzen. Eine Art Eröffnungsfest, um das erste Treffen zwischen den Welten einzuläuten. Dadurch wird die Lage weniger übersichtlich sein.«

»Ein Fest?«, fragte jemand, und ich merkte erst nach einigen Sekunden der Stille, dass dieser *Jemand* ich gewesen war. Die zwei Worte waren einfach so aus mir herausgeschossen, denn die Vorstellung, dass es einen feierlichen Empfang geben sollte, kam mir nach allem, was in den letzten Monaten geschehen war, schrecklich absurd vor. Und ich konnte nicht glauben, dass Adam tatsächlich nach einem Fest zumute war.

Andererseits ... er hatte diese Rolle zu spielen. Und es würde das Ereignis des Jahrzehnts sein, schließlich hatte sich der Mirrorlord nach dem Tod seiner Mutter und seinem Amtsantritt noch nie öffentlich in Prime gezeigt. Niemand wusste, wer er war, es gab keine Bilder, nichts.

Adam *musste* diesen Moment inszenieren.

Doch das war nicht der alleinige Grund. Das erkannte ich an dem Lächeln, das sich nun auf Nessa Greenwaters schwarz geschminkte Lippen legte. Ihr Blick haftete immer noch auf mir, und ich glaubte, darin nicht nur Zufriedenheit, ... sondern auch eine Spur Schadenfreude zu entdecken.

»Ja, ein Fest«, sagte sie gedehnt. »Ein Fest mitsamt einer Kundgebung. An den Mirror und auch an Prime.«

»Und was soll der Inhalt dieser Kundgebung sein?«, fragte Lily, weil ich kein Wort über meine Lippen brachte.

Nessas Lächeln wurde breiter. »Nun. Wie es aussieht, gibt es eine frohe Botschaft: Der Mirrorlord hat sich verlobt.«

3

Mit schnellen Schritten lief ich in Richtung Ausgang. Ich hatte nicht gewartet, bis Nessa die Sitzung für beendet erklärt hatte. Ich war einfach gegangen. Vom Hauptgebäude steuerte ich auf den Zaun der Basis zu, der aus der Entfernung unüberwindbar wirkte, aber Lily und ich hatten schon vor ein paar Tagen eine von Sträuchern überwucherte Spalte entdeckt, durch die man das Militärgelände verlassen konnte.

Von dort waren es nur einige hundert Meter bis zu dem schmalen Strandabschnitt, an den die Basis anschloss. Ich suchte den Weg durch die kargen Büsche und das Gestrüpp. Jetzt im Winter blühten natürlich kaum Pflanzen hier, die Gegend wirkte verwaist und trostlos. In dieser Hinsicht war es in Los Angeles ähnlich wie in London. Im Zentrum gab es einen reichen Kern, in dem die Mächtigen und Wohlhabenden lebten und in Luxus und Magie schwelgten, und drum herum – nur Armenviertel oder gähnende Leere.

Ich überquerte eine verlassene Straße. Der Beton war rissig, und ein paar Pylonen sperrten eine Baustelle ab, auf der schon seit Jahren nicht mehr gearbeitet worden war. Gleich dahinter begann nach ein paar mickrigen Palmen der Strand. Das einzige Geräusch hier draußen war das Pfeifen des Windes. Ich richtete meinen Blick auf die graublauen Wellen, die in unaufhörlichem Rhythmus gegen die Steine nahe der Wasserlinie schwappten. Der Himmel hatte die Farbe eines verblichenen blauen Flecks und versprach Regen.

Mir war es egal, in welche Richtung ich lief. Ich brauchte nur das Gefühl, davonrennen zu können.

Irgendwann traf ich auf eine Gruppe kleinerer Felsen, die aus dem Wasser ragten und von der Gischt umspült wurden. Ich achtete nicht darauf, dass meine Füße nass wurden, sondern kletterte bis nach vorn und ließ mich leise seufzend auf den steinernen Untergrund sinken, den Blick hinaus aufs Meer gerichtet.

Wusstest du, dass ich bis vor ein paar Wochen noch niemals das Meer gesehen habe?

Der Gedanke verhallte in meinem Kopf, ohne eine Antwort. Das war ich bereits gewohnt, doch es hinderte mich nicht daran, weitere Gedanken ins Nichts zu schicken.

Es ist anders, als ich es mir immer vorgestellt habe. Rauer. Wilder. Ich habe gedacht, es wäre langweilig, weißt du? Einfach eine große Menge Wasser. Aber das Meer lebt, Adam. Die Wellen habe eine eigene Sprache. Hast du jemals darüber nachgedacht, wie weit sie gereist sind? Das Meer ist endlos. Es ist … Freiheit.

Die Stille in meinem Kopf war so allumfassend, dass es mir die Kehle zuschnürte. Für einen Moment stellte sogar der Wind das Pfeifen ein, und ich spürte, wie meine Augen feucht wurden.

Er hatte sich verlobt. *Verlobt.*

Natürlich sollte mich das nicht überraschen. Adam war in dieser Hinsicht immer ehrlich mit mir gewesen. Er hatte deutlich gemacht, dass er seine Pflicht erfüllen würde. Und offenbar wollte er nun Taten folgen lassen.

Die Idee, jemanden zu heiraten, wäre für mich bis vor kurzem völlig absurd gewesen. Ich war siebzehn. Siebzehn! Und Adam war gerade einmal neunzehn Jahre alt. Wieso sollte man da an eine Hochzeit denken? Doch es war eine andere Sache, wenn man ein Dark Sigil trug. Die Magie, die in den sieben uralten Artefakten schlummerte, wurde schon seit Generation für jedes Sigil in einer eigenen Blutlinie weitergereicht. Und die Familien taten alles, damit ihre Linie nicht ausstarb. Lange Zeit hatte man geglaubt, dass mit dem Tod meines Vaters die Blutlinie unserer Familie ein Ende gefunden hätte, aber auch wenn niemand von meiner Existenz gewusst hatte, hatte mein Sigil auf mich gewartet.

Nun war es an mir, Ignis zu bewahren und zu beschützen, und ja – die Verbindung zu meinem Sigil war überwältigend. Seine Magie war meine Magie, ich spürte seine Macht tief in meinem Inneren. Und gleichzeitig machte es mich zu einer Schachfigur in einem Spiel, das seit Jahrtausenden den Mirror beherrschte.

Ich selbst hatte bereits mehrere Dutzend Heiratsanträge bekommen, und ich hatte nur wenige Tage unter den reichen Oberen des Mirrors verbracht. Sie alle stritten darum, die zukünftigen Ehepartner für die Träger der Dark Sigils zu stellen. Nur ein einziges Verbot gab es dabei. Eine unumstößliche Regel, die sich die sieben Trägerfamilien auferlegt hatten.

Es durfte keine Liebe untereinander geben.

Die sieben Blutlinien durften niemals vermischt werden, denn sonst konnten die Sigils keinem neuen Träger übergeben werden. Stattdessen würden sie die Erde schon in kürzester Zeit mit ihrer Chaosmagie fluten, wie es im Laufe der Menschheitsgeschichte wohl bereits mehrere Male geschehen war. Deshalb war es seit Jahrhunderten die Pflicht aller Träger, eine stabile Beziehung einzugehen, einen Erben zu zeugen, eine Familie zu gründen. *Die Tradition zu wahren.*

Zum Wohle der Welt und zum Wohle der Dark Sigils.

Mein Innerstes fühlte sich an, als hätte es jemand mit Eis überzogen. Gleichzeitig klopfte mein Herz wild gegen meine Rippen, gefangen in einem Zustand, in dem ich nicht wusste, ob ich schreien oder weinen wollte.

Adam und ich … wir hatten nur wenige Wochen miteinander verbracht, doch ich hatte in dieser Zeit tief in seine Seele blicken können. Er war noch nicht einmal ein Jahr lang der Lord des Mirrors, aber er war von Geburt an darauf vorbereitet worden, und sein Weg lag glasklar vor ihm. Er hatte es mir selbst erklärt.

Der Mirror kommt zuerst, Rayne. Die Dark Sigils kommen zuerst. Das müssen sie.

Adams Worte hatten keinen Zweifel an seiner Überzeugung gelassen. Er war in dem Glauben erzogen worden, dass die Magie der Dark Sigils nur dann kontrolliert werden konnte, wenn alles so blieb, wie es immer schon gewesen war. Wenn niemand aus der Reihe tanzte und alle das taten, was die Dark Sigils verlangten. Angefangen bei ihm selbst.

Und das bedeutete, Adam würde es sich niemals gestatten, glücklich zu sein.

Hör auf, an ihn zu denken, sagte ich mir, und wiederholte die Worte so lange, bis das Innere meines Kopfes vollständig mit ihnen erfüllt war.

Wenn die Vergangenheit eine Wüste war, wäre meine Zeit mit Adam trügerischer, tückischer Treibsand. Ein einziger unvorsichtiger Schritt genügte, um davon verschlungen zu werden. Ein Teil von mir hätte deshalb am liebsten jede gute Erinnerung an ihn verbannt. Jede noch so federleichte Berührung, jedes Halblächeln. Stattdessen wollte ich mich endlich der Wut auf Adam hingeben, weil dieser verdammte *Kotzbrocken* unbeirrt seinen Weg weiterging und nicht einmal versuchte, eine andere Lösung zu finden.

»Ray.«

Ich zuckte zusammen. Eine Hand legte sich auf meine linke Schulter. Ich hatte nicht gehört, wie Lily hinter mir auf die Felsen geklettert war. Die Sorge stand ihr ins Gesicht geschrieben. Sie setzte sich neben mich auf die Steine und lehnte ihren Kopf gegen meinen. Echo konnte ich hoch über dem Wasser als Schwalbe durch die Luft fliegen sehen. Er drehte seine Kreise, und man musste sehr genau hinschauen, um die feinen blauen Magiepartikel zu erkennen, die sich dabei von seinen Flügeln lösten.

»Wusstest du es?«, flüsterte Lily mir zu, und ich schüttelte den Kopf.

»Nein. Ich hatte keine Ahnung.« Die Wellen schwappten stetig gegen die Felsen, ein Geräusch, das fast hypnotische Wirkung hatte.

»Aber …« Lily schluckte und warf einen flüchtigen Blick über ihre Schulter, als wollte sie sicherstellen, dass ihr niemand gefolgt war, bevor sie weitersprach. »Aber ihr habt immer noch diese Gedankenverbindung, oder? Adam und du? Hätte er nicht irgendetwas durchblitzen lassen? Ich meine … *eine Verlobung.* So was würde er nicht vor dir geheim halten, oder?«

Doch, das würde er.

Adam *liebte* Geheimnisse.

Ich seufzte und starrte auf einen Wasserstrudel, der sich unterhalb der Klippen gebildet hatte. Er sah aus wie ein winziger Mahlstrom. Innerlich wappnete ich mich dafür, die Worte auszusprechen, die ich bis jetzt tief in mir verschlossen gehalten hatte und die danach meine neue Wirklichkeit werden würden.

»Die Verbindung ist …« Ich zog die Brauen zusammen. Was war das richtige Wort? Kaputt? Zerstört? Inaktiv? »Es gibt sie nicht mehr. Ich kann Adam weder spüren noch seine Gedanken hören. Er ist … weg.«

»Was?« Lily blickte mich fassungslos an. »Aber … davon hast du mir gar nichts erzählt! Seit wann denn?«

»Schon seit New York.«

Ich war eines Tages mitten in der Nacht hochgeschreckt, zitternd, schweißgebadet. Mein Kopf hatte ein stetes Pochen von sich gegeben, gefolgt von einem dumpfen, fremden Gefühl in meinem Inneren. Es war, als hätte mir im Schlaf jemand etwas gestohlen, irgendwo tief im Bewusstsein, und was zurückblieb, war eine Wunde, die mich seither jede Sekunde und jeden Tag daran erinnerte, dass etwas *fehlte.*

Ich hatte erst nicht begriffen, was es bedeutete. Doch dann, in den Stunden danach, war es mir klar geworden: Die Verbindung zwischen Adam und mir war aus irgendeinem Grund durchbrochen worden. Ich hatte seine Gedanken noch Stunden zuvor glasklar hören können, seine Gefühle hatten sich mit meinen eigenen vermischt, von Tag zu Tag mehr. Die Magie, die wir beide im Blut hatten, war auf rätselhafte Art und Weise zu einem Ganzen verschmolzen. Sein Dark Sigil reagierte auf mein Dark Sigil, seine Magie auf meine, er auf mich. Und auf einmal, als wäre all das nur ein absurder Traum gewesen, war die Verbindung verschwunden.

In den Tagen danach hatte ich damit gerechnet, ihn jederzeit wieder spüren und hören zu können. Ich hatte geglaubt, wenn ich eines Morgens aufwachte, wäre er wieder da. Vielleicht nicht mit Worten, aber zumindest mit dem Gefühl seiner Anwesenheit.

Doch ich irrte mich.

Es war, als wäre Adam vom Planeten verschwunden, auch wenn ich wusste, dass es nicht so war. Er war am Leben, er ging seinen Regierungsgeschäften nach, so viel berichteten die Spione des Auges. Er war dort, im Mirror. Und das konnte letztlich nur eines bedeuten.

Adam hatte einen Weg gefunden, die Verbindung aufzulösen. Absichtlich. Und die Wunde, die er in mir hinterlassen hatte … sie fühlte sich an, als hätte man mir ein Stück meiner Seele herausgeschnitten. Adams Präsenz war durch eine quälende Leere ersetzt worden, die mich in den ersten Tagen beinahe in den Wahnsinn getrieben hätte. Ich hatte inzwischen gelernt, den Schmerz in kleine Häppchen zu unterteilen, die ich mit jeder Menge anderer Gedanken umhüllte und in eine Ecke meines Verstandes verbannte, wo sie nur noch schwach vor sich hin pochten. Doch das Gefühl der Leere … das blieb.

»Oh, Ray«, flüsterte Lily. »Dass wir in New York waren, ist *Wochen* her. Du hättest es mir sagen sollen, statt es allein mit dir herumzutragen.«

Ich versuchte, meinen Gesichtsausdruck zu kontrollieren. »Ich wollte dich nicht damit belasten. Das Training ist schwer genug, und … es ist schon okay. Es war sowieso anstrengend, ständig vor ihm geheim halten zu müssen, was ich erfahre oder wo wir gerade sind. Wenn wir uns erst wirklich auf die Suche nach der Schattenathame machen, wäre die Verbindung zu ihm viel zu gefährlich gewesen. Es ist im Grunde leichter, wenn er nicht ständig in meinen Gedanken herumstochert.«

Lily verzog die Lippen, als hätte sie einen sauren Geschmack im Mund. Sie durchschaute mich, wie immer.

»Aber du liebst ihn doch«, flüsterte sie. »Oder?«

»Liebe spielt im Mirror keine Rolle.«

Lily holte tief Luft. »Trotzdem. Nessa kann dich nicht zwingen, dorthin zurückzugehen. Wenn er sich wirklich verlobt hat … Ich meine, es wäre ja grausam, wenn du auch noch –«

»Du hast Nessa gehört«, unterbrach ich sie. »Sie brauchen mein Sigil, um auf dieses Plateau zu kommen.«

»Dann muss Nessa sich eben was anderes einfallen lassen. Sie ist immerhin eine *Meisterschmiedin*. Wenn du mich fragst, könnte sie das auch mal unter Beweis stellen.«

Ich griff nach Lilys Hand. Gemeinsam schauten wir hinaus auf das Meer. Der Wind hatte weiter aufgefrischt, und auf den Wellen erschienen kleine Schaumkronen. Die Erschöpfung des Tages kroch in meine Glieder.

In ruhigen Momenten wie diesen spürte ich Ignis noch deutlicher als sonst. Das schwere Drachenarmband lag fest an meinem Unterarm und presste gegen das Zeichen, das dort in meinen Körper geritzt worden war: eine nach oben geschwungene Linie, gekreuzt von einer zweiten, die sich zu einer Spirale formte. Es war Adam gewesen, der mir diese Gravur vor fünf Monaten in dem Verbindungsritual verpasst hatte.

An diesem Tag war seine Magie mit meiner verschmolzen.

Ich wollte nicht an ihn denken, bloß hatte mein Unterbewusstsein offenbar andere Pläne. Es streckte sich immer wieder in Adams Richtung – jetzt und hier –, aber selbst nachts, wenn ich schlief und träumte, konnte ich ihm nicht entkommen. Dann wälzte ich mich in dem Hochbett umher, das ich mir mit Lily teilte.

Manchmal träumte ich von früheren Zeiten und Menschen, die ich nicht kannte. Es waren die bruchstückhaften Seelen derjenigen, die vor mir mit Ignis verbunden gewesen waren. Ich sah Momente aus ihren Leben, sah manchmal sogar meinen Vater, wie er als Kind durch die Korridore des Septem-Palastes rannte. Doch in jeder Nacht, ohne Ausnahme, wurde all das überlagert von *ihm*.

Erst in der vergangenen Nacht hatten wir in den Gärten Septems miteinander gekämpft. Unsere Sigils hatten mit ihrer Magie geleuchtet, und Adams Profil war vom Schein einer gleißenden Sonne angestrahlt worden, die es im Mirror überhaupt nicht gab. Sein Gesicht war voller Hass gewesen, und Verzweiflung loderte in seinen hellgrauen Augen, als ich mit meinem Schwert aus Magie ausholte und es gegen das Seil schlug, das er zwischen seinen Sigil-Würfeln gespannt hatte.

»Ich schwöre, den Sieben niemals zu schaden«, hatte Traum-Adam jene Worte gesagt, die ich vor wenigen Monaten selbst gesprochen hatte. Er hatte mich dabei immer weiter zurückgedrängt, und seine Stimme war nicht, wie ich sie in Erinnerung hatte. Sie hatte dunkel und bedrohlich geklungen, kalt und abweisend.

»Ich schwöre, dem Ersten Träger zu gehorchen. Bis zu meinem Ende.«

Das Magieseil, von dem ich wusste, wie tödlich es sein konnte, hatte im Traum gegen meine Kehle gepresst. Instinktiv hatte ich meine freie Hand vor Adams Brust gehoben und versucht, dort zusätzliche Magie zu erzeugen, um ihn zurückzuschlagen …

Doch Träume verzerrten alles. Und einen Wimpernschlag später hatte ich Adam meine Magieklinge in den Bauch gebohrt. Blut war über seine blassen Lippen geströmt, bevor er in sich zusammengesackt war und sich kurz darauf in dunklen Schwaden aus Chaosmagie aufgelöst hatte.

Seit die Verbindung zwischen uns zerbrochen war, endeten meine Träume immer auf dieselbe Art und Weise.

Entweder tötete ich Adam … oder er mich.

»Ray.«

Warme Finger legten sich um meine Schultern. Ich hatte weder gemerkt, dass ich die Augen geschlossen hatte, noch, dass sich ein paar Tränen an meinen Wimpern sammelten.

»Es tut mir leid«, sagte ich und zwang mich zurück in die Gegenwart. Auf den Felsen an diesem trostlosen Strand. Ich spürte, wie Lily neben mir vor Kälte zitterte.

»Ray, ich mache mir Sorgen um dich.«

Ich lehnte meinen Kopf gegen ihren. »Das musst du nicht«, flüsterte ich. »Ich bin okay.«

Ein Funkenregen von Magie explodierte vor uns, und ehe wir uns versahen, verwandelte sich Echo in seine Katzengestalt, die sich ohne Rücksicht zwischen uns fläzte. Bei seinem Anblick stieg ein leises Lachen in mir hoch, ob ich es wollte oder nicht, und es tat unendlich gut.

Wir legten unsere Hände in sein Fell und streichelten darüber.

»Er wird immer frecher«, sagte ich, und auch auf Lilys Gesicht erschien ein kleines Grinsen.

»Wahrscheinlich, weil er so viel Zeit mit dir verbringt.«

Ich schnaubte. »Mit dir, meinst du wohl.«

»Mit *mir*?« Lily warf mir einen gespielt empörten Blick zu. »Ich bin ja wohl die Zurückhaltung in Person.«

»Von wegen. Ist dir nicht aufgefallen, dass dir alle in der Basis inzwischen aus der Hand fressen? Ein Lächeln, und du bekommst, was du willst. Wenn du so weitermachst, übernimmst du die Rebellen in kürzester Zeit.«

Wieder ein Grinsen. »Jetzt hast du meinen infernalen

Plan also durchschaut.« Lily spähte kurz über ihre Schulter. »Apropos. Wir sollten zurück. Besser, wir finden so früh wie möglich heraus, was genau sie mit diesem Desimeter-Ding vorhaben.«

Ich nickte, schob Echo beiseite und rappelte mich auf. Doch bevor wir zurück auf den Strand kletterten, umarmte mich Lily auf einmal ganz fest.

»Verstehst du, was Nessas Entdeckung in Hongkong für uns bedeutet, Ray? Es geht los! Nach all dem Warten kommt Bewegung in die Sache. Und wenn wir diesen Dolch gefunden haben ... dann wirst du das Dark Sigil endlich los und führst ein normales Leben. Wir könnten weiter den Leuten in den Armenvierteln helfen. Dafür kämpfen, dass die Magie gerecht geteilt wird.« Sie lächelte mich an. »Untere und stolz darauf, richtig?«

Die Hoffnung in Lilys Gesicht war so strahlend, dass ich sie kaum anschauen konnte. Das schlechte Gewissen nagte an mir. Denn ... ja, auch ich wollte, dass es den Menschen in Prime besser ging. Aber wenn ich ehrlich zu mir selbst war, war das nicht der einzige Grund.

Ich suchte nicht bloß nach der Schattenathame, weil ich zu meinem früheren Leben zurückkehren wollte. Ich suchte sie auch wegen Adam. Weil ein winziger Teil von mir noch immer hoffte, dass er erkennen würde, welche Möglichkeit die Athame für uns *beide* bereithielt.

Weil ich hoffte, dass er sich entgegen allem doch für mich entschied.

Nichts davon kam allerdings über meine Lippen. Adam hatte einen Weg eingeschlagen, den nur er noch rückgängig machen könnte. Und ich ... hatte keine Ahnung, wohin mein Leben mich führen würde.

Nicht mehr.

Nur in einer Sache war ich mir ganz sicher. Egal, was geschehen würde, ich würde für immer an Lilys Seite bleiben. Also umarmte ich sie noch fester und erwiderte: »Untere und stolz darauf.«

Irgendwann würden sich die Worte wieder richtig anfühlen.

Das mussten sie einfach.

4

17. November 2013, 17:13 Uhr
Mirror-London, Septem
Leanore Tremblett ist 9 Jahre alt

Schneller, Melvin!«

Leanore lachte, während sie durch die endlosen Korridore des Palastes jagte. In einer Hand hielt sie einen kleinen Metallkäfig, der bei jeder ihrer Bewegungen scheppernd hin und her schwang. Mit der anderen Hand umklammerte sie Melvin Harwoods Finger.

Gemeinsam huschten sie vorbei am Arbeitszimmer ihres Vaters, dem großen Wohnbereich und schließlich an der Ahnengalerie der Trembletts, wo Leanores Vorfahren streng auf sie herabsahen. Auf einem Gemälde: ihr Vater, Victor Tremblett. Daneben: Maxwell Tremblett, ihr Großvater. Und wie immer wandte Leanore ganz schnell den Blick ab, als sie bei Theodora Tremblett vorbeikamen. Ihre Urgroßmutter hatte Leanore schon Angst eingeflößt, als sie am Leben gewesen war, doch jetzt, da ihr strenger Blick nur noch in dem Ölgemälde existierte, war sie mindestens siebenmal gruseliger.

»Wir werden so viel Ärger bekommen!«, keuchte Melvin,

als sie im Raum mit den sieben Türen ankamen. Trotzdem schlug er, ohne zu zögern, eine Hand auf den Knopf des Fahrstuhls, der sich mit einem leisen Klingeln für sie öffnete.

Leanore zog Melvin kichernd hinter sich hinein. »Hast du etwa Angst?«, neckte sie ihn, woraufhin Melvin die Nase rümpfte, als hätte sie ihn tödlich beleidigt.

»Niemals. Ich sage nur, dass wir Ärger bekommen werden. Wahrscheinlich schicken sie uns in den Nachtturm … oder noch schlimmer … zum *Nachsitzen*.«

»Ach Quatsch. Agrona wird uns bloß mehr Hausaufgaben geben. Das ist es wert.«

Als hätte Leanore den Zorn der alten Magistratin mit ihren bloßen Worten heraufbeschworen, hallten in dieser Sekunde warnende Rufe durch den Korridor, aus dem sie gekommen waren.

»Leanore Tremblett! Melvin Harwood! Wenn ihr beide den Vogel nicht sofort mitsamt eurem hoheitlichen Hintern hierher zurückbringt, dann schwöre ich bei allen Sieben, ich werde euch –«

Die Tür schloss sich und verschluckte jedes weitere von Agronas Worten. Sie würden niemals erfahren, was genau sie mit ihnen tun wollte. Aber es war wohl nichts Gutes.

Während sich der Fahrstuhl nach unten senkte, starrten sich Leanore und Melvin mit großen Augen an. Dann brachen sie in Gelächter aus. Melvins Wangen waren gerötet. Und Leanore vermutete, dass es bei ihr nicht anders war. Sie umklammerte seine Hand noch etwas fester, und obwohl ihr Herz dabei heftig gegen ihren Brustkorb pochte, spürte Leanore, wie sie durch Melvins Wärme gleich etwas ruhiger wurde.

Vom Käfig drang ein leises Zwitschern zu ihnen. Der Spektralvogel beäugte Leanore mit schräg gelegtem Kopf. Obwohl er in den letzten Minuten ziemlich hin und her geschleudert worden war, schien er nicht verängstigt zu sein. Im Gegenteil. Er wirkte beinahe etwas aufgeregt. So als wüsste er schon, was als Nächstes passieren würde.

»Gleich bist du frei«, flüsterte Melvin ihm zu und lachte, als der Vogel ein zustimmendes Zwitschern ausstieß.

Im Erdgeschoss des Palastes angekommen, rannten die beiden weiter durch die Korridore. Erst, als sie am Ausgangstor zu den Palastgärten eine Reihe Magiehäscher entdeckten, hielten sie inne und pressten die Rücken an die Wand, um nicht entdeckt zu werden.

»Was jetzt?« Leanore drehte sich um die eigene Achse. Durch den Hauptausgang konnten sie nicht gehen. Die Wachen hatten Befehle, niemals eines der Trägerkinder ohne Aufsicht aus Septem herauszulassen. Das bedeutete, sie würden sie geradewegs wieder nach oben zu Agrona bringen, und der gesamte Plan wäre Geschichte.

»Die Fenster im Thronsaal«, schlug Melvin vor. »Sie gehen fast bis zum Boden. Dort könnten wir ihn rauslassen.«

Leanore starrte Melvin an. »Der Thronsaal? Aber … da dürfen wir nicht rein.«

Er grinste. »Hast du etwa Angst?«

Nun war es an Leanore, die Nase zu rümpfen. Das würde sie sich nicht zweimal sagen lassen! Entschlossen drückte sie Melvins Hand, und während der Spektralvogel vor sich hinzwitscherte, führte sie Melvin geradewegs in Richtung der riesigen Doppeltür, die am Ende des nächsten Ganges auf sie wartete.

Aus dem Thronsaal drang ihnen Stille entgegen. Niemand war hier. Zum Glück hielt Leanores Vater so spät am Nachmittag keine Audienzen mehr ab. Trotzdem verlangsamten die beiden ihre Schritte, als wäre jedes noch so dumpfe Geräusch hier drinnen bereits zu laut. Leanore gab Melvin den Vogelkäfig, als sie bei einem der schmalen Fenster angekommen waren. Sie versuchte, sich zu dem Griff hochzustrecken, doch er war zu weit entfernt.

»Steig auf meine Schultern«, flüsterte Melvin. Leanore nickte. Er hob sie nach oben, und sie stellte ihre Füße behutsam links und rechts auf seinen Schultern ab. Sie zerrte an der Klinke, bis das Fenster sich nach innen öffnete. Ein kleiner Jubelschrei entwich ihr. Sie würden es schaffen! Jetzt mussten sie nur noch die Sigils vom Käfig entfernen, die den Spektralvogel gefangen hielten, und dann konnte er –

»Was, bei allen Sieben, soll das werden?«

Die Stimme erschreckte Leanore so sehr, dass sie das Gleichgewicht verlor und ihre Füße von Melvins Schultern rutschten. Sie fiel mit voller Wucht auf den Marmorboden, aber der Schmerz, den sie spürte, war nichts im Vergleich zu der Angst, die nun ihren gesamten Körper ergriff.

Ihr Vater stand am Eingang des Thronsaals. Neben ihm drei Magistrate in burgunderfarbenen Roben.

»Lassen Sie mich mit meiner Tochter allein«, sagte Victor Tremblett, woraufhin die drei Männer sich so tief verbeugten, dass ihre Nasenspitzen beinahe den Boden des Thronsaals berührten. »Du auch, Junge!« Leanores Vater deutete auf Melvin, der jedoch nur die Schultern zurückzog und versuchte, sich etwas größer zu machen.

»Es war meine Idee, mein Lord«, sagte er, bekam als Antwort nur einen beißenden Blick. »Lea trifft wirklich keine Schuld«, versuchte er es weiter. Leanores Vater deutete nur auf die Tür, woraufhin Melvins Schultern nach unten sackten. Er presste die Lippen fest aufeinander. Leanore sah ihm an, dass er bleiben wollte, aber sie schüttelte den Kopf. *Geh,* versuchte sie ihm mit ihrem Blick zu sagen. *Bevor er dich dazu zwingt.*

Mit hängendem Kopf lief Melvin an Victor vorbei. Jetzt waren es nur noch sie und der Spektralvogel, der sich im Käfig zu einem kleinen Ball aus blauschimmernden Federn zusammengezogen hatte.

Schritte näherten sich. Im Augenwinkel bemerkte Leanore, wie ihr Vater neben ihr zum Stehen kam. Und bevor sie wusste, was passierte, zerrte er sie auf die Füße, und seine Hand traf ihre Wange – so fest, dass sie für einen Moment nur schwirrende Lichter sah.

»Du wirst niemals wieder unerlaubt den Thronsaal betreten«, sagte er, leise und bedrohlich. »Nicht, solange ich Mirrorlord bin.«

Trotzig starrte Leanore auf den fein polierten Marmorboden.

»Schau mich an, wenn ich mit dir rede!« Ihr Vater beugte sich zu ihr herab. Obwohl er noch jung war, wirkten seine weißblonden Haare in der Dunkelheit der Halle gräulich und fahl. Er griff mit Daumen und Zeigefinger an Leanores Kinn und zog ihren Kopf so vehement nach oben, dass sie nicht anders konnte, als ihn anzuschauen.

»Hör endlich auf, dich bei jeder erdenklichen Gelegenheit gegen meine Regeln aufzulehnen«, sagte er. »Du bist nicht mehr oder weniger wert als die Träger, die vor dir kamen. Und wie sie bist auch du nur für einen einzigen Zweck auf diese Welt gekommen: dem Mirror zu dienen und deine Pflicht zu erfüllen. Hast du mich verstanden?«

Leanore tat das, was sie immer tat, wenn Vater ihr diesen Vortrag hielt. Sie vergrub den Teil von sich, der sich wie der kleine Vogel ängstlich zusammenkauern wollte, tief in ihrem Inneren und nickte stattdessen folgsam. »Ja, Vater. Ich habe verstanden.«

»Die Dark Sigils …«, fuhr er fort, und dabei umschloss er die beiden Würfel, die in einem Lederband an seinem Arm verwahrt waren, so fest, dass die Knöchel seiner Hand weiß hervorstachen, »… sind unsere Verantwortung. Bevor du Alius und Etas tragen kannst, musst du lernen, diese Energie in dir zu zügeln, Leanore. Sie ist gefährlich – und zwar für uns alle. Du *musst* dich den Regeln dieses Lebens beugen. Wir dürfen die Prädiktion nicht Wirklichkeit werden lassen.«

Leanore blinzelte. »Prä…dik…tion?«, wiederholte sie das Wort etwas ungelenk. Noch nie zuvor hatte sie es gehört. »Was bedeutet Prädiktion, Vater?«

Doch Victor blinzelte nur, als wären seine Gedanken für einen Moment ganz woanders gewesen. Dann richtete er den Blick wieder mit der vertrauten Strenge auf sie. »Geh zurück auf dein Zimmer und bleib dort. Zur Strafe für deinen Ungehorsam wirst du die nächsten zwei Monate die doppelte Anzahl an Unterrichtsstunden bei Agrona absolvieren. Und zwar allein, ohne Melvin Harwood. Du bist ohnehin viel zu vernarrt in diesen Jungen.«

Nein!, wollte Leanore am liebsten schreien. Das konnte ihr Vater nicht machen! Melvin war ihr bester Freund! Ihr einziger Freund.

»Und was diesen Vogel angeht …« Er griff nach den beiden Würfeln an seinem Arm. Weiße Magie waberte durch die Luft, und bevor Leanore wusste, was geschehen war, ertönte neben ihr ein Scheppern, gefolgt von einem kläglichen Laut und einem Knacken.

Wie betäubt starrte Leanore auf den Boden. Der Käfig war

geöffnet worden, und der Spektralvogel … er lag reglos auf dessen Boden. Sein Kopf war auf furchtbare Art verdreht, und unter seinen Federn … unter seinen Federn sickerte Blut hervor.

»Freiheit ist eines der wenigen Dinge …«, sagte ihr Vater leise, »… die außerhalb unserer Reichweite liegen. Je früher du das akzeptierst, desto mehr Kummer wirst du dir selbst ersparen.«

Tränen verschleierten Leanores Sicht. Es war zu viel, sie konnte es nicht mehr in sich halten. Also ließ sie sich auf die Knie sinken und fing an, aus vollem Herzen zu weinen. Vorsichtig zog sie den kleinen reglosen Körper an sich und schluchzte so heftig, dass sie nicht bemerkte, wie ihr Vater verschwand … und auch nicht, dass sich jemand anderes hinter sie gestellt hatte.

Arme legten sich um ihren Oberkörper, schützend wie ein Kokon. Es war Melvin. Auf seinen Wangen waren keine Tränen zu sehen, aber auch er wirkte erschüttert, während er auf den toten Vogel hinabsah.

»Ich wollte ihn doch nur befreien«, weinte Leanore, und Melvin nickte und drückte seinen Kopf sanft gegen ihren. Seine dunkelroten Haare waren das genaue Gegenteil zu ihrem Weißblond.

Leanore drehte sich zu ihm, um ihm direkt in die Augen sehen zu können. »Wenn die Würfel … wenn sie mich so böse werden lassen wie ihn … dann will ich sie nicht tragen. Niemals.«

Melvins Gesichtszüge verzerrten sich. »Du bist der beste Mensch, den ich kenne, Lea. Du kannst gar nicht so werden wie dein Vater.«

»Glaubst du das wirklich?«

Er schenkte ihr ein trotziges Lächeln. Ein *Harwood-Lächeln.* Das schönste Lächeln auf der gesamten weiten Welt.

»Du bist besser als alle anderen«, sagte er leise, die Worte strichen warm über ihre Haut. »Diese Welt hat dich überhaupt nicht verdient.«

5

Bereits am nächsten Abend bestiegen wir ein Flugzeug. Lily und ich hatten in unserem Zimmer in der Kaserne die wenigen Habseligkeiten zusammengepackt, die wir in den letzten Wochen angehäuft hatten. Dann hatten wir uns von Echo verabschiedet, der – ich hatte keine Ahnung, wie – zu verstehen schien, dass wir wieder verreisen mussten. So war es auch die letzten Male gewesen. Als Lily und ich in Chicago in das Transportflugzeug gestiegen waren, war Echo davongeflattert und eine Woche später in Los Angeles aufgetaucht.

Ich würde ihn wiedersehen, da war ich mir sicher.

Im Hangar der Militärbasis hatten sich zwei Dutzend Rebellen versammelt. Die meisten von ihnen waren kaum älter als Lily und ich. Man spürte, dass sich alle darüber freuten, endlich in die Offensive zu gehen. Über Monate hinweg hatte das Auge sich versteckt, um die Magiehäscher – die Armee des Mirrors – nicht auf sich aufmerksam zu machen. Doch jetzt war ihr Ziel zum Greifen nah.

Der Flug nach London würde die ganze Nacht dauern. Die Zeit, als ich mich darüber gewundert hatte, dass Nessa nicht ständig mit einem Nachbau des Saphirschlüssels die Türen zu jedem Ort auf der ganzen Welt öffnete, war längst vorbei. Die Repliken der Dark Sigils kosteten zu viel Magie – eine

Ressource, die den Rebellen nicht unbegrenzt zur Verfügung stand. Deswegen wurden sie nur im Notfall eingesetzt, wie beispielsweise bei der Rückreise von Hongkong. Doch jetzt blieb uns genug Zeit, um auf herkömmliche Art zu reisen. Wenn wir landeten, wäre es in London Mittag. Der Einlass auf das Plateau begann erst in den Abendstunden.

Nessa hatte Lily, mir, Dorian und ein paar Rebellen des Inneren Kreises am Vorabend ihren kompletten Plan enthüllt, und noch immer erschien er mir völlig verrückt.

Die Informanten in Hongkong hatten Nessa den genauen Ablaufplan des Empfangs auf dem Plateau sowie einen Grundriss des Gebäudes verschafft, das zwischen Mirror und Prime schwebte. Außerdem hatten sie uns mit einer Liste der extrem hohen Sicherheitsvorkehrungen versorgt. Ein Blick darauf genügte, um zu wissen, dass unsere Mission eigentlich zum Scheitern verurteilt war. Allerdings hatte Nessa uns ziemlich unmissverständlich klargemacht, dass der Plan unsere einzige Option war.

Sie hatte offenbar in den letzten Jahren bereits mehrere Versuche unternommen, den Desimeter-Kompass zu stehlen. Erfolglos. Und weil Agrona Soverall, die nun wieder die Höchste Magistratin war, ihn auf jeder Reise mitführte, war die Gelegenheit einmalig. So schnell würde sie den Mirror nicht wieder verlassen. Und ohne das Desimeter – das hatte Nessa deutlich gesagt – konnten wir unsere Suche nach der Schattenathame vergessen.

Das Flugzeug steuerte auf die Startbahn zu. Ich hatte mich weit nach hinten gesetzt, zwei Sitzreihen vor mir waren leer. Einige Leute aus dem Inneren Kreis waren dabei sowie ein paar Soldaten aus der Basis. Und natürlich das eigentliche Kernteam der Mission: Außer mir würde Dorian mit auf das

Plateau kommen, dazu Edge, der für den Einbruch zuständig war, und Blicker. Der Junge, dessen kahlrasierter Schädel weit über die Sitzlehne hinausragte, war der beste Pilot der Rebellen.

Die Letzte im Team war dagegen niemand aus dem Inneren Kreis. Und auch kein offizielles Mitglied des Auges.

Sondern Lily.

Sie saß gerade vorne bei den Jungs, spielte mit ihnen Karten und wirkte dabei völlig entspannt. Im Gegensatz zu mir. Mein Herz schlug immer noch Saltos, als ich an das Briefing von gestern Abend dachte … und an Dorians äußerst selbstzufriedenes Lächeln, als er verkündet hatte, wer uns begleiten würde.

»Liliana ist ein Klettertalent, wie ich es noch nie erlebt habe. Wenn uns die Mission gelingen soll, brauchen wir sie.«

Natürlich wusste ich, dass Lily in den letzten Wochen viel mit Edge, Blicker und den anderen Rebellen trainiert hatte. Sie hatte gesagt, dass sie inzwischen ziemlich gut im Erklimmen von Wänden war. Aber offenbar nicht, *wie* gut.

Für einen Moment hatten sich Zweifel in mir geregt, ob Nessa Lily womöglich nur mitnehmen wollte, damit ich während der Mission auch tatsächlich mein Bestes gab. Es wäre ein völlig bescheuerter und unnötiger Grund – aber ich würde es Nessa zutrauen. Doch letztendlich spielte es keine Rolle. Lilys Blick war mehr als kompromisslos gewesen, als ich sie gefragt hatte, ob sie sich wirklich dieser Gefahr aussetzen wollte. »Ich habe längst zugestimmt, Ray. Ich *will* mitgehen.«

Ich hatte bloß genickt. Auf keinen Fall wollte ich Lily bevormunden, so funktionierten wir einfach nicht. Aber Sorgen machte ich mir trotzdem.

Kaum dass wir unsere Reisehöhe erreicht hatten, entstand

Bewegung im vorderen Teil des Flugzeugs. Und als ich hochsah, stöhnte ich innerlich auf. Meine Mutter hatte sich durch den Mittelgang auf den Weg zu mir gemacht.

Die Tage, in denen Nora jedes Gespräch mit mir vor lauter schlechtem Gewissen gemieden hatte, waren definitiv vorbei. Was ich ziemlich ungerecht fand. Meiner Meinung nach sollte sie dafür, dass sie ihr Kind grundlos in einem Waisenhaus zurückgelassen hatte, nur um sich den Rebellen anzuschließen, lebenslang Schuldgefühle haben.

Ich richtete meinen Blick auf die Wolken vor den Flugzeugfenstern, aber der billige Versuch, sie zu ignorieren, scheiterte. Meine Mutter ließ sich auf den Sitz neben mir sinken, und ein leiser Schmerzenslaut kam dabei über ihre Lippen.

»Ihr hättet mich nach Hongkong mitnehmen können«, sagte ich, ohne sie anzusehen.

»Wir haben nicht gerade mit einer Schar von Abbys gerechnet.«

»Aber ihr wusstet, dass es Schwierigkeiten geben könnte. Wozu hat Nessa mich haben wollen, wenn ihr die Magie meines Sigils nicht nutzt?«

Im spiegelnden Fenster sah ich, wie meine Mutter mich stirnrunzelnd musterte. »Wir werden dein Sigil schon bald genug brauchen. Und dafür solltest du deine Kräfte aufsparen. Die Bergung des Dolches wird dir alles abverlangen.«

Nun sah ich sie doch an und versuchte dabei nicht einmal, meine Verwunderung zu kaschieren. »Weißt du etwas über den Ort, an dem die Athame liegt?«

Meine Mutter zuckte mit den Schultern. »Nein. Niemand von uns weiß etwas.«

»Außer Nessa. Erzähl mir nicht, dass sie keine Ahnung hat, wo wir suchen sollen.«

Meine Mutter seufzte. »Rayne, ich verstehe ja, dass du ihr misstraust. Nessas Art, die Dinge anzugehen …« Sie ließ die Worte in der Luft hängen. »Sie ist nicht immer sehr feinfühlig. Aber glaub mir: Sie ist bereit, für diese Sache zu sterben. Buchstäblich.«

»Wie meinst du das?«

»Ich meine, dass …« Sie seufzte abermals. »Pass auf, das Desimeter-Sigil … es wird uns zur Schattenathame führen, wenn alles glattläuft, aber es ist nicht ungefährlich für denjenigen, der den Kompass trägt.«

»Inwiefern?«, fragte ich und konnte den genervten Unterton in meiner Stimme nicht heraushalten. Wieso druckste sie bloß so herum?

»Das Desimeter ist kein normaler Kompass, dessen Nadel immer in dieselbe Richtung zeigt. Man muss einen Wunsch in das Sigil einspeisen, einen *Herzenswunsch*, der tief in einem verankert ist. Nur dann kann der Kompass einen zu dem Ort führen, wo dieser Wunsch erfüllt wird.«

Ich runzelte die Stirn. Das Desimeter wurde durch *Wünsche* angetrieben? Das war wirklich schwer vorstellbar. »Okay«, erwiderte ich gedehnt. »Aber … ich sehe nicht, wieso Nessa daran sterben sollte.«

Nora lächelte, doch es wirkte alles andere als glücklich. »Es ist wie ein Pakt, Rayne. Sobald das Desimeter den Wunsch akzeptiert hat, gibt es kein Zurück mehr. Man *muss* ihm folgen, egal, wie weit der Wunsch einen treibt. Egal, welche Hindernisse vor einem liegen. Selbst, wenn der Wunsch Dinge von einem verlangt, die man bei normalem Verstand nicht tun würde. Ein Wunsch, der vom Herzen kommt, *muss* erfüllt werden.«

Ich schluckte. »Was passiert sonst?«

Meine Mutter schaute mich nur an, und die Sorge in ihrem Gesicht war mehr als eindeutig. Sie und Nessa standen sich nahe, das war nicht zu übersehen.

»Dann verzehrt das Desimeter einen«, sagte sie leise. »Das Sigil entzieht einem nach und nach jede Lebenskraft ... bis man schließlich stirbt.«

Ich schwieg und versuchte, das Gehörte zu verarbeiten. Wenn ich eines in den letzten Wochen niemals bezweifelt hatte, dann war es Nessas Opferbereitschaft. Ich wusste, sie hatte sich mit Leib und Seele dem Auge verschrieben. Aber dass sie bereit war, ihr eigenes Leben einem derart hohen Risiko auszusetzen ... obwohl sie unmöglich sicher sein konnte, dass die Athame tatsächlich existierte ...

Ich konnte es kaum fassen.

Einige Minuten lang saßen meine Mutter und ich nur stumm nebeneinander. Ich starrte gedankenverloren aus dem Flugzeugfenster nach draußen, auf die Wolkendecke, die alles Leben vollständig unter sich verbarg. Ein surrealer Anblick.

Irgendwann holte Nora etwas aus der Jackentasche hervor. »Rayne, ich möchte dir schon lange etwas zeigen«, begann sie und öffnete ihre Handfläche.

Es war ... eine Kette. Mit einem kleinen goldenen Herzanhänger.

»Das ist kein Sigil«, erklärte sie. »Ausnahmsweise ist es ein ganz normales Schmuckstück. Dein Vater hat es damals für mich anfertigen lassen – bei Violet Greenwater, Nessas Tochter. Auch wenn ich das erst viel später erfahren habe. Sie war auch eine Schmiedin, und offenbar sehr begabt.« Nora lächelte nachdenklich, während sie auf den Herzanhänger hinabschaute. »Dein Vater hat es mir am Tag vor seinem Verschwinden gegeben.«

Ich nahm ihr die Kette ab und fuhr mit dem Daumen über das goldene Herz. Ornamente waren darauf eingraviert, feine Linien, die sich ein bisschen wie Magieschwaden ineinander verknoteten. Es war keine Sigil-Gravur zu erkennen, da hatte meine Mutter recht. Aber es war wunderschön.

»Ihr habt euch sehr geliebt, oder?«, flüsterte ich.

Nora nickte. »Ja, haben wir. Als wir uns damals auf dem College begegnet sind, war er erst ziemlich verschlossen. Ich dachte, er wäre einfach schüchtern, ein klassischer Austauschschüler eben, aber … im Nachhinein weiß ich natürlich, woran es lag. Die Kinder der Sieben sollten keine Freundschaften an den Schulen schließen, die sie in Prime besuchen. Geschweige denn eine Beziehung eingehen. Er war nur dort, um etwas über die untere Welt zu lernen. Das mit ihm und mir war nicht geplant.«

»Hat er …« Ich seufzte, hielt inne. Die Frage lag mir schon seit Wochen auf der Zunge, aber der richtige Moment hatte sich nie ergeben. Und allmählich wurde mir klar, dass er wohl auch nicht kommen würde, also zwang ich die Worte einfach heraus. »Hat Melvin jemals über Leanore Tremblett gesprochen? Du weißt, dass sie ein Paar waren, oder? Vor dir.«

Noras Gesichtsausdruck blieb unverändert, also waren meine Worte keine Überraschung für sie.

»Ja, ich habe von Leanore gehört. Aber – nein. Er hat nur einmal gesagt, es gab vor mir eine andere, und dass die Beziehung schwierig gewesen sei.« Ein Lächeln tauchte auf ihrem Gesicht auf, und nun wirkte es etwas wehmütig. »Als ich herausgefunden habe, wer Melvin wirklich war, da … habe ich im Nachhinein gedacht, ich wäre vielleicht nur eine Lückenbüßerin gewesen.« Sie hob die Schultern. »Es war Nessa, die mir erzählt hat, dass die Liebesgeschichten zwischen den beiden Familien berühmt im Mirror sind. *Die Trembletts hatten schon immer eine Schwäche für die Harwoods …*« Nora verdrehte leicht die Augen. »Aber unsere Liebe war echt. Ich weiß nicht, was zwischen den beiden vorgefallen ist, doch für deinen Vater war ich kein Ersatz, nur weil er Leanore Tremblett nicht haben konnte. Er war ein guter Mensch, und er hat mich geliebt, da bin ich mir sicher.«

Meine freie Hand legte sich unwillkürlich über Ignis und strich über den Magiekern, den der Drache in seiner Mitte trug. Ein Teil von mir wünschte sich noch immer, ich hätte meinen Vater kennenlernen dürfen. Ich hätte unendlich viele Fragen an ihn gehabt. Über Ignis. Über die Magie in mir. Über den Weg, der vor mir lag. Über die Verbindung, die ich mit Adam teilte. Oder *geteilt hatte.* Doch ein genauso großer Teil hatte unsägliche Angst vor den Antworten, die er mir geben würde.

»Wenn wir die Athame finden«, setzte meine Mutter vorsichtig an, »bist du frei, zu wählen, was immer du für richtig hältst. Und *wen* immer du für richtig hältst. Auch …« Sie zögerte, sortierte ihre Worte, »… auch einen Tremblett, wenn es das ist, was du möchtest.«

Das absolut Letzte, das ich wollte, war, mit meiner Mutter über Adam zu sprechen. Aber ihr Blick war so durchdringend, dass ich es nicht übers Herz brachte, nichts zu entgegnen.

»Er ist überzeugt davon, nur die Sieben können die Dark Sigils kontrollieren«, sagte ich leise. »Wenn ich die Athame also finde, würde er sich nur noch mehr von mir verraten fühlen, als er es ohnehin schon tut. Er glaubt nicht daran, dass die Athame uns allen unsere Freiheit zurückgeben kann.«

»Nun. Dann bleibt dir wohl nichts anderes übrig, als ihn

zu überzeugen«, sagte Nora, und als ich ihr die Goldkette mit dem Herzanhänger zurückgeben wollte, schüttelte sie den Kopf und drückte mir sanft die Hand zu, damit meine Faust sie fest umschloss.

»Dein Vater hatte nie die Chance, dich kennenzulernen«, sagte sie und lächelte mich voller Wärme an. »Glaub mir: Er hätte gewollt, dass ich sie dir gebe.«

6

»Ist das wirklich nötig?«

Ich wandte den Blick angewidert von dem goldschimmernden Monstrum vor mir ab. Stattdessen schaute ich zu Dorian, der mit einem süffisanten Lächeln hinter mir stand.

Wir waren in einer schicken Hotelsuite in Central London, die Nessa zur Vorbereitung für unsere Mission gebucht hatte. Bis hierhin war alles glattgelaufen … aber das hieß noch lange nichts.

Die Eckpunkte unseres Plans waren simpel. Am Anfang hatte ich mich noch gewundert, warum nicht mehr als fünf von uns auf die Mission geschickt wurden – aber der Grund dafür war schlicht, dass wir nur an fünf Einladungen für den Empfang hatten herankommen können.

Dorian leitete die Mission, Lily brachte uns in die Nähe der Privaträume der Sieben, ich sorgte mit meiner Magie dafür, dass wir dort hineinkamen, Edge kümmerte sich um den Tresor, in dem wir das Desimeter vermuteten, und Blicker flog uns mit unserer Beute wieder raus. So weit die Theorie.

In der Praxis hieß das, dass ich im Moment vor einem Spiegel stand und Dorian mit dem Zeigefinger gegen das Abendkleid tippte, das vor mir auf einem Kleiderbügel bereithing.

»Ich werde aussehen wie das größte Oberen-Fangirl der

Welt«, jammerte ich, obwohl ich mich im Grunde schon mit meinem Schicksal abgefunden hatte. Himmel, das Kleid war über und über mit siebeneckigen Pailletten bestickt! Und zwar vom trägerlosen Oberteil bis hin zum fließenden Stoff, der sich bis zum Boden ergoss.

»Du hast keine Wahl, sorry.« Dorian verzog den Mund bedauernd, aber ich merkte ihm an, dass ihm das Ganze eher Spaß machte. »Die Einladungen, die wir uns für heute Abend geborgt haben, gehören einem Presseteam. Und der Bürgermeister von London hat Leute ausgesucht, die echte Mirror-Liebhaber sind. Wir müssen also glaubhaft rüberkommen.«

Geborgt, sagte er. Wir hatten die Einladungen natürlich *gestohlen.* Und dann dafür gesorgt, dass die eigentlichen Gäste vergaßen, dass sie an dem Empfang teilnehmen sollten.

»Außerdem haben wir längst Peilsender eingenäht«, erklärte Dorian gutgelaunt. »Es ist zu spät, um noch umzudisponieren.«

»Was trägst du?«, wollte ich wissen.

Dorian zog mein Kleid zur Seite. Dahinter kam ein Anzug zum Vorschein, auf dem die Zahl Sieben als Ornamente aufgedruckt waren. Auch ein Fan-Outfit, zugegeben. Aber im Vergleich zu *meinem* Kleid wirkte er beinahe schlicht.

»Können wir tauschen?«, fragte ich, was Dorian ein Lachen entlockte.

»Sorry, nein. Ich würde in dem Kleid allen die Show stehlen, und wir müssen schließlich unauffällig bleiben.«

Ich seufzte und fuhr mit den Fingern über den goldenen Pailletten-Stoff. »Das ist es ja. Ich kapiere immer noch nicht, wie wir das machen sollen. Der gesamte Mirror kennt mein Gesicht. Die Sieben kennen mein Gesicht.« *Adam kannte mein Gesicht.* »Wie sollen wir …?«

Da streckte Dorian mir etwas entgegen. Es war ein … Ohrclip, zumindest glaubte ich das. Er war ebenfalls in der Form eines Siebenecks geschmiedet, und Dorian klemmte ihn sich ans Ohrläppchen, bevor er kurz dagegentippte.

Ich zuckte zusammen, als sich sein Gesicht verformte. Seine Nase wurde größer, seine Stirn breiter, seine Augen wandelten sich von braun zu blau, und plötzlich hatte er ein bisschen Ähnlichkeit mit …

Ich runzelte die Stirn. »Du siehst aus wie dieser Nachrichtensprecher auf BBC.« Mir fiel der Name nicht ein, aber nach Dorians breitem Grinsen zu urteilen, wusste er genau, wen ich meinte.

»Ich *bin* dieser Nachrichtensprecher auf BBC«, erklärte er und deutete mit einem ziemlich stolzen Ausdruck auf den Ohrclip. »Das ist ein Syntho-Sigil, ursprünglich eine von Großmutters Erfindungen. Sie hat damals noch im Auftrag von Leanore Tremblett daran gearbeitet, aber die Idee irgendwann als unbrauchbar verworfen. Ich habe es in den letzten Monaten selbst überarbeitet. Die Sigils überlagern inzwischen zuverlässig dein gesamtes Äußeres mit einer Art Hologramm. Hier, versuch es.«

Ich starrte Dorian an, als er mir einen dieser Ohrclips entgegenstreckte. Inzwischen hatte ich mitbekommen, dass Nessa ihrem Enkel einiges von ihrer Schmiedekunst beigebracht hatte. Aber nicht, dass Dorian bereits eigene Sigils entwarf. Ich schaute hinab und – tatsächlich: Auf dem Siebeneck war eine unfassbar zarte, perfekt ausgeführte Gravur eingeprägt, und offenbar war im Inneren ein Magiegrain eingelassen worden.

Vorsichtig legte ich das Sigil an mein Ohr und drückte dagegen. Diesmal war ich vorbereitet, als die Magie einsetzte, trotzdem klappte mir beim Blick in den Spiegel der Mund auf.

Nicht nur meine Haar- und Augenfarbe änderten sich, sondern meine gesamten Gesichtskonturen, ja sogar meine Kopfform. Am Ende stand ich mit blonden Rauschelocken vor dem Spiegel, perlweißen, unnatürlich geraden Zähnen und einem derart starken Make-up, dass ich mir wie eine wandelnde Karikatur vorkam.

Nun, dachte ich und meine innere Stimme klang dabei zunehmend hysterisch. *Das erklärt, wie wir auf dem Empfang unerkannt bleiben.*

»Wie seid ihr an die Identitäten gekommen?«, hauchte ich ungläubig.

Dorian grinste. »Was denkst du denn? Großmutter hat nicht umsonst Jahre daran gearbeitet, Repliken von den Dark Sigils zu machen.«

»Ihr habt eine Anima-Kopie benutzt?« Das war Matts Dark Sigil, ein Ring, der mächtige Illusionen heraufbeschwören konnte. Die Replik brachte allerdings nur kurzfristige Täuschungen zustande, soweit ich wusste.

Dorian nickte. »Es hat ausgereicht, die Presseleute davon zu überzeugen, dass sie nie eingeladen wurden.« Er deutete auf das Syntho-Sigil an seinem Ohr, bevor er es wieder abzog und sein Gesicht sich zurückverwandelte. »Der Effekt hält nur gute vier Stunden. Danach müssten wir ein Grain nachlegen, was inmitten der Gäste schwierig werden könnte, also sollten wir das Zeitfenster, so gut es geht, einhalten. Sobald der Empfang in vollem Gang ist, machen wir uns auf die Suche nach dem Desimeter. Dabei kommen wir den Sieben möglichst nicht zu nahe. Wenn alles glattläuft, sind wir vor Mitternacht wieder aus London raus, ehe jemand etwas von dem gestohlenen Kompass merkt.«

Ich seufzte innerlich und zupfte mein Syntho-Sigil ebenfalls ab. Dann nahm ich ohne Widerworte das Paillettenungetüm von einem Kleid entgegen, als Dorian es vom Bügel holte. Je schneller ich mich damit abfand, heute in diese Rolle schlüpfen zu müssen, desto besser.

Edge hatte sich ebenfalls bereits in sein Partyoutfit geworfen. Er stand im Foyer der Hotelsuite herum und trug ein brokatverziertes goldenes Sakko. Um seine Hüften war ein Gürtel mit funkelnden Siebeneck-Verzierungen gebunden, hinter denen sich offenbar Magiegrains für seine Kampfsigils versteckten.

Es sollte lächerlich aussehen – und irgendwie tat es das auch –, aber zugleich war es die perfekte Tarnung. Ich hatte schon Leute in Central London so herumlaufen sehen, weil sie dachten, der Mode der Oberen auf diese Art und Weise irgendwie nahzukommen.

Blicker war als Einziger von uns gut weggekommen. Er tarnte sich als unsere private Security, denn bei dem Empfang würde es von Sicherheitskräften von beiden Seiten nur so wimmeln.

Ich lief ins Nebenzimmer, wo Lily vor einem Spiegel saß und sich gerade frisierte. Erst, als ich direkt hinter ihr stand, erkannte ich, dass mir ein vollkommen fremdes Gesicht entgegensah.

Ah. Dann hatte Dorian ihr also bereits ein eigenes Syntho-Sigil gegeben. Es wunderte mich nicht, dass er Lily vor mir eingeweiht hatte. Die beiden hatten sich von Anfang an gut verstanden.

Lilys Haare waren glatter als zuvor, ihre Haut etwas heller, nur ihre Augen hatten beinahe denselben intensiven Braunton. Ihre Lippen glänzten rosa, und eine Reihe silberner Edelsteine war in einem hübschen Heptagon-Muster auf eine Seite ihres Gesichts geklebt. Das Kleid, das Lily trug, erinnerte an einen Nachthimmel. Hunderte winziger, funkelnder Pailletten waren auf den dunklen Stoff gestickt worden, der sich in Form einer Sanduhr an ihren Körper schmiegte.

»Du siehst toll aus«, sagte ich und versuchte, dabei nicht zu neidisch zu klingen. »Meine Tarnung sieht aus, als wäre ich in einen Farbtopf gefallen.«

Lily drehte sich zu mir um und grinste. »Was soll's. Es ist ja nur für ein paar Stunden.«

Sie half mir beim Anziehen. Danach wühlte Lily in ihrem Rucksack, den sie auf dem Boden liegengelassen hatte, und nahm Kletterhaken heraus. Mir wurde sofort schlecht bei dem Gedanken, was ihr Part bei der Sache sein sollte. Sie hingegen zog seelenruhig ihren Rock hoch, um die Sicherungshaken an eine Halterung an ihrem Oberschenkel zu schnallen. Daneben hatte sie eine Patrone von Magie-Grains gesteckt, mit denen sie später ihre Kampfsigils füllen würde.

Ich drehte mich um und warf einen Blick auf mein Spiegelbild. Erneut drückte ich gegen das Syntho-Sigil, bis mir die fremde Frau entgegenblickte. Meine Augen waren mit einer dicken, rußigen Substanz umrandet, und meine Lippen waren so rot wie Blut. Ich sah nicht aus wie ich selbst, aber natürlich war genau das Sinn der Sache, wenn wir heute Abend Erfolg haben wollten.

Aus meinem Gepäck zog ich die beiden Seidenhandschuhe heraus, die Dorian mir noch überreicht hatte. Ich stülpte sie über beide Arme und auch über Ignis, bis es vollständig verhüllt war. Als ich mich herumdrehte, blickte mir bereits nicht mehr Lily entgegen, sondern eine dieser Reporterinnen, die immer ganz vorne mit dabei waren, wenn es um die Verehrung aller Oberen ging.

»Bist du bereit?«, fragte Lily, und obwohl ihre Stimme fröhlich und abenteuerlustig klang, hörte ich auch den fragenden Unterton heraus. Sie brannte darauf, auf diese Mission zu gehen, daran hatte sie nie einen Zweifel gelassen. Aber ihr war klar, dass das nicht für mich galt.

Willst du das wirklich machen?, stand in ihrem Blick geschrieben.

Die Antwort war ja. Egal, wie sehr ich mit meiner Aufgabe haderte, wir brauchten diesen Kompass. Denn *ich* brauchte die Schattenathame.

Also nickte ich und nahm meine paillettenbestickte Handtasche an mich. »Gehen wir.«

Wir fünf verbrachten die Fahrt durch Central London schweigend. Nessa und die anderen Rebellen warteten an einem kleinen Flugplatz im Norden auf unsere Rückkehr. Bis dahin gab es keinen Kontakt. Das Risiko, auf dem Plateau aufzufliegen, war viel zu groß.

Edge und Blicker, die sich normalerweise nie für einen Spruch zu schade waren, blieben ungewöhnlich still, als Blicker die Limousine, die Nessa für den Hinweg aufgetrieben hatte, auf ein Areal nahe Westminster zulenkte. Es war das erste Mal, dass ich die beiden so ernst erlebte. Und auch mir wurde erst jetzt so richtig klar, worauf wir uns eingelassen hatten. Die City war weiträumig abgesperrt, um Schaulustige fernzuhalten. Gestern Abend war die Nachricht von dem Treffen offiziell in der Presse verkündet worden, und seitdem drehte die halbe Welt durch.

Wir waren etliche Male auf unserem Weg durch die Stadt kontrolliert worden, aber stets hatten unsere Pässe standgehalten. Und so waren wir unbehelligt zu dem Startplatz der

Shuttles gelangt, der direkt an der Themse lag. Ich hatte diese Fortbewegungsmittel noch nie zuvor in Prime gesehen. Vermutlich waren sie aus dem Mirror hergebracht worden, um die Gäste zum Plateau zu bringen.

»Dort ist es«, hörte ich Dorian zu Lily sagen, als wir ausstiegen. Er hatte den Kopf in Richtung Himmel geneigt, seine Lippen waren dabei leicht geöffnet, als könnte er seine eigene Überraschung trotz aller Bemühungen nicht verbergen.

Ich folgte seinem Blick. Ein etwas abgehackter Laut entwich mir, denn dort, unterhalb der silbrigen Mirror-Konturen, die sich am frühen Abendhimmel abzeichneten, war tatsächlich ein Gebäude zu sehen. Oder nein, es war nicht wirklich zu *sehen,* es war viel mehr ... wie eine Fata Morgana. So als würde das Gebäude vom Wind verweht werden, flackerte das Bild sanft hin und her.

Nun verstand ich auch, warum sie es *Plateau* nannten, denn das Gebäude hatte die Form eines breiten Zylinders, ohne Türmchen, ohne aufwendige Fassaden, einfach nur ein flacher, runder Bau.

»Ein Gebäude, das *in* der Barriere gehalten wird.« Dorian hatte sichtlich Mühe, seine Faszination im Zaum zu halten. »Ein Konzept meiner Großmutter. Sie hat es als Hirngespinst verworfen, aber sieht so aus, als wäre es doch möglich gewesen.«

Was bedeutete, dass Adam es irgendwie hatte verwirklichen lassen.

Ich antwortete nicht, sondern schloss zu Lily auf und lief mit ihr nach vorne. Die Shuttles legten entlang der Themse auf einer erhöhten Plattform an, und davor warteten bereits Dutzende Leute in Abendgarderobe, viele davon umringt von finster dreinblickenden Bodyguards und weiterer Security.

Ich sah Lily panisch an, für einen Moment vergaß ich vollkommen, dass ich nicht mein eigenes Gesicht trug, sondern das dieser Moderatorin.

»Lächeln«, murmelte Dorian uns zu. »Einfach lächeln.«

Ich fühlte mich wie in einem falschen Traum, als wir uns in die Schlange einreihten. Einige Gäste kamen mir aus den Nachrichten bekannt vor. Ein paar wenige Presseteams, Unternehmer, Berühmtheiten, aber vor allem Politiker. Jede Menge Politiker, aus allen möglichen Ländern der Welt.

All das hier erinnerte mich ein bisschen an den Tag der Jahresfeier, als ich mit den Sieben in den Heptadome in Mirror-Rom gelaufen war. Ein Waisenkind, ein *unteres Mädchen*, das den größten Teil seines Lebens in einer Straßenbande verbracht hatte, befand sich plötzlich inmitten der mächtigsten Menschen der Welt. Und heute war es wieder so.

Ich sah mich um und musste zugeben, dass Dorian recht gehabt hatte. Sämtliche Anwesenden übertrumpften sich in ihren Kleidern und Anzügen, mit ihren Golduhren und der Größe ihrer Ohrringe. Die meisten waren mit Siebeneck-Symbolen zugepflastert. In schlichteren Kleidern hätten wir wirklich herausgestochen.

Obwohl all diese Menschen garantiert niemals für irgendetwas in ihrem Leben anstehen mussten, taten sie es hier geduldig und ohne auch nur eine Miene zu verziehen. Sie würden zwar nicht in den Mirror kommen, aber dem Mirror doch sehr nahe. Und das versetzte alle Anwesenden in einen sichtlichen Glücksrausch, für den sie noch nicht einmal Happy-Uppers benötigten.

Es dauerte über eine halbe Stunde, bis wir an der Reihe waren. Mit einem der Shuttles, die zwischen dem Plateau und dem Landeplatz pendelten, schwebten wir nach oben.

Das Licht der untergehenden Sonne verlieh jedem der Gefährte einen fast unwirklichen Schimmer, und ich musste mich gegen die gläserne Innenwand lehnen, um den Schwindel zu bekämpfen. Den Schwindel ... und das innere Nervenflattern, denn ich näherte mich nicht nur Meter für Meter der Barriere zwischen beiden Welten, sondern auch dem Ort, an dem Adam und die anderen Sieben sein würden.

Als wir das Plateau beinahe erreicht hatten, ging ein Raunen durch das Shuttle, und die rund dreißig Leute, die darin saßen, drängten zu den Glaswänden. Denn draußen, auf einer Höhe mit dem Plateau selbst, zogen blaue Lichtschwaden wie Wellen durch die Luft.

»Magieleuchten«, sagte eine tiefe Frauenstimme irgendwo im Shuttle. Ich drehte mich um und erstarrte, als ich Zorya erkannte – Adams persönliche Leibwächterin.

Das letzte Mal hatte ich sie in der Basis des Auges gesehen, als Adam sie dank einer Magieklammer zu Boden geschickt hatte, damit die Rebellen und ich entkommen konnten.

Mit ihrer Glatze und dem Siebeneck-Tattoo auf der Stirn wirkte sie ehrfurchteinflößend. Beim Einstieg in das Shuttle hatte ich sie zwischen all der Security, die den Politikern und Berühmtheiten zugeteilt waren, nicht bemerkt, doch nun ging mir ihr wachsamer Blick durch und durch.

War sie meinetwegen hier? Nein, das war Schwachsinn. Zorya schaute geradewegs an mir vorbei, sah in mir nur eine weitere Oberen-Fanatikerin, so wie es sein sollte. Wahrscheinlich hatte Adam einfach aus Sicherheitsgründen Magiehäscher in jedem der Shuttles positioniert. Dass Zorya, die mich persönlich kannte, genau in diesem Shuttle war, musste Zufall sein, nichts weiter.

Als sich unser Gefährt dem Plateau näherte, lehnte sich Dorian zu Lily und mir. »Denkt an den Plan. Sollten wir getrennt werden …«, sagte er mit gedämpfter Stimme, die im Geplapper der anderen Gäste unterging, wenn man nicht direkt neben ihm stand, »… dann treffen wir uns an den Shuttle-Landeplätzen, verstanden? Blicker bleibt die ganze Zeit dort, und wenn etwas schiefgeht, holt er uns mit einem von denen hier raus.« Dorian klopfte gegen die Scheibe des Shuttles, und wir alle nickten. Wenn jemand das konnte, war das Blicker.

Inzwischen hatte sich die Geschwindigkeit verlangsamt, mit der wir in den Himmel emporgestiegen waren. Die letzten Meter zu den Landestegen, die sich vom Plateau nach außen streckten, schwebten die Shuttles in völliger Stille.

»Showtime«, murmelte Lily, kaum dass sich die Tür öffnete und die Gäste hinausströmten. Ich konnte sehen, wie sie sich noch einmal unbewusst an den Oberschenkel griff, wo die Magiegrains lagen, die sie für das Sigil-Medaillon an ihrem Hals benötigen würde. Dann hakte sie sich bei mir unter und zog mich nach vorne, vorbei an Zorya, die uns einen strengen Blick zuwarf, aber auch nicht mehr Aufmerksamkeit schenkte als den anderen Leuten. Ich entließ einen angehaltenen Atemzug, während ich einen Schritt hinaus auf das Plateau machte und mir ein sanfter Wind entgegenschlug.

Ab jetzt gab es keinen Weg mehr zurück.

TEIL 2
DAS PLATEAU

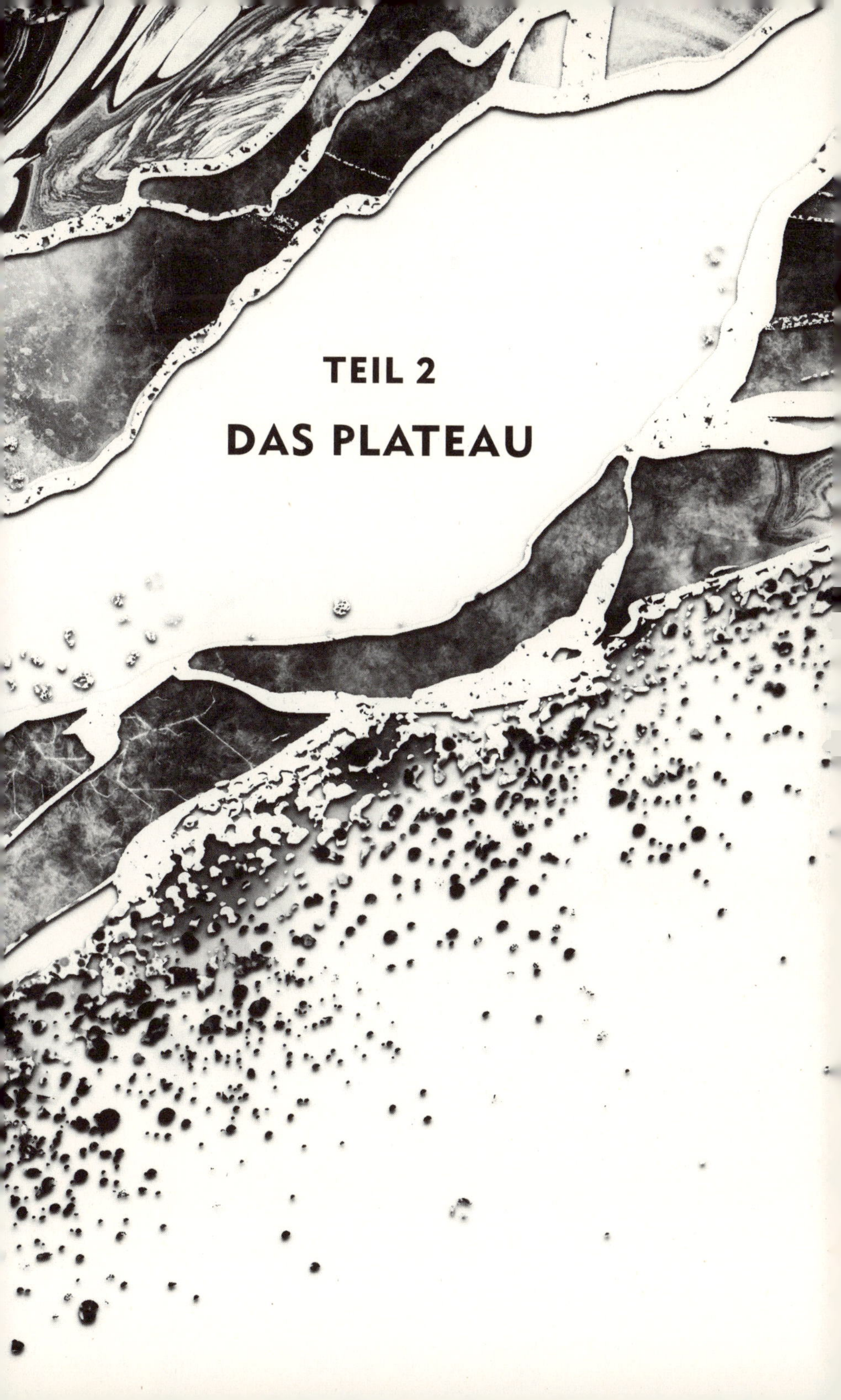

7

Dorian und Edge waren die Ersten, die ihre Einladungen an die Magiehäscher überreichten, die am Eingang des Gebäudes standen. Die Männer fragten nach unseren Ausweisen und musterten sie gründlich, aber auch hier hielten die Dokumente der Überprüfung stand. Nachdem man uns durchgewunken hatte, betraten wir einen langen, hellen Korridor, dessen Wände mit Spiegelplatten ausgekleidet waren. Ich starrte für einen Moment in unsere fremden Gesichter, bevor ich mich zwang, den Blick wieder abzuwenden.

»Viel Glück«, sagte Blicker nach einigen Schritten, bevor er vor dem eigentlichen Eingang stehen blieb. Die privaten Security-Guards hatte keinen Zutritt zum Festsaal, sie würden draußen an den Landebrücken warten. Eine Tatsache, die uns in die Hände spielte, denn so konnte Blicker in der Nähe der Shuttles bleiben, ohne aufzufallen.

Trotzdem schaute er uns mit einem besorgten Stirnrunzeln nach, das sogar Edge erwiderte, den ich bisher als ziemlich lässig erlebt hatte.

»Benehmt euch, als würdet ihr euch freuen, hier zu sein«, raunte Dorian uns zu, während wir den Soldaten tiefer hinein in das flache Gebäude folgten. »Das hier ist der Höhepunkt eures bisherigen Lebens. Ihr freut euch, klar?«

»Ich platze gleich«, murmelte ich, gab mir aber alle Mühe, in die Rolle der aufgeregten Nachrichtentante zu schlüpfen.

Lily dagegen ließ einfach nur ein zartes Lächeln ihre Mundwinkel kräuseln, und es wirkte so verzaubert und bezaubernd zugleich, dass ich ihr sofort abkaufte, dass sie nirgends lieber war als hier.

Trotz der Sorge war ich mit einem Mal auch erleichtert, Lily bei mir zu haben. Neben ihr würde uns jeder glauben, dass wir die waren, für die wir uns ausgaben. Es würde gutgehen. Irgendwie.

Wir traten durch einen hohen bogenförmigen Durchgang in einen weitläufigen Saal ein, der nach all dem Prunk, den ich im Mirror gesehen hatte, beinahe schlicht wirkte. Das hier hatte nichts mit dem Thronsaal Septems gemein. Es gab keine aufwendigen Wandverzierungen, kein Gold, nichts. Der Saal war überraschend nüchtern gehalten, und trotzdem wuselten die Gäste herum und machten *Ohhh* und *Ahhh*, als hätten sie nie etwas Schöneres in ihrem Leben gesehen.

Das Einzige, das die kahlen Wände verzierte, waren die sieben Symbole der Dark Sigils, die meterhoch in das Glas eingraviert worden waren. Mein Blick schweifte über die wunderschönen Symbole von *Anguis, Clavis, Anima, Divinus* und *Solis* hinweg, bis ich an den letzten beiden hängenblieb: die Gravur von *Alius* und *Etas* und die von *Ignis*, meinem Sigil, direkt nebeneinander.

Eine schiere Masse unterschiedlicher Sinneseindrücke stürzte auf uns ein, während Dorian, Edge, Lily und ich weiter nach vorne liefen, hinein in die Menge. Es roch nach blumigen Ölen und Parfüms. Außerdem war alles in einen schrillen Farbmischmasch getaucht. Die Gäste trugen knalliges Make-up, funkelnde Juwelen, Federn in den Haaren, und wir sahen ein absonderliches Outfit nach dem anderen, die mein Paillettenmonstrum beinahe schlicht erscheinen ließen.

Sowohl Obere als auch Bewohner von Prime waren anwesend. Man erkannte den Unterschied zwischen ihnen sofort. Die Oberen trugen viel aufwändigere Sigils und in größerer Anzahl. Ihre Kleidung war bei weitem nicht so bunt und anders geschnitten, so dass sie von der Mode der Unteren stark abwich.

Und dann war da der Lärm. Überall ertönte Gelächter, und Menschen plauderten in verschiedenen Sprachen miteinander. Auf einer schwebenden Plattform in der Mitte des Saals spielte eine Band irgendein rhythmisches Klassik-Stück.

Von den Sieben war keine Spur zu sehen. Wobei – sieben Dark-Sigil-Träger würden es ja ohnehin nicht sein. Im Mirror wurde diese Tatsache mit Sicherheit, so gut es ging, heruntergespielt, doch es änderte nichts daran, dass die Sieben momentan völlig gespalten waren. Adam würde heute Abend nur Celine und Dina an seiner Seite haben. Ob Cedric anwesend war, wusste ich nicht. Er gehörte schließlich nicht offiziell zu den Sieben, sondern war nur Celines Bruder.

Auch Zorya konnte ich unter den Magiehäschern, die sich am Rand des Saals positioniert hatten, nicht mehr entdecken. Zwischen den Gästen trugen einige Kellner Tabletts herum, auf denen sich Champagnergläser reihten. Dorian und Lily nahmen sich je zwei herunter und verteilten sie an Edge und mich.

»Dort hinten gehen die Treppen hoch zur Nordseite des Plateaus, von wo aus wir den Aufstieg versuchen«, flüsterte Dorian, während wir einen Schluck nahmen. Er nickte unauffällig zu einem Durchgang am linken hinteren Ende des Saals. »Denkt daran, die Patrouillen sind streng getaktet, und wir müssen uns an den Zeitplan halten, um da durchzukommen. Um 18.32 Uhr gehen Lily und ich los. Edge und Rayne übernehmen das nächste Zeitfenster, exakt zehn Minuten später. Verstanden?«

Wir hatten die Details etliche Male durchgekaut, aber ich tat Dorian den Gefallen und nickte trotzdem.

»Na dann.« Er schaute sich um. »Bis dahin: Bleibt unauffällig. Tanzt, plaudert, mir egal. *Los.*«

Lily nahm prompt einen kräftigenden Schluck Champagner. Als sie ihr Glas senkte, war ihr Gesichtsausdruck heiter und voller Vorfreude, und sie zog Dorian hinter sich her, in Richtung einer anderen Gruppe von Gästen.

»Die hat es echt drauf«, murmelte Edge, während er Lily dabei beobachtete, wie sie von den Leuten um sich herum sofort die Aufmerksamkeit auf sich zog.

»Ja, hat sie«, bestätigte ich lächelnd, hakte mich bei Edge ein und ging mit ihm in die andere Richtung des Saals.

Was folgte, war die längste halbe Stunde meines Lebens. Mir flogen von allen Seiten Gesprächsfetzen entgegen, über politische Ränkespiele und fragwürdige Finanzgeschäfte. Ich beschränkte mich darauf, an meinem Champagner zu nippen, mir kleine Häppchen von den Kellner-Tabletts in den Mund zu stopfen und selig zu lächeln, wann immer jemand in meine Richtung sah.

Irgendwann ging jedoch ein Raunen durch die Menge, als neue Gäste den Saal betraten. Ich stellte mich auf Zehenspitzen und schaute über die vielen Köpfe hinweg. Es war Nikki. *Nikita Fairburn,* eine der Sieben. Für einen Moment überzog eine Gänsehaut meinen gesamten Körper. Waren Sebastian und Matt etwa auch hier? Mein Blick zuckte zu Nikkis Begleitung, musste allerdings enttäuscht feststellen, dass sie mit irgendeinem Oberen hier war, den ich nicht kannte. Matt und Sebastian waren offenkundig nicht hier. Der Typ an ihrem Arm sah zwar wie ein Mirror-Hochglanz-Model aus, konnte Nikki aber trotzdem nicht die Show stehlen. In dem goldenen Kleid, das perfekt zu ihren goldenen Haaren passte, zog sie sämtliche Aufmerksamkeit auf sich. Und als sie und ihr Begleiter an mir vorbeiliefen, erkannte ich, dass ihr Dark Sigil – eine kleine Kugel aus Licht, die an einer langen Kette hing – direkt über einem tiefen Rückenausschnitt baumelte.

Wo ist Matt?, wollte ich ihr am liebsten entgegenbrüllen. Nikki *musste* wissen, wo Matt war. Und es musste einen Grund geben, warum sie hier aufkreuzte – immerhin stand sie nicht gerade auf Adams Beste-Freunde-Liste, nach allem, was in Mirror-Rom passiert war.

»Schön ruhig bleiben.« Edge boxte mich warnend mit einem Ellbogen in die Seite. »Du siehst aus, als würde dein Kopf gleich platzen.«

Ich deutete in Nikkis Richtung. »Das ist …«

»Ja, ich weiß, wer das ist«, unterbrach Edge mich. »Aber wir haben jetzt anderes zu tun.« Er nickte in die Ferne, und ich sah noch gerade rechtzeitig Lilys sternenbesetzten Rocksaum, bevor sie, gefolgt von Dorian, durch eine der Seitentüren aus dem Saal huschte. Ich hatte selbst keine Ahnung, wo Agrona Soveralls Gemächer lagen und wie wir dahin kamen. Das lag in Dorians Verantwortung, der die Pläne auf seinem Comm hatte.

»Zehn Minuten«, erinnerte mich Edge, als hätte ich das vergessen können. Ich nickte und zwang mich, Nikki keine weitere Beachtung zu schenken. Noch war von Adam, Celine und Dina keine Spur zu sehen, und langsam schöpfte ich tatsächlich Hoffnung, dass ich keinem von ihnen begegnen musste.

Um mich herum erklang erneut erheitertes Gelächter, das sich in einem Chor von den versammelten Gästen erhob. Aber schon im nächsten Moment wurde es von einer vollkommenen Stille ersetzt, die sich über den Saal – ja, über das gesamte Plateau – ausbreitete.

»Oh«, raunte Edge, und ich verstand zuerst nicht, was er meinte.

Doch dann sah ich ihn. Er lief einfach durch einen Seiteneingang in den Saal hinein.

Und egal, wie sehr ich geglaubt hatte, auf diese Begegnung vorbereitet zu sein …

Ich war es nicht.

8

Adam kam in der Mitte des Podiums zum Stehen. Er hatte seine weißblonden Haare streng nach hinten gekämmt, was ihn seltsam fremd wirken ließ. Nur seine Kleidung war mehr als vertraut. Ein schwarzer Mantel mit einem dezenten Brokatmuster, darunter eine schwarze Hose und ein schwarzes Oberteil. Zwischen den anderen Leuten im Saal mit ihren schrillen Kleidern sollte er kaum herausstechen, aber … er tat es.

Alle Blicke lagen auf ihm – und meiner ebenfalls. Doch ich sah nicht den Mirrorlord wie die anderen Gäste, die gierig seine Erscheinung in sich aufzusaugen schienen, ich sah … Adam. Adam, dessen Gesicht wie versteinert wirkte und dessen ganzes Selbst hinter einer Maske verschwunden war.

Der Saal war immer noch von Stille erfasst. Längst hatte jeder begriffen, wer da nun leibhaftig vor ihnen stand, zum ersten Mal, seit der Mirror sichtbar geworden war. Falls sich einige der Gäste wunderten, wie jung Adam war, zeigten sie es nicht. Im Gegenteil. Ihre Gesichter waren ganz und gar in Ehrfurcht getaucht.

Erst jetzt nahm ich auch die anderen Gestalten um Adam herum wahr. Celine und Dina zu seiner Linken – beide in ihre Familienfarben gekleidet, Celine in Blau und Dina in Grün.

Zorya und einige andere Magiehäscher standen dicht hinter ihm. Ebenso Agrona Soverall, von der ich beinahe vergessen hatte, wie alt sie aussah. Und zu seiner Rechten … ein Mädchen, das ich nicht kannte. Ein Mädchen, etwa in meinem Alter, das ihren Arm bei Adam eingehakt hatte.

»Das ist sie«, hörte ich eine Frau links von mir flüstern – eine Obere, ihrer Kleidung nach zu schließen. Ihr Blick war ebenfalls auf das Mädchen an Adams Arm gerichtet.

»Bist du dir sicher?«, fragte ein Mann neben der Oberen.

Die Frau nickte. »Ja. Pandora Cavendish.«

Pandora Cavendish. Ich wusste natürlich, wer sie war. Adams Verlobte. Daran hatte ich keinen Zweifel.

Ich zwang mich, meinen übermäßig freudigen Gesichtsausdruck beizubehalten, als die beiden nun allein weiter in den Saal hineinliefen. Pandora sah makellos aus, die Haare fielen ihr in sanften blonden Locken über die Schultern. Zusammen wirkten Adam und sie, als wären sie füreinander geschaffen worden. Nicht im übertragenen Sinne, sondern wortwörtlich: Als hätte sich jemand überlegt, wie zwei Lebewesen aussehen müssten, die einander perfekt ergänzten.

Ein Kloß formte sich in meinem Hals, doch ich widerstand der Versuchung, meinen Blick zu senken. *Alle* im Saal starrten den Mirrorlord und seine zukünftige Frau an, also würde ich es auch tun.

»Willkommen«, ertönte Adams Stimme schließlich. Ich hatte keine Ahnung, ob er irgendein Sigil nutzte, um sie zu verstärken, aber sie hallte laut und deutlich durch den riesigen Saal. »Willkommen an diesem besonderen Ort zwischen unseren zwei Welten.«

Ein Raunen ging durch die Menge, so als ob das eine völlig neue Information für alle wäre. Innerlich verdrehte ich die Augen. Himmel, das würde jetzt die ganze Zeit so gehen. Wahrscheinlich könnte Adam eine Liste der Straßennamen Londons vorlesen, und die Leute würden ihm dafür applaudieren.

»Mein Name ist Adam Tremblett«, sprach er weiter, ohne jegliche Regung im Gesicht. »Der Mirror unterliegt meiner Verantwortung, und ich bin dankbar, dass Sie meiner kurzfristigen Einladung gefolgt sind. Heute Abend haben wir Zeit, einander kennenzulernen, und ab morgen möchte ich einige wichtige Themen mit Ihnen besprechen, die die derzeitige Situation zwischen dem Mirror und Ihrer Welt betreffen. Bis dahin wünsche ich – wünschen *wir* …«, er deutete in Richtung von Celine, Dina und Agrona, »… Ihnen einen angenehmen Abend.«

Der Applaus, der aufbrandete, schien das gesamte Plateau zu erfüllen. Die leuchtenden Augen der Gäste machten klar: Sie waren wortwörtlich im siebten Himmel, weil sie endlich einen Blick auf den Mirrorlord hatten werfen dürfen.

Adams Gesicht dagegen war noch immer eine eisige Maske.

Als Musik ertönte, führte er Pandora Cavendish in einem Bogen in Richtung Tanzfläche. Sie kamen an mir vorbei, schätzungsweise drei oder vier Meter. Und doch schaute er mich nicht an, fühlte mich nicht, beachtete mich keine Sekunde lang. Meine falsche Identität funktionierte genau so, wie Nessa es geplant hatte, und in diesem Moment verteufelte ich sie dafür.

Sieh mich an, dachte ich, auch wenn ich wusste, dass es unseren gesamten Plan gefährden würde. *Sieh mich nur einmal an. Bitte.*

Da beugte sich Adam zu Pandora. Irgendetwas sagte er zu ihr, so leise, dass ich es nicht wahrnahm. Er verschränkte die Finger seiner freien Hand mit ihren.

Dann wurde die Musik lauter.

Wie betäubt beobachtete ich, als das Paar über die Tanzfläche zu schweben begann. Eigentlich sollte es nicht so ein Schock sein, dass Adam gut tanzen konnte. Immerhin war er von Geburt an zum Mirrorlord erzogen worden. Aber trotzdem – etwas in mir zog sich zu einem winzigen Ball aus Schmerz zusammen, als er die Führung übernahm, seine rechte Handfläche auf Pandoras Rücken drückte, so dass sie näher an ihn heranrückte.

Seine Lippen bewegten sich, wieder sagte er irgendetwas zu ihr. Wahrscheinlich etwas wie *Folge meinen Bewegungen,* denn sie nickte, und gemeinsam wogten sie durch den Saal.

Ich konnte nicht anders als zuzusehen. Und gleichzeitig hatte ich wieder Adam und mich vor meinem inneren Auge, vor vier Monaten, in einem völlig leeren Tanzsaal nahe der Bella Septe. Wir hatten nicht getanzt, sondern mein Sigil trainiert. Doch mit ihm hatte es sich wie tanzen angefühlt. Anders als alles, was ich jemals zuvor erlebt hatte.

Damals hatten sich meine Füße im Einklang mit seinen bewegt, und wann immer wir inmitten der Schläge und Magiegesten, die wir aufeinander losgelassen hatten, zusammengekommen waren, hatte mein Herz gegen seines geschlagen. Die Verbindung zwischen ihm und mir hatte sich dort bereits geöffnet, auch wenn ich es noch nicht wirklich begriffen hatte. Ich hatte stets geahnt, wohin er als Nächstes treten würde, wohin er gehen würde, was seine folgende Bewegung wäre. Unsere Körper schienen ein und demselben Bewusstsein zu folgen, und Adams hellgraue Augen waren alles gewesen, was ich gesehen hatte.

Während Adam mit Pandora über den Steinboden des Plateaus tanzte und sich nach und nach Obere und schließlich auch Untere anschlossen, erblühte unsere Vergangenheit um mich herum. Sein durchdringender Blick im Heptadome, seine kalten Worte im Thronsaal, das Lächeln, das er mir in der Bar in Mirror-London zugeworfen hatte, gefolgt von unserem Streit, als er mich in London hatte zurücklassen wollen, um sich allein den Magistraten zu stellen. Ich erinnerte mich an *alles*, und ich wusste: Es gab niemanden sonst auf der Welt, der so genau verstand, wie es in meinem Inneren aussah. Nicht einmal Lily.

Pandoras Hand glitt über Adams Schulter. Gleichzeitig kam seine Hand – die auf ihrem Rücken – am unteren Ende ihrer Wirbelsäule zum Ruhen.

Ich zitterte. Mein Atem ging stoßweise, mein Mund war trocken, mein Kopf benebelt davon, was ich vor mir sah. Adam drehte Pandora perfekt im Takt der Musik, und jeder Schritt von ihnen fühlte sich an wie ein Stich ins Herz.

Da zog Edge mich am Arm. »Komm schon«, zischte er. »Unser Zeitfenster geht gleich zu.« Ich nickte, riss meinen Blick widerwillig von Adam los und folgte Edge durch die Menge.

Wir schlüpften durch die Tür. Der Flur, den wir betraten, war ebenfalls schlicht und ohne große Dekorationen, wie der Rest des Gebäudes. Die Geräusche aus dem Saal verklangen hinter uns.

Edge signalisierte mir, anzuhalten, als wir Stimmen aus einem angrenzenden Gang hörten. Das musste die Patrouille sein. Wenn sie vorüber war, hatten wir zehn Minuten Zeit, um zu den anderen zu kommen und uns außer Sichtweite zu bringen. Als die Schritte verklangen, schlichen wir weiter, bis wir die Treppe fanden, von der Dorian gesprochen hatte. Wir liefen sie hoch und stießen auf einen leeren Durchgang, den wir ein paar Minuten entlangeilten. Der Korridor nahm einen Bogen, und wir gelangten in eine Art Foyer. Es wurde von einer Seite durch eine Fensterfront begrenzt, die die Sicht freigab auf eine spektakuläre Außenplattform aus Glas. Laut unseren Informationen sollten später von hier aus, an der Grenze der beiden Welten, publikumswirksame Bilder aller Gäste gemacht werden. Denn unter, über und hinter der Plattform lag nichts. Nur luftleerer Raum.

»Ihr seid fast zwei Minuten zu spät.« Dorian löste sich aus dem Schatten eines Sessels, die – zu verstreuten Sitzgruppen arrangiert – im Foyer standen.

Ich warf ihm einen genervten Blick zu. »Wäre es dir lieber gewesen, wir hätten uns den auffälligsten Moment des ganzen Abends ausgesucht, um zu verschwinden?«

Dorian schaute zu Edge, als bräuchte er eine Bestätigung. »Der Mirrorlord?«

Edge winkte bloß ab. »Ja. Aber egal. Wir liegen gut in der Zeit.« Er deutete zu Dorians Comm. »Ist der Scan schon durchgelaufen?«

Dorian nickte. »Er hat den Lageplan bestätigt. Die Wohnbereiche der Sieben liegen genau über uns im obersten Stockwerk des Plateaus. Die Suite von Agrona Soverall konnten wir nicht exakt verorten, aber sie muss irgendwo dort sein.« Er winkte uns zur Fensterfront und deutete nach oben, wo eine kaum sichtbare Wölbung in der sonst glatten Außenfassade zu sehen war. »Der einzige Weg für uns dorthin geht …« Er schaute uns eindringlich an, dann hob er einen Finger in die Höhe.

Ich spähte an der der gläsernen Fassade des Plateaus hoch und spürte, wie mir übel wurde. Von hier aus konnte man nicht viel vom Gebäude sehen, aber ich wusste, dass es bis zum obersten Stockwerk sicher dreißig Meter oder mehr waren.

Ich hatte geahnt, wie hoch Lily würde klettern müssen, bloß war mir nicht klar gewesen, wie glatt die verdammte Außenfassade war.

»Lass es uns doch von innen versuchen«, sagte ich. »Wenn Lily dort hochklettern soll, quasi ohne Sicherung ...«

Dorian schüttelte den Kopf. »Die Fahrstühle sind die einzigen Zugänge, und die sind ausnahmslos rund um die Uhr von Magiehäschern besetzt. Das Risiko ist zu hoch.«

Ich hob eine Augenbraue. »Höher, als dass Lily runterfällt?«

Dorian legte den Kopf schief, schaute zu Edge. Der zuckte nur mit den Schultern.

»Bei jedem anderen: fünfzig-fünfzig. Bei Lily achtzig zu zwanzig, würde ich sagen.«

»Gut genug für mich«, raunte Lily und wickelte sich ein schmales Halteseil um Hüfte und Schultern. »Abgesehen davon *bin* ich gesichert, Ray. Wir sind das ein Dutzend Mal durchgegangen. Es wird klappen.«

Ich presste die Lippen aufeinander. *Gesichert?* Na ja, bis auf die Momente, in denen sie die Kletterhaken versetzte, die sie nur in den wabenförmigen Strukturen der Außenwand verankern konnte. Und die lagen bestimmt zwei oder drei Meter auseinander.

Aber bevor ich weiteren Einspruch einlegen konnte, ertönten auf einmal Schritte. Das Tempo war stetig und mechanisch, und wir zuckten zusammen. Die zehn Minuten waren um, die nächste Patrouille war im Anmarsch, und wenn die Geräusche nicht täuschten, sehr schnell.

Ich sah mich hastig um. Auf der Außenplattform gab es

keinerlei Versteckmöglichkeiten. Und hinter den Sitzgruppen im Foyer würden sie uns schnell entdecken.

»Wir müssen verhindern, dass sie einen Alarm auslösen«, raunte Dorian. »Zumindest, bis wir in den Privatquartieren sind.«

Und wie sollten wir das bitte verhindern? Die Wachen konnten jeden Moment in Sichtweite kommen und –

»Okay, spiel einfach mit«, raunte Lily Dorian zu. Sie löste das Seil von ihrer Hüfte, und bevor ich wusste, was passierte, zog sie uns von der Fensterfront weg und in das Foyer hinein. Edge und mich bugsierte sie hinter eine Sitzgruppe, nur Dorian zerrte sie weiter hinter sich her. Erst dachte ich, sie würden durch den Korridor verschwinden, doch Lily lief mitten in den Raum hinein, drückte sich an Dorian und begann ihn leidenschaftlich zu küssen.

Mir stand der Mund offen, Edge dagegen grinste bloß über beide Ohren. »Ich mag sie«, raunte er mir zu, und ich wollte ihm gerade den Ellbogen in die Rippen bohren, da ertönte ein lauter Ruf.

»Hey! Ihr solltet nicht hier sein!« Die Patrouille hatte Lily und Dorian offenbar entdeckt. »Dieser Teil des Plateaus ist für Gäste noch gesperrt.«

»O – Entschuldigung«, sagte Lily mit einem Kichern, das – obwohl sie bestimmt nervös war – nicht ansatzweise aufgesetzt wirkte. »Bevor später alle für die Fotos herkommen, wollten wir die Aussicht noch etwas für uns allein haben. Ihr wisst schon. *Ganz* für uns allein.«

Zwei glatzköpfige Magiehäscher mit Siebeneck-Tattoos auf der Stirn tauchten in meinem Sichtfeld auf. »Keine Ausnahmen«, erklärte der größere der beiden streng. »Wir bringen Sie zurück zum Saal. Folgen Sie uns.«

Lily hakte sich bei Dorian unter und wartete, bis die Häscher ihnen folgten – und damit Edge und mir den Rücken zuwandten.

Ich wusste sofort, was zu tun war. Lily und ich hatten diese Nummer schon etliche Male durchgezogen, damals, als wir für das Waisenhaus auf Diebestour gegangen waren. Ich gab Edge einen Wink und hob die Hand. Er verstand und tat es mir nach. Um sein Handgelenk trug er ein Sigil-Armband, dessen Plättchen mit einem Grain Magie versehen war. Etwas, das ich für mein Sigil nie wieder brauchen würde. Wir richteten unsere Hände auf die Häscher und führten sie völlig synchron in einer geraden Linie nach unten.

Ein winterblaues und ein rötliches Leuchten flackerte auf, und schon fielen beide Häscher zu Boden.

Mit schnellen Schritten folgte ich Edge zu Dorian und Lily.

»Gute Idee, Bellerose«, hörte ich Dorian sagen. Er grinste Lily an – an seinem Mund war ein bisschen Lippenstift zu sehen –, dann schaute er auf die beiden bewusstlosen Männer hinab. Er drehte sich zu der Plattform um. »Kommt. Jetzt dürfen wir keine Zeit mehr verlieren.«

Ich spürte, wie sich mein Innerstes verknotete, als wir auf die Plattform traten und uns der raue Nachtwind empfing. »Sei bitte vorsichtig«, beschwor ich Lily und glaubte, den Hauch eines Lächelns zu sehen, bevor sie an mir vorbeiglitt, sich an der Außenwand positionierte und die Finger an die nächstgelegene Kante zwischen den Glasplatten legte. Ich wollte noch etwas sagen, aber Lily hielt schon mit einer Hand einen Kletterhaken hoch, legte den Kopf in den Nacken und begann dann, ohne sich noch einmal zu uns umzusehen, in die Dunkelheit hinaufzuklettern.

Sie hatten mir gesagt, dass sie talentiert war, aber Lily so in Aktion zu sehen, war überwältigend. Es war ein bisschen, als ob ihr Körper über die Außenwand fliegen würde, mit flüssigen, springenden Bewegungen, völlig im Einklang mit sich selbst. Hand über Hand, den Haken in die Ritzen der Fassade klemmend, um ihn dann wieder herauszureißen, während sie sich mit der anderen Hand festhielt. In Windeseile hing sie zehn, fünfzehn Meter über uns, und ihr Kleid wurde vom Wind aufgebauscht. Der Anblick ließ mich schwindelig werden.

Dorian stand neben mir, den Kopf nach oben geneigt, das Gesicht angespannt. »Sie ist wirklich gut. Das klappt schon.«

»Ja. Das denkt man immer, bevor es dann schiefgeht«, sagte ich und hielt die Luft an, als Lilys Bewegungen gleich darauf ins Stocken gerieten. Sie tastete nur mit einer Hand herum, nach einem Griff suchend, den sie nicht fand.

Ich trat einen Schritt vor, um besser sehen zu können, selbst als Dorian mir zuzischte, gefälligst in der Deckung der Wand zu bleiben. Ich hörte ihn kaum.

»Sie kommt nicht weiter«, sagte ich, während ich angespannt beobachtete, wie Lily mit der einen Hand in der Wand hing und mit der anderen versuchte, den Haken einzuschlagen. Vergeblich, das Metall glitt immer wieder ab.

Ich fühlte, wie sich die Finger meiner Hand unwillkürlich verkrampften. Wie lange konnte man so sein eigenes Körpergewicht halten?

Jetzt klebte sie wieder mit allen vieren an der Wand, doch sie war kein Stück vorwärtsgekommen. »Sie kann nicht vor und nicht zurück.«

»Vertrau deiner Freundin«, brummte Edge, und mittlerweile war auch sein Gesicht von Sorge gezeichnet.

Da löste sich Lily plötzlich seitlich von der Wand. Sie ließ die linke Hand lose am Körper baumeln, dann holte sie unvermittelt Schwung – ein leiser Schrei entfuhr mir –, und ihr Körper schnellte mit einem Satz zur Seite, in die nächste Wabe. Es erschien mir wie eine Ewigkeit, in der Lily frei in der Luft war, die Hand ausgestreckt, um die Rille zu erreichen, die ihr den einzigen Halt an der Fassade bot. Sie krallte sich fest – und dann hing sie mit den Fingerspitzen ihrer linken Hand in der Wand, während sie mit der rechten den Sicherungshaken umklammerte.

»Drei Minuten noch«, zischte Dorian hinter mir zwischen zusammengepressten Zähnen hervor. »Dann müssen wir uns mit der nächsten Patrouille auseinandersetzen.«

»Also, ich küsse dich garantiert nicht«, murmelte Edge, und ich hörte ihn kaum. Ich konnte vor Anspannung nicht mehr atmen, aber dann schaffte Lily es, umzufassen. Einen Moment später hatte sie den Haken in der Rille, zog das Seil durch und war endlich wieder gesichert.

»Geht doch.« Edge lachte leise.

Ich ballte die Fäuste. Wie konnten die beiden nur so locker sein?

Nach ein paar vorsichtigen Seitwärtsbewegungen begann Lily wieder ihren Aufstieg, bis sie außer Sichtweite war.

Und auch wenn ich mir das nicht hätte vorstellen können, war das vielleicht noch schlimmer als die Momente zuvor, denn da hatte ich sie wenigstens noch im Blick gehabt. Jetzt war da nichts. Keine Spur von Lily, kein Hinweis, ob sie es weiter nach oben schaffte oder hilflos in der Wand hing. Nur die aufragende Glasfassade, die in der Dunkelheit verschwand.

Sie hat es geschafft. Sie muss es geschafft haben. Sie ist nicht gefallen. Ich hätte sie fallen sehen …

Da schlug das Sicherungsgerät mit einem Klirren auf den Landesteg, und kurz darauf rutschten die Seile an der Seite herunter.

»Sie ist oben«, sagte ich, fast schwindelig vor Erleichterung.

»Natürlich ist sie das.« Dorian verdrehte die Augen, aber diesmal nahm ich es ihm nicht ab. Auch er war in Panik gewesen, ganz eindeutig. »Los jetzt!«

In Windeseile befestigte er das Seil um sich, und ich rappelte mich auf, um mich ebenfalls festzuschnallen. Dann gab Dorian Lily mit einem kleinen Magiestoß, den er in die Luft sandte, ein Signal, und schon kletterten wir los.

Es war hart, selbst mit Seil und Sicherung: keine Sicht, die Glasfassade rutschig unter meinen Schuhen, und, wie ich jetzt erkannte, ein stetiger Wind, der um das Gebäude wehte. Ich bewegte mich automatisch, Griff um Griff, Meter um Meter. Meine Muskeln in den Beinen und Armen schrien schon bei der Hälfte des Aufstiegs vor Schmerz, und es dauerte viel zu lange, bis ich endlich das silberne Aufblitzen sah – das Sigil-Medaillon um Lilys Hals, als sie mich nach oben zog. Schwer atmend ließ ich mich auf den Glasboden neben ihr fallen.

»Wollt ihr jetzt Pause machen, oder was?«, raunte es von der Seite. Edge beugte sich über Lily und mich. »Hoch mit euch.« Er ergriff unsere Hände, und bevor ich wusste, was passierte, stand ich bereits, um mich herum nichts als Leere, und tief unter uns schimmerte Prime-London mit seinen unzähligen Lichtern.

»Weiter«, drängte Dorian. »Sie werden die Patrouille inzwischen gefunden haben, aber kein Mensch vermutet uns in den Gemächern der Sieben. Wir müssen es geschafft haben, bevor sie die Suche ausweiten.«

Ich wandte meinen Blick vom Himmel ab und ins Innere des Gebäudes. Die Räume hier oben schienen exakt geschnitten wie das Stockwerk, aus dem wir gerade kamen. An die Außenplattform, auf der wir gelandet waren, schloss sich jedenfalls ein Foyer an, von dem aus ein Korridor mit einer scharfen Biegung weiter hineinführte.

Edge bückte sich, um die Kletterseile nach oben zu ziehen, Lily umschloss ihr Sigil, während ich einen meiner Handschuhe auszog, um Ignis freizulegen.

Dorian dagegen lächelte nur. »Na dann. Wollen wir das Desimeter mal nicht länger warten lassen.«

9

4. April 2020, 17:59 Uhr
Mirror-London, Septem
Leanore Tremblett ist 15 Jahre alt

Es ist Zeit, Mistress Tremblett.«
Leanore stand am oberen Ende der Treppe und starrte auf die Gäste hinab, die im Thronsaal auf sie warteten. Ihr Magen verkrampfte sich, doch der Magiehäscher vor ihr hielt bereits den Vorhang für sie auf, damit sie hindurchlaufen konnte.

Der Moment war gekommen. Also straffte Leanore die Schultern, griff in ihr schneeweißes Kleid, um es etwas anzuheben, und lief nach vorne. Am oberen Ende der Treppe blieb sie stehen, und das so lange, bis auch der Letzte im Saal den Blick auf sie gerichtet hatte. Dann ging sie betont langsam die Stufen hinunter, und der Druck in ihrer Brust war dabei so stark, dass sie kaum atmen konnte.

Natürlich waren alle großen Familien des Mirrors der Einladung ihres Vaters gefolgt. Leanore zwang ein Lächeln auf ihre Lippen, obwohl ihr Mund sich starr und leblos anfühlte. Heute würde sie einen Partner aussuchen müssen, der mit ihr in wenigen Jahren den Mirror regieren würde. Die Regeln waren klar: Sie würde alle wichtigen Familien treffen, und nach dem Bankett einige der Jungs nominieren, mit denen sie tanzte. Dann hatte sie ein paar Tage Zeit, um zu entscheiden, mit wem sie sich verloben wollte.

»Sehr geehrte Gäste«, verkündete da Leanores Vater von seinem Thron aus, »meine Tochter Leanore Tremblett, Thronfolgerin und zukünftige Mirrorlady.«

Leanore blieb neben dem in Stein geschlagenen Thron stehen. Dann wartete sie, während der Berater ihres Vaters die Namen der potenziellen Ehepartner vorlas.

In der folgenden Stunde waren alle Augen auf Leanore gerichtet, und von überall waren Flüstergeräusche zu hören, während die Gäste jede ihrer Gesichtsregungen analysierten. Am Ende hörte sie kaum noch zu, als die letzten Familiennamen aufgerufen wurden. Es gab keinen einzigen Jungen, der sie interessierte. Doch auf ihre Meinung kam es an diesem Abend nicht an, egal, was die Gäste dachten.

Als der Begrüßungsteil zu Ende war, ging Leanore mit ihrem Vater in Richtung des Bankettsaals. Sie nahm ihren Platz neben ihm ein und lächelte, wie sie lächeln sollte, als Musik einsetzte und sich der Bankettsaal zu füllen begann. Die Furcht vor dem Abend begann ein wenig nachzulassen, da Leanore wusste, dass der schlimmste Teil nun vorbei war.

Im Augenwinkel konnte sie sehen, wie ihr Vater mit einem der Magistrate ins Gespräch kam. Es war Magistrat Ricard, einer der reichsten des Mirrors – mit einem Sohn im heiratsfähigen Alter, natürlich.

»Ich hoffe, das Desinteresse Eurer Tochter wird unsere Verhandlungschancen um ihre Hand nicht schmälern, mein Lord?«

Leanore konnte sich nicht einmal daran erinnern, Desinteresse gezeigt zu haben. Allerdings konnte sie sich auch nicht an den Sohn des Magistraten erinnern, also hatte er vielleicht einen Punkt.

»Euer Platz in den Verhandlungen ist sicher«, entgegnete Leanores Vater. »Meine Tochter wird tun, was das Beste für den Mirror ist.«

»Nun. Ich kann Euch versichern, dass Euch die Unterstützung meines Hauses für alle Zeiten gesichert sein wird«, versprach Magistrat Ricard. »Meine Goldreserven stünden Euch zur Verfügung. Und als Hochzeitsgeschenk würde ich Euch mehrere Dutzend Sigils für den Ausbau Septems zur Verfügung stellen.«

»Großzügig von Euch, Magistrat.«

Leanore atmete zitternd ein, als sie den zufriedenen Ausdruck auf dem Gesicht ihres Vaters betrachtete. Er würde sie verkaufen. Für Gold und ein paar Sigils. Und egal, welche Zweifel Leanore äußern würde, die Vorteile einer Ehe mit Haus Ricard würden diese überwiegen.

Der Druck in ihrer Brust kam mit voller Wucht zurück. Wie hatte sie nur glauben können, dass der schlimmste Teil vorbei war? Auf einmal konnte Leanore kaum noch atmen. Sie stand auf und entschuldigte sich.

Eine Dienerin hinter ihr fing sie sogleich ab, aber sie schüttelte nur den Kopf. »Ich muss … ein bisschen frische Luft schnappen«, murmelte sie und ignorierte jedes Angebot an Gesellschaft, als sie sich ihren Weg am Tisch entlangbahnte. Ein paar Söhne versuchten, ihre Aufmerksamkeit zu erregen, aber Leanore hielt den Blick stur geradeaus und rannte, sobald sie außer Sichtweite war, in Richtung der Palastgärten.

Draußen schlug ihr frische, kühle Luft entgegen. Leanore zwang sich, langsamer zu werden. Keine anderen Gäste waren hier – zum Glück. Doch dann spürte sie einen plötzlichen Ganzkörperschauer, als eine tiefe, samtene Stimme direkt hinter ihr erklang.

»Genießt Ihr den Abend, Mistress Tremblett?«

Der Tonfall war übertrieben förmlich, aber Leanore hörte das leise Lachen in der Stimme und wusste sofort, dass es Melvin war. Ihr Herz donnerte in ihrer Brust und ließ ihren Puls rasen.

Sie drehte sich um und musste kurz innehalten. Melvin hatte noch nie schöner ausgesehen als in diesem Moment, in dem er sie mit einem frechen Funkeln in den Augen angrinste. Er trug einen dunkelroten Brokatmantel in derselben Farbe wie seine Haare. Dazu dunkle Hosen und ein dunkles Hemd. Er trat einen Schritt auf Leanore zu. »Glaubst du, dein Vater wird mich wegen Hochverrats in den Nachtturm werfen, wenn ich dich zum Tanz auffordere?«

Es entstand eine Pause, und Melvin war Leanore jetzt so nahe, dass sie seinen Atem auf ihrem Gesicht spürte.

»Nur, wenn er uns erwischt«, flüsterte sie, und Melvin grinste und führte Leanore durch eine Reihe Bäume weg vom Palast.

Nachdem sie ihre Position eingenommen hatten, starrten sie einander tief in die Augen, und alles andere schien zu verschwinden. Es fühlte sich an, als würde ihre Lunge sich langsam ausweiten, als könnte sie wieder atmen, als wäre sie wieder … *sie selbst.*

Sie fingen an zu tanzen. Das hatten sie noch nie gemacht, in all den Jahren nicht. Die Musik vom Ball war ein fernes Geräusch, und Leanore wünschte sich auf einmal, die Nacht würde ewig dauern. Sie hatte sich noch nie so vollkommen glücklich gefühlt wie in diesem Moment. Von den umherfliegenden Spektralvögeln, die in den Palastgärten nisteten, schien ein flackernd blaues Licht auf sie herab, und eine sanfte Brise wehte durch die Blätter bis zu ihnen.

Ein Schauer überzog sie, Leanore konnte ihn nicht unterdrücken.

»Was ist?«, flüsterte Melvin.

»Ich will nicht heiraten«, wisperte sie. »Ich meine, niemand von uns will das, ich weiß, aber ich … und wir …« Sie sah Melvin mit großen Augen an. Wie sollte sie ihm bloß sagen, was sie fühlte? Sie fühlte es schon so lange, so viele Jahre, aber sie hatten noch nie darüber gesprochen. Es war *verboten.* Und Leanore wusste nicht einmal, ob es Melvin genauso ging wie ihr.

»Warum bist du überhaupt hergekommen?«, fragte sie stattdessen. »Du weißt doch, Vater wollte dich nicht dabeihaben.«

Melvin hob eine Schulter. »Ich dachte, du brauchst vielleicht Unterstützung von einem Freund.«

Leanore löste sich aus Melvins Griff. Sie brauchte keine Unterstützung. Auch nicht von *einem Freund.* Weil keine Unterstützung der Welt ihren Vater davon überzeugen würde, sie selbst einen Ehemann wählen zu lassen.

Sie drehte sich um und lief davon. Das hier war falsch. *Sie* war falsch.

»Lea!«, rief Melvin ihr nach.

»Ich sollte wieder reingehen. Vater lässt sonst nach mir suchen, und ich glaube nicht, dass du das –«

Eine Hand legte sich um Leanores Unterarm. Melvin zog sie sanft zu sich zurück, bis sie dicht an dicht standen, und starrte sie mit geweiteten Augen an. »Ich bin hergekommen, weil ich …« Melvin schluckte sichtlich. »Weil ich nicht anders konnte. Weil mich der Gedanke umbringt, dass du dich mit einem von diesen machthungrigen reichen Söhnen verloben musst, und ich …«

Leanores Inneres wurde von einem wohlig warmen Gefühl erfasst. Und bevor sie überhaupt Zeit hatte zu überlegen, schien ihr Körper sich wie von selbst zu bewegen. Sie beugte sich nach vorne, immer weiter, bis ihre Lippen die seinen berührten.

Und bei allen Sieben, es war alles, was Leanore sich jemals von einem ersten Kuss erhofft hatte. Die Weichheit von Melvins Lippen und die leisen Geräusche, die er beim Küssen unbewusst von sich gab. Es war fast zu viel.

Als Melvin sich von ihr zurückzog, lief eine Träne über Leanores Wange.

»Wieso hast du das nicht früher gemacht?«, flüsterte sie, und Melvin verzog den Mund, ein peinlich berührter Ausdruck auf seinem Gesicht.

»Ich schätze, der Harwood-Mut ist doch nur eine Legende.«

Leanore legte ihre Stirn gegen Melvins. »Dann magst du mich?«

Er schnaubte, nickte aber. »Weißt du … das, was die Leute immer sagen … dass die Trembletts schon immer eine Schwäche für die Harwoods hatten. Ich glaube, das Gegenteil ist der Fall.« Er küsste sie erneut, sanft und perfekt. »Die Harwoods sind den Trembletts voll und ganz verfallen. Wir können eurem eisigen Charme einfach nicht widerstehen, egal, wie sehr wir es auch versuchen.«

Leanore lächelte, und dieses Lächeln wurde noch breiter, als er erst ihren linken Mundwinkel und dann den rechten küsste. »Ist das so?«

»Ich liebe dich, Lea. Schon mein ganzes Leben lang.« Melvin ließ eine Ernsthaftigkeit in seine Stimme fließen, die Leanore Hoffnung gab. Jetzt, da sie wusste, dass Melvin genauso empfand wie sie, wollte sie daran glauben, dass es auch ein winziges bisschen Glück für jemanden wie sie geben konnte.

Heimliches Glück vielleicht. Gestohlene Momente. Verborgene Küsse. Aber eine Liebe, die tausendfach wertvoller war als alles, was die Oberen im Thronsaal ihr jemals würden bieten können.

10

Das Foyer im obersten Stockwerk des Plateaus war in helles Licht getaucht. Genau wie unten war auch hier kein Geräusch zu hören und keinerlei Bewegung zu erkennen. Ich sah nur einen riesigen Kronleuchter an der Decke, elegante Sofagruppen und einen Kamin an der Seite.

Wir durchquerten den Raum und bogen hintereinander in den Korridor ein. Dorian hatte den Grundriss auf seinem Comm aufgerufen – ein langer Flur, der Zugang zu den Fahrstühlen, am Ende eine Tür. Hier ging es weiter zum Trakt der Privatgemächer. Edge drängte sich nach vorn, als wir sie erreichten, und machte sich an ihr zu schaffen. Ich konnte nicht erkennen, was er tat, aber mir wurde einmal mehr klar, warum er den Ruf hatte, der beste Einbrecher des Auges zu sein. Es dauerte vielleicht zwei, höchstens drei Sekunden, dann schwang die Tür auf.

Wir stürmten los, fast alle gleichzeitig, und so wurde uns auch allen gleichzeitig klar, dass wir in einen Überwachungsraum gestolpert waren, der definitiv nicht in unserem Plan eingezeichnet war, und auch im Scan war er nicht zu sehen gewesen. Er war mit moderner Technik ausgestattet. Eine Reihe von Computern und Monitoren standen darin und vor ihnen … saß ein Magiehäscher.

Für eine Sekunde starrten wir uns einfach nur an. Er war sichtlich von unserem Auftauchen überrascht worden und konnte nicht mal die Hand heben, um den Alarm zu drücken, oder sich von seinem Sitz hochhieven, bevor Edge und Dorian ihn in die Mangel nahmen. Sie rissen ihn hoch und pressten ihn gegen die Wand.

»Wo ist die Höchste Magistratin untergebracht?«, fragte Dorian, aber der Häscher presste nur die Lippen aufeinander, also verstärkte Dorian seinen Griff, während er die Hände des Häschers hinterm Rücken zusammenhielt. *»Wo?«*

»Ich diene den Sieben«, würgte der Mann hervor, und auf einen Wink von Dorian hin führte Edge wieder eine Stasegeste aus. Schon sackte der Häscher bewusstlos zu Boden.

Dorian lief um den Schreibtisch herum, um sich die Bilder der Monitore anzusehen. Verschiedene Aufnahmen der Korridore im Erdgeschoss – voller Magiehäscher, die Hände an ihren Waffengürteln. Ein Blick auf die Fahrstühle: Auch hier waren die Wachen verstärkt worden.

Dorian hatte recht gehabt. Die Patrouille war entdeckt worden, und jetzt wurde systematisch das untere Stockwerke nach uns abgesucht.

Syntho-Sigil-Gesichter hin oder her – aus der Nummer würden wir niemals unerkannt wieder rauskommen. Wir konnten jetzt nur hoffen, dass Blickers Tarnung nicht ebenfalls aufflog.

»Da«, sagte Edge auf einmal und zeigte auf einen der Monitore. Eine wuchtige Tür war darauf zu sehen, und ich nahm einen zittrigen Atemzug, als ich die sieben Dark-Sigil-Gravuren darauf erkannte. Dorian nickte und checkte seinen Comm. »Das muss der Zugang sein. Ich wette, sie haben die Räume der Höchsten Magistratin neben denen der Sieben untergebracht.«

»Du wettest?«, fragte ich. »Oder weißt du es?«

Dorian schaute mich bedeutungsschwer an. Dann hielt er mir sein Comm entgegen, wo noch immer der Scan von vorhin eingeblendet war. »Hinter dieser Tür sind acht Suiten«, sagte er. »Also ja, ich denke, ich gehe die Wette ein.«

Dorian und Edge liefen voran, und es dauerte nicht lange, bis wir an der Tür ankamen, die wir eben noch auf dem Bildschirm gesehen hatten. Im Siebeneck waren die Gravuren der Dark Sigils angeordnet. Alius und Etas. Ignis. Anima. Divinus. Clavis. Anguis. Solis.

Niemand musste etwas sagen, ich wusste auch so, dass Edge diese Tür nicht mit seinen Tresorknacker-Fähigkeiten aufkriegen würde.

Jetzt war ich an der Reihe.

Langsam ging ich auf die Tür zu. Nirgends war eine Vorrichtung zu sehen, in die ich Ignis hätte hineinpressen können. Auch kein Fingerprintsensor oder etwas in der Art.

»Mach sie einfach auf«, hörte ich Dorian hinter mir sagen. »Das Plateau ist mittels Magie aus den Überresten Septems geformt worden. Es wird dich als eine der Sieben erkennen.«

Ich war da nicht so sicher. Wäre es nicht leichtsinnig von Adam, mir den Zugang offen zu halten? Womöglich hatten er und die Sigil-Schmiede, die ihm im Mirror sicherlich reichlich für Verfügung standen, ja neue Mechanismen eingebaut, von denen Nessa und Dorian nichts wussten? Ich dachte an die Schutz-Sigils damals bei der Magistratin. Womöglich hatte er mich aus diesem Gebäude ausgesperrt – so wie er es auch mit seinen Gedanken getan hatte?

Mein Herzschlag beschleunigte sich, als ich vorsichtig

meine Finger um die Türklinke legte. Tief holte ich Luft, dann drückte ich sie nach unten.

Es funktionierte. Ich konnte es kaum glauben. Ignis flackerte an meinem Arm auf, als ob es nur auf den Kontakt zwischen Haut und Metall gewartet hatte. Außerdem glühte meine Gravur auf dem Holz, so lange, bis ich die Tür nach innen gedrückt hatte.

Dorian hatte recht gehabt. Die Überreste Septems erkannten mich.

Trotz allem.

Ich wusste nicht, was ich fühlen sollte. Erleichterung durchflutete mich, aber ich versuchte, sie nicht Überhand gewinnen zu lassen. Vielleicht hatte Adam auch einfach nur keine Wahl gehabt. Vielleicht stimmte es ja, was Dorian sagte, und der Palast war schlichtweg so untrennbar mit der Magie der Dark Sigils verbunden, dass Adam mich überhaupt nicht hätte ausschließen *können.*

Ich drückte die Tür weiter auf. Dahinter erwartete uns derselbe Raum mit den sieben Türen, den ich bereits betreten hatte, als ich das erste Mal im Palast gewesen war. Es war kaum zu glauben – schließlich war ich Augenzeugin gewesen, als der Palast zerstört worden war. Doch offenbar war alles mit der Sigil-Magie, die die Gebäude des Mirrors umgab, völlig identisch wieder aufgebaut worden.

Oder *fast identisch.*

Dorian hatte recht gehabt. Bei genauerem Hinsehen waren es nicht nur sieben Türen … sondern acht. Allerdings hatte eine von ihnen keine der Dark-Sigil-Gravuren, sondern bestand nur aus glattem, poliertem Holz.

Ich zögerte nicht, sondern lief darauf zu. Die Tür öffnete sich ohne Schwierigkeiten. Dann ging ich in das Zimmer hinein.

Etwas ratlos hielt ich inne. Der Raum war riesig – ein großer Sitzbereich und hinter einem offenen Durchgang konnte ich ein Bett erkennen. Alles wirkte elegant, aber unbelebt. Nur eine Vitrine, bestückt mit diversen Alkoholflaschen, und ein schrillbunter Morgenmantel, der über einem Sessel hing, gaben mir die Gewissheit, dass tatsächlich Agrona Soverall hier wohnte.

»Und jetzt?«, fragte Lily.

»Durchsucht den Raum«, sagte Dorian knapp. »Los, beeilt euch.«

Wir bildeten Zweierteams. Lily und ich. Dorian und Edge. Wir hoben Teppiche an, schoben Regale von der Wand, schauten hinter jedes Gemälde. Doch kein Geheimfach, kein Tresor kam zum Vorschein.

Dorian war so sicher gewesen, dass das Desimeter hier in Agronas Räumen aufbewahrt wurde. Offensichtlich hatten sich die Spione des Auges getäuscht oder die Informationen, die Nessa in Hongkong bekommen hatte, waren irgendwie manipuliert worden. Was, wenn Agrona das Desimeter einfach bei sich trug und der ganze Weg hier hoch völlig umsonst gewesen war?

Hinter mir hörte ich Edge leise fluchen, und ich schloss die Augen. *So nah dran, so nah dran.* Die Worte hallten immer wieder durch meinen Kopf.

Wo würde eine Frau wie Agrona ihren wertvollsten Besitz aufbewahren? Wir hatten inzwischen alle möglichen Verstecke durchsucht, in den zwei Zimmern gab es nichts mehr außer …

»Alkohol.« Ich hatte es laut gesagt, aber eigentlich viel mehr gedacht.

»Alkohol?« Lily schaute fragend zu mir. »Ich glaube nicht, dass das jetzt die Lösung ist, aber –«

»Alkohol!«, wiederholte ich und lief auf die Vitrine zu, die bislang noch niemand von uns angerührt hatte. Agrona hatte bei unserer ersten Begegnung mehr getrunken, als ich einen Menschen je hatte trinken sehen. Ganz sicher gab es eine solche Vitrine nur hier in ihren Räumen.

Ich kniete mich auf den Boden und öffnete vorsichtig die verglaste Tür. Jede Menge Flaschen standen vor mir, und sie sahen nicht nur teuer aus, ihr Inhalt war es garantiert auch. Ich spürte, dass die anderen sich hinter mich gestellt hatten, und meine Hände zitterten ein wenig, als ich gegen eine Holzverkleidung drückte, die unterhalb des Regalfachs zum Vorschein gekommen war.

Sie klackte auf. Und darin … darin kam eine schmale Tresortür zum Vorschein.

Zufrieden lächelnd sah ich hoch. »Versuchen wir es damit?«

Edge ließ sich sofort neben mich auf die Knie fallen, und ich machte ihm Platz, damit er den Tresor inspizieren konnte.

Diesmal war es wohl komplizierter als bei der Tür, die er im Handumdrehen geöffnet hatte. Einige Minuten sahen wir dabei zu, wie er an den Sigils herumfummelte, während wir immer wieder nervös hinter uns spähten. Edge hatte ein Ohr an die Tresortür gelegt und die Augen zusammengekniffen. Ich hatte keine Ahnung, was genau er da machte.

»Magische Verriegelungen«, erklärte Dorian, weil ich ihn fragend ansah. »Man muss sie in der richtigen Reihenfolge unterbrechen, und vor allem in der richtigen Geschwindigkeit. Ganz wie das Knacken eines normalen Tresors.«

»Kann ich die Magie nicht einfach zerstören?«

»Gewalt ist nicht immer eine Lösung«, sagte Dorian und grinste amüsiert, als ich ihm einen tödlichen Blick zuwarf.

»Ich mein's ernst. Wenn du einfach draufhältst, würde der Tresor einen Alarm ausgeben.«

»Seid bitte leise«, murmelte Edge, der nun die Augen geschlossen hielt. Er wurde ganz ruhig, während Dorian, Lily und ich abwechselnd den Blick auf die Ausgangstür richteten.

Ich fragte mich, was wohl unten vor sich ging. War die Veranstaltung abgebrochen worden, als bekannt wurde, dass es ein Sicherheitsrisiko gab? Oder gingen sie einfach nach Protokoll vor, um die Gäste nicht zu beunruhigen? Gab vielleicht Adam gerade seine Verlobung vor den Gästen aus Prime bekannt?

Spielt es eine Rolle?, fragte ich mich und kannte natürlich die Antwort. Nein, das tat es nicht. Adam *hatte* sich bereits verlobt. Er hatte diese Entscheidung getroffen. Und ich würde nichts daran ändern können. In einigen Wochen oder Monaten würde mir Nessa mit einem süffisanten Lächeln erklären, dass die Hochzeit stattgefunden hatte, und ich würde es akzeptieren müssen.

Ich *wusste*, dass ich nichts tun konnte. Das änderte jedoch nichts daran, dass ein Teil von mir am liebsten in den Saal gerannt und Adam angeschrien hätte, was zum Teufel eigentlich falsch mit ihm lief.

»Hey«, sagte Lily sanft. »Es dauert nicht mehr lange. Okay?«

Ich nickte, schenkte ihr ein kleines Lächeln. Lily hatte recht. Hier drin fühlte sich alles schrecklich vertraut an, und das, obwohl ich ja kaum Zeit in Septem verbracht hatte. Trotzdem lag die Magie der Sieben in jedem Stück Stein, und ich *fühlte* sie. Genau wie ich Dina, Celine und Adam fühlte.

Etwas klackte.

»Na los, meine Schönheit«, hörte ich Edge sagen, während

er beinahe liebevoll über die Tresortür strich. »Öffne dich für mich.«

Ein Sigil, das darauf angebracht war, erlosch und dann ein zweites und ein drittes. Schließlich sprang die Tür auf, und Edge lachte zufrieden. Er holte ein Kästchen nach dem anderen hervor und gab sie an Dorian weiter. Der durchsuchte sie und hielt schließlich inne. Ein leicht ungläubiges Lächeln breitete sich auf seinen Lippen aus. Offenbar war er sich doch nicht ganz sicher gewesen, ob der Plan funktionieren würde. Aber in seinen Händen ... hielt er einen Kompass.

Wir hatten es geschafft. Wir hatten es tatsächlich geschafft!

Ich schaute auf das Desimeter herab. Es sah ganz und gar nicht wie ein gewöhnlicher Kompass aus. In der Mitte waren mehrere feine Sigil-Gravuren zu sehen, die so kompliziert miteinander verwoben waren, dass ich sie kaum auseinanderhalten konnte. Das Gehäuse bestand aus unterschiedlichen Metallen – Gold, Silber, Bronze –, und der gesamte Kompass schien innerlich in Bewegung zu sein. Kleine Zahnräder rotierten, Stäbe wechselten die Richtung, und Ringe drehten sich mal mit, mal gegen den Uhrzeigersinn. Und in der Mitte ... in der Mitte lag eine Art Sanduhr, nur, dass keinerlei Sand darin zu sehen war.

»Okay«, sagte Dorian und verstaute das Desimeter in seiner Anzugtasche. »Jetzt müssen wir nur wieder heil damit herauskommen.«

Die Worte hallten für einen Moment durch den Raum. Und als ob sie einen Mechanismus in Gang gesetzt hätten, wurde die Stille auf einmal von mehreren Geräuschen ersetzt. Schritte, Atemzüge und das Klirren von Waffen. In der nächsten Sekunde stürmten Magiehäscher auf uns zu. Zwei Männer, die eine Frau in ihrer Mitte flankierten.

Eine Frau, die ich gut kannte.
Zorya.

»Keiner von euch bewegt sich«, sagte Zorya und schaute dabei von einem zum anderen. Sie hielt eine Schusswaffe in der Hand, aber ich entdeckte auch mehrere Sigil-Armbänder an ihrem Handgelenk. »Ergebt euch, dann habt ihr die Chance auf einen fairen Prozess außerhalb des Rampenlichts. Oder kämpft, dann wandert ihr direkt in unser Gefängnis.«

Unser Gefängnis. Die Art, wie sie es betonte, sollte den Leuten aus Prime, denen Zorya glaubte gegenüberzustehen, wohl besonders viel Angst einflößen. Wobei – Zorya war clever. Sie ahnte sicher längst, dass sie es nicht mit ein paar Nachrichtensprechern zu tun hatte. Ganz sicher tippte sie auf das Auge. Wer sich tatsächlich aber in den Reihen der Rebellen befand und direkt vor ihr stand, das konnte sie nicht wissen … oder?

Ich hielt Ignis, so weit es ging, hinter meinem Rücken versteckt, und schwor mir, seine Magie nur zu nutzen, wenn es wirklich nicht anders möglich war.

»Wir wählen Option C«, erklärte Dorian mit freundlicher Stimme. Ohne auf eine Antwort zu warten, hoben er, Edge und Lily gleichzeitig ihre Hände und machten abermals die Stasegeste. Doch Zorya und die Häscher direkt neben ihr waren schneller. In einer ebenfalls synchronen Bewegung rissen sie die Hände hoch und erschufen eine Wand aus Schilden, an denen unser Angriff einfach abprallte.

Danach ging alles ganz schnell. Zorya führte eine weitere Geste aus und sprang auf die Magieplattform, die sie erschaffen hatte. Sie katapultierte sie nun nach oben, über die Schutzwand hinweg. Noch in der Bewegung feuerte sie eine Ladung Magiestöße auf uns ab.

Edge, Dorian und auch Lily wehrten sie mit Schildgesten ab, gefolgt von Magiestößen, die bis in den Flur rasten. Das ging noch einige Male so hin und her, bevor Zorya offenbar die Geduld verlor, eine Schildhülle über ihren gesamten Körper aufflackern ließ und dann auf Dorian zustürmte, um ihn im Nahkampf zu stellen.

Edge und Dorian bewegten sich gleichzeitig und stürzten sich auf sie, Lily und ich hinterher. Ich ballte eine Hand zur Faust und traf damit einen von ihnen direkt am Kiefer, während Lily eine freie Hand ausstreckte und einen Häscher, der auf mich zulief, mit einem Magiestoß zurückdrängte. In der nächsten Sekunde war der Mann jedoch bereits wieder auf den Beinen, rollte über den Boden und schoss einen weiteren Magiestoß in meine Richtung.

Ich schrie auf, als er mich traf, aber ich durfte Ignis nicht benutzen, nicht, wenn ich unerkannt bleiben wollte.

Während zwei der Häscher auf Lily und mich zukamen, schaute ich zu Zorya, Edge und Dorian.

Ich wusste, wie stark Zorya war. Schließlich stand sie nicht umsonst an der Spitze der Magiehäscher. Und doch zuckte ich fassungslos zusammen, als sie Dorian völlig mühelos gegen die Wand schleuderte.

Edge griff an. Mit einer Reihe schneller, unerbittlicher Schläge arbeitete er sich zu Zorya vor. Ihre Sigils sprühten Funken, wann immer Magiestöße gegeneinanderprallten, und es war schnell zu erkennen, wer die Oberhand hatte. Edge wurde über die Länge des Raums zurückgetrieben, und jedes Mal, wenn er versuchte, Zorya eine zu verpassen, drängte die ihn nur umso heftiger zurück.

Ein Schlag gegen mein Kinn schickte mich zu Boden, aber ich nutzte meine Position aus, um den Mann, der mich angegriffen hatte, mit einem Tritt von den Füßen zu fegen. Ich wischte mir mit der Rückseite des Handgelenks über den Mund und erkannte Blut. Vor mir duckte sich Lily, als der zweite Häscher auf sie zugelaufen kam. Lily schaffte es einige Schläge lang, ihn abzuwehren, doch der Soldat war deutlich kampferfahrener als sie. Er drängte sie mit einem Magieschild gegen die Wand und war gerade dabei, auszuholen und –

Ich hob beide Hände. Tarnung hin oder her – ich konnte nicht anders. Ignis' Magie floss in schnellen, unerbittlichen Wellen durch meinen Körper. Sie brach sich Bahn in den Zeichen auf meiner Haut, quoll aus meinen Fingern heraus und schoss pfeilschnell auf den Häscher zu.

Sein Schild zerbarst, und die Magie in seinem Sigil erstarb. Es hatte keine Sekunde gedauert.

Ich schaute zu Zorya. Sie stand über dem am Boden kauernden Edge, dessen grüne Haare ihm schweißnass auf der Stirn klebten und der offenbar sein Sigil verloren hatte, denn es lag einige Meter von ihm entfernt am Boden.

Wir würden das hier nicht gewinnen. Nicht, wenn ich meine Magie nicht nutzte.

Also richtete ich Ignis auf Zorya und den verbliebenen Magiehäscher, und es kostete mich kaum Mühe, die Magie in ihren Sigils auszumachen – und zu zerstören.

Ein Moment ungläubiger Stille legte sich über den Raum, als Zorya ganz langsam den Blick auf mich richtete.

»Flämmchen«, sagte sie, und mein Herz zog sich bei dem Wort schlagartig zusammen. So hatte Zoryas Partner Jarek mich immer genannt – zuletzt, als er vor meinen Augen gestorben war. Und dass Zorya dieses Wort nun von ihm übernommen hatte … machte all das so viel schwieriger.

»Lass uns einfach gehen«, bat ich Zorya, aber sie schüttelte den Kopf.

»Du weißt, dass ich das nicht kann.«

Bevor sie weiterreden konnte, hob ich eine Hand und sandte Zorya mit einer Magieklammer endgültig zu Boden. Ich lief zu ihr und wagte es nicht, mein Syntho-Sigil zu deaktivieren – obwohl Zorya genau wusste, wer ich war. »Es tut mir leid«, flüsterte ich. Zoryas Gesicht war eingefroren, die Magieklammer sorgte dafür, dass sie vollständig gelähmt war, die Wut in ihren Augen konnte ich allerdings trotzdem deutlich erkennen.

»Gehen wir«, keuchte Dorian, nachdem er sich neben mich gestellt hatte. Er wirkte sichtlich mitgenommen, warf mir aber ein schmales Lächeln zu. »Gut gemacht, Rayne. Wünschte, es wäre nicht nötig gewesen, aber …«

»Lass uns später sprechen«, bat ich.

»Sie hat recht. Wir sollten abhauen, solange wir noch können.« Edge schaute auf sein Sigil-Medaillon herab. Das Grain, das er zuletzt benutzt hatte, war aufgebraucht, und er tippte auf seinen leeren Gürtel, um seinen Standpunkt zu unterstreichen. »Kein Saft mehr.«

Dorian nickte und schaute zu dem Spectum-Sigil, das er in der Hand hielt und zur Kommunikation mit den anderen nutzte. »Blicker ist informiert«, erklärte er. »Es ist zu riskant, zur Landeplattform zurückzugehen. Er hat unser Signal, wir müssen nur zur Außenterrasse gelangen. Von da steigen wir ins Shuttle.«

»Was, wenn sie die Ausgänge längst versperrt haben?«, fragte ich.

Dorian wiegte den Kopf. »Schätze, wir werden es erfahren, wenn wir dort sind. Los, beeilt euch.«

Das taten wir. So schnell wir konnten, rannten wir durch den Korridor in Richtung des Überwachungsraums, wo noch immer der Magiehäscher in der Stase lag. Dann ging es den Gang entlang, und endlich kam das Foyer in Sicht, das an die Plattform grenzte, auf die wir vorhin hochgeklettert waren. Und direkt darüber: ein Shuttle, das in der Dunkelheit schwebte.

»Unsere Mitfahrgelegenheit ist da!«, rief Edge mit einem erleichterten Grinsen im Gesicht, das sogleich wieder erstarb, als er eine Reihe von Magiehäschern entdeckte, die von links in das Foyer gestürmt kamen und sich uns in den Weg stellten.

Ich zögerte nicht. Meine Tarnung war ohnehin aufgeflogen, also sandte ich eine mächtige Druckwelle in alle Richtungen, die jeden einzelnen von ihnen zu Boden schickte.

»Kommt!«, schrie ich. Wir beschleunigten unsere Schritte und hatten das Foyer schon fast bis zur Mitte durchquert. Das Shuttle lag hinter der Glasfront, wenige Dutzend Schritte entfernt, als sich auf einmal etwas in meinem Geist regte.

Es war flüchtig, aber es war da. Ein Ziehen in meinem Bewusstsein, gefolgt von einer Gänsehaut, die sich über meinen Nacken ausbreitete.

Ich konnte Adam wieder auf der anderen Seite spüren. Die Verbindung regte sich zwischen uns – schwach, wie eine kleine, verwundete Kreatur, die aus tiefem Schlaf erwachte. Es war bloß ein Echo dessen, was es einmal war. Wie ein langsam wirkendes Betäubungsmittel füllte Adam nach und nach den leeren Raum in meinem Bewusstsein. Das Gefühl ließ mich straucheln, so heftig, dass ich auf die Knie ging. Vor meinem geistigen Auge tauchte eine Tür auf. Sie öffnete sich, und eine seltsam weiche, wohlige Kälte drang aus dem schmalen Spalt heraus.

»Ray?« Lily tauchte neben mir auf, zerrte mich an der Schulter. »Alles in Ordnung?«

Nein. Nichts war in Ordnung. Überhaupt nichts. Denn die Verbindung in meinem Kopf … die Tür, die zwischen Adams und meinem Bewusstsein lag und die er seit Wochen fest geschlossen hielt …

Sie war nun wieder offen.

Und das zum denkbar schlechtesten Zeitpunkt.

11

Rayne. Adam zog an unserer Verbindung wie an einem Gummiseil. So, als wollte er damit eine Antwort provozieren. *Was machst du hier?*

Wut kochte in mir hoch. Er hatte sein Bewusstsein wochenlang hinter mentalen Schilden verbarrikadiert … und jetzt dachte er, er könnte mich so einfach durcheinanderbringen?

Nein. Ich würde ihm meine Wut nicht geben. Ich hatte schon so viel Zeit damit verschwendet, wütend auf Adam Tremblett zu sein.

»Weiter«, keuchte ich Lily zu und zwang mich, meine Gedanken stillzuhalten. Ich durfte ihn nicht sehen lassen, wo wir waren oder was wir taten. Also ignorierte ich Adams Stimme, die weiter in meinen Kopf hineindrängte, rappelte mich auf und folgte Dorian und Edge. Vor dem Zugang zur Außenplattform hatten sich erneut drei Häscher aufgebaut – wo zur Hölle kamen die so schnell her? Wieder sandte ich eine Explosion von Magie nach vorne, die nicht nur die Sigils aller Häscher nutzlos werden ließ, sondern sie auch so heftig gegen die Wand schmetterte, dass sie bewusstlos liegen blieben.

Gleich geschafft, sagte ich mir und verfluchte mich in derselben Sekunde dafür. *Denk an nichts. Oder: Denk an Meeresrauschen. Denk an Sandkörner. Denk an flauschige Hun-*

dewelpen. Denk daran, wie du Adam immer und immer wieder eine Ohrfeige verpasst.

Ich ließ mich von Lily halbblind in Richtung Ausgang ziehen, während ich in meinem Geist die wildesten Eindrücke der letzten Wochen heraufbeschwor. Ich erinnerte mich an *alles*, um bloß nicht an das Hier und Jetzt zu denken.

Verbissen rief ich mir die Trainingsstunden mit Dorian ins Gedächtnis. Das Schuften, den Muskelkater, die unzähligen Male, in denen mich die Sparrings-Sphären zu Boden geschickt hatten. An den Frust, dass meine Zitterhände nicht so wollten, wie ich es wollte.

All das konnte Adam sehen und spüren, solange ich das abschirmte, was wirklich gerade vor sich ging.

Doch im nächsten Augenblick drang ein Bild in meinen Geist hinein. Es war ganz klar und deutlich. Ein Bild von schwarzen Stiefeln, die einen Korridor entlangliefen. Es war, als würde ich auf meinen eigenen Körper hinabsehen, der in einen schwarzgrau glänzenden Brokatmantel gewickelt war und vor dessen rechter Hand zwei silberne Würfel in der Luft rotierten.

Wieder strauchelte ich. »Er kommt hierher«, entfuhr es mir.

Lily zerrte an meiner Hand.

»Was?«

Ich wagte nicht, es zu wiederholen. Wagte nicht, irgendetwas zu sagen, während die Verbindung zu Adam so offen war, dass ich mir selbst nicht mehr traute.

»Los, weiter!«, brüllte es vor uns. Edge und Dorian standen bereits auf der Außenterrasse vor dem Shuttle und streckten uns die Hände entgegen.

Aber da war Adam. Er war längst in unserem Stockwerk, jeden Moment würde er in das Foyer abbiegen und …

Ich zerbrach mir meinen Kopf und versuchte, auf eine Idee zu kommen – irgendeine Idee –, die uns unentdeckt aus dieser Sache herausbringen würde. Denn Adam würde uns nicht entkommen lassen. Nicht jetzt, da er dank unserer Verbindung ganz genau wusste, wo ich war. Und es war egal, ob ich nun in das Shuttle stieg, das so greifbar vor mir lag, oder nicht. Seine Würfel konnten die Zeit manipulieren. Er würde nur einfach immer wieder dasselbe Ereignis durchspielen, bis er uns aufgehalten hatte.

Rayne, drang mein Name wieder zu mir. Mein Name, gesprochen mit seiner Stimme. *Warte.*

Meine Stirn schwitzte, meine Handflächen auch, und mein Herz setzte einen Schlag aus. Mich selbst konnte ich jetzt nicht mehr retten. Aber die anderen schon.

»Steig ein!«, rief ich und schob Lily nach vorn. Dorian wirbelte zu mir herum – er musste begriffen haben, was ich vorhatte.

»Bringt das Desimeter zu Nessa. Eine andere Wahl haben wir nicht, vertrau mir. Entweder, wir verlieren nur mich, oder alles.«

Dorian erwiderte meinen Blick. Dann traf er in Sekundenbruchteilen eine Entscheidung. Er zerrte Lily mit sich über die Terrasse und schob sie in das Shuttle. Sie kreischte empört, schlug um sich, aber er hielt sie fest umschlungen, während er Blicker den Befehl zurief, loszufliegen.

Die Türen glitten zu, und schon war das Shuttle in der Luft, die Gesichter von Dorian, Edge und Lily gegen die Glasscheiben gepresst. Sie sahen fassungslos aus. Und ich wartete nicht länger. Ich drehte um und stürmte durch das Foyer in die Richtung, aus der ich gekommen war. Vielleicht würde ich doch noch einen Weg hier herausfinden und es irgendwie nach unten in den Empfangssaal schaffen, ohne ihm zu begegnen. Vielleicht könnte ich in der Menge untertauchen. Schließlich sah ich nicht aus wie ich selbst, und nach dem Empfang würde ich einfach –

»Rayne.«

All meine Hoffnung erstarb. Denn dieses Mal … dieses Mal hatte Adam meinen Namen nicht nur in meinem Bewusstsein gesagt.

Ich blieb stehen, starrte in den Korridor. Und obwohl das Zwielicht, das durch die Fenster des Foyers hereinströmte, Adams Gesicht nicht erreichte, kam es mir vor, als würde die Verbindung zwischen uns so strahlend wie eine Sonneneruption durch die Dunkelheit schneiden.

Langsam kam Adam näher. Schritt für Schritt, bis wir uns von Angesicht zu Angesicht gegenüberstanden.

Alles an ihm war fremd und vertraut zugleich. Die Spannweite seiner Schultern, seine hellgrauen Augen, das silbrige Haar. Der Moment schien ewig zu dauern, und ich konnte Adams Blick nicht deuten, während er mich musterte. Er schaute von dem Syntho-Hologramm auf meinem Gesicht nach unten über das Pailletten-Monstrum und schließlich zu Ignis, das noch immer an meinem Arm leuchtete.

Ich erwartete, dass er etwas sagte. Irgendetwas. Doch stattdessen hob Adam wie in Zeitlupe seine Hand, mitsamt der beiden Würfel und –

Vergiss es.

Instinktiv schoss meine linke Hand nach vorne, und Adams weiße Magie erstarb, bevor er sie wirken konnte. Es würde ihn nicht davon abhalten, es erneut zu versuchen, aber trotzdem.

»Nicht schlecht«, sagte Adam. Sein Ton war ruhig und vielleicht sogar ein bisschen vergnügt.

»Ich hatte viel Zeit zum Trainieren.«

Adam legte den Kopf schief. »Das habe ich gesehen. War Dorian Whitlock ein guter Sparringspartner?«

Ich betrachtete Adam stirnrunzelnd. »Wird deine Verlobte dich nicht vermissen, wenn sie plötzlich ganz allein da unten ist?«, erwiderte ich kühl.

Mein Konter hatte nicht die gewünschte Wirkung. Adam schwieg, sein Gesichtsausdruck unleserlich, und das war so unfassbar charakteristisch für ihn, dass ich ihm am liebsten ins Gesicht schlagen wollte.

»Du denkst sehr oft darüber nach, mir eine Ohrfeige zu geben«, stellte er fest, was sofort einen Zornesblitz mein Rückgrat hinaufschießen ließ. Ich sah wieder ihn und Pandora Cavendish vor mir, wie sie mit all ihrem royalen Glamour über die Tanzfläche schwebten und –

Stopp!

Wahrscheinlich hatte Adam meine Gedanken glasklar vor Augen. Ich musste mich zusammenreißen! Doch er ging nicht auf meine Eifersucht ein, stattdessen fragte er nur: »Was wolltest du hier? Wo sind die anderen, mit denen du auf das Plateau gekommen bist?«

»Das werde ich dir nicht sagen.«

Adam starrte mich an, sein Blick forschend. Ich zwang mich mit aller Macht, meine Gedanken zurückzuhalten, ich spürte förmlich, wie er auf der Lauer lag, um den kleinsten Fetzen in meinem Bewusstsein sofort abzufangen. »Hör auf«, keuchte ich, als ich fühlte, wie seine Kälte tiefer in mein Bewusstsein drang. »Hör auf, Adam!«

Es war zu spät. *Was habt ihr gesucht?*, schickte er seine

Frage durch die Verbindung zu mir und das immer und immer wieder. So schien er die Informationen hervorzulocken, denn indem ich versuchte, *nicht* daran zu denken, tat ich genau das. Und bevor ich es richtig begriff, lagen die Bilder klar vor meinem inneren Auge: wie Edge sich an der Tresortür zu schaffen gemacht hatte und schließlich Dorian den Kompass in die Hände drückte.

Das Desimeter? Seine Worte waren so klar in meinem Kopf, als hätte Adam sie ausgesprochen. *Was wollt ihr damit?*

»Das werde ich dir … nicht … sagen«, presste ich abermals hervor, während ich mich verzweifelt darauf konzentrierte, meine Gedanken vor Adam abzuschotten. Hohe Mauern stellte ich mir vor – wie sie sich vor der Tür zwischen seinem Geist und meinem Stein für Stein aufbauten, bis kein Durchkommen mehr war.

Ein Moment der Stille … tief in unser beider Bewusstsein.

Dann sprach er wieder. »Was die Rebellen antreibt, ist gefährlich, Rayne. Auch für dich. Wieso verstehst du das nicht?«

Ich sah Adam an. »Nur, weil sie die Weltordnung, die uns vom Mirror auferlegt wird, nicht akzeptieren wollen, sind sie noch lange nicht gefährlich. Im Gegenteil.«

Adams Nasenflügel bebten. Er hob seine Würfel, diesmal so plötzlich, dass ich sie nur aufblitzen sah, bevor Ignis darauf reagieren konnte. Er manipulierte die Zeit, und bereits im nächsten Moment hatte Adam seine Hand um meine gelegt. Sein Griff auf meine Finger war dabei so unnachgiebig, dass ich keine einzige Geste würde ausführen können.

Zumindest nicht, ohne ihm echten Schaden zuzufügen.

Ungläubig starrte ich Adam an, doch er hob nur die Schultern, kein Funken Reue in seinen Augen. »Nicht nur du hast trainiert. Meine Würfel gehorchen mir jetzt vollständig.«

Ich reckte das Kinn. »Du benutzt auch nur Magie, vergiss das nicht. Und die kann ich jederzeit zerstören, wenn ich es will.«

»Hm«, machte Adam. »Du wirkst ganz schön angetan von deinem Sigil, wenn man bedenkt, dass du es so unbedingt loswerden willst.«

»Es geht nicht nur um Ignis, und das weißt du! Es geht um Freiheit. Um *deine* Freiheit, um Dinas, Celines, *Matts …*« Ich presste die Lippen zusammen, so fest ich nur konnte. Bevor ich etwas sagte, das ich gleich bereuen würde.

Adam stand so dicht vor mir, dass es mir den Atem verschlug. Ich hatte keine Ahnung, welches Spiel er spielte. Ich wusste nur, dass der Kloß in meinem Hals gefährlich war, genauso wie die Schauer über meinem Rücken und der Instinkt, sich ihm entgegenzulehnen. Mein Körper erinnerte sich an ihn, aber das wunderte mich nicht. Der Körper war ein Verräter, selbst wenn das Herz versuchte, es nicht zu sein.

Adams eindringlicher Blick verzehrte mich für endlose Sekunden. Er hob eine Hand vor mein Gesicht, zögerte. Erst dachte ich, er wollte mir eine lose Haarsträhne, die mir ins Gesicht gefallen war, nach hinten stecken. Dann spürte ich einen Druck an meinem Ohr. Das Syntho-Hologramm auf meinem Gesicht verschwand – ich fühlte, wie meine Konturen sich zurückformten –, und mit einem Mal standen wir uns *wirklich* von Angesicht zu Angesicht gegenüber.

»Ich habe dich schon gespürt, als du in London angekommen bist«, sagte Adam leise, und ich schauderte. Er hatte es die ganze Zeit gewusst? Aber wie? Die Verbindung zwischen uns war doch inaktiv gewesen.

Es spielte keine Rolle. Ich zwang meinen Körper zurück. »Lass mich los«, forderte ich knapp.

Adam nickte. »Das werde ich. Aber erst erzählst du mir, was das Auge mit dem Desimeter will.«

»Nein, werde ich nicht!«

Rayne, bitte, sagte er und – er sagte es nur in meinem Geist. Ich atmete schwer, spürte, wie die Mauer, die ich versuchte zwischen uns aufrechtzuerhalten, erste Risse bekam.

Kontrolle, behalte die Kontrolle, sang ich vor mich hin. Meine Gefühle durften mich nicht dazu verleiten, Informationen preiszugeben, die ich so lange mühevoll vor ihm abgeschottet hatte. Ich kontrollierte den Emotionsfluss in mir, brachte ihn zur Ruhe. Das gelang mir für gewöhnlich nicht so schnell, aber in mir breitete sich eine angenehme Kälte aus. Ein eisiges Gefühl, das mein inneres Feuer linderte und …

Verdammt!

»Geh raus aus meinem Kopf!«, schrie ich und ballte dabei die Hände, so gut es ging, zu Fäusten. Sämtliche Magie kanalisierte ich darin, und auch, wenn ich keine sinnvolle Geste zustande brachte, während Adam meine Finger zusammendrückte, reichte es, um ihn von mir zu stoßen. Doch kaum dass ich mich wegdrehte, um davonzulaufen, spürte ich eine Bewegung hinter mir.

Eine Bewegung … und ein weißes Aufleuchten.

Ich wirbelte herum und zwang Ignis dazu, Adams Magie abzuwehren. Er hatte ernsthaft Alius und Etas auf mich angewandt! Schon wieder!

Ohne darüber nachzudenken, stürzte ich mich mit einer Reihe schneller Schläge auf Adam. Ich war wütend, dass er mir all das zumutete, wütend, dass ich es zuließ, wütend, dass wir beiden es – was auch immer – jedes Mal so weit kommen ließen.

Meine rote Magie donnerte gegen Adams weiße. Gleichzeitig pochte die Gravur seines Sigils an meiner linken Schulter, als würde sie mich daran erinnern wollen, was uns beide verband. Als hätte ich es jemals vergessen können. Es war, als würde mein Körper noch genau wissen, wie es war, gegen Adam zu kämpfen. Ich befand mich in diesem adrenalingeladenen, tranceähnlichen Zustand, in dem keine meiner Bewegungen von vernünftigem Denken beherrscht wurde. Und bevor ich begriff, was geschah, prallte das Schwert, das in dieser Sekunde flüssig und geschmeidig aus meiner Hand herauswuchs, gegen ein Seil aus purem Licht.

Adams Magiewaffe.

Mein Herz schlug in heftigem Stakkato gegen meinen Brustkorb. Es war wie in den Träumen. In all den Träumen der letzten Monate, in denen wir uns immer wieder auf die grausamste Art und Weise getötet hatten.

Der Gedanke lähmte mich. Und obwohl meine Magie durch das Adrenalin des Kampfes in immer höheren Wellen durch mein Blut rauschte … Ich konnte ihn nicht mit dem Schwert angreifen.

Ich *konnte* einfach nicht.

Etwas Weiches flackerte über Adams hellgraue Augen. Er hatte das Seil, das sich zwischen Alius und Etas spannte, um meine Klinge gewickelt. Doch nun ließ er locker und zog sich zurück.

»Ich will auch nicht gegen dich kämpfen«, flüsterte er in die Stille des Raums hinein.

Ich versuchte etwas zu erwidern, nur kam kein Laut über meine Lippen.

Ein gequälter Ausdruck legte sich über Adams Gesicht. »Ich muss nur wissen, was ihr mit dem Desimeter vorhabt. Danach kannst du gehen, wenn du das möchtest. Ich habe dich beim letzten Mal nicht aufgehalten, ich werde es auch dieses Mal nicht tun.«

»Dasselbe gilt aber nicht für das Auge, oder?«

Adam hielt meinem Blick stand. »Nein. Das tut es nicht. Das Desimeter ist eines unserer mächtigsten und gefährlichsten Sigils. Es gehört in sichere Hände. Ich kann nicht zulassen, dass ihr es mit euch nehmt.«

Ich schluckte. Wir mussten miteinander reden. Offen reden. Sonst würde Adam uns immer an den Fersen hängen, und gegen ihn, Dina und Celine hatten wir keine Chance, das wusste ich.

»Adam«, setzte ich an, doch bevor ich mir überlegen konnte, was ich zu ihm sagen wollte, ertönte von draußen ein markerschütterndes Geräusch.

Erschrocken starrte ich in Richtung der Fensterfront. Dort, wo bisher nur dunkle Nacht gewesen war, flackerte für wenige Sekunden ein gleißendes Licht auf. »Was war das?«

Ich spürte förmlich, wie Adam seine Gefühle mit eiserner Faust bändigte. Und als ich zu ihm sah, war sein Gesicht vollkommen ausdruckslos. »Wie gesagt. Ich kann nicht zulassen, dass ihr das Desimeter mit euch nehmt.«

12

Adams Worte ließen Eisnadeln durch meine Adern schießen. Ich war so sehr in diesen Augenblick zwischen uns vertieft gewesen – so damit beschäftigt, die Gefühle in mir zu entziffern –, dass ich gar nicht mehr in Frage gestellt hatte, ob Lily, Dorian und die anderen es weg vom Plateau geschafft hatten.

Ich presste die Lippen aufeinander, als ich draußen ein Shuttle sah, das von zwei weiteren Shuttles eskortiert wurde. Offenbar waren sie auf dem Weg zu den Landeplätzen unten am Plateau.

Aus der Entfernung konnte ich nicht erkennen, wer in dem mittleren Shuttle saß, aber es war nicht schwer zu erraten. Adam hatte Dorian, Lily, Edge und Blicker abfangen lassen.

Unsere Mission war auf ganzer Linie gescheitert.

»Komm mit«, sagte Adam mit ernster Miene und lief durch den Korridor davon. Ich folgte ihm, ohne zu viel darüber nachzudenken. Ein Fluchtversuch würde so oder so scheitern. Und wenn er Lily und die anderen gefangen nahm, wollte ich zumindest bei ihnen sein.

Vor den Fahrstühlen trafen wir auf Zorya und die restlichen Magiehäscher, die sich inzwischen wieder aufgerappelt hatten. Zorya warf mir einen schneidenden Blick zu, kaum dass sie in mein echtes Gesicht blickte, doch bevor sie etwas sagen konnte, winkte Adam uns mit einer schlichten Handbewegung weiter.

Zurück im Erdgeschoss des Plateaus führte er uns in einen abgetrennten Raum nahe des Empfangssaals. Es musste eine Art Besprechungszimmer sein, jedenfalls standen ein Tisch und Stühle darin, und ich zögerte in der Tür, als ich erkannte, wer darin auf uns wartete.

Dina und Celine lehnten lässig an der Wand, beide mit den Armen vor der Brust verschränkt. Sie wirkten in keiner Weise überrascht, als sie mich sahen – Adam musste sie demnach bereits informiert haben.

Dina war die Erste, die sich von der Wand abstieß und auf mich zulief. Ihre Augen, die fast genauso grün waren wie meine eigenen, funkelten, während sie mich einmal von oben bis unten begutachtete. »Wen haben wir denn da?«, sagte sie mit einem winzigen Lächeln auf den rotgeschminkten Lippen. »Langsam habe ich das Gefühl, dass du jedes Mal, wenn wir uns sehen, Ärger im Gepäck hast.«

Ich versuchte, mir meine Anspannung nicht zu stark anmerken zu lassen. Stattdessen erwiderte ich das Lächeln. »Ich würde eure Erwartungen auch nicht enttäuschen wollen.«

Dina schnaubte, aber es wirkte gutmütig. Ich hatte keine Ahnung gehabt, wie sie auf mich reagieren würde, wenn wir uns eines Tages wiedersähen. Wir waren Freunde gewesen, und ich hatte ihr schließlich genauso den Rücken gekehrt wie Adam.

Es hätte mich nicht verwundert, wenn sie mich dafür gehasst hätte.

Doch Dina verdrehte nur kurz die Augen, dann zog sie mich in eine Umarmung. Ich blieb erst stocksteif stehen, aber dann entwich mir ein erleichtertes Seufzen, und ich klammerte mich kurz an sie.

Als wir uns wieder voneinander gelöst hatten, schaute ich zu Celine. Sie hatte sich zu Adam gestellt und würdigte mich keines Blickes mehr. Überhaupt gab sie sich große Mühe, meine Existenz zu ignorieren.

Was, alles in allem, keine sonderliche Veränderung in unserer bisherigen Beziehung darstellte.

Bevor die Stille, die daraufhin folgte, zu unangenehm werden konnte, erklangen vom Gang her Schritte. Eine Gruppe von Magiehäschern zerrte nacheinander Dorian, Edge, Lily und Blicker in den Raum hinein. Auch bei ihnen waren die Syntho-Hologramme deaktiviert worden, weshalb ich nun in ihre eigenen, vor Wut verzerrten Gesichter blicken konnte.

»Ray«, stieß Lily erleichtert hervor, als sie mich erkannte, die Jungs dagegen schwiegen eisern.

Adam sagte nichts, er ging lediglich auf Dorian zu. Der schaute ihn wiederum mit all der Verachtung an, die ich jedes Mal in Dorian spürte, wenn er über den *Mirrorlord* sprach. Mit all dem Hass, den er den Trembletts gegenüber fühlte, weil Adams Mutter Dorians Mutter ermordet hatte.

Egal, ob deren Sohn etwas dafür konnte oder nicht.

Als Adam eine Hand zu Dorian ausstreckte, fing der an, sich wild gegen die beiden Magiehäscher links und rechts von sich zu werfen. Da zückte Dina ihr Dark Sigil – ein wunderschönes goldenes Band in Schlangenform – und ließ es grün aufglühen. Innerhalb eines Wimpernschlags hatte sie es um Dorians Oberkörper und Arme gewickelt, so dass er sich nicht mehr bewegen konnte, während Adam in die Tasche seines Mantels griff und das Desimeter hervorzog.

»Ihr habt die Wahl«, erklärte Adam vollkommen ruhig,

während er den Kompass fest mit der Hand umschloss. »Sagt mir, was ihr damit wolltet, oder ich lasse euch einsperren.«

Ich wusste nicht, ob er auch mich damit meinte – er schaute lediglich Dorian an. Es spielte keine Rolle. Ich würde den anderen folgen, selbst in eine Gefängniszelle.

Dorian hob den Kopf, und mir entwich ein Keuchen, als er statt einer Antwort Adam geradewegs ins Gesicht spuckte.

Oder … zumindest hatte er es versucht. Denn Adam neigte den Kopf im letzten Moment zur Seite, so dass Dorian ihn knapp verfehlte. Dabei glühten die Lichtmale auf Adams Haut sanft auf – ein klares Zeichen dafür, dass er seine Schicksalswürfel benutzt hatte, um die Zeit zurückzudrehen.

In einer anderen Realität hatte Dorian Adam wohl getroffen. Doch nun blieb sein Gesicht unberührt.

»Wenn du denkst, dass für dich keine Regeln gelten, Whitlock …«, sagte Adam mit einer Stimme aus Eis, »… dann täuschst du dich.« Er schaute kurz zu Zorya. »Bringt sie in den Nachtturm. Ich entscheide morgen, was wir mit ihnen machen.«

Die Magiehäscher verstärkten ihren Griff um die Arme von Lily und den anderen und zerrten sie zur Tür hinaus. Ich sah bereits vor meinem inneren Auge, wie sie sie zu den Landungsbrücken des Plateaus schleifen würden wie Verbrecher, und konnte kaum atmen.

Warte.

Ich hatte das Wort nicht laut ausgesprochen, aber Adams Kopf neigte sich trotzdem zu mir. Er warf Dina eine bittende Geste zu, und sie verdrehte die Augen, während sie Celine aus dem Raum bugsierte, so dass Adam und ich allein zurückblieben.

Unsere Blicke verhakten sich ineinander. Mein Verstand

hatte Mühe zu entscheiden, was ich tun sollte. Mein Herz aber … mein Herz wusste es. Denn ich kannte Adam. Ich kannte ihn besser, als es ihm vielleicht bewusst war. Den Kampf gegen das Auge hatte er sich nicht freiwillig ausgesucht. Mehr noch, er hatte den Rebellen sogar schon einmal heimlich geholfen, indem er ihnen absichtlich große Mengen an Magie in die Hände gespielt hatte.

Adam *wollte* das Richtige tun, daran hatte ich keinen Zweifel.

Und was hatte meine Mutter noch gleich gesagt?

Dann bleibt dir wohl nichts anderes übrig, als ihn zu überzeugen.

»Würdest du es Nessa Greenwater erklären lassen?«, brach es aus mir hervor. »Würdest du ihr wenigstens zuhören? Denn … Adam, ich glaube, wir kämpfen alle den gleichen Kampf. Auch wenn wir dabei verschiedene Wege wählen.« Mein Blick wanderte suchend über Adams Gesicht, in der Hoffnung, ihn mit meinen Worten zu erreichen. »Du hast die Regierungen von Prime hierher eingeladen, weil du etwas verändern willst. Geh noch einen Schritt weiter. Sprich mit Nessa. Lass dir erklären, was ihr Ziel ist. Vielleicht … vielleicht gibt es ja doch einen gemeinsamen Weg. Adam, *bitte*.«

Adam atmete schwer ein und aus. Und für einen Moment schien er zu vergessen, sich zu kontrollieren, denn ich spürte die Zweifel hinter seiner Fassade … und eine Sehnsucht, die ich nur allzu gut kannte.

Genauso hatte er mich angesehen, in dieser einen Nacht in der Bella Septe, als ich in seinen Armen gelegen und gedacht hatte: *Das ist es. Er und ich, wir können zusammen glücklich sein.*

Seither hatte ich unzählige Nächte allein in einem schmalen Bett verbracht und jede Sekunde dieses Moments noch einmal durchlebt. Es war im Laufe der Monate nicht einfacher geworden, und jetzt – gerade als eine zaghafte Hoffnung in der Einöde meines Herzens zu blühen begann –

… schüttelte Adam den Kopf.

»Ich kann nicht, Rayne.«

»Du kannst nicht? Oder du willst nicht?«

Er seufzte. »So oder so, es spielt keine Rolle. Nessa Greenwater wird nicht offen mit mir reden. Und wenn ich ehrlich bin, fehlt mir nach allem, was geschehen ist, die Motivation, mit ihr darüber zu diskutieren, auf welche Art und Weise sie uns die Dark Sigils entreißen möchte.« Er starrte mich an, nicht wütend, allerdings auch nicht weit davon entfernt. »Ich bin für die Magie auf der Welt verantwortlich. Ich allein. Und dieses Treffen hier ist wichtig. Wichtiger als irgendwelche Hirngespinste. Prime ist durch die Chaosmagie in echter Gefahr. Die Bündelungen werden stärker, von Tag zu Tag. *Darüber* sollte sich Nessa Greenwater Gedanken machen. Und du übrigens auch.«

Damit wandte Adam sich endgültig von mir ab, und mir fehlten die Worte. Tränen stiegen mir in die Augen, und ich hatte keine Ahnung, was ich daraufhin sagen könnte.

Adam hatte recht. Dieses Treffen *war* wichtig. Und ich bewunderte ihn dafür, dass er mit sämtlichen Traditionen des Mirrors gebrochen hatte, um sich hier mit den Regierungen der unteren Welt zu treffen.

Er versuchte sein Bestes, wie er es immer schon getan hatte. Er wollte den Menschen auf dem Planeten helfen. Wie sollte ich ihm angesichts all dieser Selbstlosigkeit begreiflich machen, wie wichtig Nessas Plan für *uns* war? Dass wir eine echte Chance hatten, er und ich, wenn wir die Schattenathame tatsächlich finden wür–

Adams Kopf schnellte in meine Richtung. Er war längst an der Tür angekommen, eine Hand am Rahmen, doch nun drehte er sich um und sah mich mit geweiteten Augen an.

»Was hast du gerade gedacht?«, fragte er, und ich fühlte, wie mein Mund trocken wurde.

O Gott. Er konnte mich noch immer denken hören. Und ich hatte die Athame klar und deutlich in mein Bewusstsein gerufen und ihm damit alles, was ich in den letzten Monaten zu verbergen versucht hatte, auf dem Silbertablett serviert.

Wir starrten uns an, mehrere Sekunden lang. Ich konnte die Gefühle in Adams Innerem nicht deuten, sosehr ich es auch versuchte. Er tat sein Bestes, sämtliche Gedanken vor mir abzuschirmen. Was ihm, im Gegensatz zu mir, auch gelang.

»Also gut«, sagte Adam schließlich, während die Hand, die er an den Türrahmen gepresst hatte, sich zu einer Faust verzog. »Bring mich zu Nessa Greenwater. Du hast recht … wir haben wirklich einiges zu besprechen.«

13

Die nächste Stunde verbrachte ich damit, zu warten. Adam hatte Lily, Dorian, Edge und Blicker zurück zu mir in den Besprechungsraum bringen lassen und uns unter die Aufsicht von Zorya und zwei Dutzend Magiehäschern gestellt. Dann hatte er sich mit Celine, Dina und Agrona Soverall zur Beratung zurückgezogen.

Während wir warteten, schien es auf dem Plateau vollkommen ruhig zu sein, was mir nach allem, was geschehen war, seltsam vorkam. Der Empfang war längst vorbei, die Gäste aus Prime und dem Mirror waren in den Raum geführt worden, in dem das Abendessen serviert wurde.

Niemand sagte etwas. Einige der Magiehäscher schauten lediglich immer wieder nervös in meine Richtung, als rechneten sie damit, dass ich jede Sekunde versuchen würde, sie mit meinem Sigil auszuknocken. Zorya hatte Lily, Edge, Dorian und Blicker mit etwas Abstand zu mir am Tisch platziert, und so sahen wir uns nur angespannt an, Minute um Minute.

In den letzten Wochen hatte ich mich so sehr an die Stille in meinem Kopf gewöhnt, dass es mir erst nach einer Weile auffiel: Ich konnte Adam erneut weder hören noch fühlen. Seine Gedanken waren wieder voll und ganz vor mir verborgen. *Wie machst du das bloß?*

Ich bekam keine Antwort.

Natürlich nicht.

Ich verstand das alles einfach nicht. Warum hatte Adam so plötzlich seine Meinung geändert? Warum hatte er nun doch einem Gespräch mit Nessa zugestimmt? Er war so vehement in seiner Absage gewesen, aber kaum dass ich die Schattenathame erwähnt hatte …

Es hatte fast gewirkt, als hätte er den Begriff schon einmal gehört.

Aber das war unmöglich, oder nicht? Adam konnte nichts von der Athame wissen, denn *wenn* er davon wüsste, dann … dann würde das bedeuten, dass er sich bewusst dagegen entschieden hatte, nach ihr zu suchen.

Und ich weigerte mich, diesen Gedanken zuzulassen.

Doch wieso hatte er dann so verstört gewirkt, als er das Wort in meinem Kopf aufgeschnappt hatte?

Ich würde wohl erst eine Antwort bekommen, wenn Adam dazu bereit war. *Also alles beim Alten,* dachte ich verbittert und ließ mich tief in meinen Stuhl sinken.

Danach dauerte es eine gefühlte Ewigkeit, bis die Tür zum Besprechungsraum sich wieder öffnete. Ich erkannte Adam und Agrona Soverall im Korridor, dahinter Dina und Celine. Die Magistratin verabschiedete sich gerade hochoffiziell mit einer Verbeugung, bevor sie Adam noch irgendetwas ins Ohr raunte, das ich nicht verstehen konnte. Dann warf sie mir einen beinahe vergnügten Blick zu und entfernte sich – gefolgt von mehreren Magiehäschern.

»Ich hatte schon befürchtet, mich hier langweilen zu müssen«, hörte ich sie noch sagen. »Aber auf die Kinder ist eben Verlass.«

Ich schnaubte. Vom ersten Moment an, als ich Agrona in

einer Absteigerbar in Mirror-London getroffen hatte, war sie mir sympathisch gewesen. Allerdings war mir jetzt gerade wirklich nicht nach solchen Scherzen zumute.

Adam gab Zorya einen Wink, und dann führten uns die Magiehäscher durch den Korridor hinter den anderen her. Ich konnte mich nicht richtig orientieren, aber ich vermutete, dass wir zu den Landeplätzen gingen. Vorher jedoch passierten wir den Durchgang zum Festsaal, wo ich jemanden stehen sah: Pandora Cavendish.

Adams *Verlobte.*

Ein älteres Paar wartete mit einem gewissen Abstand hinter ihr. Waren das ihre Eltern? Jedenfalls ging Adam auf Pandora zu, und ich konnte den Blick nicht abwenden, als er sich dicht vor sie stellte, um ihr irgendetwas zu sagen, das ich nicht verstehen konnte. Er sprach direkt in ihr Ohr, während Pandora nur freundlich dreinschaute. In ihrem perfekten Kleid und mit ihren perfekten Haaren. Sie nickte bei einfach allem, was Adam sagte, und lächelte dann, als er ihr einen Kuss auf die Wange hauchte und –

»Ray«, raunte Lily erschrocken. Ich schaute zu ihr, und sie deutete mit geweiteten Augen etwas nach unten. Verwirrt folgte ich ihrem Blick. Ich schaute an mir herab und erkannte mit Schrecken, dass sich Ignis' Magieklinge an meiner rechten Hand gebildet hatte. Rotglühend, vor sich hinknisternd und nicht zu übersehen.

O Gott.

Dina entwich ein Lachen, das sie in ein Husten übergehen ließ. Celine strich sich über die Stirn, als hätte sie Kopfschmerzen. Ich schüttelte meine Hand, als wollte ich einen Krampf lösen, was die Magieklinge sogleich zerbersten ließ, bis nichts mehr davon zu sehen war.

Ich hatte keine Ahnung, ob Adam etwas mitbekommen hatte. Aber seine Verlobte schaute zu mir, und ihr Stirnrunzeln verriet, dass sie keine Ahnung hatte, wer ich war, aber wohl nach meiner kleinen Aufführung eben nun schnell dahinterkommen würde.

Unmittelbar danach wurden wir weiter zu den Landeplätzen und einem der Shuttles geführt und brachen auf. Als ich Adam die Koordinaten zum Flugplatz verraten hatte, wo Nessa und die anderen vom Auge warteten, war Dorians Miene finsterer geworden, als ich es je an ihm gesehen hatte. Doch er protestierte nicht, sagte kein Wort. Wahrscheinlich wusste er genau wie ich, dass wir keine Wahl hatten. Die Mission war in ganzer Linie gescheitert, das Desimeter lag fest in Adams Hand.

Der Flug dauerte keine Viertelstunde, da schwebte das Shuttle über den Platz und setzte neben dem Hangar auf. Das Flugzeug, mit dem wir nach London gereist waren, wirkte komplett verwaist. Dafür war der Hangar von innen erleuchtet, und ich ahnte: Nessa wartete auf uns.

Meine Vermutung wurde bestätigt, denn im Gesicht der Rebellenanführerin lag keinerlei Überraschung, als nicht nur wir, sondern auch Adam, Celine, Dina und seine versammelte Leibgarde in den Hangar liefen. Hatten Dorian und sie vielleicht irgendwelche Intervalle vereinbart, in denen er sich bei ihr melden musste? Und wenn er es nicht tat, war ihr klar, dass etwas schiefgelaufen war? Ich konnte es mir gut vorstellen. Nessa war alles, aber nicht leichtgläubig. Sie hatte sich für jeden erdenklichen Ausgang unserer Mission vorbereitet. Auch für ein Scheitern.

Dass sie trotzdem ausgeharrt hatte, verwunderte mich

etwas. Allerdings war Dorian ihr Enkel. Sie hätte ihn wohl nicht zurückgelassen.

Nessa saß allein an einem runden Tisch, der im ansonsten leeren Hangar aufgestellt worden war. Der Rest des Auges – auch meine Mutter – hielt sich im Hintergrund und beobachtete uns, während wir näher kamen. Unsere Schritte hallten durch die Halle, bevor Adam, Celine und Dina sich schließlich zu Nessa an den Tisch setzten. Zorya hielt mich am Arm fest, und Dorian, Lily, Edge und ich blieben einige Meter hinter den dreien stehen. Obwohl das Gesicht der Magiehäscherin einen betont neutralen Ausdruck hatte, war ich mir ziemlich sicher, dass Zorya sich innerlich darauf vorbereitete, Nessa eine zu verpassen, wenn die auch nur ein falsches Wort zu Adam sagte.

Mein Blick glitt zurück zu Nessa. Man musste sich nicht sonderlich anstrengen, um zu bemerken, wie düster ihre Stimmung war. Nach außen hin wirkte sie ruhig, aber ich konnte ihren Frust über unsere gescheiterte Mission deutlich fühlen. Denn nun stand sie vor einem Problem, das nur schwer zu lösen war.

Nessa hasste den Mirror … und besonders Adam. Leanore Tremblett hatte Nessas Tochter ermordet. Und da nur noch deren Sohn am Leben war, gab sie ihm die Schuld daran. Aber die Lage war eindeutig. Das Auge hatte auf ganzer Linie verloren, ihr Enkel war gefangen genommen worden, und Nessa konnte unmöglich vorhersagen, was Adam im Schilde führte.

Womit sie nicht die Einzige war.

»Ich nehme an, Sie fragen sich, warum ich ein Treffen wollte, statt Ihre Leute einfach ins Gefängnis werfen zu lassen«, begann Adam.

Nessa legte den Kopf schräg. »Das ist eines von sehr vielen Dingen, über die ich mich wundere.«

»Entgegen Ihrer Annahme bin ich nicht Ihr Feind.«

Eine Pause. Dann verzog Nessa den Mund zu einem schiefen Lächeln. »Ich fürchte, das sehe ich anders.«

Adam zeigte keine Reaktion darauf. Er lehnte sich nur mit einem tiefen Atemzug in seinem Stuhl zurück. »Miss Greenwater … ich weiß durchaus, dass Ihre Gruppe den ärmeren Menschen in Prime hilft. Dafür hat das Auge mehrfach das eigene Leben riskiert. Für viele in Prime sind Sie deshalb eine Heldin. Und auch wenn vieles von dem, was Sie tun, letztlich nichts anderes als Selbstjustiz ist, neige ich dazu, diesen Menschen zuzustimmen.«

Das unverbindliche Lächeln auf Nessas Lippen wankte. Adams Worte überraschten sie. Und ich konnte auch in den Gesichtern der anderen Rebellen erkennen, dass sie mit allem gerechnet hatten, aber nicht mit einem … Kompliment.

»Du … bezeichnest mich als Heldin?«, fragte Nessa und versuchte nicht einmal, ihre Verwirrung zu kaschieren.

»Nein. Aber ich denke, dass Sie das, was Sie tun, für etwas Gutes halten.«

Nessas Gesicht wurde von Wut überlagert. »Weil es das *ist*. Die Magie ist ein Teil dieser Welt, genauso wie es das Wasser und die Luft sind. Sie gehört dem Volk und ist nicht das Werkzeug systematischer Unterdrückung, zu dem die Oberen sie gemacht haben!«

»Darin stimme ich Ihnen zu«, sagte Adam. »Doch Ihnen geht es nicht nur um den Magiehandel. Es geht Ihnen nicht nur um eine gerechte Welt. Es geht Ihnen um die Dark Sigils.«

Nessas Mimik glättete sich wieder. Mit einem Adam, der ihre Beweggründe verstand, konnte sie offenbar nicht umgehen. Jetzt war sie dagegen wieder auf bekanntem Terrain.

»Die Dark Sigils sind einer der Hauptgründe dafür, warum diese Welt so ungerecht ist.«

»Wie Sie wollen«, sagte Adam. »Überspringen wir den Smalltalk. Ich weiß, dass Sie mich am liebsten tot sehen würden. Sie wollen die Sieben als Machtinstanz zerschlagen. Aber heute Abend sind Sie in eine Sackgasse gelaufen, Ihre Mission ist gescheitert, und ich verspreche Ihnen, dass Sie dem Desimeter niemals wieder näher kommen als in diesem Moment.«

Er zog das Desimeter aus seiner Manteltasche und positionierte es direkt vor sich auf dem Tisch. Nessa vermied betont darauf hinabzusehen, auch wenn sie es bestimmt gerne wollte.

»Verraten Sie mir, was sie damit suchen wollten«, verlangte Adam, doch Nessa schüttelte den Kopf.

»Wieso sollte ich?«

»Weil Sie sonst keine Chance haben, den Plan umzusetzen.«

»Ich denke, das habe ich sowieso nicht.«

Adam seufzte, und statt noch etwas zu sagen, holte er die beiden Würfel aus seinem Lederarmband hervor. Er ließ sie träge über der Hand kreisen, und diesmal konnte sich Nessa nicht davon abhalten, den Blick darauf zu senken.

Sie kannte die Dark Sigils natürlich, sie hatte schließlich den Großteil ihres Lebens als Schmiedin in Septem gelebt und gearbeitet. Dorian dagegen starrte unverhohlen, und obwohl er sichtlich versuchte, nicht beeindruckt zu wirken, sah ich die Faszination in seinen Augen glitzern.

Die Schicksalswürfel waren das einzige Dark Sigil, von dem es keine Repliken gab. Zumindest war mir während meiner Zeit in den unterschiedlichen Rebellenstützpunkten nie eine unter die Nase gekommen. Das bedeutete, Dorian sah sie heute zum allerersten Mal aus der Nähe.

»Es geht um die Schattenathame, richtig?«

Die Frage kam so unvermittelt, dass ein kollektives Luftholen im Hangar zu hören war. Adam ließ weiter die Würfel über seiner Hand schweben, und sein Tonfall hatte sich nicht verändert.

Mit Nessas Selbstbeherrschung war es dagegen vorbei. Sie umklammerte mit beiden Händen die Armlehnen ihres Stuhls, während ihr Kiefer sich merklich anspannte. Neben mir drehte sich Dorian in meine Richtung und fasste mich mit einem intensiven Ausdruck ins Auge. Ich tat einen Moment lang so, als würde ich es nicht bemerken, aber schließlich wurde mein Blick zu ihm gezogen.

Das Misstrauen war ihm deutlich ins Gesicht geschrieben.

Woher weiß er von der Athame? Was hast du ihm gesagt?

Ich hob bloß ganz leicht meine Schultern, bevor ich meinen Kopf wieder senkte.

Ich hatte Dorian nie von der Gedankenverbindung zwischen Adam und mir erzählt. Und jetzt … jetzt war wohl nicht der richtige Zeitpunkt dafür.

»Also?«, fragte Adam, aber Nessa antwortete nicht. Das unverbindliche Lächeln lag wieder auf Nessas Lippen, sie schwieg. Dorian dagegen atmete schwer, und sein Blick war so voller Hass auf Adams Hinterkopf gerichtet, dass mir ganz schlecht wurde.

Im Hintergrund nahm ich wahr, wie die Magiehäscher an ihre Waffen griffen, aber ohne einen Befehl von Adam würden sie nichts tun. Zumindest hoffte ich das.

Eine Hand legte sich auf meinen Arm, und Lily warf mir von der Seite einen beunruhigten Blick zu. *Was wird er tun, wenn das Auge nicht kooperiert?*, schien sie mich zu fragen, doch ich hatte keine Antwort für sie.

Von Adams Kopf drang nur Stille zu mir. Und selbst wenn man mich zwingen würde, zu erraten, was in ihm vorging – ich hätte es nicht gekonnt.

»Was hat es mit der Athame auf sich?«, wiederholte Adam, und alles an ihm – der kalte Blick, die Anspannung in seinen Schultern – ließ keinen Zweifel daran, dass er die Frage nun zum letzten Mal gestellt hatte.

Als Nessa erneut nicht antwortete, seufzte Adam tief.

»Also gut. Sie lassen mir keine andere Wahl«, sagte er, und dann ging alles ganz schnell. Adam griff nach Alius und Etas. Gleichzeitig fassten Dina und Celine an seinen Arm. Ich sah noch, wie die Magiezeichen auf Adams Haut grell aufflackerten, doch was *dann* passierte, sah ich nicht.

Die drei blieben genau sitzen, wo sie waren. Wenn überhaupt wirkte Celines blaues Haar von einer Sekunde auf die andere etwas durcheinander, und Dina atmete womöglich ein kleines bisschen schwerer als zuvor, aber das war es auch schon. Adam starrte Nessa noch immer mit derselben kühlen Gleichgültigkeit entgegen wie eben noch.

Trotzdem wusste ich, was passiert war. Adam hatte die Zeit manipuliert. Und weil er mich dabei nicht berührt hatte, hatte ich die Zeitverschiebung nicht miterlebt. Ich war genauso außen vor wie die restlichen Menschen in diesem Raum.

Was hatte er getan? Offenbar hatte er die Zeit für uns eingefroren, während sie für ihn, Celine und Dina weitergelaufen war. Sie hätten *alles* tun können, ohne dass wir davon wussten. So war es damals auch gewesen, als Dina, Matt, Celine, Adam und ich Magistrat Vandal in der Bella Septe verhört hatten. Wir hatten ihn … *gefoltert*, man konnte es nicht anders sagen. Eine Gänsehaut zog sich über meine Arme. Hatte Adam das womöglich gerade mit Nessa getan? Oder mit Dorian? Auch

Vandal hatte schließlich nie erfahren, was mit ihm geschehen war, und den Schmerz, den er während unserer Befragung erlitten hatte, gab es in seiner Erinnerung nicht.

Ich glaubte nicht, dass Adam mit Nessa so weit gehen würde. Aber die Ungewissheit machte mich wahnsinnig.

Adam!, versuchte ich, in Gedanken nach ihm zu rufen, und warf ihm dabei einen so stechenden Blick zu, dass er ihn einfach fühlen *musste*. Doch er reagierte nicht, und ich überlegte gerade, wie ich die Situation entschärfen konnte, als er es erneut tat. Dina und Celine griffen an seine Hand, Adam drehte Alius und Etas, die daraufhin mit einem weißlichen Licht aufflackerten.

Erneut manipulierte er die Zeit, erneut taten er, Dina und Celine etwas, von dem ich keine Ahnung hatte, was es war. Es war zum Verrücktwerden!

Nessas stoische Fassade hatte nach Adams Machtdemonstration tiefe Risse bekommen. Sie wirkte beinahe … eingeschüchtert. Und ich konnte sie gut verstehen.

Nicht zu wissen, was man in einer anderen Zeitschlaufe vielleicht getan hatte, was man preisgegeben hatte, war zutiefst beunruhigend, und ich spürte, wie meine Hände leicht von einem Tremorzittern geschüttelt wurden.

»Muss das sein?«, entfuhr es mir, denn mein Frustrationslevel war inzwischen auf der Höhe des Mirrors angelangt.

Celine schaute über ihre Schulter und lächelte mich sichtlich zufrieden an. »Du hast deine Seite gewählt, Harwood. Jetzt leb auch mit den Konsequenzen.«

Ich musste mich zusammenreißen, Celine nicht den Mittelfinger zu zeigen, und schaute stattdessen Adam an. Was auch immer die drei besprochen hatten, während wir anderen in der Zeit eingefroren gewesen waren – es gefiel ihm nicht. Dinas

Gesichtsausdruck dagegen war nicht zu deuten. Ihre Augenbrauen waren zusammengezogen, gleichzeitig lag ein seltsames Glitzern in ihren Augen. So als könnte sie sich nicht entscheiden, was sie von den neuen Informationen halten sollte.

Was zur Hölle hatten sie gesehen?

Adam hatte inzwischen die Augen geschlossen. Ich merkte ihm an, dass seine Geduld am seidenen Faden hing.

»Raus«, befahl er mit ruhiger Stimme und schaute dann in Richtung der Rebellen, die hinter Nessa standen. »Alle raus. Auch ihr.« Letzteres galt den Magiehäschern in Adams Rücken. Danach blickte er fragend zu Nessa.

Zu meinem Unglauben nickte sie und hob die Hand, woraufhin sich sämtliche Rebellen, außer meiner Mutter und Dorian, in Richtung des Ausganges aufmachten, gefolgt von den Soldaten des Mirrors. Die einzige Magiehäscherin, die blieb, war Zorya.

Lily machte einen Schritt zurück, und schnell griff ich nach ihrer Hand. Wir würden garantiert nirgendwohin gehen.

»Sie glauben, es handelt sich bei der Schattenathame um ein Dark Sigil«, erklärte Adam, kaum dass die Tür zum Hangar geschlossen war. »Aber diese Unterlagen, die Sie gefunden haben … sie müssen falsch sein. Ich kenne Nova. Und ich wüsste, wenn dort ein Sigil verborgen wurde.«

»Nova? Was ist Nova?«, fragte Dorian, seine Großmutter beachtete ihn hingegen gar nicht. Sie schaute weiterhin Adam an.

»Ich glaube dir, dass du denkst, es zu wissen«, räumte sie ein. »Nova ist ein besonderer Ort. Mit besonderen Geheimnissen.« Nessa deutete auf das Desimeter. »Deshalb brauchen wir den Kompass. Weil es sonst unmöglich ist, die Athame dort zu finden.«

Adam folgte ihrem Blick und legte dann seine Stirn in Falten. »Sie wissen, wie gefährlich es ist, ein Desimeter zu nutzen, oder? Man verwendet es nur, wenn ein Wunsch zum Greifen nah ist. Nicht, wenn man überhaupt nicht weiß, ob man ihn erfüllen kann.«

»Natürlich haben wir –«, setzte Dorian an, doch Nessa redete über ihn hinweg.

»Sobald ein Desimeter einen Wunsch als Herzenswunsch erkennt, beginnt der Sand zu fallen. Er fällt langsamer, wenn man der Nadel folgt, und schneller, wenn man sich von ihr abwendet. Ist der Sand aufgebraucht, zehrt das Desimeter stattdessen die Lebensenergie desjenigen auf, der den Wunsch geäußert hat. Bis nichts mehr von diesem Menschen übrig ist.« Nessas Gesichtsausdruck blieb kühl, während sie Adam musterte. »Ich habe das Desimeter erfunden. Also ja, ich kenne die Gefahr, die von ihm ausgeht. Und …« Nessa blickte Adam bedeutungsschwer an. »Ich bin die Einzige, die diesen Wunsch mit dem Desimeter wird verbinden können. Niemand von uns will die Athame so dringend finden wie ich.«

Adam verzog den Mund. Man sah ihm an, dass er nachdachte. Doch als seine Stimme ohne jegliche Vorwarnung laut und deutlich in meinem Kopf ertönte, zuckte ich so heftig zusammen, dass alle im Raum zu mir schauten.

Vertraust du ihr?, fragte Adam mich, und ich starrte ihn an.

Wie machst du das? Unsere Verbindung –

Nicht jetzt, bat Adam. *Sag mir: Kann man Nessa Greenwater vertrauen?*

Ich seufzte innerlich. *Ja. Sie ist tough, aber ehrlich.*

Adams Unentschlossenheit drang in Wellen zu mir durch, während er weiterhin meinen Blick festhielt.

Wusstest du die ganze Zeit von der Athame?, fragte ich, auch wenn ich Angst vor der Antwort hatte.

Adam zog seine Brauen unschlüssig zusammen. *Ja, ich habe davon gehört. Das heißt jedoch nicht, dass es dieses Sigil auch tatsächlich gibt. Und dass es das kann, was ihr euch davon versprecht.*

Also wusste er, was der Athame nachgesagt wurde: Dass sie womöglich die Bindung zwischen Dark Sigil und seinem Träger auflösen konnte, ohne ihm zu schaden.

Ein Teil von mir wollte sich in das aufkeimende Gefühl von Verrat hineinstürzen, weil Adam mir nicht davon erzählt hatte. Weil er mir diese Möglichkeit vorenthalten hatte, egal, ob er sie nur für eine Legende hielt oder nicht. Doch mir war klar, dass mich das meinem Ziel jetzt gerade kein Stück näherbringen würde.

Nessa glaubt an die Schattenathame, sagte ich innerlich zu Adam. *Sie würde ihr Leben dafür opfern, sie zu finden. Und sie wird nicht lockerlassen, niemals. Also lass uns zusammen danach suchen. Wenn die Schattenathame tatsächlich existiert und wenn sie die Träger von ihren Sigils befreien kann, ohne dass wir sterben müssen, dann … dann wären wir frei. Jeder von uns. Auch … auch du und ich.*

Adam starrte mich an. Und ich war mir sicher, dass er verstand, was ich damit sagen wollte. In seinem Inneren gab es immer noch eine tiefe Abwehr, die ich einfach nicht begreifen konnte. Etwas, das er versuchte, vor mir verborgen zu halten.

Nur was war es?

In diesem Moment bemerkte ich, dass die anderen uns fragende Blicke zuwarfen. Dorian, Nessa, aber auch Dina und Celine. Natürlich. Sie wussten ja nicht, dass Adam und ich innerlich miteinander redeten. Für sie musste das, was wir hier taten, völlig bescheuert aussehen.

Es würde später auf jeden Fall für Fragen sorgen, da war ich mir sicher.

Schließlich wandte Adam sich abermals an Nessa. Und mein Herz klopfte mir bis zum Hals, als er sich mit einer geschmeidigen Bewegung von seinem Stuhl erhob.

»In Ordnung«, sagte er, nahm das Desimeter und ließ es wieder in seiner Manteltasche verschwinden. »Wir reisen zusammen nach Nova. Und dann finden wir heraus, ob die Athame tatsächlich existiert.«

Nessa starrte ihn an mit einer Mischung aus Unglauben und tiefem Misstrauen. »Und wenn sie existiert?«

Adams Blick zuckte zu mir. Nur für den Bruchteil einer Sekunde, bevor er wieder zu Nessa schaute. »Dann sehen wir weiter.«

TEIL 3

NOVA

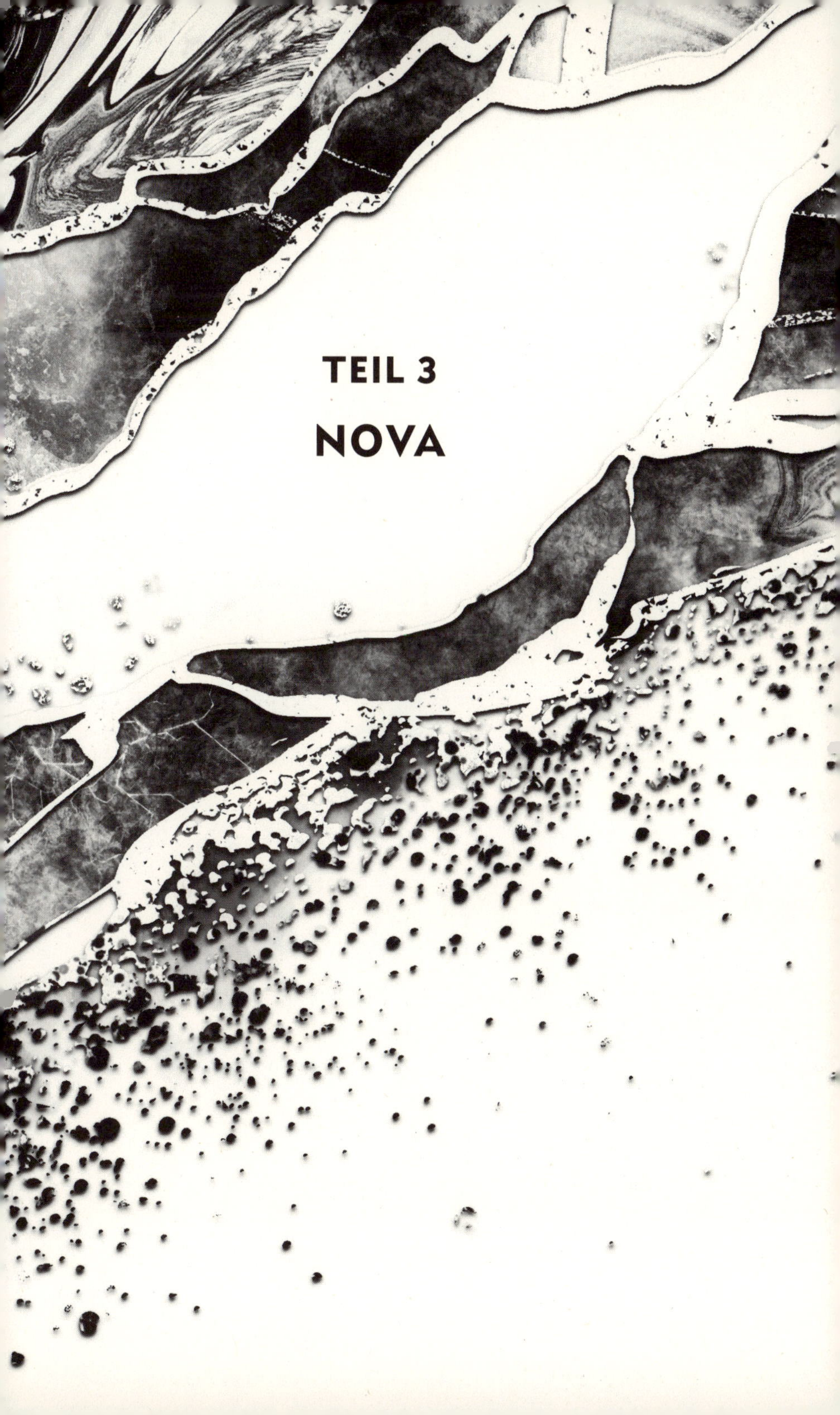

14

17. August 2021, 13:11 Uhr
Mirror-London, Septem
Leanore Tremblett ist 16 Jahre alt

Du kannst mich nicht ewig hier festhalten!«, schrie Leanore und versuchte, sich an ihrem Vater vorbeizudrängen. Sie hatte es in den vergangenen Minuten schon mehrfach versucht, doch das Ergebnis war immer dasselbe. Ihr Vater war dank seiner Würfel zu schnell, es gab kein Entkommen. Selbst wenn sie es an ihm vorbeigeschafft hätte, wären da noch die Magiehäscher, die den Fahrstuhl blockierten.

»Was glaubst du, wer du bist?«, fragte Victor. Seine Stimme klang eisig, während er einen Schritt auf Leanore zuging. »Du bist *meine* Tochter. Und du wirst Melvin Harwood so lange nicht mehr sehen, bis du zur Vernunft gekommen bist! Du wirst Magistrat Ricards Sohn heiraten, bevor du Mirrorlady wirst!«

Leanore fühlte sich, als würde ihr das Herz im Hals stecken. Ihre Hände begannen zu zittern. »Das werde ich nicht«, flüsterte sie.

Victors Mund wurde zu einer dünnen Linie. »Dann, meine

Tochter, wirst du hier allein bleiben. Und zwar, solange es nötig ist.« Er schaute von oben auf sie herab, so wie er es damals getan hatte, vor all den Jahren, als sie den Vogel im Thronsaal hatte freilassen wollen.

»Du musst die Vergangenheit sterben lassen, Leanore. Lass die Vergangenheit sterben, und greif endlich nach dem Leben, das vor dir liegt.«

Leanore tat ihrem Vater nicht den Gefallen zu schreien, als er die Tür zum Tremblett-Flügel hinter ihr schloss. Gerade noch hatte sie in Melvins Armen gelegen, draußen im Versteck in den Palastgärten, und jetzt war sie hier. In der Dunkelheit. Allein.

Sie war entschlossen, die Panik, die in ihr aufzukeimen drohte, zu überwinden. Und doch ... Leanore war klar, wie hoffnungslos ihre Lage war. Wenn ihr Vater sie hier einsperren wollte, würde es kein Entkommen geben. Nirgendwo. Sämtliche Geheimgänge des Tremblett-Flügels waren ihm so vertraut wie ihr selbst – er hatte garantiert Vorkehrungen getroffen.

Leanore zog sich zu einem Ball auf ihrem Bett zusammen. Resignation und Hoffnungslosigkeit machten sich in ihr breit.

Eben noch hatte Melvin ihr gesagt, dass er sie liebte. Und dann war ihr Vater aufgetaucht. Wie hatte er bloß von ihnen erfahren? Hatte sie womöglich eines der anderen Trägerkinder verraten? Oder die Diener?

Die Tränen kamen von allein, zusammen mit einem tiefen Gefühl der Leere. Melvin und sie ... sie hatten beide gewusst, dass das, was sie hatten, irgendwann zu Ende sein würde. Doch tief im Herzen hatte Leanore es nicht glauben wollen.

Erneut wanderten ihre Gedanken zu Melvin. Zu dem Ausdruck auf seinem Gesicht, als er ihren Vater erblickt hatte. Zu der Gewissheit, die in seine Miene getreten war.

Melvin war schon immer klug gewesen. Er hatte es gewusst. Er hatte das Ende kommen sehen.

Ein Schluchzen kam über Leanores Lippen. Der Laut war so kläglich und jämmerlich, dass sie selbst erschauderte. Sie wollte nicht schwach sein. Sie war eine Tremblett. Man sagte all ihren Vorfahren nach, dass sie Seelen aus Eis und Herzen aus Stein hatten. Ihr Vater hatte immer gewollt, dass sie stark war. *Wie er selbst* – zumindest dachte er das.

Aber ihr Vater war nicht stark. Er hatte sein Sigil gegen seine eigene Tochter richten müssen, weil er sich nicht mehr anders zu helfen wusste. Er tat alles dafür, damit die Magistrate zufrieden mit ihm waren. Er klammerte sich an seinen Thron wie ein Ertrinkender, als wäre er ohne ihn nichts wert.

Langsam erhob sich Leanore, die Hände zu Fäusten geballt.

Niemals wollte sie werden wie er. Sie würde den Schmerz, den sie jetzt fühlte, nutzen, um die Trauer und Enttäuschung in sich auszumerzen. Und sie würde stärker denn je daraus hervorgehen.

Sie lief zu den Fenstern und schaute nach draußen. Eine Gruppe Spektralvögel flog durch die Luft. Ihre blauschimmernden Flügel zogen dünne Fäden aus Magie hinter sich her, während sie sich umkreisten, als würden sie miteinander spielen.

Mit aller Kraft schlug Leanore beide Hände gegen das Glas. Einer der Spektralvögel drehte erschrocken seinen Kopf in Leanores Richtung.

Nimm mich mit, dachte sie. *Bring mich weg von hier.*

Doch der Vogel verharrte nur einen Moment in der Luft, dann flatterte er mit schnellen Flügelschlägen davon und verschwand im Zwielicht des Mirrors.

Leanores Brustkorb hob und senkte sich. Lange stand sie so da, die Handflächen gegen die kühle Scheibe gepresst.

Ihr Vater war der mächtigste Mensch der Welt. Aber auch er konnte sie nicht für immer hier einsperren. Und sie würde nicht klein beigeben, nur weil es *einfach* war.

Sie würde einen Weg hier herausfinden – zurück zu Melvin. Egal, ob sie dafür jede einzelne Regel des Mirrors brechen musste oder nicht.

15

Zu meinem eigenen Erstaunen schlief ich einige Stunden. Wobei es mehr ein ständiger Halbschlaf war, bei dem ich mich unruhig auf dem harten Feldbett hin und her rollte und dabei immer wieder fragte, was die letzten Stunden zu bedeuten hatten – und was nun vor uns lag.

Adam hatte von der Athame gewusst. Schon damals, als er mir mein Sigil angelegt hatte, und auch, als es darum gegangen war, ob er und ich eine Zukunft haben würden. Er hatte darauf beharrt, dass wir unseren Pflichten folgen mussten, und erklärt, es gäbe keine Alternative.

Ich hatte immer noch keine Ahnung, ob Adam wirklich an die Existenz der Athame glaubte, aber irgendetwas passte hier nicht zusammen, das spürte ich ganz deutlich. Bei Adam war *nichts* einfach, seine Beweggründe waren mir so unklar wie damals bei unserer ersten Begegnung. Aber das war wohl die Konsequenz dafür, dass ich die Sieben verlassen hatte.

Und damit musste ich nun leben.

Adam war mit Dina und Celine für die Nacht in den Mirror zurückgekehrt, um dort Vorbereitungen für die Reise zu treffen, während der Rest von uns beim Hangar blieb.

Er hatte keine Sicherheitsvorkehrungen getroffen, um die Rebellen überwachen zu lassen, er hatte nicht einmal Zorya oder andere Magiehäscher bei uns gelassen. Warum auch? Solange er im Besitz des Desimeters war, würde Nessa ohne ihn nirgendwohin gehen, das wusste er genau.

Ich hatte mich am späten Abend von meiner Mutter verabschiedet, die mit einigen der Rebellen in einen der nahe gelegenen Stützpunkte des Auges reisen würde. Sie ging unter Protest, doch Nessa hatte sie wegen ihrer Verletzung für untauglich erklärt. Ich versprach ihr das, was sie von mir hören wollte; nämlich auf mich aufzupassen und mich zu melden, sobald es möglich war. Dann hatte ich ihr steif zugewunken, während sie in das Flugzeug eingestiegen war.

Als ich am Morgen aufwachte, war Lily bereits mit Dorian, Edge, Blicker und anderen Rebellen mit der Vorbereitung beschäftigt. In Uniform und mit hochgebundenen Haaren hätte ich sie inmitten der zwei Dutzend Soldaten, die in der Hangarhalle mit Taschen, Rucksäcken und Waffen hantierten, beinahe übersehen. Außerdem teilten sie untereinander Kampfsigils auf – offensive, defensive und illusionäre –, zudem eine Menge Grains, die jeder von ihnen wie Munition in Gürteln und Hosentaschen verstaute.

Kaum dass Lily mich sah, winkte sie mich herbei, um mir dann mein bereits fertiges Gepäck in die Hand zu drücken, samt Wechselkleidung und Essensrationen.

»Konntest du ein bisschen schlafen?«, fragte sie.

Ich nickte. »Ja«, sagte ich bloß und schaute dann zu Dorian und den anderen, die mich nach dem gestrigen Schlamassel keines Blickes würdigten. Ich überlegte kurz, mich bei Dorian zu entschuldigen. Schließlich hatte ich unseren Plan platzen lassen, auch wenn es nicht meine Absicht gewesen war. Aber er hatte längst den Rucksack geschultert, und Edge und Blicker folgten ihm nach draußen.

»Sie sind bloß angespannt«, sagte Lily, als sie meinen Blick bemerkte. »Der komplette Plan ist hinfällig. Monate Arbeit einfach umsonst. Jetzt können wir nur noch tun, was der Mirrorlord uns tun lässt.«

Ich wendete mich zu ihr. »Lil, es tut mir so …«

Sie hob die Hand. »Es ist nicht deine Schuld«, erwiderte sie eindringlich. »Du kannst nichts für diese Verbindung zwischen euch. Aber … du musst mir eins versprechen, ja?«

Ich zögerte. »Was denn?«

»Vergiss nicht, warum du damals für dich selbst eingestanden bist, ja? Gib nicht nach, nur weil du ihn liebst.« Lily lächelte traurig, dann strich sie mir sanft über die Wange, schulterte ihren Rucksack und folgte den Jungs nach draußen.

Ich war beinahe erleichtert, als Nessa uns zusammenrief. Sämtliche Rebellen versammelten sich auf dem Flugfeld. Dort warteten wir auf die Ankunft von Adam und den anderen. Aus den Medien hatte ich mitbekommen, dass das Treffen auf dem Plateau zwischen den Regierungen Primes und dem Mirror wie geplant stattfinden würde. Ich vermutete, dass Agrona Soverall die Gespräche leiten würde.

Wie es Nessa ging, war nicht zu erkennen. War sie außer sich vor Wut, dass Adam nun über ihre Pläne bestimmte? Oder sah sie darin vielleicht sogar einen Vorteil? Es war unmöglich zu sagen, Nessas Miene war undurchdringlich.

Um Punkt zehn Uhr leuchtete schließlich eine der Türen auf, die vom Flugfeld in den Hangar führte. Einige der Rebellen konnten sich ein ungläubiges Keuchen nicht verkneifen, als die Magie vom Schloss der Tür nach außen drang, sich in schwungvollen Linien wie eine Blüte entfaltete, bis sie die gesamte Fläche der Tür damit bedeckt hatte.

Ich war schon mehrfach mit Celine durch einen dieser Korridore gelaufen, die ihr Sigil erschaffen konnte. Aber der Anblick brachte auch mich noch immer zum Staunen. Es dauerte einen Moment, bis das intensive Licht blasser und der Korridor sichtbar wurde. Zorya und einige Magiehäscher tauchten auf. Danach schließlich Adam, Dina, Celine und …

»Cedric«, hauchte ich ungläubig. Ich hatte nicht mit ihm gerechnet, doch nun machte ich instinktiv einen Schritt nach vorne, als ich ihn hinter den anderen erkannte.

Mit jedem Meter, den er näher kam, spürte ich, wie sich eine Gänsehaut auf meine Arme legte. Cedric saß in einem Rollstuhl und … er sah schlecht aus. Seine blonden Locken wirkten fahl, und unter der feinen runden Brille zeichneten sich tiefe Augenringe ab. Außerdem wirkte er noch dünner, als er es ohnehin schon gewesen war.

Mein Herz wurde schwer. Neben Matt und Dina war Cedric mir während meiner Zeit im Mirror am meisten ans Herz gewachsen. Natürlich wusste ich, dass er krank war. Der Grund dafür war eine der dunkelsten Seiten an den Dark Sigils. Während die Träger-Erben von der Magie ihrer Blutlinie gesund und stark gemacht wurden, verkümmerten die jüngeren Geschwister. So wie Adams kleine Schwester Priscilla, die einen Herzfehler hatte. Und wie Cedric, der an einer Lungenkrankheit litt.

Dass es ihm schlechter zu gehen schien als bei unserer letzten Begegnung, traf mich bis ins Mark.

Als sich jedoch ein freudiges Lächeln auf Cedrics Mund legte, musste ich es sofort erwidern. *Hi Ray,* formte er lautlos mit seinen blassen Lippen, und ich hob die Hand zum Gruß. Viel lieber hätte ich Cedric einfach umarmt, aber ich zwang mich, an Ort und Stelle stehen zu bleiben – genau zwischen den zwei verfeindeten Gruppen, die sich nun auf dem Flugfeld gegenüberstanden.

»Celine bringt uns mit ihrem Sigil zum Außenposten«, sagte Adam ohne jeglichen Gruß. »Von dort aus sind es gute fünf Stunden bis nach Nova.«

»In Ordnung«, entgegnete Nessa knapp. Ich dagegen blinzelte verwirrt und löste den Blick von Cedric.

»Also ist Nova ein Ort?« Noch immer hatte mir niemand etwas Genaueres gesagt, wo die Reise hingehen würde. Nessa hatte den Rebellen nur Anweisungen gegeben, für einige Tage zu packen.

»Es ist eine Stadt«, sagte Adam.

»Und dahin brauchen wir fünf Stunden?«, fragte ich ungläubig, und mein Blick wanderte zu Celine. »Wieso bringst du uns nicht direkt dorthin statt zu einem Außenposten?«

Celine verdrehte die Augen. »Ganz einfach. Weil es in Nova keine Türen gibt.«

Keine Türen.

In der ganzen Stadt nicht?

Ich hatte Fragen. So viele Fragen. Aber bevor ich sie stellen konnte, trat Celine nach vorne, den Saphirschlüssel bereits in der Hand. Es war wie gestern – sämtliche Rebellen des Auges starrten sie und ihr Dark Sigil mit einer Mischung aus Faszination und Ehrfurcht an. Nur Nessa blieb unbeeindruckt.

Celine lief auf die Tür zu, aus der sie und die anderen gerade erst gekommen waren. Dort steckte sie den Saphirschlüssel hinein, drehte ihn und wartete, bis sich der Magiekorridor vollständig gebildet hatte.

Ich versuchte, Adam einen Blick zuzuwerfen. Unsere Verbindung lag weiterhin brach, ich konnte keinen seiner Gedanken auffangen. Woran das lag, war mir ein Rätsel – schließlich hatte ich ihn gestern glasklar hören können. Aber Adam beachtete mich nicht. Er wechselte ein paar Worte mit Dina, dann setzte er sich in Bewegung und tauchte, gefolgt von Celine, Cedric, Dina und Zorya, in den Gang aus Leere und Magie. Es dauerte nur Sekunden, bis alle anderen ihm folgten.

Das Erste, was mir entgegenschlug, war Hitze, gefolgt von Sand, der mir rau ins Gesicht blies. Ich hielt die Hand vor Augen, blinzelte. Wir waren umgeben von halbverfallenen Steinmauern und Wegen, die nur aus Sand bestanden – keine Straßen, keine richtigen Häuser, außer dem Haus direkt hinter uns, dessen Tür noch immer in dem Magiekorridor mündete.

»Wir bleiben nicht hier«, sagte Adam an den Tross gerichtet. »Folgt uns.«

Damit gingen er, Zorya, Dina und Celine voran. Cedrics Rollstuhl hatte mit dem Sand keine Probleme – wahrscheinlich funktionierte auch das im Mirror irgendwie mit Sigils –, jedenfalls folgte er ihnen mühelos.

Wir liefen entlang der Ruinen, die einst vielleicht Behausungen gewesen waren, ich wusste es nicht. Es wirkte wie ein Wüstendorf, das aufgegeben worden war, vor vielen, vielen Jahren. Der Sand hatte seither alles überweht, und jeder der engen, verschlungenen Wege, die von den Mauerresten umgeben waren, sah in meinen Augen völlig gleich aus. Doch Adam wusste offenbar sehr genau, wo es langging, und auch Nessas Blick war fokussiert nach vorne gerichtet.

»Schön, dich wiederzusehen«, sagte da auf einmal jemand neben mir. Es war Cedric, der sich zu Lily und mir hatte zurückfallen lassen. Er stellte sich kurz vor und gab Lily die Hand, dann schaute er zu mir. »Geht es dir gut?«

»Ja«, sagte ich und schluckte eine Erwiderung wie *Sollte ich das nicht eher dich fragen?* sogleich herunter. Cedric wusste sicherlich von allen am besten, wie er aussah. Ich musste es ihm nicht noch unter die Nase reiben. Aber mein Magen verdrehte sich förmlich vor Sorge.

Lily musterte mich kurz und ließ sich dann zu Dorian und den anderen zurückfallen. Wieder spürte ich einen kurzen Stich. Sie kannte mich so gut und wollte mir von sich aus Freiraum geben. Ich sah ihr einen Moment hinterher, dann legte ich eine Hand auf Cedrics Schultern. »Ich habe mir so gewünscht, dass du dabei bist«, sagte ich und freute mich, als wieder ein Lächeln auf seinen Lippen auftauchte.

»Celine war dagegen. Aber Adam hat zugestimmt, weil er weiß, dass ihr mich in Nova brauchen werdet.«

»Was ist das für eine Stadt? Kennst du sie? Warst du schon einmal da?«

Cedric schüttelte den Kopf. »Nein. Nova wird nur vom Ersten Träger und der Höchsten Magistratin besucht. Adam war selbst noch nie dort. Ich dagegen habe alles über Nova gelesen.«

»Natürlich hast du das«, neckte ich und seufzte gleichzeitig. Den anderen war das Wissen über Städte wie Nova vermutlich schon in der Kindheit eingepflanzt worden. Auch ich hätte das gelernt, wenn ich wie sie im Mirror aufgewachsen wäre. *Gefangen zwischen den Welten,* schoss es mir durch den Kopf. *Das bist du – und wirst es auch immer bleiben.*

Cedrics kluger Blick ruhte auf mir. »Wir mögen vielleicht von Nova gehört haben. Aber wir sehen es auch zum ersten Mal, Rayne. Genau wie du.«

Ich atmete tief ein und aus. Wie konnte er so genau erraten, was in mir vor sich ging?

»Es ist jedenfalls schön, euch wiederzusehen«, sagte ich schließlich.

Cedric nickte. »Ja, finde ich auch. Du hast in den letzten Monaten gefehlt. Uns allen natürlich, aber …« Er zögerte, und was auch immer er hatte sagen wollen – er schluckte die Worte herunter. »Gut, dass du jetzt hier bist.«

Ich weiß nicht, ob ich bleibe, schoss es mir durch den Kopf, ich behielt es aber für mich. So schnell, wie sich die Dinge änderten, konnte ich ohnehin nur bis zum nächsten Tag denken. Alles Weitere würde sich fügen. Irgendwie.

»Habt ihr etwas von Matt gehört?«, fragte ich mit gedämpfter Stimme. Der Schmerz, der sich auf Cedrics Gesicht abzeichnete, war im Grunde Antwort genug.

»Nein.« Er schüttelte den Kopf. »Er und Sebastian sind wie vom Erdboden verschwunden.«

»Und Nikki? Sie war beim Empfang auf dem Plateau, wusstet ihr das?«

»Ja. Sie hatte wohl mit Adam Kontakt. Die Situation ist schwierig. Aber angeblich hat sie Sebastian seit Wochen nicht mehr gesehen.«

Ich runzelte die Stirn. »Und das glaubt ihr?«

»Ich fürchte, für den Moment haben wir keine andere Wahl. Sebastian wird früher oder später wieder auftauchen. Und dann …« In Cedrics Gesicht erschien ein entschlossener Ausdruck, der seine Krankheit, seine Blässe und seine Zerbrechlichkeit schlagartig überdeckte. »… Dann holen wir Matt zurück.«

16

Als wir das Ende des Mauerlabyrinths erreicht hatten, kamen wir zum Stehen. Adam war in die Hocke gegangen, und ich sah noch, wie er beide Hände flach auf den Boden drückte. Zarte Magieschwaden drangen aus seiner Haut und trieben die Sandkörner zur Seite, und plötzlich ertönte ein so lautes Brausen, dass alle instinktiv einen Schritt zurückwichen.

Der Sand schob sich auseinander, an drei Stellen gleichzeitig. Wobei es nicht bloß Sand war, der sich bewegte, sondern … Bodenplatten. Etwas war *unter* dem Sand, und mir musste der Mund offen stehen, als plötzlich drei Shuttles emporstiegen. Ich hatte hier draußen mit allem gerechnet, aber nicht mit normalen Shuttles, wie wir sie in Mirror-Rom oder gestern in London benutzt hatten.

»Abgefahren«, hörte ich Lily neben mir murmeln und stimmte innerlich zu. Die Shuttles sahen aus, als wären sie frisch poliert worden, so sehr glänzten sie. Kein Sandkorn war mehr darauf zu erkennen, kein Zeichen, dass sie womöglich jahrelang unbenutzt hier herumstanden.

Wir stiegen ein. Die Rebellen und Magiehäscher, die uns begleiteten, teilten sich auf zwei der Shuttles auf. Nessa, Edge, Blicker und Zorya zögerten erst, wählten dann aber das mittlere Shuttle, während Adam, Celine, Cedric und Dina auf das dritte zusteuerten. Ich warf Lily und Dorian einen kurzen Blick zu, und wir folgten den Sigil-Trägern.

Die Aufteilung war ziemlich klar: Nessa würde bei ihren Soldaten bleiben, aber schickte Dorian zu den Sieben, um dort alles Wichtige mitzubekommen.

Und genau das wollte ich auch.

Wenig später schwebten die Shuttles bereits geräuschlos über die Wüste hinweg. Ich saß mit Adam und den anderen zusammen auf den metallenen Bänken, schaute durch die Glasfenster nach draußen und wartete, bis wir ankamen. Das letzte Mal hatten wir in Mirror-Rom so zusammengesessen. Unter uns hatte sich eine jubelnde Menge erstreckt, und mir war schlecht gewesen bei dem Gedanken, den Oberen des Mirrors offiziell vorgestellt zu werden.

Dieses Mal umgab uns nichts als Sand. Endloser Sand, der sich in beeindruckenden Dünen bis zum Horizont erstreckte.

Genauso endlos schien das Schweigen, das sich im Shuttle ausgebreitet hatte. Niemand gab einen Laut von sich. Cedric, der neben mir saß, hatte ein Buch auf dem Schoß aufgeschlagen, Lily hielt die Augen geschlossen, und Dorian schaute stoisch auf die vorbeiziehende Wüstenlandschaft. Der Rest von uns starrte entweder auf den Boden oder ins Leere. Einzig Dinas linkes Bein bewegte sich in einem ständigen Takt auf und ab, und die Sohle ihres Stiefels tockte rhythmisch auf den metallenen Shuttle-Boden. Ihr Mundwinkel zuckte dabei, und schließlich gluckste sie sogar.

»Was ist bitte so lustig?«, wollte Celine wissen.

»Es ist nur …« Dina biss sich auf die Unterlippe. »Ein *achtes* Dark Sigil.« Sie schaute geradezu amüsiert von Celine zu Adam, zu mir und schließlich zu Cedric, als erwartete sie, dass wir alle ihre Belustigung teilen würden. »Ist euch nicht klar, was das bedeutet?«

Etwas unsicher zog Cedric die Schultern nach oben. »Offensichtlich … nicht.«

Dina kicherte. »Es wird alle *wahnsinnig* machen«, erklärte sie. »Stellt es euch bitte vor. Wenn sie merken, dass sie sämtliche Heptagone in Optagone umändern müssen. Jedes einzelne verdammte Siebeneck im Mirror und auch in Prime. Ich meine … *wow!«*

»Es gibt kein achtes Dark Sigil«, widersprach Celine knapp, und die Verachtung war ihr anzusehen. »Und diese Reise ist Zeitverschwendung.«

»Und wenn es eins gäbe«, schaltete sich Dorian ein, den Blick düster auf Adam gerichtet, »dann würde *er* es sowieso niemandem sagen. Immerhin könnte es ihn seinen Job kosten. Von daher müsst ihr euch um die Renovierungskosten wohl keine Sorgen machen.«

Adam reagierte nicht, sondern schaute nur reglos aus dem Fenster. Dafür antwortete Celine an seiner Stelle. »Du scheinst Adam wirklich gut zu kennen dafür, dass ihr bislang kaum eine Handvoll Worte ausgetauscht habt.«

Dorian lächelte. »Kennst du einen Despoten, kennst du alle.«

»Wenn das so ist …«, sagte Celine schneidend, »… können wir dich gerne noch ins Gefängnis werfen lassen. Die Folterkammer vielleicht? Wir würden deine Erwartungen an die Sieben ungern enttäuschen.«

»Leute.« Cedric rieb sich über die Stirn. »Hört schon auf. Wenn wir in Nova etwas erreichen wollen, dann müssen wir ein Stück weit zusammenarbeiten.« Er warf Adam einen hilfesuchenden Blick zu, doch der regte sich noch immer nicht.

»Wer weiß … ?«, Dinas Raubkatzenlächeln erschien auf ihren Lippen, während sie zu Dorian sah, »… vielleicht lernen wir ja sogar, miteinander auszukommen. Abenteuer schweißen zusammen!«

»Lieber stelle ich mich in einen Raum voller Abbys«, murmelte Dorian, ohne eine Miene zu verziehen, »und lasse mich unter Qualen von ihnen auseinanderreißen.«

Celine hob eine Braue hoch. »Also … das könnte arrangiert werden.«

Dorian verdrehte die Augen und nuschelte etwas, das gefährlich nach *blöde Ziege* klang.

»Was war das?« Celine lehnte sich nach vorne, eine Hand an den Saphirschlüssel gelegt. »Sag das doch noch mal etwas lauter, hm? Ich möchte sichergehen, dass ich dich und dein undeutliches Gossengenuschel richtig verstanden habe.«

»Wieso?« Dorian lächelte herausfordernd. »Hast du Schwierigkeiten, anderen zuzuhören? War bisher nie nötig in eurem Elfenbeinturm, hm?«

Celine ballte ihre Hände zu Fäusten. »Wenn du das auskämpfen willst, dann sag es mir, du bescheuerter *Punk* …«

Cedric stöhnte, während Celine und Dorian sich weiter beschimpften, Lily und Dina vor sich hin grinsten und Adam so geistesabwesend nach draußen schaute, als wäre er überhaupt nicht hier. Dann ließ sich Cedric in seinen Sitz zurückfallen und stieß mit der Schulter gegen meine. »Das Ganze ist eindeutig zum Scheitern verurteilt«, murmelte er, und statt einer Antwort lächelte ich nur etwas gequält.

Da könnte Cedric recht behalten.

Nachdem die ersten zwei Stunden der Fahrt vergangen waren, erhob sich Adam von seinem Sitz und lief in den hinteren Teil des Shuttles, der durch eine Tür und eine undurchsichtige

Glaswand vom Rest des Abteils abgetrennt war. Ich ließ einige Minuten verstreichen, doch als ich schließlich aufstand, um Adam zu folgen, ruhten trotzdem alle Blicke auf mir. Insbesondere Celines blaue Augen richteten sich auf mich, als würde sie angestrengt versuchen, Laserstrahlen damit auf mich abzufeuern.

Es war mir egal. Ich hielt es nicht länger aus.

Ich zog die Schiebetür hinter mir zu und fand Adam am Fenster stehend vor. Er sah von hier aus nur die Landschaft, die wir gerade durchquert hatten, und doch schaute er so konzentriert auf die Sanddünen, als erwartete er jeden Moment etwas völlig Unvorhergesehenes.

Er drehte sich nicht um, hatte meine Anwesenheit aber längst bemerkt, da war ich mir sicher. Als ich mich neben ihn stellte, behielt er das Kinn steif nach oben gereckt, das Gesicht ausdruckslos. Ich konnte förmlich sehen, dass er nachdachte, aber immer noch hörte ich *gar nichts.*

»Also. Wie machst du es?«, fragte ich und lehnte mich mit dem Rücken gegen das Glas, so dass ich Adam direkt anschauen konnte.

Er neigte den Kopf. Und ich war ihm dankbar, dass er nicht versuchte, so zu tun, als wüsste er nicht, wovon ich redete. Stattdessen griff er sich an den Kopf. Er fuhr sich durch die silbrigblonden Haare, und ich verstand erst nicht, was er da machte, bis er schließlich an etwas zog. Sein Gesicht verzerrte sich für eine Sekunde vor Schmerz, dann hielt er etwas zwischen uns.

Es war ein *Trite.*

Ich erkannte die Gravur darauf sofort. Genau diese Art von Sigil-Münzen hatte Matt damals auf meinem Körper angebracht, um die Chaosmagie-Infektion in Schach zu halten.

»Magiehemmer«, flüsterte ich ungläubig. »Du hast dir Magiehemmer an den Kopf gesetzt? Ernsthaft?«

Adam zog einen Mundwinkel zur Seite. »Zu meiner eigenen Verwunderung hat sich herausgestellt, dass sie auch magische Gedankenverbindungen, die es überhaupt nicht geben dürfte, unterdrücken können.«

»Du hast die ganze Zeit diese Dinger getragen?«, hauchte ich.

»Ich kann sie deaktivieren. So wie gestern beim Empfang. Oder beim Gespräch mit Nessa Greenwater.«

»Wie praktisch«, sagte ich, drehte mich um und schaute nun ebenfalls auf die Wüstenlandschaft hinaus.

Jetzt, da Adam das Trite von seinem Kopf abgezogen hatte, erwachte die Verbindung zwischen uns wieder langsam zum Leben. Ich hörte noch keine Gedanken, aber ich spürte seine Irritation bereits mehr als deutlich.

»Was ist dein Problem, Rayne?«

»Was ist *mein* Problem?« Ich schnaubte. »Fragst du mich das wirklich?«

»*Du* bist gegangen.«

»Weil ich im Gegensatz zu dir eine Lösung suchen wollte! Einen Weg heraus aus ...« Ich brach ab, schüttelte den Kopf. Obwohl wir uns monatelang nicht gesehen hatten, fühlte es sich an, als würden wir uns bereits wieder im Kreis drehen. »Du wusstest von der Athame. Du wusstest, dass es eine Möglichkeit geben könnte, wie wir beide ...« Ich stockte, aber zwang mich, es einfach auszusprechen. »... wie wir zusammen sein könnten. Stattdessen wolltest du, dass ich an deiner Seite bleibe, während du dein Leben und deine Freiheit wegwirfst.«

Ein schmerzhafter Ausdruck zog sich über Adams Gesicht.

»So einfach ist es nicht. Ich kann mich nicht auf eine Hoffnung stützen und dabei meine Pflicht –«

»Ich weiß!«, unterbrach ich ihn scharf. »Ich kenne den Text inzwischen. Soll ich dir mal was sagen? Du tust so, als würdest du den schweren Weg gehen, aber das ist falsch. Du machst es dir leicht!« Ein ersticktes Keuchen stieg ungebeten aus meiner Kehle und zerriss das, was ich sagte, in zwei Hälften. »Du denkst, dass du edel bist, wenn du dir selbst verweigerst, was du willst. Dabei ist es nur feige.«

»Rayne …«, setzte Adam an, doch ich schüttelte den Kopf.

»Lass mich ausreden! Die Wahrheit ist, dass du dich hinter deinen Regeln und Gesetzen versteckst, damit du bloß nicht darüber nachdenken musst, was du im Herzen wirklich willst. Und das ist auch der wahre Grund, warum du mir nie von der Schattenathame erzählt hast, richtig?«

Ein tiefes Seufzen. »Du verstehst es nicht. Und Nessa Greenwater auch nicht. Selbst wenn wir diese Athame finden und sie tatsächlich die Dark Sigils von ihren Trägern lösen kann … wir könnten sie nie nutzen. Die Dark Sigils brauchen Einheit. Setzt man sie gegeneinander ein, wird es früher oder später in einer Katastrophe enden.«

»Einheit?« Ich starrte Adam mit all der Frustration an, die ich innerlich fühlte. »Welche Einheit? Sebastian hat Matt entführt, und Nikki … Nikki schert sich doch einen Dreck um die Sieben. Es gibt keine Einigkeit. Ihr seid ein *Trio*, schon gemerkt?«

»In der Vergangenheit gab es immer mal Zerwürfnisse zwischen den Sieben. Aber sie fanden wieder zusammen. Und darum kümmere ich mich, sobald die Chaosmagie in Prime unter Kontrolle ist.«

Ich ließ meinen Ärger ziehen. Das hier … das war eine

Diskussion, die keiner von uns gewinnen konnte, das wusste ich.

»Du hast mich … ausgesperrt«, flüsterte ich stattdessen. »Aus deinem Kopf. Einfach so. Du warst von jetzt auf gleich verschwunden. Ich dachte, du wärst *tot*.«

»Ich hatte keine Wahl.« Es klang wie ein Mantra, das Adam sich wochenlang innerlich eingeredet hatte. »Ich kann dich nicht jeden Tag in meinen Gedanken haben, während wir auf unterschiedlichen Seiten stehen. Du hast andauernd versucht, Informationen von mir abzuschirmen oder das, was du siehst, zu verzerren. Ich wollte dir die Mühe nur ersparen.«

»Dann hättest du mir das wenigstens sagen können! Du warst jede Minute des Tages in meinem Kopf, und als du weg warst, da bin ich fast *wahnsinnig* geworden …«

»Rayne.« Adam streckte eine Hand in meine Richtung, schien sich dann aber eines Besseren zu besinnen und legte sie stattdessen auf das Geländer unterhalb des Fensters. »Es tut mir leid. Ich habe versucht herauszufinden, was diese Verbindung zwischen uns ausgelöst hat. Aber es gibt wirklich keinerlei Aufzeichnungen. Nichts. In keinem unserer Archive, nirgendwo auf der Welt.«

Ich ballte die Hände zu Fäusten, den Blick wieder nach draußen auf die Wüste gerichtet. Meine Hände zitterten leicht – der Tremor wusste offenbar, dass ich drauf und dran war, die Frage zu stellen, die mir schon seit Tagen auf der Seele brannte. »Willst du sie wirklich heiraten?«

»Es hat nicht das Geringste mit Wollen zu tun. Das weißt du.«

»Beantworte meine Frage.«

»Nein.« Adam starrte mich durch das spiegelnde Glas unverwandt an. »Ich will sie nicht heiraten.«

Aber ich werde es tun. Er sagte es nicht, aber ich hörte den Gedanken trotzdem, und das nicht nur durch die Verbindung, sondern einfach, weil ich Adam kannte.

»Es war die Idee von Matts Vater«, sagte er. »Tynan ist der Meinung, dass es der Beruhigung des Mirrors dienen würde, nach all den Umbrüchen Stabilität zu signalisieren. Ich habe seine Ratschläge in diese Richtung lange ignoriert, aber er hat recht. Also habe ich ihm gesagt, er soll diejenige, die ihm am geeignetsten erscheint, zu einem Treffen einladen. Und dann …« Er hielt inne, verstummte.

»Dann, was?«, forderte ich ihn auf, auch wenn ich ahnte, dass ich es überhaupt nicht hören wollte.

»Pandora und ich sprachen einen Abend miteinander, und sie war gewillt, all das zu tun, was ein Leben in einer der sieben Familien von ihr verlangt.«

»Klingt echt romantisch.«

»Ich habe ihr gesagt, dass sie keine Liebe von mir würde erwarten können.«

Ich schnaubte. »Das hat ihr bestimmt gefallen. Du bist echt super im Umwerben von Frauen.«

Adam verdrehte die Augen. »Was willst du hören? Würde es dir leichter fallen, wenn ich dir sage, dass ich mich zu ihr hingezogen fühle?«

Ich schluckte. *Nein,* dachte ich. *Ich verstehe, dass du denkst, keine andere Wahl zu haben.*

Resignation drang von Adams Seite der Verbindung zu mir. Er schloss die Augen, und bevor ich wusste, was passierte, *flutete* er meinen Kopf regelrecht mit Gefühlen. Mit Erinnerungen.

An ihn und mich.

Ich sah durch seine Augen, wie er sein Sigil-Symbol, das auf der Haut über meinem Herzen schimmerte, berührt hatte. Wie wir uns in Mirror-Rom durch den Tanzsaal bewegt hatten, in einem Kampf, der viel mehr gewesen war als das. Und schließlich, wie wir uns nachts in meinem Zimmer in der Bella Septe geküsst hatten, wie er auf mir gelegen hatte, unsere Hände ineinander verschränkt, die Lippen fest aufeinandergepresst und –

»Hör auf!«, bat ich mit einem überwältigten Keuchen. »*Hör auf.* Oder willst du mich absichtlich quälen?«

»Nein.« Adams Kiefer spannte sich an. »Aber ich will, dass dir klarwird, dass mir das alles genauso schwerfällt wie dir.«

Mein Innerstes zog sich so stark zusammen, dass ich das Gefühl hatte, keine Luft mehr zu bekommen. Denn obwohl er das sagte, um mich zu beruhigen, tat es das nicht.

Ich *wusste,* dass es ihm nicht leichtfiel.

Ich *wusste,* dass er Pandora Cavendish nicht liebte.

Doch es änderte nichts. Nicht für Adam.

Und das tat mehr weh als alles andere.

Wenn ich die Athame nicht fand … dann würde er diesen Weg weitergehen. Egal, ob er und ich dadurch für immer unglücklich wurden.

Ich stählte mein Herz und zwang mich, den Blick wieder auf ihn zu richten. »Keine Trites mehr«, verlangte ich und gestikulierte dabei hin und her – zu dem Fenster des Shuttles, zur vorbeirauschenden Wüste und zwischen ihm und mir. »Du weichst mir nicht aus. Keine Lügen, sondern volle Transparenz. Und du wirst mir nicht sagen, dass ich springen soll, und erwarten, dass ich frage ›wie hoch‹. Ich muss dir nicht gehorchen.«

»Nun ja, *eigentlich* …«, Adams Stimme klang gedehnt, »… hast du einen Schwur abgelegt. Und der sagt sogar wortwörtlich, dass du dem Ersten Träger gehorchen sollst, also …«

»Adam!«

»Ganz ruhig, das war ein Scherz.« Ein Lächeln umspielte seine Lippen, doch es war flüchtig. Und aus dem Nichts kam mir in den Sinn, wie selten ich Adam wirklich glücklich gesehen hatte. Selbst das einzige Mal, in dem ich ihn hatte lachen hören, war es kein *wirkliches* Lachen gewesen. Nicht fröhlich und hemmungslos. Es war seltsam, in jemanden so sehr verliebt zu sein, während ich immer noch nicht wusste, wie er aussah und sich anhörte, wenn er sich voll und ganz einem Lachen hingab.

Andererseits hatte es nie viel Grund für Humor gegeben, seit ich Adam kannte. Und auch jetzt hing alles am seidenen Faden.

»Einverstanden«, sagte er. »Volle Transparenz. Aber das bedeutet nicht, dass dir immer gefallen wird, was ich zu sagen habe.«

»Oh. Daran habe ich keinen Zweifel. Ich bin eine Harwood. Du ein Tremblett. Jeder Obere im Mirror würde wohl behaupten: Das Drama ist vorprogrammiert.«

Adam schaute mich lange einfach nur an. Ich hörte, wie er in Gedanken mehrere Antwortmöglichkeiten hin und her jonglierte, aber solange er sie nicht zu Worten formte, nahm ich sie nur als undeutliches Rauschen wahr.

»Pass auf, Rayne«, sagte er schließlich. »Selbst wenn diese Athame existiert … selbst wenn wir sie finden … ich glaube nicht, dass sie das hält, was ihr euch davon versprecht. Ich will nur verhindern, dass du …« Er rang nach Worten. »Ich will dir einfach die Enttäuschung ersparen.«

»Nimm das nicht persönlich«, sagte ich. »Aber es kann kaum schlimmer kommen, als es jetzt schon ist.«

Adam warf mir einen unbeeindruckten, halb belustigten

Blick zu, dann wandte er sich wieder zum Fenster. Er schaute nach draußen, und ich spürte, wie er versuchte, auch ohne Trite seine Gedanken unter Kontrolle zu behalten.

So als gäbe es da noch irgendeine unausgesprochene Wahrheit, die außerhalb meiner Reichweite lag.

Ich hatte nicht erwartet, dass es sofort wieder so wäre, wie es zuletzt zwischen uns gewesen war. Aber das war in Ordnung. Adam war hier bei mir. Er würde mit uns nach der Athame suchen. Das war viel mehr, als ich es mir je erhofft hatte.

Und ich würde nichts von ihm verlangen, was er nicht zu geben bereit war.

17

Als wir bereits über vier Stunden unterwegs waren, kam das Shuttle leicht ins Schlingern. Die Glasscheiben vibrierten, und Dorian warf uns einen unruhigen Blick zu.

»Sieht so aus, als würden wir in die Nähe mächtiger Barriere-Sigils kommen«, sagte er leise, eine Hand an die Wand des Shuttles gelegt. »Die Sigil-Motoren, die in diesen Dingern verbaut sind, würden sich von Witterungen nicht beeinflussen lassen. Die Hydraulik kann eigentlich nur verrücktspielen, wenn eine Gegenmagie auf sie wirkt.«

»Hast du das von deiner Oma gelernt, oder wie?«, fragte Dina von ihrem Sitz aus. »Sag bloß, du bist ihr Schmiede-Lehrling. Irgendwelche weiteren Talente, die wir kennen sollten?«

Dorian warf ihr einen kühlen Blick zu. »Ich kann auch hervorragend hochnäsige Mitglieder der Sieben ertragen.«

Dina lachte – von uns allen fand sie die ganze Situation wohl mit Abstand am unterhaltsamsten. Oder sie kaschierte damit bloß ihre Anspannung.

Als das Shuttle ein paar Minuten später anhielt und wir ausstiegen, schlug uns eisige Wüstenluft entgegen, die von dicken Sandschwaden durchzogen war. Alles war in einen konstanten Zustand bräunlicher Düsternis gehüllt, unterbrochen nur von vereinzelten Sonnenstrahlen, die sich bis zur Erde durchkämpften.

Die Temperatur bohrte sich sofort in meine Haut. Als wir auf halbem Weg die Rampe heruntergelaufen waren, war die Kälte mir tief in die Knochen gefahren.

»Ich w-wusste nicht, dass es in der Wüste so k-kalt sein kann«, murmelte ich und versuchte vergeblich, den Schauer zu unterdrücken, der mich durchlief.

Da wurde etwas um meine Schultern herumgelegt. Es war Adams Mantel. Als ich zu ihm schaute, fixierte er mich bloß.

Nimm ihn einfach, in Ordnung?, schob er den Gedanken in meine Richtung, und bevor ich ihm eine Grimasse zuwerfen konnte, war er schon weitergelaufen.

»Steht dir«, sagte Dina vergnügt. »Besonders mit dem mürrischen Gesichtsausdruck.«

»Sehr witzig«, raunte ich. Die Gruppe setzte sich in Bewegung und verteilte sich wie auch schon die letzten Male: Die Sieben liefen vorneweg, während das Auge sich eher hinten hielt. Ich ließ mich zu Lily zurückfallen, die neben Edge, Blicker und Dorian durch den Sand stapfte.

»Und?«, brach Dorian zuerst die Stille. »Willst du uns jetzt endlich mal einweihen, was gestern mit dir und Tremblett gelaufen ist?«

»Was genau meinst du?«, fragte ich Dorian, weniger, weil ich nicht wusste, worauf er hinauswollte, sondern weil ich Zeit brauchte, um meine Gedanken zu sortieren.

War es klug, ihm jetzt davon zu erzählen?

»Bei dem Gespräch im Hangar habt ihr euch minutenlang angestarrt, ohne etwas zu sagen«, bohrte Dorian weiter. »Das war auch der Grund, warum er von der Athame wusste, oder?«

Ich zögerte und schaute unsicher zu Lily. Doch sie nickte nur, ein zuversichtliches Lächeln auf den Lippen.

»Also?« Dorian schaute mich erwartungsvoll an.

Ich gab mir einen Ruck. Er würde es in den nächsten Tagen so oder so herausfinden. »Es besteht eine Verbindung zwischen seiner Magie und meiner«, begann ich. »Ich kann Adam … denken hören. Manchmal.«

Dorians Augen weiteten sich. »Und er dich auch?«

Meine inneren Abwehrmechanismen kamen sofort in Gang. »Ohne mich wärt ihr gar nicht erst auf das Plateau gekommen. Ich hätte so oder so mitkommen müssen! Außerdem sind wir jetzt immerhin hier.«

Dorian wirkte offensichtlich wenig überzeugt. »Du hättest es uns sagen müssen. Wir haben alles dafür getan, um bloß nicht von dieser einen, bestimmten Person entdeckt zu werden. Und du hast eine direkte Telepathieverbindung zu exakt dieser einen, bestimmten Person? Hast du sie noch alle? Er hätte uns doch schon vor *Wochen* finden können!«

»Es ist keine Telepathie!«, blaffte ich zurück und versuchte dabei, meine Stimme halbwegs gedämpft zu halten, damit uns nicht der gesamte Tross hörte. »Die Verbindung war auch nicht aktiv, als wir in London angekommen sind.« Ich schluckte, biss mir auf die Unterlippe. »Zumindest nicht am Anfang.«

Dorian schnaubte bloß und lief dann leise vor sich hin fluchend weiter durch den aufgewirbelten Wüstensand.

Wir schwiegen. Edge und Blicker sahen sich vielsagend an, aber enthielten sich eines Kommentars. Es war Lily, die sich zu mir beugte. »Es ist nicht deine Schuld«, wiederholte sie leise, was sie mir schon einmal gesagt hatte, und ich nickte. Worte brachte ich gerade keine mehr zustande.

Als Adam und die anderen schließlich zum Stehen kamen, lag vor uns … nichts. Keine eingefallenen Mauern, keine Ruinen. Wir waren vielleicht drei oder vierhundert Meter von den Shuttles geradewegs in die Wüste gelaufen, und jetzt standen wir … mitten im Nirgendwo.

»Soll hier die Stadt sein?«, fragte ich verwirrt.

»Ja.« Es war Nessa, die geantwortet hatte. »Wir sind da.«

Ich drehte mich zu Lily. *Wo?*, formte ich mit den Lippen und schaute dann zurück auf die Abermillionen Tonnen von Sand um uns herum. Es war rein gar nichts zu sehen. Der Horizont war hier so gerade, dass man ein Lineal hätte darauflegen können. Doch natürlich hatte ich inzwischen genügend Reisen ins Unbekannte unternommen, um zu wissen, dass etwas hier sein *musste.*

Adam lief einige Schritte vor. Er überprüfte irgendetwas auf dem Spectum-Sigil, das er in der Hand hielt. Ich rechnete bereits damit, dass er sich wieder in die Hocke begeben würde, um irgendeinen versteckten Geheimschalter oder etwas Ähnliches zu drücken. Aber er drehte sich nur etwas nach links und lief dann weiter.

Wir folgten. Erst nach ein paar Schritten merkte ich, dass auf dem Sandboden seltsame Steinformationen zum Vorschein kamen, immer mehr, je weiter wir gingen. Sie waren in Rechtecken angeordnet, und die Steine hatten unterschiedliche Farben: Schwarz, Rot und Weiß. Einige von ihnen wirkten, als wären sie in der Mitte entzweigebrochen, ihre Kanten waren scharf und zerklüftet. Und in ihrem Inneren … schien Sand herauszuquellen. Seltsam schimmernder Sand, der weder weiß noch rot noch schwarz war, sondern …

… Blau. *Winterblau.*

So wie Magie.

Ich beugte mich zu einer der Steinformationen herab, schnappte mir eine Faust der seltsam leuchtenden Körner und ließ sie zwischen meinen Fingern hindurchrinnen. Tatsächlich. Sie rochen ganz leicht nach Aschezucker.

Als ich wieder zu Adam schauen wollte, bemerkte ich, dass er verschwunden war. Auch von Zorya war nichts mehr zu sehen, und ein Großteil der Magiehäscher war … einfach weg. Lily und Dorian dagegen waren wie erstarrt stehen geblieben und schauten auf einen Punkt in der Wüste, wo bereits Fußspuren vom Wind verweht wurden.

»Nova liegt in Prime, aber auf einer anderen … Ebene«, erklärte Cedric an mich gerichtet. »Die Stadt will sich vor allen Eindringlingen schützen, deshalb gibt es auch keine Türen. Man kann Nova nur betreten, wenn man exakt an der richtigen Position steht und der Magie zeigt, dass man die Ebene wechseln möchte. Ansonsten bleibt Nova verborgen.«

»Klingt komplizierter, als es ist«, fügte Dina hinzu. »Lauft einfach weiter und seid bereit, der Magie zu folgen. Mehr ist es nicht. Ihr *wollt* nach Nova. Macht den Gedanken wahr.«

Mach es wahr. Dieselben Worte hatten Dina und Adam immer wieder zu mir gesagt, als sie Ignis mit mir trainiert hatten. So schien alles zu funktionieren, wenn es um Magie ging. Man musste das, was man sich vorstellte, mit purem Willen zur Wirklichkeit machen.

Bevor ich wusste, was geschah, machte Dina einen Schritt nach vorne und … verschwand. Von jetzt auf gleich war sie einfach nicht mehr zu sehen. Celine und Cedric folgten, dann Nessa und die ersten Rebellen, die ihr mit ehrfürchtigen Mienen hinterherliefen.

»Erinnerst du dich noch daran, als wir die Spieleabende im Waisenhaus für total aufregend gehalten haben?«, flüsterte

Lily mir zu. Ich lächelte sie an, hakte mich bei ihr unter und zog sie nach vorne. Dann liefen Lily und ich hinein in die Wüste, die Sekunden später keine Wüste mehr war.

Ich konnte nicht glauben, was ich direkt vor mir sah.

Es war wie eine Fata Morgana, die von jetzt auf gleich einfach in der Wüste aufgetaucht war. Statt der eisigen Nachtluft spürte ich die Hitze der Sonne auf meinem Kopf und das Brennen des Sandes unter meinen Schuhsohlen.

Ich drehte mich noch einmal um, dorthin, von wo wir hergekommen waren. Doch diese Welt gab es nicht mehr. Aus der Wüste war eine Oase geworden, deren sattes Grün uns einhüllte. Von den Palmen und hohen Bäumen, die uns umgaben, drang das Kreischen von Vögeln zu uns.

Staunend zog ich Adams Mantel von meinen Schultern und hielt ihn an meine Brust gedrückt. Hinter uns: dichter Dschungel. Und vor uns: eine beeindruckende Insel, deren Mittelpunkt ein kegelförmiger Berg bildete. Entlang seiner Hänge erstreckte sich eine Stadt mit uralt aussehenden weißen Gebäuden, die sich spiralförmig den Berg hinaufzogen. Dazwischen leuchteten blaue Wasserkanäle.

»Absoluter Wahnsinn«, flüsterte Lily, und ich nickte wie benommen. Logisch betrachtet, machte all das keinen Sinn. Wo war die Wüste hin? Die Dunkelheit? Die Kälte? Es war, als hätten wir uns einfach an einen anderen Ort der Erde gebeamt.

Wir standen vor der Stadt, und der Boden des Dschungels schien feucht zu sein. Meine Füße sanken im Sand ein, der eine schöne helle Farbe hatte, vollkommen anders als der Strand in Los Angeles. Die Luft roch frisch und lebendig und ganz schwach durchzogen von … Aschezucker.

Nova, sagte ich den Namen in Gedanken und wusste nicht, was ich mir vorgestellt hatte. Alles, nur nicht das: die weißen Überbleibsel einer alten Zivilisation, angeordnet in dieser wundersamen Spirale, das blaue Wasser in den Kanälen, das üppige Grün der Palmen dazwischen … es wirkte, als hätte man mich in eine paradiesische Illusion gezogen.

»Es ist die erste Stadt, die von denjenigen erbaut wurde, die sich später die Sieben nannten«, sagte Nessa zu Dorian. »Hier hat alles seinen Anfang genommen.«

»Anfang?«, fragte Dorian. »Wie meinst du das?«

Nessa legte den Kopf schief, während sie ihren Enkel betrachtete. »Die Magie. Die Quelle der Magie liegt hier. Unter dem Berg, direkt in der Mitte der Stadt.«

Ich glaubte, mich verhört zu haben. »In *Prime*?«, hauchte ich und versuchte nicht einmal, meine Fassungslosigkeit zu überspielen. Die Quelle für die Magie lag in der unteren Welt? Schon immer? Während sich die Menschen von den Oberen abhängig machten, um etwas von deren Reichtum abzubekommen?

Es war einfach nicht zu glauben.

»Aber …«, setzte ich nur mühsam an, »aber ich dachte, die Magie kommt aus dem Nexus.«

Am Nexus, der irgendwo mitten im Mirror lag, hatte Adam mir damals Ignis angelegt. Ich erinnerte mich noch genau daran, wie literweise blaue Flüssigkeit in ein großes Becken geflossen war. Wie hatten sie es damals genannt? Dass die Magie dort *entsprang*?

Ich war mir deshalb sicher gewesen, dass die Magie am Nexus ihren Ursprung hatte. Jetzt wurde mir allerdings klar, dass niemand das je behauptet hatte.

»Der Nexus ist der Ort, an dem die Magie von Prime in den

Mirror befördert wird«, sagte Nessa zu mir. »Von dort wird sie in die Städte verteilt. Aber die Quelle selbst liegt in Nova.«

»Wie ein Brunnen?«, fragte ich sie, und Nessa nickte.

»So ähnlich, ja.«

Die Gruppe setzte sich wieder in Bewegung, während die meisten Rebellen – sogar die Magiehäscher – sich immer noch staunend umblickten. Adam führte uns über einen gepflasterten Weg hinein in die Stadt, vorbei an hohen, weißgetünchten Mauern, die den ersten Spiralring umschlossen.

Die Gebäude waren von einem seltsamen Glanz überzogen, voller Lichtreflexe, die mich immer wieder blendeten. Die Sonne fiel hinab durch die ausladenden Palmen, die entlang des Weges wuchsen. Die Häuser schienen jedoch verwaist, und das, was Celine gesagt hatte, stimmte: In Nova gab es keinerlei Türen. Lediglich Durchgänge, bei denen hier und da noch ein Stoffvorhang die Innenräume abschirmte.

Wir folgten dem einzigen Pfad, den es gab und der uns in einem konzentrischen Kreis über die erste von vielen Steinbrücken führte, die offenbar gebaut worden waren, um die Ringe der Insel miteinander zu verbinden.

Die Stadt war atemberaubend schön, aber alles wirkte völlig aus der Zeit gefallen, wie eine antike Zivilisation. Es gab Springbrunnen und Streitwagen, die ungenutzt am Wegrand standen. Je weiter wir den Berg erklommen, desto dichter standen die Häuser und desto enger wurden die Landringe. Nur ganz oben auf dem Gipfel thronte auf einer Freifläche ein riesiges Gebäude, das im Sonnenlicht silbern leuchtete.

Es war nicht so hoch wie der Palastturm von Septem, aber dafür breit und solide, und wenn nicht die hundert Fenster und Balkone gewesen wären, die die Fassade zierten, hätte ich glauben können, es sei ein massiver, gigantischer Block glitzernden Steines.

»Wie ist Nova entstanden?«, fragte ich Cedric. Er fuhr neben mir den Berg hoch, und sein Rollstuhl gab ein leises Sirren von sich.

»Sicher, dass du das wissen willst?«, gab er zurück. »Die Geschichte Novas umfasst inzwischen eine dreißigbändige Chronik.«

Ugh. »Die Kurzfassung?«, bat ich.

Cedric grinste. »Die Historiker tappen über die Zeit, in der die Magie gefunden wurde, noch sehr im Dunkeln. Aber es muss grob in den Jahren gewesen sein, als der nördliche Teil des afrikanischen Kontinents als Provinz zum Römischen Reich gezählt hat. Kurz vor dessen Zusammenfall. Die Magiequelle, die unter Nova liegt, wurde damals von einem Nomadenstamm gefunden. Zumindest steht es so in den Geschichtsbüchern. Gerüchte über eine wundersame, blaue Flüssigkeit verbreiteten sich schnell, und eine Gruppe von Entdeckern kam hierher. Das Nomadenvolk teilte die Magie mit den Gästen, weil sie davon überzeugt waren, dass ihr Fund allen Menschen gehören sollte. Doch als die Entdecker wiederkamen, hatten sie Waffen bei sich und wollten die Magie für sich selbst. Also töteten sie das Nomadenvolk, damit niemand je von dem Geheimnis erfahren sollte.«

Ich seufzte innerlich. Ich hatte es ja wissen wollen.

»Und lass mich raten: Diese Leute wurden die ersten Sieben?«

Cedric schüttelte den Kopf. »Nein, aber ihre Kinder. Es brauchte Jahrzehnte, um die richtigen Gefäße herzustellen, die Magie bündeln konnten.«

»Die Dark Sigils«, sagte ich.

»Ja.« Cedric nickte. »Sie wurden hier erschaffen. In Nova.«

Ich drehte mich um, schaute über die vielen leeren Behausungen hinweg. In dieser Stadt gab es keinerlei Leben, zumindest hatte ich noch keine Menschenseele gesehen. Es war … gruselig.

»Und … wo sind alle?«

»Sie sind später umgesiedelt«, erklärte Cedric. »In den Mirror. Nur eine Handvoll Leute wurde in Nova zurückgelassen, um die Stadt und die Quelle zu bewachen. Wir nennen sie die *Hüter*. Sie leben im Ewigen Tempel, im Zentrum der Stadt, und werden angeführt vom Ältesten. Dorthin gehen wir gerade.«

Ich fuhr im Laufen mit einer Hand über die Hausmauer direkt neben mir. Kleine Sukkulenten und Weinreben ragten aus den Spalten zwischen den Steinen heraus, doch es gab kaum Risse darin. Obwohl diese Stadt *Jahrtausende* alt war, sah sie nicht aus, wie Ruinen sonst aussehen. Nicht verfallen, marode, brüchig oder nur anhand weniger Steinformationen überhaupt noch erkennbar, sondern vollständig intakt und … sehr altertümlich.

»Nova ist eingefroren«, sagte Cedric, der die Frage in meinem Gesicht offenbar hatte ablesen können. »In der Zeit, meine ich. Und das schon sehr lange.«

Ich öffnete den Mund, schloss ihn wieder. »Du meinst, die Zeit läuft hier nicht weiter? Gar nicht?«

»Na ja, für die Hüter sind genauso viele Jahre vergangen wie für uns. Sie erleben die Zeit wie wir, können sich bewegen und all das, aber ihre Körper altern so langsam, als wären in hundert Jahren nur ein paar Tage vergangen. Die Zeit vergeht in so winzigen Schritten, dass es in Nova schon sehr lange keine Nacht mehr gegeben hat. Die Gebäude bleiben erhalten, die Pflanzen benötigen kein Wasser, und die Menschen … sterben nicht.«

Ich verstand, was Cedric mir sagte. Aber ich *verstand* es nicht. Das bedeutete ja: Diese Hüter waren schon seit einer Ewigkeit hier – dazu verdammt, Nova zu bewachen, ohne jemals ein richtiges Leben führen zu können.

»Und das alles nur wegen der Magiequelle?«

Cedric nickte. »Ja. Sie wurde schwächer, je mehr Magie die damaligen Sieben förderten. Also verlangsamten sie die Zeit rund um die Quelle so stark, dass sie niemals versiegen würde. Und dieser … Stillstand … er strahlt auch auf den Rest der Stadt aus. Bis alles Leben, alles, was mal vergänglich war, praktisch für immer konserviert ist.« Cedrics Blick wanderte kurz zu Adam. »Nicht einmal Alius und Etas können die Zeit in Nova beeinflussen.«

Eine Gänsehaut zog sich bei Cedrics Worten über meine Arme. »Du meinst … er kann seine Magie hier nicht anwenden?«

»Na ja, die coolen Angriffsgesten schon«, sagte Cedric und grinste amüsiert zu mir hoch. »Nur die Zeit zu manipulieren ist in Nova unmöglich. Aber keine Sorge. Adam wusste, worauf er sich einlässt. Und unter uns: Ich glaube, es tut ihm mal ganz gut, nicht jede Entscheidung und jede Handlung sofort zu hinterfragen. Quasi ein kleiner Magie-Detox.«

Ich schnaubte, und während wir den Weg in Richtung des großen Gebäudes an der Hügelspitze weiter folgten, wanderte mein Blick immer wieder unwillkürlich zu Adam. Sein Bewusstsein war oberflächlich so ruhig wie der Bergsee, der seine Magie symbolisierte. Erst tief am Grund spürte ich die Anspannung in ihm. Und wie sehr er diesen Kontrollverlust verabscheute.

Wir stiegen die letzten glatten Stufen hinauf und standen oben zwei Frauen gegenüber, die unseren Weg blockierten.

Ich hatte keine Ahnung, was ich erwartet hatte, als Cedric mir erzählt hatte, die Bewohner in dieser Stadt wären schon seit Jahrhunderten hier gefangen. Am ehesten wahrscheinlich wettergegerbte Gesichter wie das von Agrona Soverall. Doch im Gegensatz zu der Magistratin, die ihr Lebensalter mit Magie verlängerte, hatten diese Menschen sich offenbar der Zeit und damit auch dem Alterungsprozess vollständig entzogen. Die Frauen sahen jung aus, nicht älter als Zwanzigjährige, schätzte ich, und ihre Körper waren von einem blauen Schimmern bedeckt, als läge Magie direkt unter ihrer Haut. Auch ihre Augen leuchteten winterblau – so etwas passierte normalerweise nur, wenn jemand gerade ein Grain injiziert bekommen hatte. Diese Frauen hingegen … sie schienen kaum von dieser Welt zu sein. Es gab kein noch so kleines Anzeichen dafür, wie alt sie tatsächlich waren. Nichts, was darauf schließen ließ, dass diese Leute, in Ermangelung eines besseren Wortes, *unsterblich* waren.

Sie trugen weiße Gewänder, wie in einem Film über das antike Rom, und keinerlei Sigils oder andere Waffen, soweit ich es sehen konnte.

»Qui'e-so?«, fragte die linke Frau. »Qui'hi-vise?«

Bitte was?

Ich verstand kein Wort. Im Gegensatz zu Adam. Er stimmte in ein schnelles Hin und Her mit den beiden Frauen ein und alles, was aus seinem Mund kam, waren Laute, die mir völlig fremd waren. Ich starrte ihn an, unsicher, was ich fühlen sollte. Wann immer ich allein mit ihm war, konnte ich schnell vergessen, wer er war und worauf er seit seiner Geburt vorbereitet worden war. Doch in Momenten wie diesen wurde mir wieder mit aller Wucht klar, wie unterschiedlich unsere Leben verlaufen waren.

In den Schulen der Armenviertel wurden keinerlei Fremdsprachen unterrichtet. Ich konnte außer Englisch deshalb nur einen Satz Französisch und der war: *Je ne parle pas français.*

Nach einigen Augenblicken nickte Adam den Frauen zu, die daraufhin den Weg für uns frei machten.

»Sie werden uns durch den Ewigen Tempel eskortieren«, erklärte er, »und dann hoffentlich zum Ältesten.«

»Was für eine Sprache war das?«, flüsterte ich Cedric zu.

»Die Sprache von Nova. Sie hat sich aus dem Lateinischen abgeleitet, aber von dort an ganz eigen entwickelt. Keine Sorge, die meisten hier sprechen auch Englisch.«

»Se-diquer n'e-os«, sagte eine der Frauen und nickte in den Gang, der hinein in den Tempel führen würde. Dieses Mal brauchte ich keine Fremdsprachenkenntnisse, um sie zu verstehen, ihre Körperhaltung sagte es ganz deutlich.

Sie wollte, dass wir ihnen folgten.

18

Der Tempel von Nova war ein Irrgarten aus weitläufigen Korridoren und Säulenhallen. Im Vergleich zu draußen war es hier drin beinahe kühl. Entlang der Oberseite jeder Wand waren Öffnungen eingelassen: lange, dünne Fenster, durch die Luft zirkulieren konnte, ohne dass es windig war.

Ein-, zweimal huschte jemand an uns vorbei. Menschen mit von Magie durchzogener Haut und in leichter, flatternder Stoffkleidung. Sie wirkten, als wären sie nicht von dieser Welt, aber das waren sie – nur, dass sie eben schon seit Jahrhunderten – seit *Jahrtausenden* hier lebten. Sie schienen jedoch ein Ziel zu haben, denn ihre Schritte waren schnell und sie ließen sich auch nicht durch Adams Anblick aus der Fassung bringen. Zwar beäugten sie ihn und auch den Rest von uns für einen Moment, allerdings hatte das nichts von der geifernden Ehrfurcht, die die Magistrate und sämtliche andere Obere ihrem Mirrorlord entgegenbrachten.

Und das war auch kein Wunder … schließlich mussten alle Menschen, die hier lebten, schon unzählige Mirrorlords und Mirrorladys kennengelernt haben. Wahrscheinlich hatten die Besuche aus dem Mirror mit der Zeit ihren Reiz verloren.

Nachdem wir bereits einige Flure durchquert hatten, fiel mir eine Besonderheit an dem Tempel auf, die ich erst nicht richtig wahrgenommen hatte: Sämtliche Wände waren bemalt. Und das nicht einfach nur mit Ornamenten oder Symbolen, wie es in Septem der Fall gewesen war, sondern mit *richtigen* Gemälden, die jeden Meter der steinernen Wände bedeckten. Wir kamen an einer Hüterin vorbei mit einem Malbrett und Pinsel. Sie summte, während sie Farbe auf den Stein auftrug, und wiegte sich dabei leicht hin und her, als wäre sie in einer Art Trance gefangen. Und die Gemälde ... sie schienen eine Geschichte zu erzählen. Menschen waren darauf abgebildet – und auch Sigils. An einem Mann, den ich nicht kannte, entdeckte ich sogar Ignis. Auf dem Bild erhellte der rot aufleuchtende Magiekern eine ansonsten dunkle Umgebung.

Lily griff an meine Hand und zog mich sanft weiter. Ich folgte ihr, hielt aber den Blick nun stets auf die Wände gerichtet. Die Gemälde veränderten sich mit der Zeit. Die dargestellten Menschen wurden mit jedem Schritt, den wir machten, detaillierter, die Malereien kunstvoller. Auch der Stil änderte sich ständig. Es sah nicht aus, als wären die Bilder von ein und demselben Künstler gemalt worden – sondern von sehr vielen. Und trotzdem ... trotzdem wirkte keines der Gemälde wirklich *alt*, sondern so, als hätte sie jemand erst vor kurzem zu Ende gemalt.

Gerade wollte ich fragen, was es mit den Wandmalereien auf sich hatte, da kamen wir am Ende des Korridors an. Rechts davon ging ein Raum ab, in dem jede Menge Instrumente standen – auch ein großer Klavierflügel, der zu meiner Verwunderung sogar ziemlich modern aussah. Doch die beiden Wachen deuteten stattdessen zu einem hohen bogenförmigen Durchgang, und warteten, bis wir uns in Bewegung setzten, bevor sie sich wieder auf den Rückweg zum Eingang des Tempels machten.

In dem Raum, den wir nun betraten, gab es keine Bilder mehr. Dafür stand ein kleiner Schreibtisch aus dunklem Holz darin. Ein Hüter saß davor und schrieb mit einer langen Feder in ein Buch. Er blickte auf, als wir eintraten. Sein weißes Haar war zu einem geflochtenen Knoten auf seinem Kopf gesteckt und bildete einen scharfen Kontrast zu der bläulich schimmernden Haut.

»Qui'hi-vise?«, fragte er – ich erinnerte mich, dass die beiden Frauen am Eingang gerade genau dasselbe gesagt hatten.

»Der Mirrorlord möchte mit dem Ältesten sprechen«, antwortete Adam, diesmal auf Englisch.

Der Hüter begutachtete Adam von Kopf bis Fuß, als wollte er sich erst vergewissern, wer da vor ihm stand. »Der nächste Austausch sollte erst in zweihundertneunzehn Tagen stattfinden.«

Es war seltsam, ihn auf einmal in unserer Sprache reden zu hören, irgendwie klang es falsch.

»Ich weiß«, erwiderte Adam. »Ich werde es ihm erklären.«

Das Gesicht des Hüters zeigte keinerlei Regung. »Es ist nicht die richtige Zeit. Der Älteste ist im Gebet.«

»Wie lange noch?«

»Solange es dauert«, sagte der Hüter. Nur das, mehr nicht.

Na großartig. Der war ja wirklich extrem hilfreich.

Adam schaute den Mann an, und ich hörte, wie er seine nächsten Worte sorgfältig abwägte. »Ich bestehe darauf, ihn zu sehen. Sofort.«

Der Hüter schaute Adam mit diesem gruselig-leeren Gesicht einfach nur an. Schließlich nickte er und lief ohne ein weiteres Wort durch den Korridor davon.

»Ihr bleibt hier.«

Ich sah verwundert zu Adam, doch er hatte seine Worte an

Zorya gerichtet. »Wir werden allein mit dem Ältesten sprechen.« Damit schaute er zu Nessa. »Sie und Ihre Leute warten, bis wir zurück sind.«

Nessas Kiefer arbeitete. Ich sah ihr deutlich an, dass sie widersprechen wollte, verkniff es sich aber. Als Dorian den Mund öffnete, hob sie bloß warnend eine Hand.

»Wir warten.«

Adam nickte. Dann lief er Dina, Celine und Cedric hinterher, die dem Hüter bereits durch den Gang gefolgt waren. Nach ein paar Schritten hielt er noch einmal inne und schaute über seine Schulter. Zu mir. »Du bist eine der Sieben. Kommst du?«

Ich presste die Lippen aufeinander. Adam wusste natürlich genau, was er da tat. Mit seiner Frage stellte er mich zwischen die Fronten. Zwischen die Sieben und die Rebellen. Ich verfluchte ihn dafür … aber ich konnte sein Angebot auch nicht ablehnen.

»Wir brauchen diese Informationen«, raunte ich zu Lily, die von der Seite an meinen Arm gefasst hatte.

Sie starrte mich ungläubig an. »Aber …«

»Ich erzähle euch alles, wenn wir zurück sind«, versprach ich und warf Lily ein kleines Lächeln zu, das sie jedoch nicht erwiderte. Zumindest etwas Erleichterung verspürte ich, als Nessa mir zunickte.

Also folgte ich Adam und den anderen durch den Korridor, bis zu einem breiten Portal. Der Hüter öffnete den Vorhang, der es absperrte, und deutete mit einer Geste hinein. Der Raum dahinter war vollkommen leer. Nur eine runde, leicht erhöhte Plattform im Boden war zu sehen. Sie war an schweren Eisenketten befestigt, die zu einer Apparatur an der Decke führten.

»Der Älteste befindet sich an der Quelle«, erklärte der Hüter. Er lief nach vorn und stellte sich auf die Plattform, die linke Hand an einem großen Hebel. Mehr sagte er nicht.

Bedeutete das etwa, er würde uns zur Quelle bringen. *Jetzt?*

Mein Herzschlag beschleunigte sich. Die anderen hatten sich ebenfalls auf der Plattform positioniert, und ich stellte mich nach kurzem Zögern zu ihnen. Als sich der Boden hinabsenkte, musste ich mich beherrschen, um mich nicht vor Nervosität an eine der Eisenketten zu klammern. Es gab kein Geländer, keine Sicherung, die Plattform senkte sich einfach Stück für Stück in die Dunkelheit hinab, bis um uns herum nur noch Schwärze war.

Das war ein Fahrstuhl, der mir ganz und gar nicht geheuer war. Es dauerte jedoch nicht lange, bis ein winterblaues Licht die Umgebung wieder etwas erhellte. Das Leuchten wurde stärker und stärker, so dass es jeden von uns schon nach ein paar Metern mit seiner Farbe umhüllte.

Als die Plattform sich tief genug gesenkt hatte, erkannte ich es schließlich: Unter uns lag ein Becken voller Magie, das mindestens so groß war wie der Thronsaal Septems. Ein riesiges Konstrukt war darüber aufgebaut worden, voller goldener Sigils, die an Streben hingen und die Magieschwaden aufsogen, die sich wie Nebel über dem Becken bewegten.

Wir waren da. Die Quelle.

Der Ursprung der Magie.

In meinen wildesten Träumen hätte ich mir niemals vorstellen können, das hier mit eigenen Augen zu sehen.

»Und diese Maschinen … sie befördern die Magie zum Nexus?«, fragte ich Cedric flüsternd, der mit seinem Rollstuhl neben mich gefahren war.

Er nickte. »Ja. Und von dort aus in den gesamten Mirror.«

Unvorstellbar. All das hier … war ein System, das sich irgendwelche Menschen vor Tausenden Jahren ausgedacht hatten. Und weil die Zeit in Nova nahezu stillstand, würde die Magie auch in weiteren tausend Jahren noch in dieses Becken fließen.

Die Plattform kam mit einem Klacken der Eisenketten zum Stehen. Sie hatte sich in eine Vertiefung gesenkt, so dass der Boden nun wieder ebenerdig war. Der Hüter lief ohne ein Wort in Richtung des Magiebeckens, und wir folgten ihm stumm.

Die anderen wirkten nahezu so überwältigt, wie ich mich fühlte. Celine, Dina und Cedric schauten sich alles ganz genau an – wenn ich es richtig verstand, hatten sie die Quelle auch noch nie mit eigenen Augen gesehen. Nur Adam wirkte vertraut mit dem Anblick.

Als der Hüter das Becken erreicht hatte, deutete er von dort nach links, geradewegs zu den hohen Felsmauern, die die Quelle umgaben und die das hohle Innere der Bergspitze umgrenzten. Nach einigen Schritten erkannte ich auch, worauf er zeigte: Überall auf dem Stein waren Gemälde zu sehen, wie auch bereits oben im Tempel. Sie zogen sich viele Meter in die Höhe, bis ich vor Dunkelheit nichts mehr sehen konnte.

Mein Gott. Wie viele Tage … wie viele *Jahre* … hatten die Hüter mit Malen verbracht? Und wozu das alles? Ich verstand es nicht.

Ich lief hinter Adam und den anderen her und blieb erst stehen, als ich eine Gestalt am Boden bemerkte. Es war ein weiterer Hüter, der inmitten einiger Fackeln vor der Wand kniete. Auch seine Haut schimmerte blau, doch sie wirkte weitaus intensiver als bei den Hütern, denen wir bislang im Tempel begegnet waren.

Nein, das war kein normaler Hüter. Dieser Mann musste der Älteste sein. Das erkannte ich nicht aufgrund der grauen kurzen Haare … sondern weil sein Alter wie eine Aura in alle Richtungen ausstrahlte.

Er wiegte sich langsam hin und her, wie ich es bereits bei der Malerin oben im Tempel gesehen hatte. Ein Tablett mit Farben lag neben ihm, und er ließ mit geschlossenen Augen einen langen Pinsel über die Felswand gleiten. Dabei summte er leise und stetig vor sich hin.

War das etwa das Gebet, von dem der Hüter eben gesprochen hatte? Es war wohl eher ein *Malereiwahn.* Der Älteste bewegte den Pinsel über den Stein, als würde seine Hand von jemand anderem gelenkt werden als von ihm selbst. Er war vollkommen in einer Trance gefangen.

»Ich glaube nicht, dass er uns sehr viel erzählen wird«, murmelte Dina. In ihrer Stimme lag dieselbe Verwunderung, die ich auch in Cedrics und Celines Gesichtern sah. Wir traten vorsichtig näher, und Adam beugte sich zum Ältesten hinab. Er musterte ihn für einen Moment, dann schaute er zu dem Gemälde auf der Wand.

Es war kein richtiges Bild, vielmehr eine Ansammlung von groben Strichen, die dasselbe abstrakte Muster wiederholten. Eine Sonne mit weißen Strahlen und einem blauen Kreis in der Mitte. Der Älteste hatte dieses Symbol bestimmt bereits zwanzig-, oder dreißigmal auf die Wand gepinselt, mal kleiner, mal größer, aber immer wieder dieselbe Form. Dieselbe Anzahl an Sonnenstrahlen – sieben, natürlich – und derselbe blaue Kreis, der sich in eine Spirale formte, ähnlich wie die Wasserkanäle Novas.

»Was soll das heißen?«, fragte ich die anderen, doch keiner von ihnen antwortete. Ihre Blicke waren voll und ganz auf den Ältesten fokussiert, und als ich mich wieder zu ihm wandte, wusste ich auch, warum. Er summte nicht mehr. Stattdessen hatte er den Pinsel in neue Farbe getaucht und setzte ihn auf der Felswand an. Dieses Mal zeichnete er etwas anderes, und ich bemerkte erst jetzt, dass seine Hand dabei zitterte. Zwar nur leicht, aber es fiel mir auf, weil ich aufgrund meines Tremors *ständig* meine eigenen Hände im Blick hatte. Alles andere an dem Ältesten war vollkommen reglos, sein Gesicht befreit von jeglicher Emotion, bloß seine Hand zitterte, während der Pinsel seine Linien beschrieb und diese sich nach und nach zu einem Bild formten.

Eine Höhle. Eine Silhouette – es war schwer zu sagen, ob es sich dabei um einen Mann oder eine Frau handeln sollte, die Pinselstriche waren dazu zu grob. Sie trug einen Mantel und streckte ihre Hand nach etwas aus. Aber wonach? Gebannt warteten wir, bis der Älteste weitergemalt hatte.

Es war ein Dolch. Er schien inmitten einer schwarzen Wolke zu schweben. Die Figur versuchte danach zu greifen, und ich keuchte, als der Älteste eine neue Farbe hinzufügte und die Figur nun blonde … oder eher weiße Haare hatte.

Sollte das etwa …?

»Genug«, sagte Adam plötzlich, und als ich mich zu ihm wandte, hatte er der Wandmalerei bereits den Rücken zugekehrt. Als ob der Älteste trotz seiner Trance den Befehl wahrgenommen hatte, ging er wieder dazu über, Sonnen mit dem blauen Punkt in der Mitte zu malen. Seine Hand wurde dabei ruhiger, das Zittern verschwand, und er wiegte sich summend hin und her, als hätte er nie etwas anderes gemacht.

Ich drehte mich zu Adam. Er stand bei dem Hüter, der etwas abseits auf uns gewartet hatte. »Lasst Zimmer für uns herrichten«, hörte ich Adam zu dem Mann sagen. »Wir bleiben. Vorerst.«

»Sehr wohl, Sigil-Träger«, sagte der Hüter gedehnt. »Nova heißt Euch und Eure Mitreisenden willkommen.«

Wenig später hatte uns der Hüter wieder nach oben gebracht und zusammen mit Lily, Nessa und den anderen führte er uns in einem anderen Teil des Tempels. Auf dem Weg erzählte ich leise Nessa, Dorian und den anderen, was ich erfahren hatte – was nicht besonders viel war. Das schien auch Nessa zu denken, denn ihre Stirn legte sich bei meinem Bericht in Falten, und am Ende schenkte sie mir einen Blick, der so misstrauisch war wie damals bei unserer ersten Begegnung.

Sie war sich nicht sicher, ob ich ihr etwas verschwieg.

»Hat Adam irgendetwas zu dem Bild gesagt?«, flüsterte mir Lily zu. »Oder … *gedacht*?«

Ich schüttelte nur stumm den Kopf. Nein, ich konnte selbst nur ahnen, was in Adam vorging. Sogar ohne Magiehemmer-Trites war er offenbar gut darin, seine Gedanken vor mir abzuschirmen. Zu gerne hätte ich gehört, was er über dieses seltsame Bild dachte, das der Älteste an der Magiequelle malte. Aber ich hörte nur ein immerwährendes Rauschen, das ich inzwischen mit Adams Bewusstseinsstrom verband. Was auch immer er dachte – die Worte und Bilder zogen so schnell an mir vorbei, dass ich keines davon wirklich zu greifen bekam.

Der Hüter brachte uns in einen Saal, in dem ein langer Tisch mit vielen Stühlen stand. Er verkündete, dass man uns Abendessen bringen würde, dann verschwand er. Nessa, Dorian, Lily und die restlichen Rebellen setzten sich an die untere Seite des Tisches, während Adam und die anderen an der oberen Platz nahmen.

Wie passend, dachte ich und setzte mich zwischen die beiden Gruppen, Cedric zu meiner Linken, Edge zu meiner Rechten.

Wir warteten schweigend, während einige Hüter Essen auf Tabletts in den Saal trugen. Nachdem sie noch ein paar Krüge Wasser abgestellt hatten, ließen sie uns wieder allein. Doch das Abendessen hatte nichts von den ausschweifenden Banketten, die ich im Mirror bereits erlebt hatte. Stattdessen gab es nur etwas Brot, verschiedene Käsesorten, Gemüse und Obst. Gedankenverloren griff ich nach einem Stück Käse und biss hinein. Ich ließ es auf meiner Zunge verharren, dann runzelte ich die Stirn.

»Uhm …« Ich kaute noch ein paarmal. »Das schmeckt nach … nahezu gar nichts.«

»Ja«, erklärte Cedric und zog einen Mundwinkel nach oben. »Die Zeit verläuft hier so langsam, dass sich Gerüche, Geschmack und so weiter kaum entfalten können. Esst am besten nicht zu viel, nur bis ihr gerade so satt seid.« Er räusperte sich. »Unsere Körper können das Essen nämlich nicht verarbeiten, solange wir in Nova sind.«

Ich starrte auf die Teller und Schüsseln, und zum ersten Mal wurde ich mir der Trostlosigkeit bewusst, die das Leben in dieser Stadt mit sich brachte. Die Hüter aßen nichts. Sie rochen auch nichts. Und das über *Jahrtausende* hinweg. Alles, was sie hatten, war anscheinend, dass sie diese rätselhaften Bilder malten.

»Was hat es damit eigentlich auf sich?«, fragte ich Cedric leise. »Die Wandmalereien … handeln die von den Trägerfamilien?« Inzwischen wusste ich ja, wie sehr die Oberen es liebten, ihre Leben in Büchern, Ölgemälden und Sonstigem festzuhalten.

Cedric nickte. »Nova hat den Hütern nicht sehr viel an Lebensfreude gelassen, fürchte ich. Außer ihren Sinn für Kunst. Sie haben schon vor Jahrtausenden damit angefangen, die Geschichte der Magie in Bildern festzuhalten. Die Gemälde werden seit sehr langer Zeit fortgeführt. Eines Tages werden im Tempel auch unsere Leben verbildlicht sein.«

Der Gedanke ließ einen eisigen Schauer über meinen Körper wandern, aber ich versuchte, es mir nicht anmerken zu lassen.

»Die Hüter malen also immer weiter?«, fragte ich. »Bis in alle Ewigkeit?«

Cedric nickte. »Ja.«

»Muss das frustrierend sein«, überlegte ich. »Etwas nie fertigstellen zu können.«

»Darum geht es nicht. Die Bilder halten fest, was gewesen ist, und zeigen dadurch, was noch geschehen wird.«

Ich warf Cedric einen verwirrten Blick zu. »Ich … verstehe nicht.«

»Die Zeit steht in Nova zwar beinahe still, aber eben nur *beinahe*. Die Magie fließt, und sie hat in den Jahrhunderten die komplette Stadt durchdrungen. Nicht nur die Gebäude, sondern auch die Hüter. Während sie malen, fließ die Magie durch ihre Gedanken. Manchmal zeichnen sie dann nicht mehr das auf, was bereits geschehen ist, sondern das, was in der Zukunft liegt. Sie nennen es *Prädiktionen*. Prophezeiungen.«

Die Bilder waren *Prophezeiungen*? Echt jetzt?

»Bedeutet das …« Ich starrte Cedric ungläubig an und hatte Mühe, mein Flüstern beizubehalten. »Das Bild, was der Älteste gemalt hat … das war ein Blick in die Zukunft?«

»Das wäre möglich«, sagte Cedric mit einem kleinen wissenden Lächeln. »Aber sicher können wir es erst sagen, wenn der Älteste damit fertig ist und wieder aufwacht.«

Natürlich. Was auch sonst.

Ich schaute zu Adam. Er musste von diesen Prädiktionen in Nova gewusst haben. Aber was dachte er über das Bild, das der Älteste malte? Sollte Adam vielleicht diese Figur sein, die in einer dunklen Höhle nach dem Dolch griff? Nur – was bedeutete das? Wenn das eine Prophezeiung war … hieß es, wir würden die Schattenathame tatsächlich finden?

Es heißt vor allem, dass wir nichts überstürzen sollten, drang Adams Gedanke plötzlich durch die Verbindung zu mir. Er hatte seinen Blick direkt auf mich gerichtet. *Voreilige Schlüsse zu ziehen bringt uns nicht weiter.*

Was glaubst du denn, was das Bild zeigen soll?, fragte ich etwas schnippisch, was sich auch auf meine innere Stimme übertrug. *Wenn du nur einen Hauch kommunikativer wärst, müsste ich nicht ständig –*

Ich weiß es genau so wenig wie du.

Das stimmte nicht. Da war ich mir sicher. Kurz hielt ich inne, sortierte meine Gedanken. *Was machen wir dann jetzt? Durchsuchen wir die Stadt? Wir haben ja noch nicht mal einen Anhaltspunkt, wo die Athame sein könnte, oder? Wir können nicht einfach hier sitzen und nichts tun!*

Obwohl Adam bestimmt fünf oder sechs Meter von mir entfernt saß, konnte ich förmlich fühlen, wie er tief seufzte. *Ich weiß, dass dir Abwarten nicht sonderlich leichtfällt, aber ich würde dich bitten, ausnahmsweise mal nicht mit dem Kopf durch die Wand zu gehen.*

Mir entwich ein lautes Schnauben, und ich wollte gerade etwas erwidern, da beugte sich Dina so weit über den Tisch vor, dass ihr Kopf mir die Sicht auf Adam nahm. Sie schaute zwischen ihm und mir hin und her, die Augen zusammengekniffen.

»Das ist so was von gruselig, wisst ihr das?«, sagte sie. »Ihr beiden seht aus, als hättet ihr einen Schlag auf den Kopf bekommen.«

Neben mir hatte Cedric seine Brauen zusammengezogen, doch da lag auch Neugierde in seinem Gesicht. »Was macht ihr da? Das geht schon länger so, oder?«

»Darüber sprechen wir ein andermal«, antwortete Adam, den Blick betont auf die Rebellen gerichtet, aber Cedric ließ sich nicht abwimmeln. Sein Blick war kalkulierend geworden.

»Beim Schaukampf in Rom – ich erinnere mich, dass ihr da auch so seltsam wart. Hat es …« Seine Augen weiteten sich, und er starrte Adam ungläubig an. »Hat es was mit Raynes Verbindungsritual zu tun? Da hat es angefangen, oder?«

Innerlich stöhnte ich. Aber Cedric war so clever, es sollte mich nicht wundern, wie schnell er die Puzzleteile zusammensetzte.

»Unsere Magien sind … verschmolzen.« Adam verzog den Mund, als wäre er nicht sicher, ob das Wort wirklich das richtige war. »So wie es ja meistens der Fall ist, wenn jemand einem anderen sein Dark Sigil anlegt, aber … die Verbindung ist nicht wieder verschwunden, sondern stärker geworden. So stark, dass wir …« Er hielt inne, wog wieder seine Worte ab.

Die anderen hatten die Wahrheit verdient. Und Edge, der neben mir saß, kannte sie eh schon, genau wie Dorian, Lily und Blicker.

»Adam kann meine Gedanken hören. Und ich seine. Meistens jedenfalls«, sprach ich Adams Satz zu Ende.

Für einen Augenblick herrschte Stille. Dann war es ausgerechnet Cedric, der mit der Hand auf den Tisch schlug und damit auf Adam zeigte. »Hast du deshalb nach Magiehemmer-Trites gefragt, als Rayne weg war? Weil du das unterdrücken wolltest?«

»Es ist nicht gerade leicht ...«, gab Adam mit gedämpfter Stimme zurück, »... dauernd jemanden im Kopf zu haben.« *Vor allem, wenn dieser Jemand auf der Seite der Rebellen steht,* schob er in Gedanken hinterher.

»Du musst nicht in der dritten Person von mir sprechen, ich bin anwesend.« Ich schickte Adam all meinen Unmut über die Verbindung entgegen, und das in einem solchen Schwall, dass ein sichtlicher Schauer durch seinen Körper lief.

Cedric beobachtete den Austausch mit hochgezogenen Augenbrauen. »Faszinierend. Hast du in den Archiven –«

»Ja«, presste Adam hervor. »Ich habe alles durchsucht. Und nichts gefunden.«

»Faszinierend!«, wiederholte Cedric, mehr zu sich selbst. Ich hörte förmlich, wie es in seinem Kopf ratterte. Wahrscheinlich schüttete sein Gehirn bereits Vorschläge aus, wie er dieses Rätsel lösen könnte. »Letztlich wird es wie jede Magie sein. Auch wenn eure in Teilen verschmolzen ist, solltet ihr sie trainieren können. Um es besser zu steuern, was ihr den anderen wissen lasst und was nicht.« Er legte den Kopf schief und musterte Adam. »Du hättest mich einfach fragen können.«

»Dazu müsste er ja über seine Gefühle reden«, murmelte ich angesäuert, was ein breites Grinsen auf Dinas Lippen zauberte.

»Recht hat sie.«

Die Einzige, die noch nichts gesagt hatte, war Celine. Sie

war während der letzten Minuten immer blasser geworden, und ich konnte ihrem starren Gesichtsausdruck und dem verkniffenen Mund ansehen, wie sehr sie sich zusammenriss.

Sie war in Adam verliebt. Jeder wusste es.

Zum ersten Mal, seit ich Celine kannte, tat sie mir furchtbar leid. Ich hatte nicht geplant, ihr unsere Verbindung derart auf die Nase zu binden.

»Themawechsel«, sagte Adam knapp. Er erhob seine Stimme, so dass sie auch noch am anderen Ende des Tisches zu hören war. »Wir bleiben vorerst hier im Tempel. Versucht alle etwas Schlaf zu bekommen, ihr seid von der Reise sicherlich erschöpft. In ein paar Stunden sehen wir weiter.«

Damit stand Adam auf, und Nessa tat es ihm auf der anderen Seite des Tisches gleich. Alle anderen blieben sitzen und schauten zwischen den beiden hin und her.

»So erschöpfend war die Reise nicht«, sagte Nessa gedehnt. »Ich werde mich mit meinen Leuten in der Stadt umschauen. Vielleicht finden wir neue Hinweise.«

Adam erwiderte ihren Blick. Ich rechnete damit, dass er ihr verbieten würde, den Tempel zu verlassen, aber ich irrte mich. »Sie können tun, was Sie wollen«, sagte er und ließ die Worte zwei oder drei Sekunden in der Luft verharren. Dann hob er eine Hand in Richtung Zorya. »Ein paar meiner Häscher begleiten Sie gerne, Miss Greenwater. Wir wollen uns ja nicht aus den Augen verlieren.«

Celine lächelte bei Adams Worten zufrieden, die Mienen der Rebellen hingegen hatten sich verdunkelt. Nessa schob ihren Stuhl geräuschvoll zurück an den Tisch. Ihre schwarzbemalten Lippen hatten sich zu einer strengen Linie zusammengepresst. »Mirrorlord«, sagte sie knapp, und alle Verachtung dieser Welt lag in diesem einzigen Wort.

Lily warf mir einen Blick zu, den ich irgendwo zwischen besorgt und verärgert einordnete. Ich wusste darauf nichts zu erwidern. Adam vertraute Nessa nicht. Und sie ihm ebenso wenig. Was sollte ich schon dagegen tun?

19

Bist du dir sicher, dass du nicht mitkommen willst?«, fragte mich Lily, nachdem wir zu unseren Zimmern gebracht wurden. Sie lagen in einem der oberen Stockwerke des Tempels, waren groß und geräumig, ausgestattet mit mehreren Einzelbetten. Wie im Rest der ganzen Stadt gab es allerdings auch hier keine Türen, lediglich Vorhänge, die als Trennung zwischen den Zimmern dienten.

Die Gruppe teilte sich so schnell auf, dass ich kaum hinterherkam. Adam und die anderen hatten sich irgendwohin zurückgezogen, ein paar wenige Rebellen legten sich schlafen. *Den letzten Schlaf, den wir hier in Nova brauchen werden,* sagte ich mir. Hatten wir unsere Energiereserven einmal aufgetankt, würden sie dank des Zeitstillstands anhalten, bis wir die Stadt wieder verließen.

Der Großteil der Rebellen jedoch würde Nessa in die Stadt folgen. So wie Lily.

»Ja«, antwortete ich leise. »Ich muss mal kurz durchatmen, glaube ich. Das war alles etwas … viel.«

Lily nickte langsam. »Klar, das verstehe ich«, sagte sie und auch, wenn sie mir dabei zulächelte, hatte ich das Gefühl, dass etwas an ihr nagte. Seit Adam und die anderen aufgetaucht waren, hatte sich etwas zwischen uns verändert – und das machte mir Angst. Bei den Rebellen zu sein war für Lily nichts Temporäres mehr. Wie sie mit Edge und Blicker herumalberte, wie sie mit Dorian sprach … und sogar mit Nessa … all das sagte mir, dass Lily beim Auge ein Zuhause gefunden hatte.

Und wahrscheinlich wusste sie auch, dass das für mich nicht galt.

Nachdem Lily sich verabschiedet hatte, drehte ich mich etwas ratlos im Zimmer umher. Im Gegensatz zu den bemalten Fluren des Tempels waren die Wände hier drin kahl. Es gab zwei Durchgänge, von dem einer in ein Badezimmer führte und ein anderer zu einem weiteren Schlafbereich, in dem sich ein einfaches Doppelbett und eine Kommode befanden. Ansonsten gab es bloß noch einen schweren schieferfarbenen Vorhang, der die gesamte gegenüberliegende Wand bedeckte. Ich schob ihn zur Seite und staunte. Dahinter befand sich ein Balkon mit einem beeindruckenden Blick auf Nova.

Als ich hinaustrat, zog mich der überwältigende Anblick der Stadt erneut in seinen Bann. Nova war auf eine Weise von Magie durchdrungen, wie ich es noch nie erlebt hatte – nicht einmal in Mirror-London. Die blauschimmernde Flüssigkeit musste sich von der Quelle zu allen Seiten durch den Boden ziehen. Und von hier aus, so weit oben, konnte ich es mit eigenen Augen sehen: Das Wasser in den Kanälen schimmerte viel bläulicher, als es möglich sein sollte. Genauso wie der Sand auf der Spirale geradezu unnatürlich weiß leuchtete.

Das alles war so surreal.

Vor ein paar Tagen hatte ich noch in der Basis von Los Angeles für Was-auch-immer trainiert, und nun waren die Rebellen des Auges zusammen mit den verbliebenen Sieben an der Quelle der Magie, um das achte Dark Sigil zu suchen. Ich hatte das Gefühl, in einen Strudel der Ereignisse gezogen worden zu sein, den ich unmöglich steuern konnte. Und ich *hasste* dieses Gefühl. Es kam mir alles zu starr vor, wie ein zu enger Helm, der mein Denkvermögen lähmte.

Vielleicht war die Schattenathame ja zum Greifen nah. Immerhin hatte das Bild, das der Älteste malte, einen Dolch gezeigt. Irgendwo in einer Höhle. Wenn dieses Bild nun also tatsächlich eine Prophezeiung war, dann … dann war die Frage nur, wo wir suchen mussten.

Und ob Adam die Athame überhaupt finden *wollte*.

Ich seufzte leise und strich mir über die Stirn. Nachdem ich die Aussicht noch für einige Momente bewundert hatte, lief ich wieder in den Raum zurück. Auf der Kommode lagen mehrere Stapel Kleider für uns bereit. Es waren dieselben hellen Leinenstoffe, wie die Hüter sie trugen. Ich schaute alles durch und beschloss, Altes mit Neuem zu mischen, indem ich meine Hosen mit einem schlichten Leinenshirt kombinierte, aber in die Sandalen schlüpfte und meine Stiefel zurückließ.

Draußen war es immer noch hell. Es war das deutlichste Zeichen dafür, dass die Zeit in Nova tatsächlich nahezu eingefroren war. Die Sonne stand hoch oben in einem strahlend blauen Himmel, und mir wurde erstmals klar, dass es keinerlei Erleichterung von dieser Hitze geben würde, nicht, solange wir hier waren.

Dadurch, dass es in Nova keine Türen gab, drangen allerlei Geräusche von draußen ins Tempelinnere. Zwar nur gedämpft, aber aus so vielen Richtungen, dass ich etwas verloren stehen blieb und nicht wusste, welche Richtung ich einschlagen sollte.

Erst, als ich ein vertrautes Kichern hörte, setzte ich mich

in Bewegung. An einem der Durchgänge, der zur Hälfte mit einem Vorhang verdeckt war, blieb ich stehen und lugte durch den Spalt hindurch.

Dina und Cedric lagen auf einem der großen Betten nebeneinander, und als ich den Kopf etwas vorreckte, um mehr zu sehen, entdeckte ich auch Celine, die im Schneidersitz auf dem Boden davor saß.

Etwas in meinem Herz zog sich bei ihrem Anblick zusammen. Ich hatte sie vermisst. Dabei hatten wir nur wenig Zeit miteinander verbracht, bloß wenige Wochen, nicht mehr. Aber seit ich in London den Sieben den Rücken gekehrt hatte, herrschte eine tiefe Sehnsucht in mir, die ausnahmsweise nicht nur etwas mit Adam zu tun hatte.

Dina, Cedric … Matt – sie waren ein Teil von mir. Gut, Celine vielleicht nicht, trotzdem schweißte uns die Magie in unserem Blut zusammen. Sogar mehr als das. Sie waren meine Freunde.

Und ich hatte dieses Band durchschnitten. Mit voller Absicht.

»Bei allen Sieben, Harwood«, drang auf einmal eine Stimme zu mir. »Schau nicht so, als hättest du eigenhändig ein Rudel Welpen gefoltert. Komm rein.«

Ich schluckte und spürte, wie meine Wangen bei Dinas Worten heiß wurden. Ich zwang mich, tief Luft zu holen, den Vorhang zur Seite zu ziehen und in das Zimmer zu treten.

Dina, Celine und Cedric schauten mir mit unterschiedlichen Gesichtsausdrücken entgegen. Cedric freundlich, Dina etwas schadenfroh und Celine … mürrisch bis mörderisch, was mich am allerwenigsten überraschte.

»Sorry«, sagte ich etwas ungelenk und biss mir dann auf die Unterlippe, denn mit dieser hingeworfenen Entschuldigung hatte ich natürlich nur das Lauschen gemeint und nicht … *alles andere,* was passiert war.

»Da.« Dina stieß Cedric in die Seite. »Siehst du? Genau diesen Blick habe ich gemeint. So viele getötete Hundewelpen!«

»Ich habe kein schlechtes Gewissen«, widersprach ich. »Ich …« Ein tiefer Atemzug. »Ich weiß nur nicht, wie ich mit euch reden soll, jetzt, da –«

»… du zu den Feinden übergelaufen bist?«, beendete Celine hilfreich.

Ich wollte erst widersprechen, aber schließlich seufzte ich nur. »So in etwa, ja.«

»Jetzt sind wir zusammen hier.« Dina klopfte neben sich auf die Matratze. »Für den Moment zumindest. Also hak es einfach ab. Ich kann diesen selbstmitleidigen Blick«, sie kreiste einen Finger direkt vor meinem Gesicht, »wirklich nicht mehr sehen.«

Ich verkrampfte und versuchte, meine Mimik irgendwie zu lockern. Offenbar gelang es mir nicht, denn Dina verdrehte die Augen, und bevor ich wusste, was passierte, zog sie an meinem linken Arm, und das so fest, dass ich nicht nur auf das Bett taumelte, sondern praktisch auf sie drauf fiel. Sie umarmte mich, und ich spürte auch Cedrics Arm, der sich um meine Schulter legte. Ein erleichtertes Lachen entwich mir, und die beiden stimmten ein.

»Für echtes Selbstmitleid bräuchten wir ohnehin Matt«, sagte Dina, als wir nebeneinander auf dem Rücken lagen, den Blick zur Zimmerdecke gerichtet. »Der hätte längst von irgendwoher eine Flasche Schnaps organisiert, die wir hätten herumreichen können, während wir einander unsere Seelen offenbaren.«

Cedric lächelte. »Wusstest du eigentlich, woher er den immer hatte?«

»Den Schnaps?« Dina hob den Kopf etwas, um Cedric verwirrt anzuschauen. »Ich dachte, er hätte ihn einfach irgendwo mitgehen lassen.«

»Nein. Er war aus den Lagern eurer Familie.«

»Urgroßvaters Geheimkeller?« Dina blinzelte. »Wer hat ihm davon erzählt? Das ist ein Solomon-Geheimnis!«

Celine schnaubte. »Dina, jeder von uns wusste von dem geheimen Alkoholkeller unter eurem Familienflügel. Wirklich *jeder.*«

»Ich kann nicht glauben, dass ich das nie bemerkt habe«, murmelte Dina. »Er hat mich die ganze Zeit beklaut und noch so getan, als wäre er besonders gönnerhaft.« Sie nickte. »Fast ein bisschen beeindruckend.«

»Fairerweise muss man sagen, du hast von uns allen am meisten getrunken«, sagte Celine, und zu meinem Erstaunen kicherte sie dabei. Celine konnte ja richtig menschlich sein.

»Und nur deshalb werde ich ihn nicht sofort verprügeln, wenn wir ihn wiederhaben.« Dinas Mundwinkel sanken langsam nach unten. Ein Schatten legte sich auf ihr Gesicht. »Verdammter Sebastian und sein krankhafter Ehrgeiz.«

Ich schaute ihr direkt in die Augen, als ich fragte: »Wisst ihr denn wirklich gar nichts über Matt …?«

»Wenn wir etwas über ihn wüssten, wäre er längst wieder hier«, blaffte Celine vom Boden aus.

Ich drehte mich auf den Bauch und starrte sie an, während mich ein Gefühl von Hilflosigkeit erfasste. »Aber ihr müsst doch etwas herausfinden können. Haben die Häscher nach ihm gesucht? Oder nach Sebastian?«

Celines Gesichtsausdruck wurde, wenn möglich, noch düsterer. »Du machst *uns* Vorwürfe? Wirklich? Wenn ich mich recht erinnere, ist Matt *deinetwegen* von Sebastians Sigil manipuliert worden. Weil Sebastian dich den Rebellen ausliefern wollte. Und das Einzige, was du getan hast, war, dich ihnen freiwillig anzuschließen. Du hast nicht nach ihm gesucht, ganz im Gegensatz zu uns. Also überleg dir gut, was du sagst, Harwood, sonst kratze ich dir die Augen aus.«

»Cee!«, warnte Dina und schüttelte den Kopf. »Es reicht.«

»Es ist aber die Wahrheit!« Celine stand auf. Sie blieb direkt vor mir stehen und starrte mit wutverzerrter Miene auf mich hinab. »Alle Leben, die Sebastian mit Hilfe von Matt genommen hat – angefangen bei Jarek –, gehen auf deine Kappe. Und wenn Matt stirbt, bevor wir ihn finden, ist das ebenfalls deine Schuld.«

Damit rauschte sie aus dem Zimmer, mit wehenden blauen Haaren, und ich blieb mit einem Eisklotz in meinem Herzen zurück. Nicht, weil ihr Zorn mich so erschütterte.

Sondern, weil sie recht hatte.

»Hör nicht auf sie.« Cedric umschloss eine meiner Hände. Er lächelte, als ich zu ihm sah. »Meine Schwester ist nicht sehr gut darin, ihre Gefühle auszudrücken. Sie macht sich einfach nur große Sorgen um Matthew. Wie wir alle.«

»Sebastian würde Matt aber nichts antun, oder?«, fragte ich leise, und im Grunde erwartete ich, dass die beiden sofort verneinten. Dass sie mir versichern würden, Sebastian würde Matt niemals schaden, schließlich waren sie jahrelang heimlich ein Paar gewesen.

Aber das taten sie nicht.

»Sebastian will Mirrorlord werden«, erklärte Cedric leise. »Das wollte er schon immer, und … er will es um jeden Preis. Alles, was er in den letzten Monaten getan hat, geschah nur, weil er Adam entthronen will. Und wenn Matthew der Schlüssel dazu ist, wird er ihn benutzen.«

»Dazu wird es nicht kommen.« Dina hatte beide Hände zu Fäusten geballt. »Nur weil Divinus an alte Gefühle von Matt angedockt hat, wird er sich nicht ewig davon manipulieren lassen. Ich wette mit dir, Matt befreit sich aus Sebastians Klammer … und dann zahlt er es ihm heim.« Dinas Blick richtete sich auf Cedric, und sie zeigte mit einem Finger auf ihn. »Und *du* … du sagst ihm dann endlich, wie du fühlst, weil ich *deinen* Hundeblick nämlich auch nicht mehr ertragen kann, Mister Attwater.«

Cedrics Wangen wurden rot. Er zog sich die Brille von der Nase, um sie mit dem Ende seines Hemdes sauber zu wischen. Diesmal war ich diejenige, die einen Arm um seine Schulter legte und ihn an mich zog. Und zum ersten Mal seit dieser furchtbaren Nacht in London fühlte ich mich wieder, als wäre ich angekommen.

Cedric und Dina schliefen ruhig neben mir. Wir hatten eng umschlungen nebeneinandergelegen, bis wir schließlich zur Ruhe kamen.

Ihre Nähe und Wärme beruhigten mich; ich lag trotzdem stundenlang wach, zumindest fühlte es sich so an. Zwar waren die Vorhänge zugezogen – mit einem derart dicken Stoff, dass kaum Licht hindurchfiel –, aber die Hitze von draußen ließ nicht nach. So verbrachte ich die meiste Zeit damit, Löcher in die Decke zu starren.

In den letzten Monaten waren es immer Momente wie diese gewesen, in denen es keine Ablenkung gab und die Echos aus meinem Sigil meine Gedanken füllten. Die Seelen meiner Vorfahren – oder das, was davon übrig war – hatten sich einen

Weg in mein Bewusstsein gebahnt, und ich war förmlich in ihren Erinnerungen ertrunken. Doch heute – Stille. Keine Stimmen, nichts.

Dafür spürte ich Adams Anwesenheit in meinem Geist, zwar nur schwach, aber ohne jeden Zweifel. Und nach einigen Stunden – ich wusste nicht, wie spät es war – erwachte die Verbindung summend zum Leben.

Zu meinem Erstaunen hörte ich aber keine Gedanken von Adam. Stattdessen strömten verschwommene Bilder in die Verbindung hinein. Erst nach einigen Sekunden begriff ich, dass Adam *träumte*. Unfassbar! Ich hatte noch nie seine Träume gesehen. Und er meine auch nicht – zumindest hoffte ich das inständig.

Vielleicht hatte unsere Verbindung sich in den letzten Monaten sogar verstärkt, genauso wie wir beide unsere Sigils nun viel besser beherrschten. Und der einzige Grund, warum ich Adam nicht hatte träumen sehen, waren die Trites, die er sich auf den Kopf gedrückt hatte.

Wie erstarrt lag ich zwischen Cedric und Dina auf dem Bett, während die Bilder vor meinem inneren Auge an mir vorbeizogen. Es waren Albträume, unverkennbar. Adam träumte davon, wie er als Kind verzweifelt versuchte, Gestalten aus Schatten abzuwehren, während seine Mutter ihm zurief, dass er sich schon selbst wehren müsse, wenn er überleben wolle.

Der Traum wechselte. Adam war nun älter. Er lief hinter seiner Mutter in den Thronsaal und drohte in dem Geflüster und den sardonischen Blicken der anwesenden Oberen zu ertrinken. *Er wird niemals so stark wie Leanore sein,* drangen die Worte an sein Ohr. *Wie soll er je den Mirror führen, so nachgiebig, wie er ist …*

Wieder ein Wechsel. Diesmal trug Adam bereits seine Würfel. Er befand sich in Septem, ich vermutete, dass es der Tremblett-Flügel war. Ein Diener stand vor ihm. Er übergab Adam mit einer tiefen Verbeugung eine Kiste, die er jedoch erst öffnete, als er allein war. Darin lag ein Brief, sonst nichts. Ich sah, wie Adam die Hand danach ausstreckte, das Wachssiegel brach und das Papier auffaltete. Und hielt den Atem an, als ich neben einigen unleserlich geschriebenen Zeilen die krakelige Zeichnung eines Dolches erkannte.

Ein Dolch? War das etwa … war das die Schattenathame?

Ganz plötzlich brachen die Gedankenströme ab. Ich wusste sofort, was es bedeutete. Adam war wach. Er hatte sich so heftig aus seinem eigenen Traum herausgerissen, dass ich für einen Moment Lichtflecken vor meinen Augen sah – oder vor seinen, ich war mir nicht sicher. Ich spürte seine Verwirrung und Schlaftrunkenheit. Und dann seine Bestürzung, als er begriff, was er da eben geträumt hatte … und dass er mich in diese Träume hineingelassen hatte.

Auf die Bestürzung folgte Scham. Sie schwappte durch Adam hindurch, mit solch schockierender Wucht, wie ich es bei ihm bislang noch nie gefühlt hatte. *Entschuldige,* hörte ich ihn über die Verbindung hinweg sagen. *Ich wollte dich nicht … Du solltest das nicht sehen.*

Glaub mir. Es gibt ganz andere Dinge in deinem Kopf, die ich nicht sehen sollte.

Es hatte eine Art Scherz sein sollen, doch ich spürte noch immer bloß seine Verwirrung. Ich setzte mich vorsichtig auf dem Bett auf und rieb mir über die Stirn. *Was war das für ein Brief? Da … da war ein Dolch abgebildet. Hast du so von der Athame erfahren?*

Stille. Adam gab mir keine Antwort, aber schon wenige Sekunden später drangen neue Sinneseindrücke und Bilder zu mir. Die Wärme des Steinbodens an Adams Füßen, das Licht von Fackeln, an denen er vorbeiging.

Er lief irgendwo durch den Tempel.

Komm, hörte ich seine Stimme in meinem Bewusstsein sagen. *Ich muss dir etwas zeigen.*

20

10. Dezember 2021, 20:10 Uhr
Mirror-London, Septem
Leanore Tremblett ist 17 Jahre alt

Sie hatte vergessen, wie sich Wind anfühlte. Wie die Bäume im Palastgarten dufteten. Und wie das Zwitschern der Spektralvögel klang.

Inzwischen hatte sie jegliche Hoffnung aufgegeben, jemals wieder aus diesen Räumen herauszukommen.

Eine Zeitlang war sie davon ausgegangen, ihr Vater würde sie irgendwann freilassen, wenn sie ihn nur glauben ließ, dass sie fortan tat, was er von ihr verlangte. Doch er misstraute ihr mehr als zuvor, und inzwischen war sich Leanore sicher – er würde sie hierbehalten bis zu ihrer Hochzeit.

Ihr Zimmer im Palast war mit üppigen Wandteppichen ausgestattet, ihr Bett war riesig, bedeckt mit Laken aus feinstem Satin und einem Berg von Daunenkissen aus edlem Brokat, Leanore aber kam sich vor wie ein Vogel im Käfig. Die Wände waren wie Gitterstäbe, und sie drohten sie zu erdrücken.

In regelmäßigen Abständen kamen Diener, um ihr Essen zu bringen, sie anzukleiden oder für ein paar Stunden mit ihr zu reden. Niemand von ihnen bedeutete Leanore etwas. Sie war vollkommen allein, und der Hass, den sie bereits am ersten Tag gespürt hatte, schien sich stärker und immer stärker in ihr auszubreiten.

Drei Monate und vierundzwanzig Tage.

So lange saß sie bereits hier, gefangen im Tremblett-Flügel.

Die meiste Zeit saß Leanore an ihrem Platz am Fenstersims, starrte auf die Welt hinunter und wartete darauf, dass sie einen Sinn ergab. Sie saß stundenlang da und wartete darauf, dass die Stimmen in ihrem Kopf ihr einen Ausweg zeigten.

Sie wartete auf etwas, das nie kam.

Irgendwann fing Leanore an, die Räume des Flügels zu durchsuchen. Sie streifte durch Wohn- und Schlafzimmer, die Bäder und unzähligen Flure, die Bibliothek und das Musikzimmer. Stundenlang lief sie umher und entdeckte Dinge, die jahrelang vor ihr verborgen geblieben waren.

Der einzige Raum, den sie nicht betreten konnte, war das Arbeitszimmer ihres Vaters. Jedes Mal, wenn er es verließ, war es danach verriegelt. Es dauerte mehrere Wochen, bis Leanore begriff, dass nur die persönliche Dienerin ihres Vaters das Zimmer betreten konnte. Und noch einige weitere Tage, bis sie einen Weg fand, die Dienerin mit einem Illusions-Sigil gefügig zu machen. Sie hatte den Ring aus der Sammlung ihrer Mutter gestohlen und manipulierte die Dienerin mit Illusionen.

Die Versuchung, mit ihrer Hilfe einen Ausbruchsversuch zu wagen, war groß, aber Leanore wusste, es wäre keine Lösung. Selbst, wenn sie es an den Magiehäschern im Palast vorbeischaffte … wohin sollte sie gehen? Ihr Vater würde sie ja doch finden. Sie brauchte einen Plan.

Tag um Tag erprobte Leanore tiefere Illusionen an der Dienerin, bis diese den gesamten Nachmittag über wie eine Statue vor dem Arbeitszimmer ihres Vaters Wache stand, während Leanore sämtliche Unterlagen durchwühlte.

Sie hatte nicht gewusst, wonach sie suchte. Womöglich nach irgendetwas, das ihr einen Weg aus der Gefangenschaft wies. Oder etwas, das sie nutzen konnte, um ihren Vater von ihrer Freilassung zu überzeugen. Im Grunde hatte sie selbst nicht daran geglaubt, dass ihre Suche irgendein Ziel hatte, und umso ungläubiger war sie gewesen, als sie tatsächlich etwas fand, das ihr Vater ganz sicher hatte verstecken wollen.

Es war eine herausgetrennte Seite aus einem sehr alten Buch. Offenbar gehörte es zu einer Bibliothek in Prime, die irgendwo in Nordafrika lag. Ein Dolch war darauf abgebildet – ein Sigil-Dolch, der vor vielen Jahrhunderten einmal existiert haben sollte.

Während Leanores Blick immer wieder über die Seite wanderte, stundenlang, begriff sie es: Dieser Dolch könnte ihr die Freiheit schenken.

Eine Chance für Melvin und sie, zusammen zu sein.

Es war der einzige Hoffnungsschimmer in der Dunkelheit, die sich in ihrem Herzen ausbreitete. Und Leanore stellte sich vor, auf Tausende Arten und Weisen, wie sie Melvin davon erzählen würde, sobald sie sich wiedersahen.

Ja, sie hatte oft versucht, von hier zu verschwinden. Doch nun hatte sich etwas geändert. Nun hatte sie ein Ziel, für das sie alles tun würde. Dieses Mal würde sie sich nicht aufhalten lassen.

Leanores Finger zitterten, während sie den Ring an ihrem Finger mit einem neuen Grain Magie befüllte. Sie hielt ihn auf die Dienerin gerichtet, die vor dem Arbeitszimmer auf sie wartete. Sie zwang ihr eine andere Illusion auf. Eine, wie sie

Leanore die Tür öffnen und alles dafür tun würde, ihr einen Weg aus dem Palast zu bahnen.

Die Dienerin konnte sich kaum mehr auf den Beinen halten, doch Leanore hielt den Ring weiter auf sie gerichtet. Auch dann noch, als Blut aus der Nase der Dienerin tropfte, auch, als die Magie an ihren eigenen Fingern sich dunkel färbte und schwarze Linien sich wie Spinnenfäden über ihre Haut ausbreiteten.

Zu lange, zu oft, zu intensiv hatte Leanore die Illusionen aus dem Ring benutzt. Es war, als hätte die Magie in ihrem Blut erkannt, wie sehr ihr Verstand am seidenen Faden hing. Doch die Chaosmagie, die nun aus ihren Händen emporstieg, machte Leanore keine Angst.

Denn sie tat nicht weh, im Gegenteil.

Sie war das Einzige, das sie noch etwas fühlen ließ.

21

Mein Herz klopfte, während ich durch die Korridore lief, um Adam zu finden. Es war immer noch hell, trotzdem schienen die Bewohner des Tempels eine Art von Nachtruhe einzuhalten und das, obwohl sie ja nicht schlafen mussten.

Ich war dankbar dafür, denn so konnte ich mich ungestört von der Verbindung zu Adam leiten lassen. Ich folgte seinem Gedankenstrom durch die Gänge, dann eine Treppe hinab, bis ich im ersten Stockwerk des Tempels ankam. Hier gab es anscheinend keine Wohnbereiche der Hüter, denn aus den offenen Durchgängen drang kein Ton zu mir.

Es dauerte nicht lange, da fand ich Adam in einem der Gänge. Er trug seinen schwarzen Mantel und stand mit dem Rücken zu mir. Ich spürte keine Überraschung in seinem Geist, als ich mich näherte.

Sein Kopf lag im Nacken, den Blick hielt er nach oben gerichtet. Dabei wirkte er, als wäre er gedanklich in tausend anderen Zeiten, an tausend anderen Orten, in unzähligen Möglichkeiten.

Ich stellte mich neben ihn und schwieg für einen Moment, aber ich hielt es nicht lange aus.

»Das sieht immer so anstrengend aus.«

Adam neigte den Kopf zu mir. »Was?«

»Dein ständiger Kampf, der schwermütigste Mensch der Welt zu sein.«

»Es ist ein Vollzeitjob«, erklärte er so trocken und mit einem derart finsteren Blick, dass ich gar nicht anders konnte, als ihn anzulächeln.

»Es tut mir leid, falls ich dich geweckt habe«, fuhr Adam nach kurzem Zögern fort. »Meine Träume sind in letzter Zeit … voll mit Erinnerungen, die ich tief vergraben habe. Und etwas in mir verzerrt sie, bis alles Echte – alles, das eigentlich mal gut war – nicht mehr zu erkennen ist.«

Ich musste an die Träume der letzten Monate denken, in denen ich – oder besser gesagt: mein Unterbewusstsein – immer wieder Adam getötet hatte, und vergrub meine Finger im Stoff des Leinenshirts, als sie zu zittern begannen.

»Welche Träume sind schon echt?«, flüsterte ich.

Adam schaute mich an. »Jeder einzelne Traum von dir.«

Ich schloss die Augen, nur eine Sekunde lang. Die ganze Zeit hielt er mich auf Distanz, und dann … dann sagte er *so was.*

»Was wolltest du mir zeigen?«, fragte ich. Es musste etwas mit dem Dolch zu tun haben, von dem er geträumt hatte.

Adam hielt meinen Blick noch einen Moment, dann schaute er zurück nach oben, und ich tat es ihm gleich.

Es war eins der unzähligen Wandgemälde, die den gesamten Tempel zierten, und die Szene, die hier dargestellt wurde, war mehr als blutrünstig. Ein Mann mit weißblonden Haaren saß in einem Kerker, sein Gesicht war vor Verzweiflung verzerrt. Um ihn herum schwebten Silhouetten von Geistern, die ihn zu bedrängen schienen.

Eine Gänsehaut zog sich über meine Arme. Ein weißblonder Mann im Kerker. War das etwa auch eine dieser Malerei-Prophezeiungen?

»Nein«, beruhigte mich Adam sogleich. »Das ist keine Prädiktion. Sondern einfach nur ein Bild. Die Hüter in Nova sind Chronisten – sie malen die Geschichte der Sigils. Diese Szene hier zeigt einen meiner Vorfahren.«

Erleichterung durchflutete mich. Beinahe hatte ich geglaubt, er wollte mir seine eigene furchtbare Zukunft zeigen.

Adam verzog den Mund, als hätte er einen sauren Geschmack auf der Zunge, und ich spürte eine Welle von Scham durch sein Bewusstsein gleiten, die ich nicht verstand. Ich wollte danach fragen, doch da redete er bereits weiter.

»Der Mann auf dem Bild … er heißt Alicar Payne. Er hat vor einigen Jahrhunderten gelebt und gehörte zu meiner Träger-Linie. Ich habe selbst erst vor ein paar Wochen über ihn gelesen, als ich etwas über die Verbindung zwischen dir und mir herausfinden wollte.«

»Er hat die Schicksalswürfel getragen?«, fragte ich, und nachdem Adam es bejaht hatte, setzte ich nach: »Und was soll das Bild zeigen?«

»Sein Ende.« Adam schaute kurz zu mir. »In den Chroniken stand, er hätte in dieser Nacht, die hier dargestellt wird, all sein Mitgefühl verloren. Offenbar war zuvor ein geliebter Menschen gestorben, und Alicar versuchte nächtelang, mit der Macht von Alius und Etas so weit in der Zeit zurückzureisen, um das Leben dieses Menschen zu retten. Er versuchte es viele Male, bis sein Körper beinahe von der Magie verzehrt worden wäre.«

»Hat er es geschafft?«, flüsterte ich.

Adam schüttelte den Kopf. »Alicar war davon überzeugt, dass die Würfel ihm das volle Ausmaß seiner Kräfte verweigert hatten. Er fühlte sich von seiner eigenen Magie betrogen und beschloss, sein Leid über die ganze Welt zu bringen.«

»Wie?«, hauchte ich, auch wenn ich die Antwort fürchtete.

»Indem er alle Menschen in seinem Umfeld auslöschte«, sagte Adam leise. »Er verfiel dem Wahnsinn. Sein Hass war überwältigend, und in einem Rausch entfesselte er all seine Magie. Er verschonte niemanden, nicht einmal die Sieben.«

Meine Augen weiteten sich überrascht. »Er hat die anderen Sieben getötet? *Alle?«*

»Beinahe, ja. Es löste die zweite der drei großen Katastrophen auf der Erde aus. Tausende starben, bevor die Dark Sigils wieder mit neuen Blutlinien verbunden werden konnten.«

»Und was passierte mit ihm?«

»Er sperrte sich selbst ein, bis sein Nachfahre alt genug war, um Alius und Etas von ihm zu übernehmen. Dann brachte er sich um.« Adam schaute mich an. »Es heißt, Alicar Payne war der erste von vielen Trägern der Schicksalswürfel, die dem Wahnsinn verfielen.«

Ich zitterte. Natürlich erinnerte ich mich noch gut daran, wie Sebastian – und sogar Adam – immer wieder davon gesprochen hatten, dass sämtliche Träger, die vor uns die Dark Sigils getragen hatten, ein Stück ihrer Seele abgaben, wenn sie starben. Und dass die Seelen, die in Alius und Etas lagen … alle neuen Träger nach und nach mit ihrer Dunkelheit umhüllten.

Ich starrte hinab auf Ignis, in dessen Magiekern das vertraute warme Flackern lag. Zwar ahnte ich, wie Adams Antwort lauten würde, und doch musste ich die Frage stellen. »Wer war es? Wer war der geliebte Mensch, wegen dem Alicar dem Wahnsinn verfallen ist?«

Für einen Moment umgab uns eine Stille, die so vollkommen war, als wäre sie ebenfalls in der Zeit eingefroren worden. Dann sagte Adam das, was ich auf keinen Fall hatte hören wollen.

»Es war die damalige Trägerin von Ignis.«

Mein Herz zog sich zusammen. *Die Trembletts hatten schon immer eine Schwäche für die Harwoods.* Doch es betraf offenbar nicht nur unsere Blutlinien, sondern sämtliche Träger unserer Sigils. Dieses Verlangen zwischen unserer Magie war wie ein Schwelbrand, der alles in seiner Nähe auszulöschen drohte. Und es wiederholte sich, Generation für Generation, gebrochene Herzen nach gebrochenen Herzen.

War dieses Schicksal womöglich allein in der Verbindung unserer Magien begründet? Erzeugte etwa nur sie diese Gefühle in mir?

War es … war es am Ende gar nicht *echt*, was ich für Adam empfand?

Angestrengt versuchte ich, diesen furchtbaren Gedanken zu verstecken, aber Adam hatte ihn längst wahrgenommen.

Und der Gedanke überraschte ihn nicht.

Schweigen breitete sich zwischen uns aus. Wir hatten uns unbewusst aufeinander zubewegt, und nun streifte Adams Hand meine, und, ohne darüber nachzudenken, umschloss ich seine Finger.

»Ich verstehe nur nicht, was das mit dem Dolch zu tun hat«, sagte ich leise zu ihm. »Du hast von einem Brief geträumt, in dem die Athame abgebildet war. Von wem hast du den bekommen?«

Adams Griff an meiner Hand festigte sich, und er führte mich sanft von dem Bild von Alicar Payne weg. »Komm mit. Ich habe dir auf der Fahrt nach Nova nicht alles erzählt, weil ich glaube, du musst es mit eigenen Augen sehen.«

Wir liefen in eine Art finsteres Gewölbe hinein. Als wir einen bogenförmigen Durchgang durchquerten, beugte sich Adam zum Boden und hob eine Fackel auf. Dann drehte er sich zu einem Gefäß an der Seite, und bevor ich wusste, wie er es gemacht hatte, loderte Feuer darin auf.

Ich starrte ihn an. »Du warst doch schon mal hier, oder? In Nova?«

Adam nickte. »Ja. Einmal.«

»Aber hat Cedric nicht gesagt, dass du noch nie … ?«

»Ich bin heimlich nach Nova gereist. Kurz nach meiner Krönung.«

Ich schaute in den vor uns liegenden Gang, der vom flackernden orangeroten Licht beleuchtet wurde. »Und was wolltest du hier?«

Adam deutete nur in die Dunkelheit. Ich seufzte und lief langsam los.

Es dauerte nur ein paar Minuten, bis wir in einem weiteren Gewölbe ankamen. Ein schweres Eisengitter versperrte den Weg, und alles hier erinnerte mich so sehr an einen mittelalterlichen Kerker, dass mir ganz anders wurde. Aber Adam zog das Gitter mühelos zur Seite, und statt Handschellen und Folterbänken gab es nur einige Kisten sowie ein großes, flaches Objekt, das mit einem Tuch verdeckt war.

»Der Älteste hat etwas hier verwahrt, das eigentlich vor vielen Jahren hätte zerstört werden sollen«, erklärte Adam. »Auf Befehl meines Großvaters hin, Victor Tremblett.«

»Ich habe noch nie von ihm gehört«, gab ich zu.

Adam lächelte. »Ich weiß. Es ist auch nicht wichtig. Er war Mirrorlord, trug die Schicksalswürfel, heiratete eine Obere, zeugte meine Mutter. An seiner Geschichte ist nichts wirklich ungewöhnlich.«

Jeder Mensch aus Prime würde wohl widersprechen, aber ich wusste natürlich, worauf Adam hinauswollte. Victor Tremblett hatte sein Leben pflichtbewusst geführt, wie die meisten Sigil-Träger auch.

»Der Brief, den du in meinem Traum gesehen hast, war von ihm. Ich habe meinen Großvater nie persönlich kennengelernt. Als er gestorben ist, war ich noch kein Jahr alt. Trotzdem hat er mir diesen Brief hinterlassen. Er wurde mir unmittelbar nach meiner Krönung zum Mirrorlord übergeben.«

Ich runzelte die Stirn. »Wieso dir? Wieso nicht deiner Mutter, als sie Mirrorlady wurde? Sie war doch seine Tochter.«

»Das Verhältnis zwischen ihnen war offenbar völlig zerrüttet. Mein Großvater war ... sehr deutlich, dass seine Zeilen für mich bestimmt waren. Und nicht für meine Mutter.«

»Das ist ziemlich ... hart«, sagte ich leise.

»Vielleicht. Aber nicht überraschend. Vertrauen hatte in Septem schon immer Seltenheitswert. Gerade innerhalb der Familien.«

Ich tastete nach Adams Hand. Es war schrecklich, wie er aufgewachsen war. In diesem kalten Palast, mit einer Mutter, die ihn stets von sich ferngehalten hatte, und seiner jüngeren Schwester Pris, die seinetwegen todkrank war. Es tröstete mich, dass Adam immerhin die anderen gehabt hatte – Matt, Cedric, Dina, und ja, auch Celine.

»Mein Großvater hatte meine Mutter für eine Gefahr gehalten«, sagte Adam. »Das hat er mir in dem Brief geschrieben. Er wollte mich vor ihr warnen. Und zwar aus einem bestimmten Grund, der in diesem Gewölbe begraben liegt.«

Damit beugte Adam sich zu dem Tuch und zog daran. Es blieb an einigen Kanten hängen, also half ich ihm, das freizulegen, was darunter verwahrt worden war. Wäre Nova nicht in der Zeit eingefroren, hätte uns jetzt wohl eine riesige Staubwolke umgeben. Doch das Tuch sah aus, als wäre es erst vor Sekunden darauf drapiert worden.

Nachdem wir es beiseitegezogen hatten, erfasste ich im ersten Moment nicht, was da vor mir lag. Es waren … Steinbrocken. Größere und kleinere, die wie ein Puzzle zusammengelegt worden waren. Es war ein Stück Wand, begriff ich schließlich, auf das ein Bild gemalt worden war. Die Farben sahen so frisch aus, als hätte sie jemand gerade erst mit dem Pinsel aufgetragen.

»Es ist eine Prädiktion«, sagte Adam. »Über meine Familie.«

Ich starrte hinab. Nur mit dem Licht der einen Fackel, die Adam in der Hand hielt, war es schwer zu erkennen, was die Hüter auf den Stein gemalt hatten. Vor allem, weil die Farben allesamt so dunkel waren.

Da war die Silhouette eines Menschen. Sie hielt die Arme zu den Seiten gestreckt und schien in der Luft zu schweben, während ihr Mantel im Wind umherwehte. Vor der Silhouette lag eine Stadt am Horizont. Und in der Ferne stiegen dunkle Schwaden empor und verdunkelten nach und nach den Himmel.

Erst da sah ich, dass das Bild sich bewegte. Es veränderte sich, je länger ich es anschaute. Die feinen Pinselstriche waberten langsam über die Risse zwischen den Steinen hinweg.

Das war eine Prädiktion? Über die Trembletts? Aber was zeigte sie? Und wieso sah sie aus, als hätte sie jemand aus der Wand herausgelöst und dann in tausend Teile zerschmettert?

»Volle Transparenz, ja?«, flüsterte Adam, und ich nickte.

Sanft zog er meine Hand näher zu sich. Doch statt unsere Finger ineinander zu verschränken, beugte er sich mit mir zusammen nach vorne, bis sie beinahe den Stein berührten.

Ich hatte ein seltsames Déjà-vu an das erste Mal, als Adam mich so berührt hatte. »Da kommt aber nicht gleich ein Abby heraus, das mich töten will, oder?«

»Ausnahmsweise nicht«, erwiderte Adam, und sein Tonfall war dabei so ernst, dass mir eine Gänsehaut über den Körper lief. Ich konnte nur noch tief Luft holen, dann stießen meine Fingerkuppen gegen den Stein.

Ein Tremblett, schien das zerbrochene Gemälde zu flüstern. *Ein Tremblett mit fehlgeleitetem Herzen wird das Ende des Mirrors herbeiführen. Mit dem Sigil, das verlorenging, werden beide Welten in Dunkelheit getaucht. Ein Tremblett mit fehlgeleitetem Herzen wird das Ende des Mirrors herbeiführen. Mit dem Sigil, das verlorenging, werden beide Welten in Dunkelheit getaucht. Ein Tremblett mit fehlgeleitetem Herzen –*

Erst, als die geflüsterten Worte zum dritten Mal durch meinen Kopf wisperten, riss ich meine Hand von dem Bild los.

»Was …«, keuchte ich. »Was war das?«

Ich war so weit nach hinten getaumelt, dass Adam nun mehrere Meter von mir entfernt stand.

»Die Prädiktion«, sagte er ausdruckslos.

Mein Atem kam stoßweise. Wollte Adam damit ernsthaft sagen, es gab eine *verdammte Prophezeiung*, die besagte, jemand aus der Tremblett-Familie würde *die Welt untergehen lassen*?

Adams Gesicht verzerrte sich bei meinem Gedanken, trotzdem nickte er. »Mein Großvater hat den Ältesten damals gezwungen, die Prädiktion zu zerstören. Er wusste, dass sie das

Ansehen der Trembletts im Mirror für immer zunichtemachen würde. Doch der Älteste hat den Stein mit Hilfe von Magie wieder, so gut es ging, zusammengefügt. Er fand es wichtig, die Prädiktion zu bewahren.«

»Aber … wie hast du dann davon erfahren?«

»Mein Großvater hat den Brief an mich erst kurz vor seinem Tod geschrieben. Er hatte die Prädiktion jahrelang ignoriert, doch am Ende seines Lebens offenbar Zweifel bekommen. Ich schätze, er wollte nicht, dass sein Wissen mit ihm verlorenging, war aber zu feige, jemandem davon zu erzählen. Also schrieb er in dem Brief, was er in der Prädiktion gehört hatte. In der Hoffnung, dass sein Enkelkind es eines Tages lesen würde und eine Lösung für das Problem findet.« Der zynische Unterton in Adams Worten war nicht zu überhören. »Ich wusste nicht, dass die Prädiktion all die Zeit hier verwahrt wurde. Ich hatte den Ältesten damals nur nach Informationen über dieses verlorene Sigil befragt.«

Mit dem Sigil, das verlorenging, werden beide Welten in Dunkelheit getaucht.

Ich spürte, wie meine Hände anfingen zu zittern. »Du denkst …« Ein tonnenschweres Gewicht drückte auf meine Schultern. »Du denkst, es geht dabei um die Athame?«

Adam nickte. »Ja. Mein Großvater glaubte es zumindest. Nachdem er die Prädiktion gehört hatte, stellte er anfangs einige Nachforschungen an. In den Prime-Städte rund um Nova lebten vor der Entstehung des Mirrors viele Sigil-Schmiede. Offenbar ist er dort auf die Unterlagen über die Schattenathame gestoßen.«

Meine Augen weiteten sich. »Dann wusstest du also, dass der Dolch hier in Nova sein soll?«

Adam schüttelte den Kopf. »Nein. Wo auch immer Nessa

diese Information her hat … mein Großvater ahnte nichts davon. Und auch der Älteste hat mir nicht weiterhelfen können, als ich nach meiner Krönung hier war. Mein Großvater hat nur geschrieben, dass er die Schattenathame für den Kern der Prädiktion hält. Er glaubte, wenn man sie einsetzte, um die Dark Sigils von ihren Trägern zu befreien … dass dann die Welt mit Chaosmagie geflutet wird.«

Ich schaute zurück auf das Bild. Es bewegte sich immerzu. Die Dunkelheit breitete sich über die gesamte Welt aus, während der Mensch im Vordergrund bloß dabei zusah.

Und da verstand ich endlich, was Adam mir mit alldem sagen wollte.

»Du denkst, die Prädiktion bezieht sich auf dich«, flüsterte ich, während in seinem Inneren so viele Gefühle umhertobten, dass ich sie nicht zu fassen bekam. »Du glaubst, dass *du* den Untergang des Mirrors herbeiführen wirst.«

Als ich meinen Blick wieder auf Adam richtete, sah er mich geradewegs an. »Die Prädiktionen Novas reichen nicht sehr lange in die Zukunft. Meistens nur wenige Jahre, höchstens drei oder vier Jahrzehnte. Diese hier ist bereits über dreißig Jahre alt. Und ich …« Adam holte tief Luft. »Ich bin der letzte Tremblett, der noch dazu imstande wäre, die Prädiktion zu erfüllen. Verstehst du, Rayne? Mein Großvater glaubte, die handelte von meiner Mutter. Deshalb hat er mir den Brief gegeben und nicht ihr. Aber er hat sich getäuscht. Meine Mutter ist gestorben, ohne dass etwas passiert ist. *Ein Tremblett mit fehlgeleitetem Herzen …*« Adams Mundwinkel hoben sich zu einem verzerrten Lächeln. »Die Prädiktion muss sich auf mich beziehen.«

Ich legte meine Hände auf Adams Brust und schaute ihn an, so gut ich konnte. Er war immer noch ein verdammter

Riese, und im schummrigen Fackellicht sah ich nur einen Teil seines Gesichts. Ich wartete, bis ich seine volle Aufmerksamkeit hatte, erst dann sagte ich, was ich tief im Herzen fühlte.

»Du würdest niemals im Leben dem Mirror oder Prime schaden. Das muss dir doch klar sein.«

»Alius und Etas vereinnahmen ihre Träger«, sagte Adam. »Mit meinem Großvater war es so. Er war ein furchtbarer Mirrorlord, nur auf seine eigenen Vorteile bedacht. Und meine Mutter …« Ein Seufzen. »Du weißt ja, was sie in den Armenvierteln Primes getan hat. Sie war dafür verantwortlich, dass die Chaosmagie sich dort ausbreiten konnte. *Sie allein.* Und was mich angeht: Es gibt schon jetzt Tage, da erkenne ich mich kaum wieder. Manchmal denke ich, es wäre um so vieles leichter, wenn ich es machen würde wie alle vor mir: Ich müsste mich nur nicht mehr um die Belange anderer kümmern, dann könnte ich sehr viel effektiver regieren. Und ich bräuchte nicht ständig gegen den Strom zu schwimmen, sondern könnte allen meine Richtung vorgeben.«

»Adam …«, hauchte ich, aber da wandte er sich bereits von mir ab und rieb sich mit einer Hand über die Augen.

»Du hast ja keine Ahnung, wie oft ich in deine Gedanken eindringen wollte, um zu erfahren, wo du bist. Wie oft ich versucht war, sämtliche Verstecke des Auges stürmen zu lassen. Das war einer der Gründe, warum ich die Verbindung zwischen uns lahmgelegt habe. Ich konnte mir selbst nicht mehr trauen.«

Tränen stiegen mir in die Augen. Denn ich begriff es jetzt. *Alles.* Warum Adam tat, was er tat. Warum er glaubte, auf keinen Fall aus den Fußstapfen seiner Vorgänger heraustreten zu dürfen. Warum er sein gesamtes Leben seinen Pflichten unterwarf, statt aus diesem schrecklichen, rigiden System auszubrechen. Himmel, ich verstand sogar, warum er sich mit Pandora Cavendish verlobt hatte.

Alius und Etas waren das mächtigste Dark Sigil, daran hatte ich keinen Zweifel, auch wenn Agrona Soverall Ignis für noch mächtiger hielt. Adam wäre ganz sicher imstande, beiden Welten einen furchtbaren Schaden zuzufügen, wenn er es darauf anlegte. Deshalb zwang er sich dazu, unbeirrt dem vorgeschriebenen Weg zu folgen, in der Hoffnung, die Prädiktion dadurch abzuwenden.

Weil er Angst davor hatte, was er tun würde, wenn er tatsächlich nach seiner Freiheit griff.

»Hat sich eine dieser Prophezeiungen jemals *nicht* erfüllt?«, flüsterte ich und spürte durch unsere Verbindung, dass Adam sich diese Frage auch schon gestellt hatte.

Und dass seine Hoffnung ebenso zerstört worden war wie meine.

»Nein. Die Prädiktionen Novas sind immer eingetreten. Ohne Ausnahme.«

Wie gelähmt starrte ich auf die bemalten Steine hinab, während in meinem Kopf die Gedanken umherflogen.

Wenn diese Prädiktion stimmte und Adams Großvater sie richtig interpretiert hatte, war die Chance, dass die Schattenathame existierte, um ein Vielfaches größer. Doch mit einem Mal wusste ich nicht mehr, ob ich diesen Dolch überhaupt jemals finden wollte.

Was, wenn die Athame überhaupt nichts Gutes bedeutete? Was, wenn sie wirklich Dunkelheit über die Welt brachte … und über Adam?

Es würde bedeuten, dass ich ihn davon überzeugt hatte, nach Nova zu kommen. Dass *ich* diesen Pfad für ihn geebnet hatte und –

»Nein.« Adam hob eine Hand und legte sie an meine Wange. »Es ist meine Entscheidung, hier zu sein. *Nur meine.*«

»Aber … wieso hast du überhaupt zugestimmt, mit uns zu kommen? Wenn du denkst, dass die Athame die Prädiktion auslöst, dann …« Ich ließ den Satz ins Leere laufen. Weil ich unfähig war, die richtigen Worte zu finden. Und weil ich mir sicher war, dass Adam mich trotzdem verstand.

Sein Daumen fuhr beruhigend über meine Wange, und ich lehnte mich in die Berührung, weil ich gar nicht anders konnte.

»Als ich von dir erfahren habe, dass Nessa die Schattenathame sucht …«, setzte er an, »… da musste ich mehr wissen, verstehst du? Was, wenn die Prädiktion bereits begonnen hat? Was, wenn das Schicksal längst seinen Lauf nimmt? Ich konnte nicht einfach mit dem Desimeter in den Mirror zurückkehren und darauf hoffen, dass sich alles schon irgendwie zum Guten wendet.« Adam sah mich eindringlich an. »Vielleicht werde ich die Prädiktion nicht aufhalten können. Aber ich darf mich auch nicht vor ihr verstecken, wie es mein Großvater getan hat. Dina, Celine, Cedric … sie müssen davon erfahren. Ich hätte es ihnen längst erzählen sollen. Ihr sollt so viel wie möglich über diesen Dolch herausfinden. Damit ihr eine Möglichkeit habt, euch mir entgegenzustellen, wenn es nötig ist.«

Sich ihm *entgegenzustellen*? Ich starrte Adam an. Was er da sagte, war unvorstellbar. Niemals würde es so weit kommen, ich wollte es einfach nicht glauben.

Adam ließ die Hand von meiner Wange zu meinem Nacken wandern. An jedem einzelnen Punkt, an dem er mich berührte, breitete sich ein kalter Schauer zu allen Seiten aus. »Rayne …«, sagte er, und ich vergrub meine zitternden Finger im Kragen seines Mantels.

»Ich wäre bei dir geblieben, weißt du?«, flüsterte ich. »Ich hätte das Angebot des Auges ignoriert. Ich hätte Nessa niemals bei ihrer Suche geholfen … wenn du mir nur die kleinste Hoffnung gegeben hättest, dass du mich nicht aus deinem Herzen schneidest, bloß um all deine Regeln zu befolgen.«

Adam wiegte meinen Kopf in seiner Hand. »Wenn die Dinge anders wären … ich hätte dich niemals gehen lassen. Das weißt du, oder?«

Ja, ich wusste es. Hatte es immer gewusst. Vorsichtig hob ich mein Kinn, und näherte mich ihm. Langsam rieb ich mit meiner Nase über seine, während ich weiterhin geradewegs in seine Augen schaute.

Adam hielt meinen Blick, dann beugte er sich hinunter. Als unsere Lippen sich trafen, bewegte ich mich nicht. Mein Herz setzte einen Schlag aus, so dass ich wie erstarrt vor ihm stand – einfach, weil ich nicht geglaubt hatte, dass Adam diesen Kuss tatsächlich zulassen würde.

Doch schon nach wenigen Sekunden schloss ich die Augen und ließ meine Zweifel ziehen. Adams Lippen rieben sanft gegen meine, und es war wie ein eisiger Windhauch auf meiner Haut, als er beide Hände auf meinen Rücken legte und mich fest an sich zog.

Ein Seufzen rollte von meinen Lippen, während wir uns küssten. Sein Geschmack raubte mir die Sinne. Ich bemerkte nicht einmal, dass wir uns bewegt hatten, bis Adam mich mit dem Rücken gegen die Wand des Gewölbes presste.

Ein ersticktes Keuchen entkam meinen Lippen, so schnell ging alles. Eine von Adams Händen glitt von meiner linken Schulter hinab zu meinem Schlüsselbein, genau zu der Stelle, wo seine Sigil-Gravur als Lichtmal auf meiner Haut auftauchte. Die beiden schrägstehenden, leicht verzerrten

Kreuze, die Alius und Etas repräsentierten und die sich nahtlos in die restlichen Zeichen auf meinem Körper eingefügt hatten.

Adam rieb mit seinem Daumen darüber, und das Gefühl war so überwältigend, dass mir beinahe die Beine wegknickten. Schon ließ er seine Hände weiter wandern. Eine wanderte meinen Rücken hinab, während die andere meinen Nacken umfasste, und überall, wo er mich berührte, tanzten Lichtmale über meine Haut. Er hielt meinen Kopf in seiner Hand wie ein Puppenspieler seine Marionette, sanft, zart, als fürchtete er, die Fäden könnten sich verheddern, die Gliedmaßen brechen oder die Farbe absplittern. Doch sein Kuss … sein Kuss war alles andere als sanft. Im Gegenteil. Die Verbindung zwischen uns sang ein Lied von dem, was in den letzten Wochen verlorengegangen war und unsere Körper trotzdem nicht vergessen hatten. Und dennoch fühlte es sich so furchtbar flüchtig an. Als würde ein Schatten über unseren Köpfen hängen, als würde das Schicksal nur darauf warten, uns beide zu packen und in unterschiedliche Richtungen zu zerren.

Ich zwang mich, die Zweifel fernzuhalten. Es stand mir frei, den Kuss zu genießen. Es stand mir frei, mehr zu wollen.

»Rayne«, murmelte Adam in unseren Kuss hinein, seine Stimme ein bisschen heiser. Ihn nach all der Zeit wieder zu küssen war … *alles,* und ich versuchte, jede seiner Bewegungen mit einer eigenen zu beantworten.

Ich hatte solche Angst gehabt. Angst, dass er mich nicht mehr wollen könnte.

Ich werde dich immer wollen, schickte Adam den Gedanken in völliger Klarheit durch die Verbindung zu mir hindurch. Er legte den Kopf schief und küsste mich noch heftiger. Mein Verstand verstummte unter den vielen Empfindungen.

Die Vernunft löste sich vollständig auf und machte mich leer und hilflos gegen das Kribbeln in meinem Körper.

Als Adam seine Lippen von meinen entfernte, dachte ich schon, er wollte sich zurückziehen. Stattdessen drückte er sein Gesicht an meine Halsbeuge, und ich spürte, wie seine Zungenspitze über meine Haut fuhr, während eine Hand unter mein Shirt wanderte. Mir entwich ein Keuchen, weil alles plötzlich so schnell ging, und ich vergrub beide Hände hilflos in Adams Haaren.

Ich will …

… *dich,* hatte ich ihm eigentlich als Gedanken zuschieben wollen, weil ich mich in diesem Moment nicht traute, die Worte laut auszusprechen. Doch mein Unterbewusstsein spielte mir Streiche, denn der Gedanke, der stattdessen durch die Verbindung drang, war: *Ich will nicht, dass du sie heiratest.*

Adam hielt inne. Seine Lippen lagen noch auf meiner Haut, aber seine Hand, die sich eben an meinem Oberteil zu schaffen gemacht hatte, löste sich von mir. Er zog sich zurück und schaute mich an. Sein Brustkorb hob und senkte sich keuchend, und er öffnete den Mund, um etwas zu erwidern, als …

Rufe ertönten. Sie kamen aus dem Tempel, direkt über uns. Gefolgt von eiligen Schritten und einem Schrei, der selbst hier, tief im Gewölbe, noch deutlich zu vernehmen war.

22

Die anderen warteten bereits am Ausgang des Ewigen Tempels auf uns. Celine, Dina und Cedric standen unter dem hohen Torbogen beieinander, vor ihnen Zorya und zwei weitere Magiehäscher.

Von den Rebellen war keine Spur zu sehen.

Adam und ich liefen auf die Gruppe zu, und mein Herz schlug noch immer schneller, als es sollte. Mit aller Kraft zwang ich mich, das Gefühl von Adams Lippen an meinen in die hinterste Ecke meines Verstandes zu verdrängen. Und tatsächlich gelang es mir. Denn die finsteren Ausdrücke in ihren Gesichtern ließen keinen Zweifel: Irgendetwas Schlimmes war passiert.

»Eine Magiehäscherin wurde in der Stadt schwer verletzt«, sagte Celine an Adam gewandt. »Offenbar ist ein Gebäude über ihr zusammengestürzt.«

»Ein Gebäude?«, wiederholte ich erschrocken.

Celine schaute zu mir. »Ja. *Ein Gebäude*, Harwood. Ich denke, du kennst das Konzept, oder?«

Ich ignorierte sie. »Ist sonst noch jemand verletzt worden?«, fragte ich stattdessen und schluckte, als Zorya ernst nickte.

»Ein halbes Dutzend meiner Häscher sind nicht mehr einsatzfähig.« Sie wandte sich an Adam. »Nessa Greenwater scheint mehr über Nova zu wissen, als sie bislang zugegeben hat, mein Lord. Sie hat ihre Leute zielgerichtet in den Nordbezirk der Stadt geführt und dort nach Hinweisen zur Athame gesucht. Es kam zu einer Art … Magieentladung. Wir können noch nicht sagen, was genau passiert ist. Mehrere Häuser wurden davon getroffen, während einige Rebellen und wir noch darin waren. Aber verletzt wurden nur wir.«

»Was für ein Zufall«, murmelte Celine, und ich starrte sie ungläubig an. Wollte sie damit etwa andeuten, die Rebellen seien dafür verantwortlich? Das war doch Schwachsinn! Was würde es Nessa bringen, die Häscher anzugreifen – ohne das Desimeter könnte sie sich niemals auf die Suche nach der Athame machen. Es befand sich schließlich immer noch in Adams Besitz.

Ich schaute zu ihm, in der Hoffnung, dass Adam die Anschuldigungen einfach beiseitewischen würde, aber seine Miene war ernst.

»Führ uns hin«, sagte er zu Zorya. »Ich will mir selbst ein Bild machen.«

Noch immer hatte die Sonne sich nicht bewegt. Sie war eine gleißend helle Kugel, die ihr Licht über die Dächer und Wände, den kreisförmigen Fluss und die Gärten warf. Die markanten pyramidenförmigen Dächer im Norden der Stadt waren deshalb schon von weitem zu erkennen. Die Luft war schwül und drückend, und als wir schließlich dort ankamen, war ich völlig außer Atem.

Wir folgten Zorya durch die Gassen zwischen den weißgetünchten Häusern und kamen schließlich an einem kleineren Platz heraus. Ein Brunnen stand in der Mitte, und ringsum zweigten zu allen Seiten Straßen ab, gesäumt von weiteren leerstehenden Wohnhäusern.

Die Zerstörung war nicht zu übersehen. Der hell gepflasterte Boden war aufgebrochen, als hätte hier ein Erdbeben gewütet. Tiefe Risse zogen sich über den Platz und auf drei Häuser zu, die mehr oder weniger in sich eingestürzt waren. Sie mussten ursprünglich drei Stockwerke gehabt haben, so wie die anderen Häuser drum herum, doch außer den Grundfesten existierten jetzt nur noch Trümmer.

Dazwischen standen Rebellen und Magiehäscher. Letztere hatten offenbar einen Großteil des Auges zusammengetrieben und umkreist. Beide Gruppen waren in wilde Wortgefechte verwickelt. Vorwürfe und Flüche flogen nur so durch die Luft. Ich späte umher, aber ich konnte Nessa, Dorian und Lily im Getümmel nirgendwo entdecken.

»Wir haben die Verletzte dort drüben untergebracht«, sagte Zorya und deutete auf eins der intakten leerstehenden Häuser.

Während die anderen ihr folgten, blieb ich jedoch stehen. Irgendetwas kribbelte in meinem rechten Arm, so als würde Ignis mir etwas sagen wollen. Ich ging in die Hocke und legte die Hand, über der das Drachenarmband saß, auf den Boden.

»Was ist los?«, fragte Dina. Sie hatte mein Zögern bemerkt und kam wieder zurück.

»Fühlst du das?«, fragte ich leise, aber Dina schüttelte den Kopf.

»Nein. Was denn?«

Ich ging in mich. Vom Stein drang etwas zu mir empor – es dauerte keine Sekunde, bis ich es entziffert hatte. »Da ist ungeheuer viel Magie«, flüsterte ich.

Dina beugte sich zu mir. »Die Quelle?«

»Nein.« Die Quelle nahm ich dank Ignis' Verbindung zu sämtlicher Magie auf der Welt zwar auch wahr, aber weiter entfernt, in Richtung des Tempels. Das hier war etwas anderes, also horchte ich tiefer in mich hinein, während ich mit der Hand über die Risse im Boden fuhr. Die Zerstörung war von zwei unterschiedlichen Magieformen ausgelöst worden. Eine von ihnen war … warm. Und irgendwie vertraut. Die andere kroch wie eisige Fäden unter dem Boden entlang. War das etwa Chaosmagie? Aber woher sollte sie kommen?

Da zog Dina mich weiter. Adam war bereits zu Zorya, Celine und Cedric gelaufen, die bei dem Haus auf uns warteten. Zusammen gingen wir hinein, und ich presste die Lippen stark aufeinander, als ich im schattigen Innenraum die verletzte Magiehäscherin sah, von der Celine gesprochen hatte. Sie lag ganz still und zusammengekauert auf einem schmalen Feldbett.

Auf ihrem Körper war kein Blut, nicht soweit ich es sehen konnte. Aus der Nähe allerdings erkannte ich, dass ihr Gesicht an vielen Stellen stark aufgeschrammt war, und in der Mitte ihrer Brust klaffte eine furchtbare Wunde. Es sah schrecklich aus, wie eine Verletzung, die man unmöglich überleben konnte. Doch zu meiner Verwunderung atmete die Häscherin noch. Bloß flach und unregelmäßig. Aber sie atmete.

Erst da erkannte ich, dass auch Nessa, Dorian, Lily, Edge und Blicker anwesend waren. Sie standen etwas abseits, abgeschirmt durch zwei weitere Häscher. Nessa fixierte Adam mit einem intensiven Blick, der mir einen Schauer über den Rücken jagte. Lily wollte einen Schritt auf mich zu machen, aber der Häscher vor ihr hielt sie mit einem Arm zurück.

Ist das wirklich nötig?, wollte ich sagen, schluckte die

Worte aber herunter, als Adam sich zu der verletzten Häscherin kniete.

»Kadira«, sprach er sie mit Namen an, und die Frau blinzelte bloß und reagierte nicht. Auch nicht, als Adam eine Hand auf ihre Stirn legte. »Wie ist das passiert?«, fragte er mit bemerkenswert ruhiger Stimme.

Der Häscher, der vor Nessa stand, kam näher gelaufen und verneigte sich leicht vor Adam.

»Kadira war vorausgegangen, um nach der Rebellenanführerin zu sehen, mein Lord. Eine Explosion zog sich über den kompletten Platz hinweg. Der Boden bebte, und als die Gebäude eingestürzt sind, war sie mit diesen drei«, er deutete mit ernster Miene nacheinander auf Nessa, Edge und Blicker, »in einem der unteren Stockwerke. Wir wissen weder, was das Beben ausgelöst hat, noch, wie es zu der schweren Verletzung kam.«

»Es war ein Unfall«, sagte Nessa, den Blick noch immer auf Adam gerichtet.

Er neigte den Kopf zu ihr. »Inwiefern?«

»Ich vermute, dass die Schattenathame direkt unter Nova liegt. Tiefer noch als die Magiequelle, versteckt in einem riesigen Höhlensystem. Der Zugang dazu liegt genau hier« – sie zeigte auf den Boden unter ihren Füßen – »doch offenbar ist er besser geschützt, als ich dachte. Als das Gebäude einstürzte, wollten wir uns gerade zurückziehen. Die Häscherin war zur falschen Zeit am falschen Ort – sie wurde von einem heruntergestürzten Stück Decke getroffen. Es ging zu schnell, als dass wir ihr noch hätten helfen können.«

Adam schaute zurück zu der Verletzten. Er begutachtete ihre Wunden, und ich hörte seine Gedanken so deutlich, als wären es meine eigenen. Er glich das, was er sah, mit Nessas

Worten ab und versuchte so herauszufinden, ob sie die Wahrheit sagte. Ich spürte, dass er zu keinem endgültigen Schluss kam, aber die Sache fürs Erste beiseiteschob.

»Seit wann wissen Sie schon, wo der Zugang liegt?«, fragte Adam Nessa stattdessen. »Und von wem?«

Nessas Mundwinkel hob sich. Für einen Moment wirkte sie beinahe amüsiert, was ich im Angesicht der Verletzten einfach nur kaltherzig fand.

»Ich gebe meine Informanten niemals preis«, entgegnete sie.

Natürlich nicht, hörte ich Adam denken, dann wandte er sich von Nessa ab und beugte sich wieder zu der Häscherin.

Kadiras Pupillen wanderten ziellos umher, und undeutliche Laute kamen über ihre Lippen. Es sah aus, als wäre ihr Brustkorb von den Steintrümmern völlig zerschmettert worden. Wieso lebte sie noch?

»Es ist die Zeit«, sagte Adam. »Die Zeit lässt sie nicht sterben. Ihr Körper wird hier noch sehr lange weiterleben.«

Dina wandte sich an Cedric. »Denkst du, wir können sie retten, wenn wir sie aus Nova herausbringen?«

Cedric schob sich im Rollstuhl näher zu Adam und schaute für einige Sekunden auf die Häscherin hinab. Dann schüttelte er voller Bedauern den Kopf. »Selbst, wenn du deine Würfel einsetzt …«, sagte er zu Adam, »die Reise von der Barriere zurück zum Wüstendorf dauert Stunden. Mit dieser Verletzung würde sie das niemals überleben.«

Meine Augen füllten sich mit Tränen. »Können die Hüter nicht helfen? Wenn man sie operiert oder …«

Celine schnaubte. »Ihr Körper heilt nicht. Soll sie bis in alle Ewigkeit Schmerzen leiden? Besser nicht. Sie stirbt … und hier in Nova wird der Prozess Jahre dauern.«

»Aber …«

Was dann?

»B-bitte«, wimmerte die Häscherin da auf einmal. Gefolgt von einigen gequälten Atemzügen. Sie schaute Adam eindringlich an, und dabei zuckten ihre Hände immer wieder in Richtung des Schwertes, das an ihrem Gürtel befestigt war. »B-bitte … *beendet es.*«

Alles in mir erstarrte. Sie wollte … sie wollte, dass man sie erlöste?

Zorya trat auf Adam zu. »Mein Lord, ich kann –«

»Nein.« Adam schüttelte Kopf. Er legte eine Hand auf Kadiras Stirn, genau dort, wo die Siebeneck-Tätowierung zu sehen war. »Verlasst den Raum.«

Sofort kam Bewegung in Zorya und die beiden Wachen. Sie eskortierten Nessa, Lily, Dorian, Edge und Blicker aus dem Haus, und während Celine und Cedric ihnen mit traurigem Blick folgten, legte Dina eine Hand auf meine Schulter. Ich starrte sie fassungslos an, als sie mir mit einem Nicken bedeutete, sie zu begleiten.

Adam hatte bereits das Schwert der Häscherin in der Hand, und mein Körper fühlte sich wie festgefroren an. Es war nicht fair – wieso musste er das auf sich nehmen?

»Komm schon.« Dina zog erneut an meiner Schulter. Ich wollte erst ihre Hand abschütteln, da drang Adams Gedanke zu mir.

Bitte, Rayne. Ich kann das nicht, wenn du hier bist.

Mein Herz verkrampfte, aber ich ließ mich trotzdem von Dina aus dem Gebäude hinausführen. Ein letztes Mal schaute ich zu Adam. Doch er hatte sich bereits von uns abgewandt, und sein Gesicht war in Schatten getaucht, so dass ich es nicht mehr sehen konnte.

Zorya sorgte dafür, dass die Rebellen und Häscher, die draußen auf dem Platz standen, sich zusammenrissen. Sie trennte die beiden Lager voneinander und sprach auf ihre Leute ein. Trotzdem konnte ich die Verabscheuung in den Gesichtern der Magiehäscher deutlich sehen.

Sie misstrauten den Rebellen. Mehr als je zuvor.

Wir warteten darauf, dass Adam aus dem Haus kam. Ich blieb erst für einige Minuten bei Dina, Celine und Cedric sitzen, bevor ich zu Lily lief. Sie stand neben Dorian, aber ich zog sie zur Seite, um allein mit ihr zu sprechen.

»Hast du gesehen, was passiert ist?«, fragte ich sie leise, und Lily schüttelte bloß den Kopf.

»Nessa, Edge und Blicker waren die Einzigen, die noch in dem Haus waren. Abgesehen von dieser Soldatin. Es ging alles furchtbar schnell.« Sie schaute mich erschöpft an. »Zum Glück ist ihnen nichts passiert.«

Nichts passiert? »Die Häscherin wird sterben.«

»Sie hätte Nessa eben einfach in Ruhe lassen sollen«, gab Lily zurück und biss sich auf die Unterlippe. Zerknirscht rieb sie sich über ihre dunklen Locken und warf mir dann einen entschuldigenden Blick zu. »Das meinte ich nicht so. Die Frau tut mir natürlich leid. Ich … ich glaube einfach nur, das wäre alles nicht passiert, wenn Adam Nessa nicht so misstrauen würde.«

Oder sie ihm, wollte ich erwidern, allerdings wollten die Worte nicht über meine Lippen kommen. Seit wir aus London aufgebrochen waren, fühlte ich mich völlig verloren. Ständig war ich hin und her gerissen zwischen den Fronten. Ich war keine Untere mehr, aber auch keine Obere. Stattdessen kam ich mir auf allen Ebenen ungenügend vor.

»Ray …« Gerade wollte Lily nach meinen Händen greifen, als auf einmal ein ohrenbetäubendes Grollen durch den Boden ging. Wir wichen erschrocken zurück, während sich die Risse zwischen den Steinplatten vergrößerten. Sie führten vom Brunnen bis hin zu den Gassen, die ringsum vom Platz wegführten, fast wie …

Wie Sonnenstrahlen.

Ich blinzelte und lief an Lily vorbei in Richtung der Mitte des Platzes. Dort, am Brunnen, beugte ich mich nach unten und strich über den Stein des Beckens. Tatsächlich. Darauf war dasselbe Symbol abgebildet, das der Älteste immer und immer wieder an die Wand gemalt hatte. Wie ein Tapetenmuster zog es sich über das Brunnenbecken: eine Sonne mit sieben Strahlen und eine blaue Spirale in der Mitte. Genauso wie der Brunnen in der Mitte dieses Platzes stand und sieben Gassen in alle Richtungen abzweigten.

»Du hast den Zugang gefunden.«

Nessa tauchte plötzlich neben mir auf. Sie schaute mich mit einem eindringlichen, erwartungsvollen Ausdruck an. »Versuch ihn zu öffnen«, forderte sie mich auf. »Einem Dark-Sigil wird er sich nicht widersetzen. Jetzt kannst du zeigen, was du wirklich willst.«

Ich starrte Nessa an. Dorian und Lily standen ein paar Schritte hinter ihr, ebenso Edge und Blicker. Sie alle schauten mich erwartungsvoll an.

Mein Blick wanderte in Richtung des Gebäudes, in dem sich Adam befand und vor dem Dina und die anderen warteten.

»Es ist nicht ihre Entscheidung«, schob Nessa hinterher und verengte ihre Augen. »Sondern deine.«

Meine? Nein, das stimmte nicht. Es ging um die Dark Sigils. Und wenn diese Prädiktion tatsächlich wahr war, ging es vor allem um Adam.

Nein, ich würde diese Entscheidung nicht ohne ihn treffen.

Ehe Nessa mich aufhalten konnte, lief ich zu Dina, Celine und Cedric und erreichte sie in dem Moment, als Adam ins Freie trat.

Sein Gesichtsausdruck war versteinert, wie so oft, und er versuchte, seine Gefühle vor mir zu verbergen. Doch es gelang ihm nicht vollständig, sie abzuschirmen. Selbsthass, Wut, Trauer und Schuldgefühle waberten wie ein unantastbarer Nebel durch sein Innerstes, und es kostete mich viel Kraft, keine tröstenden Worte zu ihm hinüberzuschicken.

Denn für das, was er hatte tun müssen, gab es keine.

»Der Brunnen ist der Zugang«, sagte ich stattdessen zu ihm. »Das wollte der Älteste uns mit seinem Bild zeigen. Diesen Ort hier.« Ich deutete zur Mitte des Platzes. »Nessa ist der Meinung, dass die Magie eines Dark Sigils den Eingang offenlegen kann.«

»Nessa weiß sehr viel, dafür, dass sie noch nie in Nova war«, kommentierte Celine, aber ausnahmsweise fehlte der beißende Unterton in ihrer Stimme. Sie wirkte eher nachdenklich. »Wenn nur ein Dark Sigil den Eingang öffnen kann«, fuhr sie fort, »könnte es dann nicht sein, dass genau das passiert ist, als die Gebäude eingestürzt sind?« Sie schaute von einem zum anderen, und Dina und Cedric nickten langsam. Offenbar war ich die Einzige, die keine Ahnung hatte, wovon Celine redete. Ihr Blick blieb an mir heften. »Kennst du die Magie, die hier gewirkt hat?«

Ich runzelte die Stirn. »Was?«

»Oh, bei allen Sieben.« Celine griff an meine Hand, und ich war so perplex, dass ich mich nicht wehrte, als sie mich mit sich in die Hocke zwang und meine Finger gegen den Steinboden drückte. »Fühl die Magie. Was spürst du?«

Ich tat das, was ich vorhin auch gemacht hatte. Ich horchte in Ignis hinein und ließ meinem Sigil freien Lauf. Wieder spürte ich die unterschiedliche Magie im Boden. Da war definitiv Chaosmagie – tief unter uns. Doch diesmal konzentrierte ich mich auf die Wärme. Eine goldschimmernde Magie, die von der Mitte des Platzes, dort, wo Nessa und die anderen am Brunnen auf uns warteten, zu mir herüberdrang. Sie war mächtig und strahlend schön, aber auch durchtrieben und hinterlistig und … Ja, ich kannte sie eindeutig.

»Sebastian«, flüsterte ich, und mein Herz raste. Bedeutete das, er war hier? Ich starrte die anderen fassungslos an. »Ihr denkt, er hat den Brunnen vor uns geöffnet? Und dass er jetzt dort unten nach der Athame sucht? Aber … woher sollte er überhaupt davon wissen?«

»Sebastian hat viele Unterstützer im Mirror«, sagte Dina. »Viele Obere, die ihm sämtliche Entwicklungen auf dem Silbertablett servieren würden. Er hat garantiert von eurem Einbruch auf dem Plateau gehört. Außerdem hat er eine Zeitlang mit dem Auge zusammengearbeitet, vielleicht hat er dort von Nessas Plan erfahren, ohne dass sie es bemerkt hat.«

Es wäre Sebastian definitiv zuzutrauen. Und trotzdem.

»Aber wie soll er durch den Zugang gekommen sein? Der Platz war doch die ganze Zeit voll mit Soldaten. Und Nova ist nach außen hin *unsichtbar*. Wie …?«

Celine schnaubte. »Sebastian ist einer der Sieben. Wir alle wissen, wo Nova liegt. Wir würden nur niemals ohne Einladung in die Stadt gehen. Ich schätze, Sebastian ist inzwischen wirklich alles egal. Und was die Soldaten angeht – er hatte Matt bei sich. Mit ihm wäre er ohne Probleme an ihnen vorbeigekommen. Wahrscheinlich haben wir auch die Magieentladung Sebastian zu verdanken.«

»Er will Mirrorlord werden«, warf Dina ein. »Und wir stehen ihm dabei im Weg, und das heißt ... die Schattenathame wäre sein größter Trumpf. Was könnte ihm Besseres passieren, als wenn er uns damit ersetzt?« Sie deutete auf Adam. »Angefangen mit dir.«

»Aber er hat kein Desimeter«, warf Cedric ein. »Wenn die Informationen, die Nessa Greenwater bekommen hat, stimmen, dann hat er ohne ein Desimeter keine Chance, bis zur Athame vorzudringen.«

»Willst du es wirklich darauf ankommen lassen?«, entgegnete Dina und schaute dann zu Adam. »Wir *müssen* ihm folgen. Das weißt du. Wir können Sebastian nicht einfach freien Lauf lassen.«

Adam war während des gesamten Austauschs völlig still gewesen. Er lehnte an der Hauswand, den Blick in die Ferne gerichtet, und ich fühlte deutlich, was in ihm vor sich ging.

Das hier war ein Scheideweg. Und der nächste Schritt, den wir nahmen, entschied womöglich über die gesamte Zukunft.

»Sollte es die Athame geben«, sagte er dann, bedächtig jedes Wort wählend, »und sollten wir sie tatsächlich bergen und sollte sie das können, was Nessa Greenwater sich davon verspricht, dann ... dann muss jedem von euch klar sein, dass wir damit etwas in die Welt gebracht haben werden, das uns als Sieben angreifbar macht.« Er schaute jedem von uns die Augen. »Ich kann diese Entscheidung nicht allein treffen.«

Dina verschränkte die Arme vor dem dunkelgrünen Mantel. »Wenn es den Dolch gibt und er für immer versteckt wurde, dann bedeutet das, unsere Vorfahren wollten bloß ihre eigene Macht retten. So konnten sie behaupten, dass nur ihre eigene Blutlinie die Dark Sigils tragen kann. Sie waren egoistisch.« Dina legte eine Hand auf das Schlangenband, das sie stets um ihre Taille gewickelt trug. »Ich denke, wir sollten selbst herausfinden, was es damit auf sich hat. Bevor es jemand anderes tut.«

Celine nickte. »Dina hat recht«, sagte sie, und als Dina ihr daraufhin einen schockierten Blick zuwarf, boxte Celine sie fest in den Arm. »Halt die Klappe. Ich meine nur: Es wissen jetzt schon zu viele Leute von der Athame. Wenn sie also hier vergraben wurde, ist sie jetzt nicht mehr sicher. In unseren Händen schon.«

Ich spürte, ohne zu Adam zu sehen, was diese Worte in ihm anrichteten. Er versuchte noch, seine Gefühle zu zügeln, aber ich merkte, wie die Sorge sogleich in ihm hochkochte.

Diese Prädiktion ist noch nicht unsere Realität, schickte ich sanft durch die Verbindung zu ihm. *Du würdest nie tun, was die Stimmen in der Prophezeiung sagen. Und wenn du schon keine Hoffnung hast, dann hab wenigstens etwas Vertrauen in die anderen. Sie werden an deiner Seite stehen, Adam. Jeder von ihnen. Und ich auch.*

Adam schaute zu mir. Sein Kiefer war angespannt, ebenso wie seine Schultern, und ich spürte auch, wie er sich innerlich wappnete.

Sein Großvater war zu feige gewesen, sich seinen inneren Dämonen zu stellen. Er hatte sich geweigert, die Prädiktion anzuerkennen und mit den anderen Sieben nach einer Lösung zu suchen. Aber Adam war anders. Er würde nicht den Kopf in den Sand stecken und hoffen, dass das Problem von selbst verschwand.

Unsere Blicke trafen aufeinander, und es war dieser Moment, in dem Adams dunkelstes Geheimnis offen zwischen uns lag, dass ich keinen Zweifel mehr hatte: Die Gefühle in mir waren echt. Ich *liebte* Adam, und das hatte nichts mit der Magieverbindung zwischen uns zu tun.

Rein gar nichts.

»In Ordnung«, sagte er und dann, nach einem tiefen Atemzug, wandte er sich zu den anderen. »Wir suchen den Dolch. Aber vorher muss ich euch noch etwas sagen.«

TEIL 4

DIE GOLDENE TÜR

23

10. Dezember 2021, 22:09 Uhr
Mirror-London, Septem
Leanore Tremblett ist 17 Jahre alt

Leanore zitterte am ganzen Leib. Da stand er – in den Palastgärten Septems, hoch aufgerichtet und genau so schön wie das letzte Mal, als sie sich gesehen hatten. Und er schien seinen Augen nicht zu trauen, als sie sich vor ihn stellte.

Ein Schluchzen entwich Leanore. Sie lief auf Melvin zu und legte ihre Arme um ihn. Er roch *so gut* – so vertraut und warm –, und sie zitterte und presste sich mit dem ganzen Körper an ihn. Melvins Hände hoben sich zögerlich und ruhten auf ihren Schultern.

»Wie bist du herausgekommen?«, flüsterte er.

Langsam ballte sie ihre Hände zu Fäusten, bis sie spürte, wie ihre Nägel tief in die Haut einsanken. Sie dachte daran, wie die Chaosmagie aus ihren Händen herausgequollen war. Und an das Blut, in dem die Dienerin gelegen hatte.

Sie hatte nicht mit so viel Blut gerechnet.

Mörderin.

Melvin durfte nie erfahren, was sie getan hatte. Sie kannte

ihn so gut wie sich selbst, er würde es nicht verstehen. Sie hingegen wusste es – sie hatte am eigenen Körper erfahren, dass man alle Grenzen überwinden musste, um zu bekommen, was man wollte.

»Wir haben keine Zeit für lange Erklärungen«, stieß sie hervor. »Sobald Vater erfährt, dass ich entkommen bin, wird er alles daransetzen, dass wir uns nie wiedersehen. Aber ich habe einen Weg gefunden, um uns zu retten.«

Melvin starrte sie an, und das Licht der Spektralvögel, die zwischen den Bäumen des Palastgartens umherflatterten, tanzte dabei auf seinem Gesicht. »Welchen Weg, Lea?«

Leanore sah Melvin mit roher Hoffnung in den Augen an. Sie dachte zurück an den Moment, als sie begriffen hatte, was in den Unterlagen ihres Vaters wirklich stand. Und was es für sie und Melvin bedeuten könnte.

»Es existiert ein geheimes Dark Sigil«, sagte sie. »Vater hatte Unterlagen darüber in seinem Arbeitszimmer versteckt.«

»Unterlagen?«, fragte Melvin verwirrt. »Was für Unterlagen?«

»Sie stammen aus Prime. Aus einer Stadt in der Nähe von Nova. Vater muss dorthin gereist sein, aber das ist egal. Es geht darin um ein geheimes, achtes Sigil. Ein Dolch, der es möglich macht, unsere eigenen Sigils einfach an jemanden weiterzugeben. Verstehst du? Wir müssten die Blutlinien nicht mehr trennen. Wir könnten zusammensein.«

Ungläubig starrte Melvin Leanore an, und das Lächeln, das sie sich in die Lippen gemeißelt hatte, wankte. Warum freute er sich denn nicht? Begriff er nicht, welche Chance sie hatten?

»Ich meine ja nicht, dass wir sie gar nicht tragen sollen«, setzte sie nach. »Aber wir könnten darüber bestimmen, wann wir sie weitergeben. An wen. Und wie es nach uns weitergeht. Wir müssten niemanden heiraten, den wir nicht lieben.«

Auf seiner Stirn hatte sich eine Falte gebildet. Er sah so ungläubig aus. »Und wo soll dieser Dolch sein?«

Leanore zögerte. »Ich weiß es nicht genau. Wir reisen dorthin, wo auch mein Vater war. Wir suchen nach Informationen, in Prime, in Nova, in den Städten drum herum.« Sie entließ Melvins Hände aus ihrem Griff und fasste stattdessen an Ignis, das er trug. Zärtlich fuhr sie über den roten Magiekern in der Mitte des Drachens. »Hiermit haben wir eine Chance. Hiermit können wir selbst entscheiden, wie wir unser Leben führen wollen.« Leanore blickte ihn hoffnungsvoll an. »Du liebst mich doch noch, oder?«

Melvin presste die Lippen aufeinander, und die Angst in ihr schlug Wellen. Hatte sie ihn verloren? Womöglich hatten seine Gefühle in den Monaten, in denen sie getrennt gewesen waren, ja längst nachgelassen …

Dann nickte Melvin, und die Entschlossenheit, die sie so an ihm liebte, trat zurück in seine Augen.

»Finden wir dieses Sigil«, sagte er. »Du und ich.«

Leanore lächelte und legte die Stirn an seine. »Du und ich. Für immer.«

24

Das Wasser des Brunnens versiegte, und steinerne Stufen kamen zum Vorschein. Sie führten tief in den Schacht hinab, bis sie vom Schatten verschluckt wurden.

Langsam löste Adam die beiden Würfel aus der Öffnung im Brunnen. Das Leuchten in ihrem Inneren verblasste, und er zog Alius und Etas zurück, bis er sie wieder mit seiner Hand umschließen konnte. Die Vorrichtung im Brunnenbecken, die hinter der siebenstrahligen Sonne zum Vorschein gekommen war, schloss sich, als wäre nie etwas passiert.

Dina beugte sich über den Brunnen, und schaute an den Treppenstufen entlang in die Tiefe. »Wie sagt man in Prime?«, fragte sie. »›Sesam öffne dich‹?«

»Vielleicht bei einem Kindergeburtstag«, erwiderte ich über das Rumpeln hinweg, das nun erneut die Luft erfüllte.

Der gesamte Platz vibrierte, aber keine Gebäude stürzten ein, keine weiteren Risse zogen sich durch den Boden. Was auch immer hier geschehen war, als sich der Zugang zum ersten Mal geöffnet hatte – dieses Mal lief es weitaus friedlicher ab.

Was meine Anspannung jedoch nicht im Geringsten minderte.

Nachdem Adam den anderen von der Prädiktion erzählt

hatte, waren ihnen die Zweifel an der Suche nach der Athame deutlich anzusehen gewesen. Und die Tatsache, dass Sebastian uns womöglich längst voraus war, überwog die Unsicherheit. Danach hatte es kaum eine Stunde gedauert, bis wir alles Nötige zusammengepackt hatten: Proviant, feste Kleidung, vor allem aber Waffen und jede Menge Kampf-Sigils. Cedric hatte sogar ein Dutzend Bücher mitgenommen: über alte Sigil-Gravuren, über die Anfänge der Magie und über Nova.

Niemand von uns wusste, was uns auf dem Weg erwarten würde. Ob der Zeitstillstand, in dem Nova gefangen war, auch auf dieses Höhlensystem unter der Stadt einwirkte. Ob wir dort unten wirklich die Athame finden würden. Noch fühlte ich mich genauso wach wie in der Sekunde, in der wir Nova betreten hatten. Ich verspürte keinen Hunger, keinen Durst, keine Müdigkeit. Wie lange das noch so bleiben würde – ich hatte keine Ahnung.

Heißer Wüstenwind blies uns in die Gesichter, während wir auf den nun offenen Zugang schauten. Blicker und Edge, die die Köpfe zusammengesteckt hatten, standen neben Dorian und Lily. Hinter ihnen die Rebellen, die uns begleiten würden, sowie die verbliebenen Magiehäscher, die noch einsatzbereit waren.

»Das Desimeter ist bereit«, hörte ich Nessa sagen, und der Kompass in ihrer Hand glänzte in der strahlenden Sonne. Sie und Adam standen sich gegenüber, und ich hatte das Gefühl, man konnte die heiße Sommerluft zwischen ihnen mit einem Messer schneiden.

Ein Summen ging vom Desimeter aus, und ein sanftes, winterblaues Leuchten drang aus den Gravuren hervor. Die Sanduhr, die bislang leer gewesen war, war nun auf einer Seite mit kleinen Körnern gefüllt. Gleichzeitig rotierte die Nadel, die darüber lag, in einem steten Kreis. So als wäre sie auf der Suche nach etwas.

Ich hatte nicht mitbekommen, wie Nessa das Desimeter mit ihrem Herzenswunsch verbunden hatte, aber es schien zu funktionieren. Jedenfalls lag ein zufriedenes Lächeln auf ihren Lippen.

Obwohl ich Nessa nicht wirklich mochte, konnte ich nicht anders, als tiefen Respekt vor ihr zu haben. Nachdem Leanore Tremblett ihre Tochter ermordet hatte, hatte sie ihr Leben dieser Suche gewidmet. Sie hatte ihr Herz an diesen Wunsch geklammert – wollte damit endlich etwas verändern –, und sie scheute nicht, sich selbst dafür in Gefahr zu bringen. Mehr noch: Sie hatte ihr *Leben* an diesen Wunsch gebunden, und ab sofort gab es kein Zurück mehr. Wir mussten die Athame finden, sonst … sonst würde das Desimeter ihre Lebensenergie aufbrauchen.

»Wir wissen nicht, was uns dort unten erwarten wird«, sagte Adam nun an die Gruppe gerichtet. »Höchstwahrscheinlich ein Höhlensystem, das seit Jahrhunderten niemand mehr betreten hat. Und womöglich sind wir nicht allein. Also seid vorsichtig. Und bildet Zweiergruppen.« Adam deutete in den Brunnen hinein. »Whitlock und ich gehen vor.«

Dorian zog seine Mundwinkel so weit nach unten, wie es körperlich wohl möglich war. »Da würde ich lieber den faltigen Hintern von Agrona Soverall küssen.«

Adam drehte sich zu ihm, und für einen winzigen Moment glaubte ich ein Lächeln über seine Lippen huschen zu sehen. »Wenn ich sie das nächste Mal sehe, richte ich es ihr aus. Los jetzt.«

Das strahlende Licht, das in den Brunnenschacht strömte, wurde bald von Schatten überdeckt. Die Dunkelheit breitete sich wie eine Decke über uns aus, je tiefer wir die Treppe hinabstiegen. Dann zog Zorya etwas aus ihrer Tasche, und Sekunden später flackerten über und unter mir kleine Lichtquellen auf. Es waren leuchtende Käfer. Nicht wie Glühwürmchen, sondern größer. Sie flogen über unsere Köpfe hinweg, und als eines davon vor meinem Gesicht vorbeischwebte, erkannte ich, dass es eine Art ... Brosche war. Eine Sigil-Brosche, deren Flügel sich mechanisch auf und ab bewegten.

Ich starrte den Käfern etwas ungläubig hinterher, während sie im perfekten Abstand zueinander den Schacht entlangflogen und dadurch unseren Weg erhellten.

Jedes Mal, wenn ich dachte, *alles* gesehen zu haben, belehrte mich die Welt eines Besseren.

Schließlich kamen wir am Grund des Brunnens an. Von dort führte ein breiter Tunnel weiter und immer tiefer hinab. Auch hier war die Luft seltsam geruchslos, und die Passage veränderte sich schon nach kurzer Zeit. Die Decke wurde niedriger, und hätte ich Klaustrophobie, wäre ich jetzt unter Garantie panisch geworden. Lily, die neben mir ging, schaute mit großen Augen nach links und rechts, als rechnete sie jeden Moment mit einem Angriff. Ich nahm ihre Hand, und Lily verschränkte sogleich ihre Finger mit meinen.

Wahrscheinlich ging ihr dasselbe durch den Kopf wie mir. Der Weg durch den engen Tunnel erinnerte mich an eine Zeit, in der Lazarus uns jeden Tag in die alten, baufälligen Tube-Schächte Londons geschickt hatte. Seine Bande hatte dort einen illegalen Schwarzmarkt aufbauen wollen. Viele Tage hatten wir in der Tiefe verbracht – in der endlosen Dunkelheit unter der Erde, zusammen mit dem restlichen Bodensatz der

Gesellschaft. Der Gedanke, aus London herauszukommen, war damals das Einzige, was mich bei Verstand gehalten hatte, aber jetzt – ich schielte zum Desimeter in Nessas Hand –, jetzt hatten wir ein anderes Ziel.

Im matten Lichtschein der Sigil-Käfer sah ich, dass auch hier unten die Wände bemalt waren – mit denselben kunstvollen Bildern wie oben im Tempel. Das weiße Licht hob einzelne Details scharf hervor, deren Bedeutung ich jedoch auf die Schnelle nicht begreifen konnte. Und hinter dem Stein … drang immer noch dasselbe eisige Gefühl zu mir, das ich bereits oben, nahe des Brunnens, wahrgenommen hatte.

Kalte Magie. Chaosmagie. Hier unten kam es mir so vor, als wären wir von allen Seiten davon umgeben.

Lily seufzte erleichtert auf, als sich der enge Gang zu einer Halle öffnete. Hinter den Soldaten sah ich erst nichts, aber ein paar Augenblicke später hatten die Sigil-Käfer sich so perfekt in dem hohen Raum ausgebreitet, dass ihr Licht alles erhellte.

Nessa und Adam tauschten ein paar knappe Worte. Ich sah sie nach vorne deuten, wo die Halle von einer Reihe riesiger Säulen geteilt wurde. Sie ragten in der Mitte bis zur weit entfernten Decke empor und dahinter …

Was zur Hölle war das?

»Eine Schmiede«, flüsterte Dorian. Er war der Erste von uns, der weiter in die Halle hineinlief, sein Gesichtsausdruck voller Ehrfurcht. »Das ist eine Schmiede, oder?«

»Vorsicht, sonst fängst du gleich an zu sabbern«, hörte ich Dina zu ihm sagen, aber ich war viel zu abgelenkt, um auf ihren Witz zu reagieren.

Vor uns lag eine etwas erhöhte Plattform, auf der so etwas wie ein riesiger Amboss stand. Er war umgeben von jeder Menge altertümlich wirkender Geräte und Werkzeuge. Darüber hing an mehreren Ketten eine Plattform, ähnlich wie ich es bereits bei der Quelle unterhalb des Tempels gesehen hatte. Wenn jedoch einst Magie von dort in diese Höhle befördert worden war – jetzt war davon nichts mehr zu sehen.

Adam und Nessa liefen an Dorian vorbei auf den Amboss zu, und wir folgten ihnen. Die Säulen in der Hallenmitte waren mit den Gravuren der Dark Sigils versehen, wobei nicht alle gleich gut erkennbar waren. Das Zeichen von Anguis, Dinas Sigil. Clavis, Solis und Anima waren stark beschädigt. Und die Gravuren von Alius und Etas, Divinus und Ignis … sie waren völlig aus dem Stein herausgeschlagen worden.

»Meint ihr … meint ihr, hier sind einst die Dark Sigils geschmiedet worden?«, fragte Celine leise, und anhand ihrer Stimme wurde mir klar, dass niemand von ihnen jemals von diesem Ort gehört oder gelesen hatte. »Ich wusste nicht, dass die Schmiede noch existiert.« Sie schaute zu Adam. »Du?«

Adam schüttelte bloß den Kopf. Er hatte seinen Blick nach oben gerichtet, und ich folgte ihm. Im Licht der Sigil-Käfer kamen weitläufige Treppen zum Vorschein, die an den Wänden nach oben führten und dann einfach ohne erkennbares Ziel an der Decke endeten.

»Vielleicht war die Höhle früher ein Teil der Stadt«, mutmaßte er. »Wenn die ersten Träger hier die Sigils geschmiedet haben, würde es Sinn machen, wenn all das früher zu Nova gehört hat.«

Dina wirkte wenig überzeugt. »Und dann haben sie es einfach verschlossen?«

»Wenn sie die Athame um jeden Preis verstecken wollten, wäre hier wohl der sicherste Ort.«

»Ich weiß nicht, ob ›sicher‹ das richtige Wort ist.« Cedric war mit seinem Rollstuhl an der Schmiede vorbeigefahren.

Er stand nun neben dem einzigen Tunnel, der von der Halle weiterführte. Sein Blick lag jedoch nicht auf dem Durchgang, sondern auf der Wand daneben.

Der gesamte Stein war mit Mustern, Symbolen und Schriftzeichen versehen. Es waren weitere Sigil-Gravuren, aber ich kannte keine davon. Dazwischen waren Bilder eingemeißelt. Sieben Menschen. Sieben Artefakte. Sieben Geburtswiegen.

Sieben Gräber.

»Ich denke, es ist eine Botschaft«, sagte Cedric, »ein Text, verfasst in alten Sigil-Gravuren. Ich kann nicht alles davon entziffern, aber … ich denke, es soll eine Warnung sein.« Er ließ seine Hand an einer Reihe von Symbolen entlangwandern, die für mich keinerlei Bedeutung hatten, und hielt dann bei einer Zeile inne. *»Ein Fehler wurde behoben, das dunkelste aller Sigils verborgen, auf dass es nie wieder gefunden wird.«*

Ich schaute zu Adam, und auch Dina und Celine wandten sich zu ihm. Wahrscheinlich dachten wir alle dasselbe: Damit musste die Athame gemeint sein.

Und vielleicht auch die Prädiktion.

»Irgendein Hinweis, wo der Dolch genau ist?«, fragte Dorian.

Cedric sah zurück auf die Wand, und fuhr mit dem Rollstuhl ein paar Meter weiter. »Nicht wirklich«, sagte er schließlich. »Aber … die Muster scheinen darauf hinzudeuten, dass die Tunnel hinter dieser Halle extrem verzweigt sind.«

Dorian schnaubte. »Großartig.«

»Hey, schaut mal«, sagte da Lily neben mir. Sie deutete auf den Boden, und ich brauchte einen Augenblick, um in der Sand-Staub-Mischung die Abdrücke von Stiefeln zu erkennen.

»Es sind zwei unterschiedliche Spuren«, murmelte Dina. »Könnten Sebastian und Matt sein.«

»Ohne das Desimeter?«, fragte ich, was Dina ein Seufzen entlockte.

»Niemand hat gesagt, dass Sebastians Pläne sonderlich clever sind.«

»Hier werden wir es nicht herausfinden.« Nessa hob das Desimeter ungeduldig vor sich. Und schon lief sie los, dicht gefolgt von Edge und Blicker. Sie steuerten geradewegs in den Tunnel hinein, der aussah wie ein weit aufgerissenes Maul, das uns verschlingen wollte.

Der Tunnel schien mit jedem Schritt schmaler zu werden. Adam und Nessa führten die Gruppe an, gefolgt von Dina, Cedric, Celine und mir. Dahinter kamen die Magiehäscher. Lily und Dorian hatten sich irgendwo weiter hinten bei den Rebellen eingefädelt – neben Edge und Blicker.

Alle waren ausgesprochen still. In diesem riesigen Höhlensystem, das von einer längst vergangenen Zivilisation zurückgelassen wurde, schien das bloße Atmen zu laut. Was um uns herum zu sehen war, hatte wirklich einmal zu Nova gehört, das war deutlich zu spüren. Von den Tunneln zweigten ab und an Räume ab, die früher womöglich Behausungen gewesen waren. Doch all das war aus der Erinnerung der Menschheit verschwunden. Nur die Geschichte hatte überlebt: Sie war in den Wänden dieses Ortes – eingraviert in unzählige Bilder, deren Bedeutung zu entschlüsseln sicherlich Monate gebraucht hätte.

Die Spuren, die wir auf dem Boden gesehen hatten, begleiteten uns. Darüber hinaus war nichts in den Tunneln zu hören. Keine Schritte, keine Atemgeräusche, nichts, das Sebastian und Matt verraten hätte.

Es war gespenstisch.

Irgendwann führte der Tunnel so steil bergab, dass wir Cedric und seinen Rollstuhl festhalten mussten – und uns ebenso. Danach stießen wir auf die erste Kreuzung, von der aus zwei lange, von Schatten verhüllte Gänge abzweigten.

Ich starrte den Sigil-Käfern hinterher, während die einen in den linken der beiden Gänge und die anderen in den rechten hineinflogen. Nessa lief ein paar Schritte nach vorne und hob dabei das Desimeter in die Höhe. Die Nadel schwankte leicht, dann zeigte sie in den linken der beiden Höhlentunnel hinein.

»Dort entlang.«

Ich warf einen Blick auf den Boden. Der Gang war inzwischen mit schwarzen Steinplatten ausgelegt, auf denen die Fußabdrücke von eben nicht mehr erkennbar waren. Ich tauschte einen kurzen Blick mit Dina, die nur mit den Schultern zuckte. Kaum hatte ich jedoch den Gang betreten, überwältigte mich ein Gefühl von Kälte. Es kam von der Wand, zumindest sagte mir Ignis das. Chaosmagie – da war sie wieder. Und es war so viel davon, dass es mir regelrecht den Verstand vernebelte. Es fiel mir schwer, in ihrer Gegenwart einen klaren Gedanken zu fassen. Stattdessen trat ich wie fremdgesteuert an die Wand heran. Gerade wollte ich eine Hand gegen die Wand drücken, als sich etwas unter meiner Sohle bewegte. Die Kachel gab unter meinem Gewicht mit einem hörbaren Klicken nach, und alle erstarrten.

Dann rumpelte es.

Staub- und Kieselströme regneten von der Decke, während der Boden bebte und die Wände begannen, sich neu zu ordnen. Einzelne Steine bewegten sich wie Teile eines mechanischen Puzzles. Adam machte einen Schritt in meine Richtung, eine Hand an meinem Arm, während weitere Steinplatten an den Wänden rotierten.

»Bildet eine Gruppe!«, rief Dorian von weiter hinten, und absolut niemand stellte seine Ansage in Frage. Nessa, Edge und Blicker waren die Ersten, die sich zu mir in die Mitte des Korridors stellten. Adam, Celine und Dina hielten sich ebenfalls dicht bei mir, während Cedric sich mit seinem Rollstuhl zwischen uns schob. Staub wirbelte auf, und mein Blick zuckte wild umher.

Dorian stand noch immer bei Lily, Zorya und den anderen Rebellen und Magiehäschern, die uns begleiteten. Sie waren nur wenige Meter von uns entfernt, aber im umherwirbelnden Staub konnte ich ihre Gesichter kaum erkennen. Ich sah nur, wie Dorian an Lilys Armen zerrte und versuchte, sie mit sich zu ziehen.

Doch sie rührte sich nicht. Genauso, wie keiner der anderen sich rührte.

»Lily!«, brüllte ich, da wurde ihr Name von einem weiteren markerschütternden Rumpeln geschluckt. Gerade wollte ich zurückweichen, da sprang eine Gestalt auf mich zu, gefolgt von einer dichten, grauen Wolke, die mir endgültig die Sicht nahm.

Ich hustete und wischte mir hektisch über das Gesicht, um wieder sehen zu können. Das Erste, das ich wahrnahm, war Dorian. Er lag auf mir und starrte mich mit geweiteten, staubverkrusteten Augen an. »Alles okay?«, fragte er, aber ich konnte nicht antworten. Mein Körper war wie gelähmt, als ich begriff, was eben geschehen war.

Ich wäre zerquetscht worden, wenn Dorian mich nicht aus dem Weg gestoßen hätte.

Sobald sich der Staub um uns herum gelegt hatte, drückte ich Dorian von mir und schaute in die Richtung, in der vor wenigen Augenblicken ein Durchgang – und Lily, Zorya und ein Großteil unserer Leute gewesen waren.

Dort war jetzt nur noch eine Sackgasse aus schwarzen Steinplatten.

»Nein«, keuchte ich. Ich sprang auf und hämmerte mit beiden Händen gegen die Mauer. Auch die anderen riefen die Namen derer, die hinter der verschobenen Wand verschwunden waren. Ich schlug so heftig, wie ich konnte, gegen den Stein, während meine Hände von einem heftigen Tremorzittern durchgeschüttelt wurden. Erst, als Adam an meinen Arm griff und mich sanft zurückzog, spürte ich, dass meine Haut an vielen Stellen aufgerissen war.

»Das nützt nichts«, sagte er ruhig, doch die Anspannung in seiner Stimme war deutlich zu hören.

»Kannst du es rückgängig machen?«, fragte ich ihn. Adam schaute zu der Wand, die zwischen uns und den anderen lag, und verzog den Mund unschlüssig. Trotzdem ließ er Alius und Etas vor seiner Hand kreisen. Die beiden Würfel wurden von einem schummrig-weißen Schein durchzogen, aber er war viel blasser als sonst, genauso wie die Lichtmale auf Adams Haut.

Als er die Würfel sinken ließ, wusste ich bereits, was er sagen würde.

»Ich kann in Nova nicht auf die Zeit einwirken, es tut mir leid.« Adam furchte die Stirn. Dann zog er ein Spectum aus dem Mantel und tippte auf das Glas des Spiegels. Sein Gesicht verdunkelte sich noch mehr. »Keiner von ihnen reagiert.«

»Es ist meine Schuld.« Mein Blick war nach vorne gerichtet, während sich alles in mir schmerzhaft zusammenzog. Ich hatte diese Falle ausgelöst. Wie in einem verdammten Schatzsucherfilm!

Adams Griff um meinen Arm wurde fester, und ich spürte, wie er mit seinem Daumen zärtlich über meine Haut strich. *Du konntest es nicht wissen.*

Ich hätte trotzdem aufpassen müssen, dachte ich. *Ich war mit den Gedanken woanders.*

Es geht ihnen gut, Rayne, sagte Adam. *Die Wände haben sich bewegt – aber sie sind nicht eingestürzt. Wir sind nur getrennt worden.*

Wie konnte er da so sicher sein? Kurz schaute ich über meine Schulter in die staubigen Gesichter um mich herum. Wir waren jetzt nur noch zu neunt. Adam, Cedric, Celine, Dina, ich und … Nessa, Dorian, Edge und Blicker.

Dorian hatte sich neben mich gestellt, eine Hand auf den schwarzen Stein gelegt, der uns von unseren Freunden trennte. »Dieses Labyrinth …« Dorian schaute besorgt zu seiner Großmutter, die seinen Blick jedoch nicht erwiderte. Sie sah starr geradeaus, die Hand um das Desimeter geklammert.

»Wir müssen weiter«, sagte sie und lief los, ohne auf uns oder ihren Enkel zu achten.

»Was ist mit den anderen?«, fragte ich sie. »Mit Lily? Was, wenn sie verletzt sind?«

Nessa hielt inne und neigte den Kopf in meine Richtung. »Für sie ist der Weg zum Eingang frei. Wir dagegen können nur noch in eine Richtung. Weiter in die Höhle hinein.«

Ich begriff erst nach einem Augenblick, was Nessas Worte bedeuteten: Nicht die anderen waren eingesperrt. Sondern wir. Denn für uns gab es kein Zurück mehr. Jedenfalls nicht auf diesem Weg.

Meine Hände gaben einen leichten Zitterschub von sich, und ich versuchte angestrengt, den jähen Anflug von Panik zurückzudrängen. Bislang hatten wir immer eine Wahl gehabt, doch jetzt … Jetzt konnten wir nur noch darauf hoffen, dass das Desimeter uns tatsächlich zu unserem Ziel führte. Zur Schattenathame.

Und dass es von dort wieder einen Weg zurück an die Oberfläche gab.

25

Ohne das Desimeter wären wir verloren gewesen.

Wir konnten keine zwei Meter laufen, ohne dass wir wieder an eine Abzweigung kamen, von denen zwei, manchmal drei, einmal sogar fünf Gänge weiter hinein in das Höhlensystem führten.

Obwohl ich noch immer Spuren von Sebastians und Matts Magie wahrzunehmen glaubte, tauchten die Fußspuren am Boden nicht erneut auf. Das war wohl zu erwarten gewesen, wenn man bedachte, wie verzweigt das Labyrinth war. Trotzdem zerriss es mir das Herz, wenn ich mir vorstellte, dass Matt von Sebastian gezwungen worden war, hier hereinzugehen. Und dass sie nun womöglich irgendwo in den Tiefen des Tunnelsystems herumirrten.

Wir dagegen hatten Nessa, die uns zuverlässig ansagte, welche Richtung wir einschlagen mussten. Sie wurde inzwischen von Edge und Blicker flankiert, die neben Dorian als einzige Soldaten des Auges übrig geblieben waren. Ebenso wie wir wirkten sie hier in den dunklen Gängen geradezu eingeschüchtert, und statt lässige Sprüche zu machen, flüsterten sie nur immer wieder miteinander. Das Desimeter surrte in Nessas Hand, und die Nadel traf regelmäßig eine eindeutige Auswahl, sobald wir eine neue Kreuzung erreichten.

Trotzdem dauerte der Weg *ewig*. Denn was das Desimeter nicht anzeigte, waren die Fallen, die die ersten Träger der Dark Sigils offenbar hier unten hinterlassen hatten. Immer wieder senkten sich Wände herab, vor ein paar Minuten war sogar ein Teil der Decke herabgestürzt.

Zwar konnten wir vermeiden, erneut getrennt zu werden, aber das ständig aufkochende Adrenalin, wenn wieder das bedrohliche Rumpeln ertönte, zehrte furchtbar an unseren Kräften.

Mein Bauchgefühl sagte mir, dass wir bereits Dutzende Stunden in dieser Höhle sein mussten, doch Dina versicherte mir, dass es nicht mehr als vier oder fünf waren. Trotzdem dauerte es eine Weile, bis wir merkten, wie erschöpft wir inzwischen waren.

Und dass das in Nova eigentlich nicht möglich war.

Aber wir mussten uns inzwischen so tief unter der Stadt befinden, dass der Zeitstillstand nicht mehr wirkte. Man erkannte es nicht nur daran, dass wir wieder Hunger, Durst und Müdigkeit verspürten, sondern auch an unserer Umgebung. In den Wänden kamen immer mehr Risse zum Vorschein. Überhaupt wirkte der Stein, der uns umgab, weitaus maroder als zuvor. Ich tauschte einen Blick mit Adam und sah, dass er Alius und Etas in der Hand hielt.

Kannst du sie wieder benutzen?, fragte ich ihn, und er nickte.

Das war immerhin eine gute Nachricht.

Irgendwann – nach Tunnel fünfhundertdreiundneunzig oder so – kamen wir wieder in einer größeren Höhle heraus. Das Einzige, was darin stand, waren große Statuen, die auf Thronen saßen.

Wir setzten uns in der Mitte der Halle in einem Kreis auf

den Boden, den Proviant zwischen uns ausgebreitet, während die Leuchtkäfer sich an der Decke tummelten und ihr Licht zu uns herabsandten. Ich zwang mich, ein paar Bissen zu essen, merkte jedoch, dass sich mein Magen dabei verkrampfte. Ignis ließ mir keine Ruhe, aber ich konnte nicht einordnen, ob ich das ständige Summen der Chaosmagie nur stärker empfand, je länger wir hier unten waren, oder ob es tatsächlich immer weiter zunahm.

»Eines verstehe ich nicht«, sagte Dina, während sie zu den Statuen emporsah. »Wenn es ursprünglich acht Dark Sigils waren, wieso ist hier unten alles immer noch auf die Zahl Sieben gepolt? Ich meine ... wenn das hier die Heimat der ersten Träger war, müssten sie dann nicht acht Sigils verehrt haben?«

Ich folgte ihrem Blick, und es stimmte. Es waren sieben Statuen – auf sieben Thronen. Genauso, wie die sieben Säulen an der Sigil-Schmiede.

»Ihnen war wahrscheinlich schon klar, dass sie die Athame verstecken würden, als sie das Labyrinth entworfen haben«, schlug Nessa vor. »Es wäre wenig hilfreich, die Wände damit zu tapezieren, wenn sie wollten, dass alle die Existenz des achten Dark Sigils vergessen.«

»Möglich«, stimmte Cedric ihr zu.

»Passt auf jeden Fall zur Machtgier eurer Vorfahren«, kommentierte Dorian. »Dass sie das Einzige, das ihnen gefährlich werden könnte, in einer Höhle voller tödlicher Fallen verstecken. *Bravo.*«

Als Celine mit der Hand ausholte, um Dorian in die Brust zu boxen, wich er mit einem Grinsen aus, indem er sich geistesgegenwärtig mit einer Handfläche vom Boden abstieß und zur Seite rollte.

Ein Klacken ertönte.

Schon bewegte sich der Stein durch den leichten Druck von Dorians Finger, und ein Felsbrocken sauste von oben auf ihn herab. »Shit!«, hörte ich Dorian noch rufen, doch Adam drückte ihn in letzter Sekunde zur Seite. Dadurch verfehlte der Fels die beiden zwar um Haaresbreite, aber landete Dorian mit dem Gesicht zuerst auf dem dreckigen Boden, wo er für einen Moment regungslos liegenblieb.

»Ihvabscheudizutiesd«, brummte Dorian in seine Armbeuge.

Adam beugte sich nun etwas zu ihm hinab. »Wie war das?«

Mit der wohl finstersten Miene, die ich je an einem Menschen gesehen hatte, drückte sich Dorian mit beiden Händen nach oben, um Adam direkt ins Gesicht zu schauen.

»Ich verabscheue dich zutiefst, habe ich gesagt.«

»Ah.« Adam legte den Kopf schief. »Und ich hätte schwören können, ich hätte ein ›Ich bin dir zu Dank verpflichtet‹ oder ›Ich stehe in deiner Schuld, mein Lord‹ gehört.«

Dorians Nasenflügel weiteten sich, und für einen Moment wirkte er, als würde ihm gleich Dampf aus den Ohren quellen.

Ich seufzte innerlich. Die beiden würden wohl nie Freunde werden. Nicht mit der Vergangenheit, die sie und ihre Mütter teilten. Nicht mit dem Gefühl, einander hassen zu *müssen,* weil das Leben es ihnen so vorgegeben hatte.

»Eure Vorfahren waren nicht nur gierig, sie waren echte Wichser, wisst ihr das?« Dorian schaute zwischen Dina, Celine, Adam und mir hin und her. »Sie hätten doch zumindest *euch* einen Fahrplan geben können, wie man hier durchkommt, ohne seinen verdammten Kopf zu verlieren.«

»Sie wollten aber nicht, dass *irgendjemand hier durchkommt*«, warf Nessa ein, den Blick etwas missbilligend auf ihren Enkel gerichtet. »Offenbar konnten sie die Athame nicht zerstören. Sie haben jedoch alles dafür getan, dass dieser Ort für alle Zeiten unentdeckt bleibt. Das ist keine sonderlich große Überraschung, also hör schon auf herumzujammern.«

Ich hob beide Augenbrauen. Dass ausgerechnet Nessa die Nerven durchgingen, hatte ich noch nie erlebt, aber die Anspannung hier unten war einfach zu groß.

Da ertönte auf einmal erneut ein lautes Rumpeln. Zwei weitere Felsbrocken fielen in der Ferne krachend auf den Höhlenboden.

Welche Kettenreaktion auch immer Dorian gerade ausgelöst hatte … es war noch nicht vorbei.

Die Wände zitterten und bebten, dann rutschte eine Steinplatte wie eine Falltür zu Boden, und der Korridor, aus dem wir vorhin in die Halle getreten waren, versiegelte sich vollständig.

Doch damit endete es nicht.

Die Statuen auf den Thronen öffneten die Augen und tauchten den Raum dadurch in ein tiefes scharlachrotes Licht. Ihre Münder öffneten sich, ganz langsam und völlig synchron und –

Ich begriff zunächst nicht, was ich sah. Schwarzer Nebel strömte aus ihren steinernen Mündern heraus. Er schwebte in unsere Richtung und umgab uns wie ein Ring von allen Seiten.

»Chaosmagie!«, keuchte Dina. Sie zog mich gegen sich, und wir pressten unsere Rücken so gut es ging aneinander, während die gesamte Halle in Dunkelheit getaucht wurde. Sie erfüllte die Luft, erfüllte einfach alles. Jeder von uns warf Magiestöße hinein, doch es gab nichts, das man treffen konnte.

Langsam setzte sich der Nebel zu humanoiden Silhouetten zusammen. Es mussten Hunderte sein. Vielleicht mehr. Unendlich viele Körper aus schwarzer Magie, die uns mit ihren weißglühenden leblosen Augen entgegenstarrten.

Eine Armee von Abbys.

Jeder Muskel in meinem Körper war so angespannt wie eine Spiralfeder, so schwer wie Blei, aber ich rührte mich nicht … denn die Abbys taten es auch nicht. Sie stießen helle, kreischende Laute aus und schauten uns dabei durchdringend an, machten aber keinerlei Anstalten, sich auf uns zuzubewegen.

»Shit«, höre ich Dorian flüstern. Langsam entließ er einen der Leuchtkäfer, den er bislang in der Hand gehalten hatte, zurück in die Luft und drückte sich ein neues Magiegrain in das Amulett an seinem Hals.

»Vielleicht war das alles hier früher mit Magie gefüllt«, sagte Cedric mit gedämpfter Stimme. »Und es ist mit der Zeit in Chaosmagie umgeschlagen.«

»Irgendwelche Ideen?«, murmelte Dorian.

»Ja.« Adams Finger streiften meine in der Dunkelheit. »Nicht sterben.«

»Deine Weisheit kennt keine Grenzen«, frotzelte Dorian, aber ich hörte die Angst in seiner Stimme ganz deutlich. Er stellte sich etwas dichter neben Nessa und mich. »Also gut, was haltet ihr davon?« Dorian deutete auf Celine und Dina. »Ihr beide nehmt die hundert in der Mitte. Blicker, Edge und ich holen uns die hundert da links. Rayne kümmert sich um die hundert rechts. Und unser Lord greift sich alles, was durchkommt.«

»Wie nett, dass du mich endlich als –« … *Lord anerkennst*, hatte Adam sagen wollen, doch bevor er den Satz zu Ende sprechen konnte, erstarb das Kreischen der Abbys, und Lärm und Chaos brach über uns herein.

Es ging so schnell, dass niemand von uns kontrolliert reagieren konnte. Die anderen wurden von mir weggerissen. Ich konnte nichts mehr sehen und packte nur blind den Kopf eines Abbys, um damit eine Drehung auszuführen, während ich Ignis' Magieschwert hervorrief und weitere Schattengestalten durchbohrte. Ich wusste, dass die anderen noch in der Nähe waren, denn ich konnte ihre Schreie laut und deutlich hören, aber ich hatte keine Chance, sie auszumachen.

Ich landete einen guten Schlag gegen ein Abby, das auf mich zustürmte, doch ich erkannte – viel zu spät –, dass der Winkel meines Schlags meine Deckung weit offengelassen hatte. Bevor ich meine Haltung korrigieren konnte, spürte ich, wie ein anderes mich packte, seine weißen Augen glänzten kalt, als es mich zusammen mit einer Gruppe weiterer Abbys gegen eine der großen Statuen in die Enge trieb.

Mein Herz pochte in meinem Brustkorb wie eine Trommel, und ich hob die rechte Hand und ließ meine Angreifer mit Ignis' Magie zu Asche zerbröseln. Doch es änderte nichts an meiner Lage. Immer mehr Chaosmagie drang aus den Wänden heraus, und ich begriff zwar nicht, warum, aber diese Abbys schienen deutlich stärker zu sein als diejenigen, denen ich bislang begegnet war. Sie bewegten sich zu schnell und zu sehr im Einklang, als dass ich ihnen wirklich etwas anhaben konnte. Die Verwunderung in mir wandelte sich schnell zu Panik. Wenn immer mehr Chaosmagie nachkam – wie sollten wir die Abbys besiegen?

Da griff jemand von links an meinen Arm. Ich holte instinktiv aus und hätte Dorian beinahe ins Gesicht geschlagen.

»Komm mit«, keuchte er und zog mich mit sich, während er mit seinen Sigil-Waffen um sich feuerte. Rücken an Rücken kämpfend, bahnten wir uns einen Weg in das Herz des Tumults, wo wir schließlich wieder auf die anderen trafen. Adam, Celine, Dina und Edge und Blicker hatten sich um Cedric und Nessa herum aufgestellt. Adams weißglühendes Sigil-Seil schnellte gegen einen Abby. Die schattenhafte Kreatur schlug um sich, aber Adam war bereit dafür. Während Celine sie mit einem Magieschild zurückhielt, schnitt er mit dem Seil durch ihre Körper hindurch.

Neben mir sprang Dina in die Höhe, um zwei der Abbys zusammenzuziehen und sie dann mit der Magiepeitsche ihres Sigils zu umwickeln. Das Ganze ging so schnell, dass die Abbys keine Chance hatten, sich zu wehren, und schon kurz darauf zu Magiepartikeln zerstieben.

»Weißt du«, keuchte Dorian und übernahm ein besonders großes Exemplar, das von links heranstürmte, »wenn das mit den Sieben irgendwann nichts mehr für dich ist, kannst du beim Auge anheuern.«

Ein Grinsen huschte über Dinas Gesicht. »Wie großzügig von dir.«

Ein weißer Magiestoß flog durch die Luft und traf eines der Abbys, das sich uns genähert hatte, mitten in den Kopf. Es fiel zu Boden, und Adam stellte sich über die Kreatur und schaltete sie mit einem weiteren Magiestoß aus.

Inzwischen standen wir in einem Kreis und kämpften Rücken an Rücken. Und für einen Moment sah es so aus, als ob wir damit die Oberhand gewinnen konnten. Als eine neue Gruppe Abbys auf uns zuschoss, durchschnitt Adam auch sie mit dem Lichtseil, das sich zwischen den beiden Schicksalswürfeln spannte. Ich ließ meine Klinge entstehen, schwang sie und schlug zu, nutzte sämtliche Magie, die ich hatte.

Wir töteten viele – doch je mehr es waren, desto mehr kamen nach. Zwar kreischten die Abbys vor Schmerzen, aber es schien, als würde sich ihre Chaosmagie schneller zusammensetzen, als wir sie auseinanderhacken konnten.

Und mit dieser Erkenntnis kam auch die Erschöpfung, geistig wie körperlich. Edge und Blicker hatten sich zu Cedric und Nessa in den Kreis zurückgezogen. Hinter mir hörte ich Dina atemlos fluchen und sah, wie Dorian für einen Moment auf den Boden taumelte, bevor er sich mit trotzigem Blick wieder aufrichtete und einen Abby davon abhielt, sich auf Cedric zu stürzen.

Wir müssen etwas tun. Jetzt.

Blind griff ich nach Adams Hand und suchte seinen Blick. Seine hellgrauen Augen trugen einen intensiven Magieschimmer in sich, ich fühlte sie regelrecht durch seinen Körper summen. Hitze. Kälte. Beides vibrierte zwischen uns.

Lass es uns noch einmal versuchen, rief ich in Gedanken. *Du kontrollierst, ich zerstöre.*

Ein eisiges Gefühl strömte von Adams Fingern in meine hinein. »Gebt uns Deckung!«, wies er die anderen an und rückte näher an mich heran, so dass er und Dorian mich nun von beiden Seiten abschirmten.

Dann tat ich das, was ich auch bei der Bündelung in London getan hatte. In dieser Nacht, in der Hunderte Abbys vom Himmel auf uns zugestürzt waren. Ich ging in mich, versuchte mich zu konzentrieren. So oft hatte ich versucht, die Trainingssphären mit Ignis' Magie auszuschalten, da sollte das hier doch kein Problem sein. Und tatsächlich flammte Ignis an meiner Hand auf, und es war, als würde es sämtliche Abbys gleichzeitig in den Fokus nehmen. Ich setzte Magieminen zwischen ihre Körper, und Adam fror die Zeit ein, immer wieder, so dass ich Dutzende von ihnen platzieren konnte – um sie dann alle gleichzeitig hochgehen zu lassen.

Wenige Sekunden später ließ ich Ignis' Magie in einer großen Welle über den Saal schwappen. Die Luft wurde von einer Explosion aus leuchtendem Rot zerrissen, die einen Großteil der Abbys mit sich nahm. Gleichzeitig wurde das gesamte Labyrinth erschüttert. Spalten öffneten sich im Stein, vervielfachten sich – bis in Richtung der Decke.

Für einen Moment glaubte ich, die Abbys vollständig zurückgedrängt zu haben, doch es stimmte nicht. Aus den Höhlenwänden drang neue Chaosmagie, die sich zu neuen Körpern formte.

Einem Instinkt folgend, streckte ich meine Hände nach vorne und zog die Chaosmagie mit Ignis' Hilfe zu mir, langsam, aber kraftvoll. Ich hörte, wie die anderen erschrocken meinen Namen riefen, ich machte jedoch weiter: Ich zog die dunklen Schwaden in meinen Körper hinein, jedes bisschen davon, bis sie in mir verschwanden.

Es war wie damals, als ich in der Baustelle des Heptadomes gelegen hatte, kurz bevor Adam und die anderen mich mit sich in den Mirror genommen hatten. Schwarze Linien tauchten auf meiner Haut auf, und ein gleißend heller Schmerz durchzuckte meinen Körper. Das Gefühl war so überwältigend, dass meine Beine mich nicht mehr tragen konnten.

Als ich zur Seite sank, legten sich mehrere Arme um mich. Das Letzte, das ich sah, waren Adams und Dorians besorgte Gesichter, bevor ich endgültig das Bewusstsein verlor.

Leise Atemzüge drangen zu mir. Ich öffnete die Augen und schaute mich verwirrt um. Wo … wo war ich?

Es war dunkel, von zwei Leuchtkäfern abgesehen, die über unseren Köpfen an den Wänden umherkrabbelten. Und wo auch immer wir waren, es war sehr … sehr eng.

Es musste eine Art Nische sein. Oder der Eingang zu einem schmalen Tunnel? Adam hielt mich in den Armen, in meinem Rücken war die Wand, er stand direkt vor mir. Die anderen konnte ich ein paar Schritte weiter in der Dunkelheit schon kaum noch erkennen, doch sie waren alle da: Edge, Blicker, Nessa, Dorian, Dina, Celine und zwischen ihnen Cedric, der versuchte, sich ohne seinen Rollstuhl auf den Beinen zu halten.

Zu unserer Rechten war die Halle mit den steinernen Thronen sichtbar, in der wir eben gewesen waren.

Als Adam bemerkte, dass ich wach war, drückte er sich einen Finger auf die Lippen und wies mich an, still zu sein. Zuerst verstand ich nicht, warum, doch dann, wie aufs Stichwort, schwebten ein paar Dutzend Abbys an unserem Versteck vorbei ruhig durch die Dunkelheit.

Offenbar bemerkten sie uns nicht – sie reagierten auf Bewegungen und Geräusche, doch sie konnten uns nicht sehen. Zumindest hoffte ich das. Trotzdem: In meinem Kopf war nur ein Gedanke. Es waren nicht mehr viele, aber sie waren noch da. Bedeutete das etwa, dass meine Kraftanstrengung komplett sinnlos gewesen war?

Alles in Ordnung?, fragte Adam in Gedanken, und ich war noch nie so glücklich darüber gewesen, auf diese Weise mit ihm sprechen zu können wie jetzt.

Ja, schickte ich durch die Verbindung zurück. Die Chaosmagie, die ich aufgenommen hatte, floss durch meinen Körper wie eine eisige Flüssigkeit, die meine Organe Stück für Stück durchwanderte, doch das Gefühl wurde bereits schwächer.

Adam legte eine Hand an meinen rechten Unterarm, kurz unterhalb von Ignis, und rieb über die Haut dort. Es waren keine schwarzen Linien mehr darauf zu sehen. *Du solltest die*

Chaosmagie nicht so nahe an dich heranlassen. Sie hätte dich damals fast getötet, oder hast du das vergessen?

Damals hatte ich Ignis noch nicht. Jetzt schon. Die Chaosmagie kann mich nicht mehr töten. Und es ist leichter, sie zu zerstören, wenn ich sie nahe an mich heranlasse.

Er furchte die Stirn. *Es ist trotzdem nicht gut für dich.*

Bei dem belehrenden Tonfall in Adams Stimme zogen sich sofort meine inneren Verteidigungsmechanismen in die Höhe. Ich streckte Adam Ignis entgegen, bis der rotschimmernde Magiekern direkt vor seinen Augen war. *Es hat uns gerettet. Und es geht mir gut. Was ist dein Problem?*

Adam seufzte. *Ich mache mir Sorgen.*

Du wolltest, dass ich dieses Sigil trage. Also musst du jetzt auch akzeptieren, wie ich es benutze.

Kaum, dass ich die Worte gedacht hatte, bereute ich sie auch schon. Ich atmete tief durch. Meine Stimmung glich mit einem Mal der Dunkelheit um uns herum. Dabei wollte ich überhaupt nicht so wütend auf ihn sein. Was war plötzlich mit mir los? Es war, als hätte die Chaosmagie, all das Schlechte, das ihr innewohnte, für eine kurze Zeit meinen Körper geschwemmt. Ich spürte bereits, wie sie sich wieder verflüchtigte, aber im Moment schien ich voll und ganz erfüllt von ihrer Wut.

Noch einmal nahm ich einen tiefen Atemzug, versuchte, auch den letzten Rest der Chaosmagie aus meinem Verstand abzuschütteln. Erst dann nahm ich die Verbindung wieder auf.

Es tut mir leid, sagte ich in Gedanken. *Ich habe es nicht so gemeint.*

Adam öffnete den Mund, doch dann atmete er nur leise aus und nickte. *Du solltest das nicht tun müssen,* fing ich schließlich von ihm auf. Ich spürte, dass er sich hilflos fühlte.

Was machen wir jetzt?, fragte ich mit einem Blick zu den

Abbys, deren gedämpfte Kreischlaute ich nun wieder wahrnahm. Sie verharrten noch immer in der Halle, auf irgendeine Bewegung lauernd, die ihnen ihr Ziel vorgab.

Adam folgte meinem Blick. *Ich weiß es nicht. Der Kompass deutet zu einem Korridor am anderen Ende der Halle. Wir werden uns noch einmal durch die Abbys kämpfen müssen.*

Alles in mir zog sich bei dem Gedanken zusammen, aber ich zwang mich, nicht zu verzweifeln. *Okay. Gib mir fünf Minuten.*

Adam entwich ein tonloses Schnauben, das in einer anderen Situation wohl ein Lachen gewesen wäre. Er schaute mich erneut forschend an, dabei schob er eines seiner Knie zwischen meine Beine, um einen besseren Stand zu bekommen. Eine Hand presste er gegen die Wand hinter meinem Kopf, die andere war irgendwo an meiner Hüfte.

Ist wirklich alles in Ordnung? Ich … wusste nicht, dass Ignis so etwas kann. Die Chaosmagie ist förmlich in dir verschwunden.

Es geht mir gut. Ich bin bloß erschöpft, gab ich zurück und fühlte allzu deutlich, dass die Worte die Untertreibung des Jahres waren. Ich war nicht erschöpft … ich stand im Grunde nur noch aufrecht, weil ich zwischen der Wand und Adams Körper gar keine andere Wahl hatte.

Ruh dich etwas aus, sagte er, und ich nickte und ließ meinen Kopf auf seine Schulter sinken. Die anderen hörte ich nur durch ihr stetes Atmen und die kaum wahrnehmbaren Worte, die sie von Mund zu Ohr austauschten. Wahrscheinlich warfen sie uns Blicke zu – schließlich hatten wir nie wirklich darüber gesprochen, was zwischen Adam und mir in Mirror-Rom passiert war. Aber Dina und Cedric dachten sich bestimmt schon lange ihren Teil.

Ich schloss die Augen und blendete die Gedanken aus. Aus der Nähe drang der Duft von Adams Haut zu mir. Eine Mischung aus Seife, einem Hauch Aschezucker und etwas Einzigartigem an ihm, das mich schon immer mehr angezogen hatte, als ich es zugeben wollte.

Unseren Kuss im Gewölbekeller des Tempels hatte ich in den letzten Stunden vollkommen ausgeblendet, aber jetzt kam die Erinnerung daran mit aller Macht zurück. Ausgerechnet hier, in der wohl denkbar schlimmsten Situation überhaupt.

Ich wusste, dass all das hier – die Athame, Nova, die Prädiktion – um ein Vielfaches größer war als wir beide. Dass ich mein eigenes Glück hintanstellen musste. Und das würde ich auch. Trotzdem ... eine leise Stimme in mir fragte sich nur eins: Würde Adam einfach zu Pandora Cavendish zurückgehen und sie heiraten, als wäre nichts passiert?

Eine Katastrophe nach der anderen, hörte ich Adam sagen und spürte, wie meine Wangen heiß wurden. Es fiel mir so schwer, meine Gedanken zu kontrollieren und zu steuern, was ich ihn hören ließ und was nicht.

Wirst du zum Auge zurückkehren?, fragte er mich da plötzlich, und mein Herz schlug sofort schneller gegen Adams Brust. *Eine Katastrophe nach der anderen,* entgegnete ich, was ein kleines Lächeln auf Adams Lippen zauberte.

Ich bin froh, dass du genauso gut im Probleme-Vertagen bist wie ich.

Es geht weniger ums Vertagen, sondern mehr darum, die Probleme zu lösen, die uns sonst den Kopf kosten. Ich schaute wieder zu den vorbeiziehenden Abbys und stellte mich dabei auf die Zehenspitzen, um mehr zu erkennen. Dabei presste ich mich noch stärker gegen Adam und stützte mich mit beiden Händen an der Steinwand hinter seinem Kopf ab.

Ein Schauer durchfuhr mich – und das so eisig und glasklar, dass es sich anfühlte, als würde jemand an meinem Kopf ziehen und ihn nach rechts drehen.

Ich drückte meine Hände noch stärker gegen die Wand.

Chaosmagie. Auch hier. Sie waberte eisigkalt durch jede noch so winzige Ritze und überlagerte jegliches andere Gefühl in mir. Cedric hatte recht. Die Magie war hier unten schon seit Jahrhunderten gefangen. Seit Jahrtausenden. Offenbar war sie irgendwann zu Chaosmagie geworden und hatte seither das gesamte Labyrinth durchzogen.

Und sie war in ständiger Bewegung.

Was ist los?, fragte Adam.

Ich schloss die Augen, fühlte, wie Ignis' Magie von meinem Arm in die Fingerspitzen und von dort in den Stein hineinfloss. Es war, als könnte ich mit einem Mal das gesamte Labyrinth fühlen, tief in meinem Körper, als wäre es ein Teil meines eigenen Nervensystems.

Die Chaosmagie ist in den Wänden, hörte ich mich selbst sagen. *Sie strömt in eine einzige Richtung … in einen Raum hinein, der voll mit Magie ist. Sehr mächtiger … und sehr alter Magie.*

Adams Augen weiteten sich. Er verstand sofort, was das bedeutete: Der Kompass zeigte den direkten und wahrscheinlich schnellsten Weg zur Athame. Doch die Magie … sie floss vielleicht über einen alternativen Weg dorthin. Einen Weg, der bislang noch in undurchdringlicher Dunkelheit verborgen lag.

Könntest du ihr folgen?, fragte er.

Ich horchte in mich hinein. Ignis spürte die Chaosmagie, so wie ich sie spürte. Als wäre es Blut, das durch meine Adern floss. Es zog mich völlig in seinen Bann, also streckte ich meine Magie aus, ließ sie gedanklich in die Ritzen zwischen den Steinen dringen. Es war, als würde ich einen Faden im Wind fangen und ihm folgen, um zu sehen, wo er endete.

Ja. Das kann ich.

26

Wir gaben den anderen mit Handzeichen zu verstehen, was wir vorhatten. Dann tasteten wir uns durch die Dunkelheit des schmalen Tunnels und bewegten uns so immer weiter weg von der Halle mit den sieben steinernen Thronen. Nachdem wir außer Sichtweite der Abbys waren, aktivierten wir die Leuchtkäfer, erzählten den anderen, was los war, und ich übernahm die Führung.

Das Desimeter zeigte zwar stur in die andere Richtung, doch Nessa betonte, es sei kein Problem für sie. Ich wusste nicht, ob das bedeutete, dass sie keine Schmerzen empfand, oder ob der Kompass einfach nur wusste, dass wir trotz allem auf dem richtigen Weg waren. Jedenfalls lief sie direkt hinter Adam und mir, während ich, die Hand an der Wand, die Pfade der Chaosmagie durch den Stein verfolgte.

Wir arbeiteten uns erneut durch die Gänge, die sich immer wieder verzweigten. Zwar kamen wir langsamer voran, weil Cedric ohne seinen Rollstuhl unsere Hilfe brauchte, doch dieses Mal kam es mir nicht vor, als würden endlose Stunden vergehen. Ich war hellwach – und hatte das Gefühl, kurz vorm Ziel zu sein.

Schließlich öffnete sich der Gang in einen runden Raum. Ich war die Erste, die hineinschritt, und ging fast in die Knie, so stark spürte ich jetzt die Chaosmagie. Über mir hörte ich ein Schwirren – die Käfer-Sigils formierten sich und strebten auf die Wand zu. Und was sie erleuchteten, waren diesmal keine Statuen, in denen ein tödliches Überraschungspaket auf uns wartete. Und auch kein Eingang zu einem neuen Tunnel, der uns weiter durch die Tiefe führte. Dieses Mal war es …

»Eine Tür«, hörte ich Nessa sagen, ihre Stimme voller Ehrfurcht. »Eine Tür in Nova.«

Es stimmte. Direkt vor uns tauchte eine hohe, goldene Tür in der Dunkelheit auf. Sie war von oben bis unten übersät mit den unterschiedlichsten Sigil-Gravuren, von denen mir jedoch keine sonderlich vertraut vorkam. Ich spürte eine Bewegung neben mir, es war Nessa, die sich an mir vorbeidrängte. Wie in Trance ging sie auf die Tür zu, flankiert von Blicker und Edge, dicht hinter ihnen kam Dorian. Wir anderen folgten ihr und legten allesamt den Kopf in den Nacken, um an der enormen Tür emporzusehen.

Nessa hob den Kompass triumphierend in die Höhe. Und ich bemerkte, wie die Nadel, die vorhin noch geirrlichtert hatte, plötzlich ganz ruhig stand. Sie war pfeilgerade auf die Mitte der Tür gerichtet.

»Ist es das?«, flüsterte ich zu niemand bestimmten und merkte, dass mein Atem vor Aufregung ganz flach wurde. »Sind wir … da?«

Dina half Cedric dabei, näher auf die Tür zuzugehen. Während sie ihn stützte, schaute er nach oben, über die enorme goldene Fläche vor uns. »Bevor wir die Tür anfassen, sollten wir erst herausfinden, was es mit diesen Inschriften auf sich hat. Sonst …«

Doch noch bevor Cedric zu Ende sprechen konnte, griff

Dorian an den siebeneckigen Knauf, der etwas aus der Tür hervorstand, und zog daran.

Ich schnappte nach Luft, allerdings tat sich nichts. Kein Geräusch, keinerlei Bewegung.

»Hast du sie noch alle?«, knurrte Celine und warf Dorian einen düsteren Blick zu. »Es hätte eine Falle sein können!«

»War es aber nicht, also beruhig dich wieder.« Dorian ließ vom Knauf ab und fuhr sich frustriert mit einer Hand über den Irokesen. Dann schaute er zu Celine. »Versuchst du es jetzt? Wofür hast du denn deinen Zauberschlüssel?«

»Ich bezweifle, dass Clavis die Tür öffnen kann«, schaltete sich Cedric ein. »Es wäre viel zu einfach.«

»Versuch es trotzdem«, sagte Nessa – wobei sie es eher befahl.

Celine warf einen finsteren Blick in ihre Richtung, zog aber schließlich den Saphirschlüssel hervor. Langsam steckte sie ihn in das Schloss – und tatsächlich überlagerte plötzlich ein winterblaues Licht das Gold. Die Tür öffnete sich zu einem Korridor, und ich glaubte schon, dass wir einfach hindurchlaufen konnten, doch als Dorian genau das versuchte, prallte er mit voller Wucht gegen eine unsichtbare Barriere.

»Das sah witzig aus«, kommentierte Dina grinsend von der Seite. »Mach ruhig weiter, vorzugsweise mit dem Kopf zuerst.«

Neben ihr zog Celine den Schlüssel wieder aus dem Schloss, und ihr Blick haftete konzentriert auf der Tür. »Ich kann einen Pfad öffnen, der Weg *in* den Raum hinein allerdings … der ist versperrt. So etwas habe ich noch nie bei einer Tür gefühlt. Vielleicht könnte ich uns sogar von hier wegbringen, aber höchstwahrscheinlich dann nicht mehr an diesen Ort zurück.«

Eine Einbahnstraße also. Großartig.

Dorian stieß einen frustrierten Laut aus. »Könnt ihr die Tür nicht … wegsprengen oder so was?« Er deutete auf mein Drachenarmband und dann auf Adams Würfel. »Ich meine … wofür habt ihr diese supermächtigen Dinger, wenn euch eine einfache Tür aufhält?«

Celine drehte sich mit einer gänzlich unbeeindruckten Miene zu ihm. »Schau dich doch mal um.« Sie deutete auf die kreisrunden Wände – und jetzt erst fiel mir auf, wie bröckelig sie waren. Sie waren durchzogen von Rissen und Lücken und wirkten, als würden sie bei dem bloßen Fingertippen in sich zusammenbrechen. Es grenzte an ein Wunder, dass dieser Bereich noch nicht eingestürzt war.

»Wenn hier unten diese Wände nachgeben«, fuhr Celine fort, »dann destabilisieren wir das ganze Labyrinth über uns. Und damit ganz Nova inklusive der Magiequelle. Also, hey, wenn du Todessehnsucht hast, nur zu!«

»Wir *werden* diese Tür öffnen«, antwortete Nessa an Dorians Stelle und hielt dabei das Desimeter so fest umklammert, dass ihre Knöchel weiß hervortraten. »Wir werden alles tun, was nötig ist.«

Ich hörte Cedric seufzen, während er mit konzentrierter Miene die Tür musterte. Während er sich auf Dina abstützte, zeichnete er mit den Fingern die Linien nach, die darauf zu sehen waren, und ich folgte den Bewegungen, aber ich wusste keine davon zu deuten.

Die ersten Träger der Dark Sigils *mussten* irgendetwas mit diesen Zeichen beabsichtigt haben. Aber was? Welche Geheimnisse verbargen sich hier?

»Es sind dieselben Sigil-Gravuren wie auch bei der Schmiede.« Cedrics Miene war düster. »Ich kenne die meisten davon nicht, es würde ewig dauern, alles zu übersetzen. Und ich kann unmöglich sagen, ob die Inschriften darauf hinweisen, wie die Tür zu öffnen ist.«

»Uns bleibt keine Wahl«, sagte Nessa. »Wir können nicht mehr umdrehen, der Ausgang ist mehrfach versperrt. Entweder, wir kommen durch den Raum hinter dieser Tür hinaus – oder nicht.«

»Vorausgesetzt, darin liegt nicht schon alles in Trümmern«, murmelte Dina.

»Vorausgesetzt, die Tür lässt sich öffnen«, warf Cedric ein, während er weiter auf die goldene Platte starrte.

»Wenn es jemand herausfinden kann, dann du«, sagte Adam ohne den geringsten Zweifel in der Stimme. Cedric wirkte furchtbar blass und müde, aber auf Adams Worte hin schob er sich energisch die Brille höher auf die Nase. Dann ließ er sich mit einem leisen Seufzen auf den Boden sinken, um dort seine mitgebrachten Bücher auszubreiten.

»In Ordnung. Legen wir los.«

Irgendwann schreckte ich auf. Ich musste eingeschlafen sein.

Jetzt, da die Zeit unsere Körper und ihre menschlichen Bedürfnisse nicht mehr eingefroren hatte, war die Müdigkeit so schnell über mich geschwappt, dass ich sofort weggenickt sein musste, als ich erst mal auf dem Boden saß.

Mein Rücken ächzte wegen des steinernen Untergrunds, als ich mich wieder aufrichtete. Ich schaute mich um. Das Bild hatte sich nicht groß geändert. Edge und Blicker saßen immer noch abseits vom Rest bei Nessa. Cedric, Adam und die anderen waren weiterhin mit der Tür beschäftigt.

Nur Dorian saß neben mir und warf mir ein kleines Lächeln entgegen, als ich zu ihm schaute.

»Ich bin … sehr beeindruckt«, raunte er.

Ich runzelte die Stirn. »Wovon?«

Dorian entwich ein tonloses Schnauben. »Nur du würdest eine Schar Abbys vernichten, uns dann noch durch dieses verfluchte Labyrinth navigieren und anschließend fragen, was mich beeindruckt hat.« Er rieb sich über seinen Irokesen. »Ich war beim Training oft nicht fair zu dir. Deine Kräfte sind außergewöhnlich. Und du weißt viel besser, wie du sie einsetzt, als ich es dir je beibringen könnte.«

Ich lächelte ihn an. »Zu deiner Verteidigung: Ich *bin* in Ohnmacht gefallen. Schon wieder.«

»Stimmt.« Dorian grinste. »Das war ziemlich lahm. Ihr Dark-Sigils-Träger seid einfach auch nicht mehr das, was ihr mal wart.«

Nun musste ich wirklich lachen und hörte erst damit auf, als ich merkte, dass die anderen sich zu uns gedreht hatten. Auch Adams Blick lag auf mir, doch er wandte sich wieder zur Tür, bevor ich den Ausdruck in seinem Gesicht deuten konnte.

Ich seufzte, legte Dorian kurz eine Hand auf die Schulter, dann drückte ich mich vom Boden hoch.

Cedric saß noch immer über seine Bücher gebeugt und versuchte konzentriert, die Inschriften auf der Tür zu entziffern. Irgendein Sigil schwebte dabei über den Seiten – eine Art Lupe, deren Glas winterblau schimmerte. Ich beobachtete, wie sich auf ihrem Glas nach und nach verschiedene Buchstaben formten, so lange, bis Cedric darauf tippte und sie von vorne anfingen.

»Hilft das bei der Übersetzung?«, fragte ich, und Dina nickte. Ihre schwarzen, kinnlangen Haare sahen aus, als hätte sie sie mehrfach gerauft. »Theoretisch schon.«

Cedric blätterte weiter in dem Buch, zeichnete mit der Fingerspitze Gravuren und ihre Bedeutung nach und verglich sie mit dem, was in die Tür geritzt war. Abgesehen vom Geräusch des Papiers hörte man nur das Summen der Leuchtkäfer, die über unseren Köpfen schwebten.

»Und? Irgendein Fortschritt?«, fragte Dorian nach einer Weile, während er über Cedrics Schulter schaute.

Niemand von uns hatte Cedric stören wollen, doch natürlich sprach Dorian damit das aus, was wir anderen uns nicht getraut hatten zu fragen. Und so war ich beinahe dankbar für sein fehlendes Taktgefühl.

Cedric deutete mit einer Hand auf eine Abschrift, die er in dem Notizbuch vor sich festgehalten hatte. Er hatte jedes der Symbole genau nachgezeichnet. »Es ist eine Nachricht. Hier, diese Gravur«, sein Daumen fuhr über die goldenen Zeichen, »sie bedeutet ›Tod‹ oder ›Gefahr‹. Und die Gravur daneben – ›Opfer‹.«

Celine schnaubte. »Das klingt ja sehr einladend.«

Cedric warf ihr einen Seitenblick zu. »Es sind Warnungen. Die ganze Tür ist voll damit.«

»Klar.« Dorian hob die Schultern. »Wäre auch komisch, wenn sie nach den ganzen tödlichen Fallen da draußen jetzt ›Herzlich willkommen‹ geschrieben hätten, oder?«

Sogar Cedric, mit all seiner Gutmütigkeit, verdrehte die Augen.

»Irgendetwas dazu, wie man sie öffnen kann?«, fragte Nessa nach, ihre Stimme voller Ungeduld.

Cedric nickte. »Ich gehe davon aus, dass die Tür wie ein Tresor geschützt ist. Es gibt mehrere Sicherheitsmechanismen, die einerseits mechanisch und andererseits mit Sigil-Magie funktionieren.« Er tippte auf eine Reihe von Symbolen, die für mich völlig rätselhaft aussahen. »Die mechanischen Mechanismen sind in den lateinischen Inschriften verschlüsselt. Ich glaube, die habe ich mittlerweile geknackt, aber an die Magieverriegelungen ist kein Drankommen. Es ist die Frage, in welcher Reihenfolge man die Sigils deaktivieren muss, und dafür gibt es unendlich viele Möglichkeiten. Das schaffen wir nicht.«

»Ein Tresor?« Ich schaute zu Edge. »Wäre das nicht etwas für dich?«

Edge hob lediglich die Augenbrauen, als würde meine Frage ihn verwirren, aber bevor ich nachhaken konnte, schaltete sich Nessa ein.

»Das ist kein gewöhnliches Schloss«, sagte sie, den Blick starr auf die Tür gerichtet. »Man muss nicht die Verriegelungen knacken. Die Vorfahren hätten die Athame niemals mit so etwas ... Profanem verschlossen, es wäre unter ihrer Würde gewesen.« Ihr Blick wanderte zu mir, und ich wusste, was sie sagen würde, bevor sie es aussprach. »Man muss die Magie lenken. Es ist eine Aufgabe für Ignis. Du kannst die Magie mit deinem Sigil steuern.«

»Chaosmagie«, erwiderte Adam. »Wenn, dann liegt in der Tür Chaosmagie. So wie überall in den Tunneln.«

Nessa verzog den Mund zu einem Halblächeln. »Und wie wir gesehen haben, ist Rayne fähig, auch diese Magie zu lenken. Nicht wahr?«

Ihr Tonfall war schärfer und drängender denn je. Jetzt, da Nessa ihrem Ziel so nahe war, spürte man ganz deutlich, wie fanatisch sie ihren Wunsch erfüllt haben wollte. Ich erinnerte mich daran, wie ich am Anfang unseres Wegs noch Respekt vor ihr empfunden hatte. Jetzt machte mich ihr Verhalten nervös.

Wenn Nessa nicht ans Ziel ihrer Wünsche kam, dann würde

das Desimeter sie verzehren. Konnte es sein, dass Todesangst aus ihr sprach?

»Aber wie?« Ich hob die Hände. »Woher soll ich wissen, wie ich die Tür öffnen kann?«

»Die Sigils wurden nacheinander aktiviert. Das ist natürlich schon Jahrtausende her, aber Magie hinterlässt immer eine Signatur«, erklärte Nessa. »Und anhand dieser kann man erkennen, wie die Sigils gesetzt worden sind.«

Als ich Nessa nur verständnislos ansah, setzte sie nach: »Du kannst die Reihenfolge, in der die Sigils damals aktiviert wurden, zurückverfolgen. Also geh genau in die gegengesetzte Richtung vor. Alles, was du dafür tun musst, ist, die Magie aus den jeweiligen Sigils herauszulösen.«

Klar. Nichts leichter als das, dachte ich, und als Adam das Gesicht verzog, wusste ich, was in ihm vorging.

»Nein.« Er zeigte auf die Wände um uns herum. Dann schaute er zu mir. »Ignis kann zwar die Chaosmagie neutralisieren, doch es ist offensichtlich alles andere als gut für dich. Wir finden eine andere Lösung.«

»Es gibt keine andere Lösung!«, fuhr Nessa ihn an.

Mit erhobenen Augenbrauen drehte sich Adam zu ihr.

»Es ist Raynes Entscheidung. Wenn ihr das Risiko zu hoch ist, werden wir –«

»Ich will es versuchen«, unterbrach ich ihn und berührte zögerlich seinen Arm. *Wir sind so weit gekommen. Lass uns herausfinden, was hinter dieser Tür liegt. Bitte.*

Adam furchte die Stirn. Ich spürte die Sorge in ihm – meinetwegen, wegen der Prädiktion, wegen einer dunklen Vorahnung, die er nicht deuten konnte. Doch schließlich nickte er, und ich drückte seinen Arm, bevor ich mich zu dem goldenen Portal drehte.

Gedanklich durchquerte ich die hauchdünnen Lücken im Metall und sah, was dahinter lag: goldene Zahnräder, die mit Hilfe von Magie in ständiger Bewegung waren, als würden sie eine Uhr aufziehen. Dabei drang durch Ignis plötzlich das Gefühl in mich hinein, dass ich tatsächlich *wusste*, in welcher Reihenfolge die Magie damals in die Tür gefüllt worden war. Ihre Bewegung lag wie ein Bild vor mir, und es war kompliziert – *so kompliziert* –, aber nicht unmöglich zu lösen. Entschlossenheit sickerte in mich hinein. Dann schaute ich zu Cedric. »Hilfst du mir?«

Er lächelte, und es wirkte sehr erschöpft – aber auch entschlossen. »Ja, wir machen es zusammen, Schritt für Schritt.«

In den darauffolgenden Minuten konzentrierte ich mich ausschließlich auf die Bewegungen der Magie und die Anweisungen, die Cedric mir von der Seite zuflüsterte. Eine Mischung aus Rumpeln und Surren hallte durch den inneren Mechanismus der Tür, während ich eine Verriegelung nach der anderen deaktivierte. Cedric lag mit jedem Zahnrad und jedem Schloss richtig. Gleichzeitig drang die Chaosmagie, mit der die Tür aufgeladen war, dabei immer weiter in meinen Körper. Ignis zerstörte sie Tropfen für Tropfen, so dass sie sich nicht in mir festsetzen konnte, aber ich spürte trotzdem, wie es mich innerlich immer mehr betäubte.

Alles in mir war von Chaosmagie erfüllt. Und je weiter ich vordrang, desto leichter wurde es. Die Reihenfolge, mit der die Tür damals verschlossen wurde, lag immer klarer vor mir, so dass es beinahe … simpel war, einen Mechanismus nach dem anderen zu entriegeln.

Mit jedem bisschen Chaosmagie, das ich in mir aufnahm, schien ich auf seltsame Art und Weise gelassener zu werden. Sie war wie ein Kokon, der sich um mich herum ausbreitete.

Die Chaosmagie surrte um meine Hände und drang in meine Haut ein, wo sie kleiner und kleiner und schließlich von ihrer eigenen Materie verschluckt wurde.

Rayne!, durchzuckte es mich. Die Sorge in Adams Gedanken war fast greifbar.

Gleich, beschwichtigte ich ihn, voll konzentriert auf das, was vor mir lag.

Du verstehst nicht, das ist eine … Der Gedanke brach ab.

Warte noch kurz, schickte ich über die Verbindung. *Ich habe es gleich.*

Langsam und behutsam verfolgte ich den Weg. Jede falsche Bewegung könnte dazu führen, dass ich wieder von vorne anfangen musste. Die Chaosmagie strömte jetzt nur so in mich hinein. Aber es tat nicht weh, im Gegenteil. Es fühlte sich gut an, denn ich wusste: Wenn ich fertig mit ihr war, würde nichts mehr von ihr übrig sein als Asche.

Die Athame war vor Jahrhunderten versteckt worden.

Doch ich würde sie finden.

Um jeden Preis.

27

29. Dezember 2021, 14:02 Uhr
In den Tunneln unter Nova
Leanore Tremblett ist 17 Jahre alt

Sie musste die Athame um jeden Preis finden.

Melvin starrte noch immer auf die Inschriften an der Wand, und das schlechte Gefühl, das Leanore bereits seit geraumer Zeit verspürte, durchdrang nun ihren gesamten Körper.

Sie waren schon seit Stunden – vielleicht sogar seit Tagen – hier in der Dunkelheit. Zuvor hatten sie eine gefühlte Ewigkeit nach dem Zugang zu den Tunneln gesucht. Erst hatten sie die Prime-Städte nahe Nova abgeklappert, und als sie dort auf das Symbol mit der Sonne und dem blauen Kreis in der Mitte gestoßen waren, hatte der Weg sie zum Ewigen Tempel geführt. Trotzdem hatte es sie viele Tage gekostet, bis sie den Platz mit dem Brunnen schließlich ausfindig gemacht hatten – und damit den Eingang in das unterirdische Höhlensystem.

Ein ungeheures Triumphgefühl war durch Leanore gekrochen, doch je tiefer sie in diesem Labyrinth herumirrten, in dem jeder steinerne Gang aussah wie der nächste, desto zorniger wurde sie.

Die gesamte Höhle war voll von Fallen und Chaosmagie. Immer wieder wurden sie von Abbys angegriffen, und sie schafften es kaum, sie zurückzuschlagen. Melvin nutzte Ignis, als hätte er noch nie etwas anderes getan. Als wäre es bereits seit Jahren mit ihm verbunden statt erst seit ein paar Wochen. Er sog die Chaosmagie der Abbys regelrecht in seinen Körper hinein, bevor er sie zerstörte, einen nach dem anderen.

Wieder glitt Melvins Blick zur Seite, zu den Inschriften an den Wänden. Er sorgte sich, das spürte Leanore. Die fremdartigen Symbole mussten zu denjenigen antiken Gravuren gehören, die über die Jahrhunderte hinweg verlorengegangen waren. Melvin war seit jeher besessen gewesen, was die antike Sigil-Sprache anging. Er hatte eine eigene kleine Bibliothek in seinen Zimmern und etliche uralte Bücher, in denen die Anfänge der Sigils erklärt wurden. Er interessierte sich für den Zusammenbau der Gravuren, die Verknüpfung ihrer Bedeutungen … das, was *zwischen* den Zeilen geschrieben stand …

Leanore hatte ihn früher aufgezogen, weil er sich mit Dingen befasste, die so weit in der Vergangenheit lagen. Doch nun hatte er sie mit seinem Wissen immer wieder in die richtige Richtung geleitet und an den unendlich vielen Abzweigungen so lange an die Wand gestarrt, bis er sagen konnte, welchen Weg sie wählen sollte.

Sie würden diesen Dolch finden.

Und dann konnten sie zusammen sein.

»Ein Fehler wurde behoben, das dunkelste aller Sigils verborgen, auf dass es nie wieder gefunden wird.«

Melvins Stimme erklang so unerwartet, dass Leanore kurz zusammenzuckte. Sie schaute zu ihm und sah, wie er beide Hände auf die Wand vor sich gelegt hatte.

»Was?«

»Lea«, war alles, was Melvin sagte. Langsam drehte er sich zu ihr um. »Wir müssen aufhören.«

Sie rührte sich nicht, schaute ihn nur weiterhin erwartungsvoll an, denn sicherlich würde er ihr gleich erklären, was er damit meinte. Sie holte tief Luft, sog den wundervollen Duft aus Staub und Aschezucker in sich auf. »Wir sind gleich da, oder nicht?«

Melvin schüttelte den Kopf. »Die Athame … ich glaube, sie ist gefährlich«, sagte er. »All diese Inschriften. Es sind Warnungen. Unsere Vorgänger wollten nicht, dass die Athame je gefunden wird. Irgendetwas ist damit nicht in Ordnung. Wir müssen … aufhören.«

Melvins Stimme klang so anders. Ernst. Unnachgiebig. Der Klang hinterließ ein unangenehmes Gefühl in Leanores Innerem.

»Nein.« Nur dieses eine Wort. Aber alles lag darin.

»Lea!« Melvin fasste an ihre Arme, suchte ihren Blick. »Wir sind beide am Ende unserer Kräfte. Ich kann nicht … ich kann nicht noch mehr Chaosmagie in mich aufnehmen. Es geht einfach nicht. Und du – irgendetwas stimmt mit dir nicht, das merke ich doch. Du bist nicht du selbst. Ich glaube, wir hätten nicht einfach aus Septem verschwinden dürften. Du warst monatelang eingesperrt, es ist verständlich, wenn du –«

»Es geht mir gut«, unterbrach Leanore ihn, und das Gesicht der toten Dienerin kam ihr wieder in den Sinn. Das Blut, das von ihrem Kopf hinab auf den Marmorboden getropft war. Es hatte genau dieselbe wunderschöne Farbe wie Melvins Haare gehabt. »Hör auf mit dem Unsinn, Melvin. Komm, lass uns weitergehen.«

Er reagierte nicht. Er starrte sie einfach nur an.

Der Zorn brodelte in Leanores Innerem hoch, dieser Zorn,

der ihr in den letzten Wochen und Monaten so vertraut geworden war. Und sie schämte sich nicht dafür – schließlich hatte er sie beide bis hierhergebracht.

»*Bitte*, Melvin. Wir brauchen diesen Dolch. Für uns.«

Er schüttelte den Kopf. »Ich kann nicht. Nicht so. Ich will dich nicht verlieren, Lea, ich …«

»Dann verlier mich nicht!«, schrie Leanore und stieß Melvin mit beiden Händen von sich. »Die Athame rettet uns! Sie bewahrt uns davor, Marionetten in diesem endlosen Spiel zu werden! Der Grund, warum sie hier verborgen liegt, ist nicht, weil die Athame *gefährlich* ist. Sondern, weil sie gefährlich für das System ist. Gefährlich für unsere Position im Mirror. Gefährlich für meinen Vater! Aber das kümmert mich nicht. Die Athame wird uns gehören. Nur uns! Sie wird uns über meinen Vater stellen, über die anderen Träger, über *alle*!«

Melvins Augen weiteten sich. Und er schaute sie an, wie er sie noch nie zuvor angeschaut hatte.

Als ob er Angst vor ihr hätte.

»Wenn ich zurück nach Septem gehe«, fuhr Leanore fort, »dann ist das endgültig. Mein Vater hat sehr deutlich gemacht, dass er mit meiner Verlobung nicht mehr warten wird. Ich werde Magistrat Ricards Sohn heiraten. Dann werden sie mich zwingen, ein Kind zu bekommen. Ich …« Sie brach ab, und Melvin machte einen Schritt nach vorne und umfasste ihre Arme.

»Ich weiß«, flüsterte er, seine Stimme belegt. »Nichts daran ist fair.«

»Nicht *fair*? Und das ist dein letztes Wort dazu? Dass du es nicht fair findest, aber trotzdem zulässt? Hast du uns also längst aufgegeben?«

»Ich würde alles tun, um mit dir zusammen zu sein«, erwiderte Melvin eindringlich. »Ich würde jede Regel brechen und mit dir weglaufen, wenn ich wüsste, dass wir eine Chance hätten. Aber das hier …« Er deutete zu den Wänden. »Das hier ist größer als wir. Das spüre ich. Und ich möchte nicht, dass du dich zwischen mir und der Dunkelheit entscheidest. Ich will nicht, dass dein Licht von ihr überschattet wird.«

Melvins Hände lagen noch immer an Leanores Schultern. Sie spürte, dass er zitterte, während er seine Daumen über ihre Schlüsselbeine gleiten ließ. »Wir *müssen* den Dolch zurücklassen. Bitte, Lea. Lass ihn hier. Lass uns gehen.«

Sie riss sich von ihm los, hob die Hand, und das Sigil-Armband an ihrem rechten Handgelenk leuchtete auf. Melvin machte einen Schritt zurück, sein Mund öffnete sich, als feine blaue Schwaden aus ihrer Hand waberten. Doch Leanore zögerte nicht, als sie einen Magiestoß auf ihn abfeuerte und ihn mitten in der Brust traf.

Er wich nicht einmal aus, sondern schluckte den Schmerz hinunter. Erst beim zweiten und dritten Mal bewegte er seine Hand, ließ Ignis ihre Angriffe in der Luft zerfasern, so dass sie nur noch ein Windhauch waren und sonst nichts.

Lea ließ ihren Arm sinken. »Verschwinde!«, zischte sie, ihre Stimme erstickt von Tränen.

»Lea, bitte …«

»Verschwinde! Oder ich bring dich auch noch um!«

Stille senkte sich über den Tunnel, und Melvin starrte sie an, seine Augen schreckgeweitet. »Was … was hast du getan?«

Leanore hob das Kinn. »Du hast die Wahl, Melvin. Entweder du stehst an meiner Seite und findest den Dolch für mich. Oder wir sind Geschichte. Eine dritte Option gibt es nicht.«

28

Es klackte. Die Tür öffnete sich. Sie öffnete sich! Doch dahinter lag nur weitere Dunkelheit, zumindest so weit ich es sehen konnte, und eine staubige, uralte Luft, die mir entgegenkam.

Mein Atem war laut und hallte als Echo durch die Leere vor mir. Ein überwältigendes Gefühl von Triumph durchflutete mich, und ich blinzelte mich wieder in die Realität zurück.

Erst da wurde mir klar, dass Adams Ruf mitten im Satz abgebrochen war. Stattdessen trat Nessa so plötzlich von der Seite auf mich zu, dass ich nicht anders konnte, als sie instinktiv mit der Hand abzuwehren.

Nessa hielt ihre Hände hoch. »Ganz ruhig. Du hast das … sehr gut gemacht.« Sie stierte hinein in den dunklen Gang, der nun ohne jegliches Hindernis vor uns lag, und ihre Augen funkelten vor Begierde. »Sehr, sehr gut.«

Da lag etwas in ihrer Stimme, das mir eine Gänsehaut über den Körper jagte. Etwas, das Nessas üblichen Ehrgeiz um ein Vielfaches überstieg. Ich drehte mich suchend um, schaute zu den anderen und … erstarrte.

Adam, Dina, Celine und Dorian – sie standen mit völlig leerem Blick hinter mir. Sie wirkten wie Zinnsoldaten, die sich nicht mehr rührten. Ihre Augen waren teilnahmslos in die Ferne gerichtet. Niemand von ihnen bewegte sich. Niemand blinzelte auch nur.

So, als wären sie überhaupt nicht mehr hier.

Es war wie vorhin bei Lily, Zorya und den anderen, als sie einfach hinter der herabstürzenden Wand stehen geblieben waren, und ich spürte, wie Angst mich erfasste.

»Was ist hier los?«, stieß ich aus und bemerkte erst jetzt, dass Edge mit beiden Armen Cedric im Schwitzkasten hielt.

»Seid ihr wahnsinnig?« Ich stürzte vorwärts und versuchte, zu Cedric zu gelangen. Doch da fasste auf einmal von hinten Blicker an meine Schultern. Er drückte mich fest an seine breite Brust, und bevor ich wusste, was passierte, hatte ich plötzlich Fesseln an meinen Armgelenken. Sie schienen etwas in mir lahmzulegen, und ich war unfähig, mich dagegen zu wehren.

Waren das etwa Magiehemmer?

Ich versuchte, auf Ignis zuzugreifen. Die Wärme kroch durch meinen rechten Arm, löste sich aber sogleich wieder auf. Verdammt!

»Was zum Teufel macht ihr da?«, schrie ich Edge entgegen. Der schwieg, hatte lediglich ein schmales Lächeln auf den Lippen.

Verzweiflung kroch durch jede Zelle meines Körpers. Edge und Blicker waren die ganze Zeit schon seltsam gewesen, und ich hatte geglaubt, dass sie einfach angespannt gewesen waren wie der Rest von uns. War das hier etwa von Anfang an ihr Plan gewesen? Hatten die Rebellen, angeführt von Nessa, von vornherein vorgehabt, uns eine Falle zu stellen?

Aber *wieso*? Und wie hatten sie Celine, Dina und Adam ausschalten können? Das war schlichtweg nicht möglich, egal, welche Sigil-Repliken sie dabeihatten.

Plötzlich kam mir in den Sinn, was Adam eben versucht hatte, mir zuzurufen. Den Satz, den er nicht zu Ende gebracht hatte. Er hatte mich warnen wollen.

Mein Blick zuckte zu ihm. Er stand neben Celine, Dina und Dorian, keiner von ihnen regte sich.

Adam! In Gedanken brüllte ich immer wieder seinen Namen, doch die Verbindung zwischen uns fühlte sich wie ein mit Nebel überzogenes weites Feld an. Es war unmöglich, zu ihm durchzudringen.

Nessa trat an mir vorbei und machte einen Schritt auf Adam zu. Dadurch drehte sie mir den Rücken zu, und ich konnte ihr Gesicht nicht mehr sehen. Sie starrte Adam für einige lange Sekunden an, und meine Angst wuchs ins Unermessliche, als sie kurz eine Hand auf dessen Brust legte – dorthin, wo sein Herz schlagen musste.

Sie würde ihm nichts antun, oder? Sie würde nicht wirklich Rache an ihm üben für Leanores Mord an ihrer Tochter? Ich konnte mich unmöglich so sehr in ihr getäuscht haben.

»In Ordnung«, sagte Nessa jedoch nur und machte wieder einen Schritt in unsere Richtung. Im nächsten Moment knarrte es, und mir entfuhr ein Schrei, als sich eine Wand von oben herabsenkte … genau an der Stelle, die zwischen Adam, den anderen und mir lag.

»Adam!«, rief ich, aber es war zu spät. Die Wand fuhr weiter hinab, bis die vier dahinter verschwunden waren.

Ich begriff nicht, was vor sich ging.

Ich verstand es einfach nicht.

»Rayne«, würgte Cedric mühsam hervor. Selbst im schlechten Licht konnte ich erkennen, dass er in Edges Griff schon ganz blau angelaufen war und seine Augen kaum noch blinzelten. »Eine … Illusion.«

Was?

Was meinte Cedric damit? Dass Adam und die anderen in einer Illusion gefangen waren? Aber woher … woher sollte sie kommen?

Auf einmal fingen Blickers Arme, die mich noch immer an sich gedrückt hielten, an zu zittern. So heftig, dass er mich kaum mehr festhalten konnte. Ich versuchte, mich von ihm loszureißen.

Nessa seufzte und wandte sich mit genervter Miene an Edge. »Regel das. Wir brauchen ihn noch.«

Edge drückte Cedric in Nessas Arme und kam zu mir. Er griff in seine Jacke, holte etwas hervor und …

Ich erstarrte.

Es war der Engelsspiegel. Divinus. Sebastians Sigil.

Edge bemerkte meinen geschockten Blick und lächelte, während er auf sein linkes Ohr zeigte. Auf einen goldenen Stecker, der dort angebracht war. Ein Siebeneck. »Syntho-Sigils, Rayne«, sagte er. »Eine sehr interessante Erfindung. Ich habe gehört, du hast erst kürzlich Bekanntschaft damit gemacht.«

Es dauerte nur eine Sekunde, bis ich verstand.

Eine winzige Sekunde.

Edge war nicht Edge. Es war Sebastian, der vor mir stand.

Er hatte die Höhle niemals vor uns betreten. Stattdessen war er die gesamte Zeit über direkt an unserer Seite gewesen. Deshalb hatte ich seine Magie immer wieder gespürt – ich hatte es nur nicht verstanden. Nicht inmitten all der Chaosmagie, die mir den Verstand vernebelt hatte.

»Wie?«, stieß ich hervor, was Edge – nein, Sebastian – ein Lächeln entlockte.

»Wo wäre der Spaß, wenn ich es dir einfach erzählen würde? Ich mag es, wenn du mich für geheimnisvoll hältst.«

Ich halte dich für einen Psychopathen, wollte ich entgegnen, doch der beißende Kommentar blieb mir im Hals stecken, als Sebastian seinen Sigil-Spiegel vor mich hielt. Ich glaubte schon, dass er mich damit gefügig machen wollte, aber zu meiner Verwirrung hielt er ihn stattdessen vor Blickers Gesicht.

Und da, endlich, verstand ich es. Blicker … er war Matt. Es musste so sein. Die beiden waren während der gesamten Zeit im Labyrinth Seite an Seite gewesen, Edge hatte Blicker immer wieder gut zugeredet. Das musste er getan haben, um Matt unter Kontrolle zu behalten.

Matt war also noch immer durch Divinus seines eigenen Willens beraubt. Und das erklärte auch eine andere Sache: Matt war es gewesen, der uns von den anderen getrennt hatte. *Er* hatte Zorya, Lily und die Soldaten mit einer Illusion an Ort und Stelle festgehalten. Waren die Wände, die die Gänge getrennt hatten, überhaupt echt gewesen? Oder hatte Matt nur dafür gesorgt, dass es sich so anfühlte?

Ein Zittern ging durch mich hindurch. »Hör auf«, flehte ich Sebastian an. »Lass ihn frei. *Bitte.*«

Da griff Sebastian an sein Gesicht. Als er gegen den Siebeneck-Ohrring tippte, veränderte sich sein Gesicht schlagartig. Aus Edges grünen Locken wurden lange blonde Haare, die Sebastian zu einem Pferdeschwanz nach oben gebunden hatte. Die Fliegerbrille verschwand, stattdessen erschienen Sebastians Augen, durch goldene Lidstriche und Ornamente umrahmt. Und sein Mund, der zu einem selbstgefälligen Lächeln verzogen war.

Wie gerne hätte ich es ihm aus dem Gesicht geschlagen.

»Nicht so kurz vorm Ziel, fürchte ich.«

»Du gehörst zu den Sieben«, versuchte ich es trotzdem.

»Kann das nicht reichen? Du könntest dich mit Adam versöhnen und …«

Sebastian schnaubte. »Adam wird den Thron nicht halten können. Und dir gebe ich die Wahl: Entweder wechselst du die Seiten. Oder du gehst mit ihm unter. So einfach ist das.«

Damit schaute Sebastian wieder zu Matt. Er griff an dessen Kopf, tastete ebenfalls an dessen Ohr entlang. Und ich schluchzte beinahe, als Matt hinter dem Syntho-Sigil zum Vorschein kam.

Seine gütigen, bernsteinfarbenen Augen waren leer und ausdruckslos. Und sein Gesicht …

Mein Herz zog sich schmerzhaft zusammen. Matts Gesicht, das immer so freundlich und warm gewesen war, wirkte eingefallen und kraftlos.

Was hat er bloß mit dir gemacht?, dachte ich verzweifelt.

»Nur noch ein kleines bisschen, Matthew«, sagte da Sebastian in einer Stimme, die mit einem Mal voller Sanftheit war. Er hielt Divinus vor Matts Gesicht, während er seinen Mund in Matts Nackenbeuge drückte. »Du hast es bald geschafft«, hörte ich ihn flüstern. »Ich weiß, dass du mir helfen willst, und ich bin sehr stolz auf dich.«

Matts Hände hörten augenblicklich auf zu zittern. Während er in den Spiegel starrte, beruhigte sich seine Atmung, und ich verzweifelte innerlich.

Wie hatten wir uns nur so leicht austricksen lassen? Wieso war uns nicht aufgefallen, dass Edge und Blicker nicht mehr sie selbst waren? Ich verstand nicht, wie es so weit gekommen war. Ich wusste nur, dass Sebastian ohne jeden Zweifel die Schattenathame haben wollte.

»Sehr gut«, lobte da Nessa, die Cedric noch immer festhielt. Ich schaute zu ihr, und mein Herz hämmerte gegen meine Brust. Denn ich war mir mit einem Mal sicher, dass auch ihr Gesicht durch ein Syntho-Sigil verändert worden war. Zwar hatte Nessa Sebastian bereits einmal als Mittel zum Zweck benutzt, aber sie würde nicht uns alle – vor allem nicht ihren eigenen Enkelsohn – einfach so verraten.

Aber wer war sie? Eigentlich konnte es nur Nikita Fairburn sein, die letzte der sieben Träger. Sie hatte sich zwar bislang im Hintergrund gehalten, sie war allerdings die Einzige von den Sieben, die noch Kontakt zu Sebastian gehabt hatte.

»Töte ihn«, sagte sie da auf einmal. Ihr Blick war dabei auf Matt gerichtet.

»Was?«, fragte Sebastian, sichtlich verwirrt.

»Nicht du ihn.« Die Stimme, die wie Nessas klang, nahm einen genervten Unterton an. »*Er* soll den Attwater-Jungen töten.«

Erneut zitterten Matts Hände, und die Bedeutung der Worte ließ alles in mir zu Eis gefrieren.

»Ihr könnt Cedric doch einfach gehen lassen!«, wandte ich ein. »Verpasst ihm eine Illusion, wenn ihr müsst, aber bitte … *bitte* tut ihm nichts!«

Sebastians Blick glitt kurz zu mir – ein Anflug von Unsicherheit darin –, bevor er auf Cedric hinabsah. »Er ist so schwach und kränklich … es ist überhaupt nicht nötig, ihn zu töten. Wahrscheinlich hat er ohnehin nicht mehr als ein paar Wochen zu leben. Und außerdem …« Sebastian legte eine Hand auf Matts Wange. »… ist Ceddy schon seit seiner Kindheit Hals über Kopf in Matthew verliebt. Es wäre unnötig grausam, ihn ausgerechnet von ihm –«

»Sebastian.« Nessas Stimme schnitt durch seinen Satz hindurch wie ein Beil, und auch ihr Tonfall gewann dabei an Schärfe. »Eure Liebesgeschichten interessieren mich nicht.

Egal, wie kränklich er ist – Cedric Attwater ist eine ernstzunehmende Gefahr für uns. Er weiß zu viel. Also gib Matthew den Befehl. *Jetzt.*«

Angst kroch meine Wirbelsäule empor. Ich sah Sebastian an, dass er Cedric zwar nichts tun wollte, aber sich dieser Frau – wer auch immer sie war – nicht in den Weg stellen würde.

»Nicht«, flehte ich trotzdem, verzweifelt und hoffnungslos, doch da hob Sebastian erneut seinen Spiegel direkt vor Matts Gesicht. Er lehnte sich zu ihm, flüsterte ihm etwas ins Ohr, und ich schrie los, als Sebastian mich an sich nahm und dafür Matt mit langsamen, zielsicheren Schritten auf Cedric zulief.

»Matthew«, hauchte Cedric mit krächzender, dünner Stimme. Sein Gesicht war verzerrt vor Furcht. Er war zu klug, um nicht zu erkennen, was jetzt geschehen würde. Zittrig stützte er sich am Boden auf, versuchte mehrfach zur Wand zu rutschen, kam aber nicht weit.

Ich schrie weiter, als Matt sich zu Cedric hinabbeugte und ihn ohne das geringste Zögern am Hals packte. Er zerrte ihn mit einem Griff an die Kehle auf die Füße, schlug ihn dann heftig gegen die Wand und beugte sich über ihn.

Ich wollte mit aller Kraft meine Hände aus den Fesseln befreien, um Matt mit Ignis etwas entgegenzusetzen. Aber die verdammten Magiehemmer blockierten mich, ich hatte keine Chance.

Cedric würgte. Er würgte und legte seine Hände an Matts Schultern. Irgendetwas wollte er zu ihm sagen. Ich konnte erkennen, wie sich seine blassen Lippen bewegten und er sich anstrengte, die Worte herauszubringen. Doch er schaffte es nicht.

Matts Hände zitterten heftig, trotzdem hielt er Cedrics

Kehle umklammert. Er drückte ihn mit der vollen Körperlänge gegen die Wand. Nachdem Cedric sich anfangs noch hin und her gewunden hatte, erschlafften nun seine Bewegungen. Er schloss die Augen, wurde bleicher, während Matts Hände immer stärker zitterten.

Da drang Cedrics Stimme ganz schwach an meine Ohren.

»Nicht ... deine Schuld«, krächzte er. »Matthew ... Es ist ... nicht deine Schuld.«

Tränen stachen mir in die Augen. Ich wusste, wie viel Matt Cedric bedeutete. Und dass er ihm in diesem Moment noch versuchte zu helfen, zerriss mir das Herz.

Matt stöhnte. Es klang furchtbar gequält. Und in der nächsten Sekunde – ließ er Cedric los.

Stattdessen feuerte er zwei Magiestöße auf Sebastian und Nessa ab.

»Bring ihn unter Kontrolle!«, rief Nessa, und Sebastian stürzte auf Matt zu, doch der rief einen Schild empor, der zwischen ihm, Cedric und Sebastian durch die Luft waberte. Ich sah, wie instabil Matts Magie war, sah, dass er kaum bei sich war. Der Schild flackerte – und als Sebastian einen Magiestoß dagegen warf, lenkte Matt ihn zur Seite, wo er mit voller Wucht gegen die Steinwand krachte.

Staub wirbelte auf. Felsbrocken fielen von der Decke hinab, und ich wusste genau, was geschehen würde, wenn wir das Ganze eskalieren ließen. Die Wände würden nicht standhalten. Und die Tunnel um uns einstürzen. Wenn wir hier drin kämpften, würden wir alle sterben.

Das schien auch Nessa – oder wer auch immer sie war – zu verstehen. Sie zerrte mich in Richtung der offenen Tür, und ich rief nach Cedric und Matt, aber die beiden konnten kaum sich selbst retten. Matts Schild bröckelte bereits. Sein Gesicht war vor Schmerz so verzerrt, dass ich ihn nicht wiedererkannte. Er hatte sich schützend über Cedric gebeugt, beide Arme auf den Boden gepresst. Er würde nicht mehr lange durchhalten.

Da rief Nessa Sebastians Namen, der – wie ein braver Schoßhund – sofort von Matt abließ. Stattdessen rannte er in unsere Richtung, geradewegs auf die Tür zu, die so viele Jahrhunderte verschlossen gewesen war, vorbei an den Inschriften an der Wand, die uns etwas zu sagen versuchten, was ich nicht verstand.

Und nun nie mehr erfahren würde.

Die Tür verriegelte sich mit einem satten Knirschen hinter uns. Weil ich noch so intensiv mit der Chaosmagie darin verbunden war, spürte ich förmlich, wie die Zahnräder sich bewegten, der Schließmechanismus einrastete und die Tür wieder zu der unüberwindbaren Barriere wurde, die wir vor noch nicht mal einer Stunde vorgefunden hatten.

Nun standen wir in einer Höhlenkammer, deren Ausmaße ich nicht mal ansatzweise erkennen konnte. Überhaupt reichte mein Sichtfeld nur wenige Meter zu allen Seiten. Dahinter: pure Dunkelheit.

Das Wissen, dass die anderen nun nicht mehr an meiner Seiten waren, legte sich wie ein Eisenband um meine Kehle. Gleichzeitig zog sich das Gewicht meiner Fehler wie ein unförmiger, langer Mantel hinter mir her und wurde mit jedem Meter schwerer und schwerer.

Würden Cedric und Matt aus dem Labyrinth herauskommen? Ich wusste es nicht. Genauso wenig wusste ich, was aus Adam und den anderen geworden war. Ich hatte keine Ahnung, ob sie noch in Matts Illusion gefangen waren oder wer von ihnen noch lebte. Ich wusste nur, dass ich mit all meiner Versessenheit, Freiheit zu erlangen, all das hier erst möglich gemacht hatte.

Die Frau, die sich als Nessa Greenwater ausgab, lief etwas vor Sebastian und mir. Sie hatte sich den letzten verbliebenen Leuchtkäfer aus der Luft gegriffen und auf ihre Schulter gesetzt. Sein Sirren gesellte sich nun zu den rauen, trockenen Atemstößen, die über meine Lippen kamen und die sich anfühlten, als würden sie aus meiner Seele gerissen werden.

Sie leben noch, sagte ich mir wie ein Mantra. *Sie müssen noch leben. Sie müssen einfach.*

Schritt für Schritt bewegten wir uns vorwärts. *Es gibt kein Zurück,* dachte ich. Verzweiflung hüllte mich ein, dick und erstickend wie Treibsand. Kälte drang in meinen Körper, und ich hatte das Gefühl, die Temperatur sank mit jedem Meter, den wir hinter uns brachten.

Schließlich fiel von oben etwas Licht herab auf eine schmale Brücke vor uns. In einem Bogen führte sie über einen tiefen Abgrund hinweg. Einen Boden konnte ich nicht ausmachen, alles unterhalb der Brücke war in Nebel gehüllt.

Oder … nicht in Nebel. Sondern in Chaosmagie. Meine Sinne spielten völlig verrückt, seit wir die Türschwelle hinter uns gelassen hatten. Ich hatte das Gefühl, förmlich in Magie zu *schwimmen*, und ich hörte die tonlosen Bewegungen vieler, vieler Abbys – wie Windböen, die sich ihren Weg durch kleinste Gabelungen und Ritzen bahnten. Ich konnte nicht sagen, wie viele es waren. Dutzende, Hunderte womöglich. Sie griffen nicht an. Aber wenn es dazu kam, würde ich sie nicht besiegen können, selbst ohne die Magiehemmer nicht. Vorhin hatten Adam, Dina, Celine und Dorian mir den Rücken freigehalten, bis ich Abby für Abby hatte töten können, ohne ihre Hilfe allerdings – ohne Adams Kontrolle – war ich aufgeschmissen.

»Wer sind Sie?«, fragte ich, doch Nessa hielt den Rücken zu mir gedreht und antwortete nicht. Auch Sebastian reagierte nicht auf meine Worte. Er lief zwar direkt neben mir, sein Blick aber war starr in die Schwärze des Höhlenraumes gerichtet.

Diese Frau konnte nicht Nikki sein. Ich war Nikki Fairburn zwar nur zweimal begegnet und immer kurz, aber das war sie nicht, das spürte ich. Nikki war strahlend wie eine Sonne und hatte stets eine unglaubliche Präsenz in alle Richtungen ausgesandt. Trotz aller Distanziertheit hatte sie mir gegenüber nie wirklich feindselig gewirkt.

Diese Frau dagegen … sie war kalt. In jeder Art und Weise kalt.

Sebastian zog mich hinter sich auf die Brücke. Ich setzte einen Fuß vor den anderen und versuchte, den Schmerz zu ignorieren, der sich von meiner Magengrube über jeden Winkel meines Herzens bis ins Mark meiner Knochen ausbreitete.

Ich will sie wiedersehen. Ich will sie alle wiedersehen und dann niemals mehr in Gefahr bringen.

Natürlich wusste ich, dass ich keinen Trost würde finden können – nicht jetzt. Also musste ich jeden Atemzug so nehmen, wie er kam. Bevor ich eine Sigil-Trägerin wurde, war ich Rayne Sandford gewesen, das Waisenkind ohne jeglichen Besitz. Ich hatte gelernt, was nötig war, um wieder aufzustehen – jedes einzelne Mal, wenn ich am Boden gelegen hatte.

Und das … war ganz sicher nicht Nettigkeit.

»Was ihr mit Matt gemacht habt – dafür werde ich euch töten«, knurrte ich, und dieses Mal bekam ich die gewünschte Reaktion.

»Er hat nur getan, was sein Herz ihm befohlen hat.« Sebastian schaute ohne jegliches schlechte Gewissen zu mir. »Außerdem habe ich mich gut um ihn gekümmert, keine Sorge.«

»Du hast seinen Willen gebrochen!«

»Was weißt du schon?« Sebastian zerrte mich zu sich. »Du kennst uns kaum ein paar Monate und bildest dir ein, ein Urteil fällen zu dürfen? Matthew und ich sind seit unserer Kindheit miteinander verbunden. Er liebt mich, das hat er immer schon.«

»Wenn du dir so sicher wärst, hättest du ihn einfach um Hilfe gebeten, statt ihn mit deinem Sigil zu manipulieren.«

Nun hatte ich einen Nerv getroffen. Sebastian packte mich an den Schultern. Ich stolperte und kam dem Abgrund unter der Brücke für einen Moment gefährlich nahe, bevor Sebastian mich wieder zu sich zog. Von oben schaute er auf mich herab, sein wütendes Gesicht nur Millimeter von meinem entfernt. »Hör auf, Rayne. Ich mag dich. Es wäre also eine Schande, wenn ich dich tö–«

Sebastian fror mitten im Satz ein. Sein Gesicht erstarrte, seine Finger fielen von meinen Schultern hinab, und als ich verwirrt an ihm vorbeischaute, hatte Nessa eine Hand in seine Richtung gehoben.

»Stase«, erklärte sie knapp. »Ich kann seine selbstverliebte Stimme einfach nicht mehr hören. Es ist wie ein endlos andauernder Kopfschmerz. Und wir haben Wichtigeres zu tun.«

Ich starrte die Frau ungläubig an. Sie hatte gerade ihren wichtigsten – ihren einzigen – Verbündeten ausgeschaltet. Einfach so. *»Wer zum Teufel sind Sie?«*

Nessas Kopf neigte sich ganz leicht, dann lief sie auf mich zu, bis wir uns von Angesicht zu Angesicht gegenüberstanden.

Mehr oder weniger.

Die Strenge in Nessas Miene war nichts Neues. Und auch ihre Augen waren mir vertraut. Doch was ich *darin* sah, war mir ganz und gar fremd. Es hatte nichts mit der Ernsthaftigkeit und der unbeirrbaren Überzeugung zu tun, die ich an Nessa kannte. In diesen Augen – so identisch sie auch waren – lag etwas Böses, das mir den Atem raubte.

»Dein Vater hatte nicht den Mut, diesen Weg zu Ende zu gehen«, sagte die Frau mit einer Stimme, deren gleichgültiger Tonfall mir plötzlich schrecklich vertraut vorkam. »Aber das wirst du nun für ihn nachholen.«

»Mein Vater?«, flüsterte ich, meine Worte kaum mehr als ein Hauch. Behauptete sie etwa, mein Vater wäre hier gewesen? In Nova? In dieser Höhle? Ich starrte die Frau vor mir forschend an. *»Wer sind Sie?«*

Ruhig griff sie an ihr Ohr, an dem – ich hatte es ja bereits geahnt – ebenfalls ein Syntho-Stecker zum Vorschein kam. »Eine sehr praktische Erfindung«, sagte die Frau. »Ich hatte sie einst selbst in Auftrag gegeben, aber die Sigils haben nie recht funktionieren wollen. Als ich vor einigen Wochen hörte, dass es einen Durchbruch gab, war meine Freude *riesig*.«

Damit drückte sie auf das Sigil und binnen Sekunden verwandelte sich das Gesicht vor mir. Schwarze Haare wurden zu weißen. Bleiche Lippen färbten sich blutrot. Falten verschwanden, wurden zu glatter, makelloser Haut. Und die Augen … Das dunkle Braun verlor an Farbe, wurde erst grau, bevor ein silbriger Schimmer sich davorlegte. Es war eine Augenfarbe, die ich kannte – die ich *liebte*.

Eine Augenfarbe, durchzogen mit all der Kälte, zu der wohl nur eine Tremblett imstande war.

29

Leanore Tremblett sollte tot sein.

Sie hatte sich umgebracht, so hatte man es mir zumindest immer wieder erzählt.

Ich wusste kaum etwas über sie, und das, was ich wusste, glich dem Schicksal, das alle Sieben ereilte: Adams Mutter war von Geburt an auf ihre Rolle als Oberhaupt des Mirrors vorbereitet worden. Sie war eine Trägerin gewesen, genau wie ich, und hatte ihr gesamtes Leben in Septem verbracht.

Ich wusste auch, dass Leanore Tremblett in meinen Vater verliebt gewesen war, angeblich so sehr, dass der Schmerz sie schlussendlich in den Suizid getrieben hatte.

Eines Tages, nachdem sie die Krone des Mirrors bereits an ihren Sohn weitergegeben hatte, war Leanore Tremblett während einer Bündelung einfach in die Masse aus Abbys hineingelaufen und nicht wieder zurückgekehrt.

Es gab Augenzeugen für ihren Tod. Matt. Sebastian. Die Magiehäscher, die bei ihnen gewesen waren. Doch irgendwo … *irgendwie* … stimmte etwas an dieser Geschichte nicht, die sich alle erzählten.

Denn Leanore Tremblett war am Leben.

Und sie stand direkt vor mir.

»Du siehst deinem Vater sehr ähnlich«, sagte sie zu mir, den

Kopf schiefgelegt, ihre Stimme beinahe etwas nachdenklich. »Ich überlege schon die ganze Zeit, ob es das, was wir jetzt tun werden, leichter oder schwerer macht.«

Ich schaute kurz über ihre Schulter hinweg in die Dunkelheit. Hinter der Brücke lag eine Art Plateau, in dessen Mitte eine Säule aufragte.

Es war nicht schwer zu erraten, was darauf lag.

Und mit einem Mal begriff ich. Begriff, was in den letzten Tagen – nein, sogar in den letzten Monaten – geschehen war. Leanore und Sebastian mussten sich zusammengetan haben. Aus Gründen, die mir schleierhaft waren. Und sie hatten gewollt, dass wir den Weg zur Athame finden. Vielleicht hatte Leanore Nessa die Informationen in Hongkong sogar zugespielt? Jedenfalls musste sie dafür gesorgt haben, dass wir das Desimeter für sie holten, weil wir ohne es niemals zur goldenen Tür gelangt wären.

Die Tür – *sie* war der Grund, warum Leanore mich gebraucht hatte. Und womöglich für all das, was hier in der Kammer noch auf uns wartete.

»Was haben Sie mit Nessa Greenwater und den anderen gemacht?«, fragte ich. Meine Gedanken glitten zurück zu dem Brunnen, wo wir die verletzte Magiehäscherin gefunden hatten, und die Puzzleteilchen in meinem Kopf setzten sich zusammen. Was, wenn die Magiehäscherin gar nicht bei einem Unfall gestorben war? Was, wenn sie nur etwas gesehen hatte, was sie nicht hatte sehen sollen?

Leanore schüttelte bloß den Kopf, griff an die Fesseln an meinen Händen und zerrte mich weiter über die Brücke. Ich wehrte mich mit allen Kräften, stieß meine Füße gegen den Untergrund und lehnte mein gesamtes Gewicht in die entgegengesetzte Richtung.

Leanore hielt inne, atmete tief durch, und ihr Blick glitt zurück zu mir. »Du bist eine Harwood durch und durch, nicht wahr? Stur bis zum Ende.«

Ich hob das Kinn. Was wollte sie von mir hören? Ich kannte weder sie, noch kannte ich meinen Vater. Und diese ganze Versessenheit auf die früheren Generationen und vermeintlichen Charaktereigenschaften, die von Träger zu Träger weitergereicht wurden … war einfach nur nervig.

Ein Dark Sigil zu tragen fühlte sich an, als würden mich eiserne Ketten in meine Zukunft ziehen. Ich weigerte mich zu akzeptieren, dass auch mein Innerstes nicht wirklich mir gehörte.

»Meine Güte, dieser Blick.« Leanore schnaubte. »Der gleiche starrsinnige Mut deines Vaters. Du denkst, wenn du es nur genug willst, dass sich die Welt schon irgendwann fügen wird, nicht wahr?« Sie schüttelte den Kopf, dann kam sie näher und beugte sich zu mir. »Aber so funktioniert es nicht. Ja, ich weiß, was du für meinen Sohn empfindest. Und du willst, dass deine Liebe zu ihm genug ist, aber lass mich dir die Enttäuschung ersparen: Adam wird sich deinetwegen nicht ändern. Nicht wegen einem wertlosen Straßenmädchen wie dir.«

Es war ein Köder. Ich wusste, dass sie an meiner Fassung rütteln wollte, damit ich mir einen Fehltritt leistete. Der Trick war so alt, dass ich auf keinen Fall darauf hereinfallen sollte.

Aber was nützte Logik gegen einen knochentiefen Schmerz, gegen einen Schatten, der in meinem Herzen lauerte und jetzt mein Innerstes wie schwarzes Wasser überspülte?

Ich stürzte mich auf sie. Mit festgebundenen Händen, an denen Magiehemmer wirkten, konnte ich nicht viel ausrichten, aber in diesem Moment wäre ich absolut zufrieden damit gewesen, diese Frau einfach mit der Wucht meines Körpers zu Boden zu stoßen.

Doch sie wich so elegant aus, dass ich nur gegen ihre Schulter prallte und nach einem kurzen Gerangel, bei dem ich schnell unterlag, hatte sie mich auf die Knie gezwungen.

Schwer atmend saß ich vor Leanore, und als ich mich aufraffte, versteinerte ich förmlich. Hinter ihr schwebten auf einmal mehrere Abbys in der Luft. Sie griffen uns nicht an, sie warteten einfach nur, den Blick auf mich gerichtet. Und Leanore … Leanore hatte die Hand in meine Richtung ausgestreckt und von jedem ihrer Finger schwebte eine dünne Schwade Chaosmagie – so spitz wie eine Nadel und auf meine Kehle gerichtet.

»Ich war immer schon fasziniert von Ignis«, sagte sie mit einem Lächeln zu mir. »Der Gedanke, Magie kontrollieren zu können … Nicht nur normale Magie, sondern auch Chaosmagie … es ist berauschend, nicht wahr?«

Mein Blick heftete sich an Leanores rechten Unterarm. Unter dem Ärmel ihrer Jacke war ein Sigil zum Vorschein gekommen. Von oben bis unten war es schwarz eingefärbt, doch die Form war mir schrecklich vertraut: ein Drache, der beide Flügel zu den Seiten ausstreckte. Der einzige Unterschied lag darin, dass dieses Sigil offenbar mit Grains verbunden werden musste, damit es funktionierte.

»Es hat mich Jahre gekostet – und mehrere Schmiede –, es so zu formen, dass es *beinahe* an die Macht deines Dark Sigils herankommt. Die Kunst war, sich auf das zu besinnen, was wichtig war, also habe ich mich entschieden, dass ich Magie nicht zerstören können muss, sondern lediglich kontrollieren. Und nicht alle Magie – nur Chaosmagie.«

Ich zitterte. Und ich wusste nicht, ob es der Tremor war

oder einfach nur die pure Angst. Denn Leanore Tremblett trug ein Sigil, das – abgesehen von der schwarzen Farbe – ganz genauso aussah wie Ignis. Ich hatte keine Ahnung, wozu es imstande war, aber ganz offensichtlich konnte sie Chaosmagie damit steuern.

Und diese Halle … sie war *voll* mit Chaosmagie.

Ich schluckte, als die Abbys hinter Leanore noch etwas näher schwebten. Sie hatte sie unter Kontrolle, konnte sie befehligen. Konnte ihnen sagen, dass sie mich töten sollten.

Ignis pulsierte an meinem rechten Arm, seine Magie schien für einen Moment in wütenden Wellen durch mein Blut zu schwappen, bevor es wieder versiegte. Ich konnte nicht darauf zugreifen.

Ich war ihr vollkommen ausgeliefert.

Verzweifelt schaute ich über die Schulter zu Sebastian, der noch immer in einer Stase eingefroren dastand. Selbst, wenn er sich daraus befreien könnte … er würde mir wohl kaum helfen. Was auch immer Leanore Tremblett Sebastian versprochen hatte – er war längst so weit gegangen, dass er sich gegen *alle* gestellt hatte.

Als Leanore wieder an meinen Arm griff, folgte ich. Ich lief ihr hinterher, geradewegs über diese Brücke, die über ein Meer aus Chaosmagie führte.

»Was wollen Sie mit dem Dolch?«, fragte ich, aber Leanore schnaubte nur.

»Meine Beweggründe müssen dich nicht interessieren. Du wirst den Dolch für mich holen. Mehr musst du nicht wissen.«

Ohne auf eine Reaktion von mir zu warten, zerrte sie mich am Arm hinter sich her. Während ich über die Brücke stolperte, zog sich alles in mir zusammen. Doch ich hatte keine

Zeit, mich meinem Selbstmitleid hinzugeben, denn schon hatten wir das Ende der Brücke erreicht. Das Plateau lag nun unmittelbar vor uns.

Darauf: die Säule, die ich eben schon gesehen hatte. Sie war siebeneckig, aus Stein geschlagen und umgeben von einer dichten, umherwirbelnden Düsternis.

Leanore hob das Desimeter vor sich. Es war von einem glühenden Licht erfüllt, das aus der Sanduhr emporstieg und dann verblasste.

Wenn es noch irgendeinen Zweifel daran gegeben hatte, dass wir direkt vor der Schattenathame standen, war er hiermit Geschichte.

Leanores Herzenswunsch hatte sich erfüllt.

Dank mir.

»Es ist genau so, wie es in den Aufzeichnungen steht«, sagte sie fast ehrfürchtig. »Die damaligen Sieben haben einen Schutzschild um die Athame gelegt. Ich habe längst vermutet, dass er mit der Zeit in Chaosmagie umgeschlagen ist.« Sie schaute zu mir. »Gut, dass wir beide so geschickt darin sind, mit ihr umzugehen, nicht wahr?«

Ich schluckte. Um die Säule waberten *unzählige dichte* Schwaden voller Chaosmagie. Wie eine Hülle hatten sie sich darum gelegt, man konnte den Dolch nicht einmal erkennen.

Leanore wollte, dass ich all diese Chaosmagie zerstörte? Mit ihr zusammen?

Ich hatte in den letzten Stunden so viel Chaosmagie in mich aufgenommen ... die Kräfte, die ich gebraucht hatte, sie zu neutralisieren, waren am Ende.

»Wenn ich versuchen soll, da durchzukommen ...«, sagte ich langsam, »... dann werden Sie mir die Fesseln abnehmen müssen.«

Leanore nickte. »Das werde ich. Und weißt du, warum ich mir so sicher bin, dass du mich nicht angreifen wirst?« Sie lächelte mich an. »Erstens, weil ein Kampf hier unten mit ziemlicher Sicherheit das Höhlensystem über uns einstürzen lassen und deine Freunde unter sich begraben wird. Zweitens, weil du die Athame selber haben möchtest und das hier deine einzige Chance ist. Und drittens ... der vielleicht wichtigste Punkt ...« Das Lächeln wurde breiter. »All die Abbys, die hier bei uns sind, halten sich gerade meinetwegen zurück. Und wenn du mich attackierst, dann werde ich sie auf dich loslassen. Meinst du, du kannst allen von ihnen standhalten?«

Ich presste die Lippen aufeinander und sagte nichts. Die Überlegenheit in Leanores Stimme ließ mich innerlich brodeln, doch sie hatte recht. Die Abbys hatten sich im Halbkreis um uns herum positioniert, und es wirkte tatsächlich so, als würden sie nur auf Leanores Befehl warten. »Wenn Sie mich töten, kommen Sie nicht an die Athame.«

»Ich bin schon einmal auf halbem Weg gescheitert. Ich habe kein Problem, noch einen dritten Anlauf zu nehmen.«

Ein Bluff. Sie wollte diesen Dolch. Sie wollte ihn so sehr, dass ihr Wunsch danach sogar das Desimeter hatte befehligen können, was bedeutete, sie *musste* an ihr Ziel kommen. Doch es änderte nichts an meiner Situation. Wenn ich mich gegen Leanore stellen würde, liefe es wohl nur auf eine Frage hinaus: ob ich hier unten allein sterben würde oder mit ihr zusammen.

Mit düsterer Miene streckte ich Leanore meine zusammengebundenen Hände entgegen. Sie öffnete die Fesseln mit einem Klacken, und ich streckte kurz meine Arme durch.

Nein, ich würde sie nicht angreifen können. Nicht, wenn ich nicht wollte, dass unser ganzer Weg umsonst gewesen war.

Aber ich musste ihr auch nicht die Athame überlassen. Wenn ich sie erst hatte … dann konnte ich immer noch versuchen, meinen Weg hier rauszukämpfen.

Leanore deutete auf die Magieschwaden, die sich um das Podest drehten. »Mach es einfach so, wie du es vorhin mit den Abbys gemacht hast. Nimm die Chaosmagie in dich auf. Neutralisiere sie. Stück für Stück. Es liegt in deinem Blut.«

»Wie meinen Sie das?«

»Dein Vater …«, Leanore deutete in die Dunkelheit, »dein Vater war ebenfalls hier. Nicht in diesem Raum, aber wir hatten es nicht mehr weit. Er tat, was nötig war, um den Weg für uns zu säubern. So wie du.«

Also stimmte es. Mein Vater musste Adams Mutter so sehr geliebt haben, dass er mit ihr die Athame gesucht hatte. Sie hatten denselben Plan verfolgt wie wir – wie *ich*. Und womöglich auch dieselbe Hoffnung gefühlt.

»Die anderen Ignis-Träger haben es nie gewagt, Chaosmagie zu lenken«, sagte Leanore. »Sie waren Feiglinge. Aber nicht dein Vater. Und ich vermute, er hat eine gewisse … Immunität an dich weitergegeben.« Sie legte den Kopf schief. »Du hattest dich damals mit Chaosmagie infiziert, nicht wahr? Schwer sogar. Das hättest du ohne Ignis unter normalen Umständen nicht überlebt.«

Ich konnte mir nicht vorstellen, dass sie die Wahrheit sagte. Schließlich erinnerte ich mich noch bestens an die Schmerzen, die ich im Heptadome erlitten hatte, als die Chaosmagie aus mir herausgequollen war. Es hatte sich angefühlt, als würde es mich von innen zerreißen und nicht, als wäre ich dagegen *immun*.

Leanore deutete auf meine Hände. »Diese Krankheit, die du hast … das Zittern. Hast du dich nie gefragt, warum es nicht verschwunden ist, seit du Ignis trägst? Warum du nicht so gesund bist wie die anderen Sigil-Träger?«

Ich hob mein Kinn, um nicht zu zeigen, wie sehr sie mich verunsicherte. Ich hatte keinerlei Ahnung, woher sie von meinem Tremor wusste. Aber ich schätzte mal, Sebastian hatte etwas damit zu tun.

»Sie werden es mir bestimmt gleich sagen«, gab ich kühl zurück, und Leanore schenkte mir ein schmallippiges Lächeln, das so schnell verschwand, wie es aufgetaucht war.

»Dein Körper hat in all den Jahren stets vergeblich nach der Magie von Ignis gesucht. Und es stimmt: Dieses *Verlangen* hätte dir mit der Zeit schwer zugesetzt, aber es ist nicht der Grund für das Zittern. Das ist die Chaosmagie. Sie war dank deines Vaters von Geburt an ein Teil von dir. Sie fließt in deinem Blut, in winzigen Mengen – nie genug, um wirklich etwas zu bewirken. Und das hat dein Körper nicht verkraftet – und tut es auch heute nicht.«

Ich zögerte. Mein Tremor, der mich bereits mein gesamtes Leben begleitete, sollte das Resultat von Chaosmagie-Resten in meinem Blut sein? Ich wollte sofort verneinen, ihr sagen, dass sie sich ihr blödsinniges Gerede sonstwo hinstecken konnte, aber die Worte kamen nicht über meine Lippen.

Wieso sollte sie deshalb lügen? Es brachte ihr keinen Vorteil. Also konnte es genauso gut die Wahrheit sein.

»Wann immer du so weit bist …« Leanore deutete in Richtung der Säule.

Ich würde mich nicht dazu herablassen, von ihr gezwungen zu werden. Also stellte ich mich näher heran und hob die Hände.

Es war kalt. So kalt, wie sich Chaosmagie immer anfühlte. Ignis leuchtete an meinem rechten Arm auf, der Kern sandte ein rötlichwarmes Licht zu allen Seiten, das sich binnen Sekunden in den feinen Ornamenten über meine Arme und von dort über meinen gesamten Körper zog.

Leanores Gesicht lag starr auf meinem Sigil. Ich hatte keine Ahnung, was ihr durch den Kopf ging, aber ahnte, dass es etwas mit meinem Vater zu tun haben musste.

Ich zwang mich dazu, ihr keine Beachtung mehr zu schenken. Stattdessen konzentrierte ich mich voll und ganz darauf, die Chaosmagie so langsam und stetig in mich aufzunehmen, wie es nur irgendwie ging.

Leanore half mir mit ihrer Replik, das Tosen rund um die Säule etwas zu bändigen, und ich zerstörte die dunklen Schwaden Millimeter für Millimeter. Meine Hände zitterten, aber ich gab nicht nach. Durch die Dunkelheit hindurch nahm ich ein erstes silbriges Schimmern wahr.

»Weiter so«, hauchte Leanore, und mit einem Mal schien die Gleichgültigkeit in ihrem Gesicht und ihrer Stimme zu wanken. Sie wirkte beinahe ehrfürchtig.

Ich tat, was sie sagte. Schwade um Schwade löste ich in Nichts auf, bis wir einen ersten Blick auf die Athame erhaschen konnten.

Eine Klinge mit einem silbernen Griff, in dem ein schwarzer Kern eingelassen war. Sie war alt – man sah sofort, wie viele Jahrhunderte dieser Dolch bereits hier lag. Doch seine Form war perfekt geschmiedet, ohne jeglichen Fleck oder irgendeine Einkerbung.

»Mach weiter!«, drängte mich Leanore, und ich setzte alles daran, die Athame vollständig freizulegen. Immer mehr Chaosmagie nahm ich in mich auf, bis mir schwindlig wurde und ich mich kaum noch auf den Beinen halten konnte. Als ich endgültig ins Wanken kam, umklammerte Leanore meine

Schultern und hielt mich aufrecht. Sie stützte mich, während ich es, völlig in mich versunken, geschehen ließ.

Es war kalt. *So kalt.* Trotzdem glitten die Schwaden weiter in meine Hände hinein.

Die letzte verbliebene Chaosmagie in mich aufzunehmen fühlte sich an, als würde ich etwas trinken, von dem mir klar war, dass der nächste Schluck mich töten würde. Es war purer Schmerz und purer Willen, nicht aufzuhören. Die Chaosmagie umnebelte nicht nur meine Sicht, sondern auch meinen Verstand. Und dann verschwand das letzte bisschen Dunkelheit in meinen Fingern.

Wie aufs Stichwort wurde die gesamte Höhle in einem Farbblitz erleuchtet, Licht wirbelte von der Säule nach oben in Richtung der steinernen Decke, als die Plattform unter unseren Füßen zu beben begann. Eine Symphonie aus tausend Schreien, die sich zu einem einzigen verschmolzen, hallte durch die Luft. Das Licht war blendend und drängte die Dunkelheit mit nichts als reinem Weiß von uns weg.

Und dann lag sie da. Die Schattenathame.

In der Mitte der Säule, direkt vor Leanore und mir.

Nimm sie in die Hand, durchzuckte es mich. *Nimm den Dolch, bevor sie es tut.*

Ich stürzte nach vorne, doch meine Glieder waren taub, alles an mir schien wie festgefroren. Meine Finger streckten sich in Richtung der Athame. Sie lag nur Millimeter von mir entfernt, und für eine winzige Sekunde glaubte ich, sie zu fassen zu bekommen, da stieß Leanore mich zur Seite.

Ich war zu schwach, um mich abzufangen. Ich taumelte, geradewegs auf den Abgrund zu, der die Plattform umgab, – und krachte nur wenige Zentimeter davon entfernt zu Boden.

Als ich herumwirbelte, hatte Leanore längst den Dolch in

der Hand. Und hinter ihr – ich konnte es mit meinem vernebelten Verstand erst kaum erkennen –, hinter ihr hatten sich unzählige Abbys versammelt, die in der Luft verharrten.

»Egal, was du jetzt tust, der Ausgang dieser Situation wird immer derselbe sein«, sagte sie mir, während sie den Dolch fest umklammert hielt. »Ich empfinde es als höhere Gerechtigkeit, als … Wiedergutmachung, dass du mir den Weg hierher eröffnet hast, nachdem dein Vater alles dafür getan hat, ihn mir zu verwehren.«

Verwehren? Wie meinte sie das? Ich dachte, mein Vater hatte versucht, ihr zu *helfen.*

»Und jetzt …«, sagte Leanore. »Gibst du mir dein Sigil.«

Sie wollte, dass ich den Dolch sofort benutzte. Sie wollte, dass ich ihr mein Sigil gab. Sie wollte das *echte Ignis* haben.

Noch bevor ich antworten konnte, zogen sich mit einem Rumpeln weitere schwache Risse durch die Halle. Von dort, wo die Lichtsäule emporgeschossen war, regnete Staub auf uns herab. Die Luft wurde dünner. So, als würde die Dunkelheit nur darauf warten, uns unter sich zu begraben.

Ich setzte mich mühsam auf und umklammerte meinen rechten Unterarm. »Nein«, sagte ich.

Leanore kam näher, ebenso wie die Abbys in ihrem Rücken. Von der Decke rieselte immer mehr Staub und zerbrochenes Gestein.

Ich versuchte, vor Leanore davonzukriechen, aber mein Körper gehorchte mir nicht. Und so schlug ich nur schwach gegen ihren Arm, als sie mich am Kragen meines Oberteils packte und dann hinter sich herschleifte.

Sie brachte mich zur Mitte der Brücke, dorthin, wo Sebastian stand. Er hatte sich offenbar aus seiner Stase befreit, auch wenn er noch nicht wieder ganz bei sich zu sein schien.

»Schneid es ihr ab«, befahl Leanore und hielt ihm die Athame entgegen. Sebastian starrte verwirrt auf den Dolch und dann auf mich. Seine Augen weiteten sich, aber bevor er etwas erwidern konnte, ertönte ein Kreischen. Im Nebel unterhalb der Brücke nahm ich plötzlich Bewegungen wahr. Ich konnte nicht erkennen, wer oder was es war – ich sah nur einen dunklen Schatten. Er verschmolz mit der allumfassenden Dunkelheit des Raums, so dass es unmöglich war zu sagen, was auf uns zukam.

Plötzlich rumpelte die gesamte Brücke, erneut fielen Steine von oben herab. Was auch immer da unter uns war … es musste gegen einen der Stützpfeiler der Brücke gekracht sein.

Und dann sah ich es. Nicht in aller Klarheit, aber zumindest die Umrisse: Es war eine Kreatur – ein weiteres Abby. Doch dieses Mal war es so groß, wie ich noch nie zuvor eines gesehen hatte.

Obwohl es ein Schock war, dass es ein derart riesiges Abby überhaupt gab, dachte ich gleichzeitig: *Klar, warum nicht?* Wenn man auf die Ereignisse der letzten Monate zurückblickte, macht es durchaus Sinn, dass das verlorene achte Dark Sigil, von dem niemand wusste, dass es existierte und das vor Jahrhunderten versteckt worden war, von einer überdimensionierten Kreatur aus Schatten bewacht wurde.

Es ähnelte im Aussehen den anderen Abbys, außer dass der Körper kräftiger war und es keine Augen zu haben schien. Trotzdem taumelte es mit untrüglichem Instinkt auf uns zu.

Wir sprangen in verschiedene Richtungen davon und wichen so nur knapp der massiven Gestalt aus, als sie dort auf den Boden krachte, wo wir noch vor wenigen Sekunden gestanden hatten. Das darauffolgende Erdbeben riss mich fast von den Beinen.

Da schnitt auf einmal ein bläuliches Licht durch die Dunkelheit. Saphirblau und … grell gleißend. Und als ich meinen Blick zur Seite neigte, erkannte ich die Gravur, die sich in der Ferne bildete – dort, wo die goldene Tür nicht mehr zu sehen gewesen war.

Zwei Rauten, in der Mitte ein Schlüssel.

Clavis.

Ich starrte auf das blaue Licht und betete – betete, dass das, was ich sah, echt war.

Im Magiekorridor, der sich in der Dunkelheit formte, tauchte ein vertrautes Gesicht auf.

Es war Celine. Sie musste sich aus ihrer Illusion befreit haben, nachdem Matt sie nicht mehr darin gefangen hielt. So wie die anderen vielleicht auch. Zumindest hoffte ich das.

»Komm schon, Harwood!«, schrie sie mir zu, und ich begriff, dass sie nicht durch die Tür hindurchkonnte. Dark Sigil hin oder her – in den Athameraum war offensichtlich kein Eintritt möglich, wenn man die Sicherheitsbarrieren nicht lahmgelegt hatte.

Ich hievte mich auf die Füße, getrieben von der Hoffnung, dass nicht dasselbe galt, wenn man hier herauswollte.

Im Augenwinkel nahm ich wahr, wie Leanore und Sebastian dem Riesenabby auswichen und gleichzeitig immer weiter davon zurück zur Plattform getrieben wurden.

Erst nach einigen Schritten drehte ich mich noch einmal um. Sebastian fing meinen Blick auf, er war voller Angst.

»Komm mit uns!«, rief ich ihm zu, aber er schüttelte nur den Kopf und folgte Leanore tiefer in die Höhle hinein, bis ich beide nicht mehr sehen konnte. Das Plateau war von einer derart tiefen Dunkelheit umgeben, durch die es kein Durchkommen mehr zu geben schien.

Ich zögerte noch immer. Doch nicht weit weg von mir brach ein Stück der Decke herab, und das versetzte mich schlagartig in Bewegung.

»Schneller!«, schrie Celine. Die goldene Tür war von ihrer blauen Magie nur so durchzogen, allerdings sah ich, dass der Durchgang alles andere als stabil war. Das blaue Licht flackerte, und ich zwang mich, schneller zu rennen, über die Brücke und dann die letzten Meter des Höhlenbodens. Am Magiekorridor angekommen presste ich beide Hände dagegen, fühlte eine Barriere und für wenige Sekunden flammte Panik in mir auf, womöglich für immer hier gefangen zu sein. Da aber umschlossen Celines Hände meine, und sie zog an mir.

»Bei allen Sieben, Harwood, gib dir etwas Mühe!«, presste sie mit vor Anstrengung bebender Stimme hervor. Ich klammerte mich an sie, drängte gegen die Barriere, während sich Ignis' rötliche Magie Stück für Stück hindurchfräste. Und als die Höhle hinter mir endgültig in sich zusammenstürzte, zog Celine noch einmal kräftig an meinen Händen, so dass ich durch die Barriere und direkt in ihre Umarmung fiel.

TEIL 5

DIE EWIGE BIBLIOTHEK

30

Endlose Mengen Wüstensand zogen an mir vorbei. Düne für Düne, während die Mittagssonne nur langsam ihrer Bahn folgte.

Ich starrte stumm nach draußen durch das Fenster des Shuttles, wie ich es bereits die letzte Stunde getan hatte. Um mich herum war es still – die Sorte Stille, die voller Unbehagen war.

Dina und Celine saßen neben mir auf den Ledersitzen, und es kam mir vor, als würde keine von ihnen es auch nur wagen zu atmen. Dorian hatte etwas weiter entfernt Platz genommen, den Blick – und den gesamten Körper – von uns abgewendet. Seine linke Schläfe war mit verkrustetem Blut überzogen, was ihn nicht zu kümmern schien. Adam stand dagegen vor der Ausgangstür, die Handflächen an deren Rahmen gedrückt, den Blick durch die Glasfläche nach draußen gerichtet.

Ich hatte keine Ahnung, was in ihren Köpfen vor sich ging. Seit Celine uns mit Clavis' Hilfe zurück in das Nova nächstgelegene Wüstendorf gebracht hatte, hatten wir kaum mehr als ein paar Worte miteinander gesprochen. Adam hatte zwar sichergestellt, dass es mir gutging, doch seit dem Moment, als ich ihm und den anderen erzählt hatte, was genau in der

Athamekammer passiert war, schien er nicht mehr wirklich hier zu sein.

Obwohl ich ahnte, woran er dachte, versuchte ich mich aus seinem Kopf herauszuhalten, so gut es ging. Dass seine Mutter noch am Leben war und ihren Tod lediglich vorgetäuscht hatte, musste unfassbar für ihn sein. Ich konnte es selbst kaum glauben.

Und noch weniger, was es für unsere Zukunft bedeutete.

Aus Nova gab es keine Nachricht. Wir wussten nicht, was aus der Stadt geworden war und wie tief die Zerstörung reichte, die der Kollaps des Höhlensystems nach sich gezogen hatte. Wir wussten nicht, was aus der echten Nessa und aus Edge und Blicker geworden war und ob Lily und all die anderen rechtzeitig aus der Höhle rausgekommen waren. Dasselbe galt für Sebastian und Adams Mutter. Im Grunde schien es unmöglich, dass sie es lebend mit der Athame aus der Kammer geschafft hatten, doch Leanore hatte geradezu unbekümmert gewirkt, als die Höhle eingestürzt war.

So, als ob sie das fest einkalkuliert hätte.

Es würde noch zwei oder drei Stunden dauern, bis wir in der verborgenen Stadt ankamen und Gewissheit haben würden. Bis dahin war ich allein mit meinen umherwirbelnden Gedanken und den Bildern des furchtbaren Abbys, das mich sicherlich in meinen Träumen heimsuchen würde.

Und mit der Schuld. Denn ich hatte die Athame in den Händen gehalten, und ich hatte sie verloren.

Als ich die Stille der anderen nicht mehr aushielt, stand ich auf und lief in den vorderen Teil des Shuttles, der durch eine dünne Wand vom Rest abgetrennt war. Zwei Tragen standen dort nebeneinander, und ich schaute auf die beiden reglosen Gestalten hinab.

Matt und Cedric schliefen … oder waren bewusstlos, wie auch immer. Jedenfalls wachten sie nicht auf, und obwohl ich anhand ihrer sich hebenden Brustkörbe sehen konnte, dass sie lebten, wurde meine Sorge um sie von Sekunde zu Sekunde größer.

An Cedrics Hals hatten sich schwere Blutergüsse gebildet, dort, wo Matt ihn so erbarmungslos gewürgt hatte. Und Matt … Matt wirkte wie ein fahles Bild seiner selbst, schwach und gebrechlich.

Ich ließ mich auf einen Sitz neben ihren Liegen fallen und beruhigte mich damit, den beiden immer wieder über den Kopf zu streichen, in der Hoffnung, ihren Schmerz dadurch etwas lindern zu können.

Irgendwann setzte sich Celine zu mir, den Blick auf ihren Bruder gerichtet. Wir beide mochten ein schwieriges Verhältnis haben, aber in diesem Moment zählte das für mich nicht.

»Danke«, sagte ich leise, und Celine schnaubte.

»Fang jetzt bloß nicht so an. Du bist eine der Sieben. Dachtest du, ich würde dich sterben lassen?«

Ja, antwortete ich innerlich, verkniff mir allerdings, es laut auszusprechen. Ich sah zu, wie Celine sich zu Cedric beugte und ihm über die Stirn streichelte. Dann schüttelte sie unwirsch den Kopf und musterte mich.

»Und es war wirklich sie?«

Ich nickte. »Ja.«

Celine zog eine Grimasse. »Weißt du … als man uns damals gesagt hatte, Leanore Tremblett wäre freiwillig in eine Bündelung hineingelaufen, war mein erster Gedanke: *Das würde sie niemals tun.* Ich dachte, sie wäre viel zu tough dafür, viel zu robust. Aber Matt hatte es gesehen. Mit eigenen Augen. Und das Ergebnis war nicht zu leugnen: Leanore war tot, und

Adam musste Mirrorlord werden. Also spielte es keine Rolle mehr, wie sie gestorben war.«

Ich runzelte die Stirn. »Wer war noch dabei an diesem Tag?«

Celine blickte fragend zu mir, als wollte sie sagen: *Wen kümmert es?* »Zorya, ein paar Magiehäscher. Und Sebastian.«

Ich seufzte. »Na ja, dann hast du deine Antwort.« Auf Celines verwirrten Blick hin hob ich beide Brauen. »Dafür, dass ihr euer Leben lang mit den Dark Sigils zu tun hattet, habt ihr manchmal wenig Vorstellungsvermögen von ihren Fähigkeiten.«

Celines Blick richtete sich für einen Moment nach innen, bevor sie verstand, worauf ich hinauswollte. »Eine Illusion?«

Ich nickte. »Eine Illusion von Matt – gesteuert von Sebastian. Genau, wie er es im Labyrinth mit uns gemacht hat.«

Ein Ausdruck von Wut legte sich auf Celines Gesicht. »Dann hatten sich Sebastian und Leanore schon damals verbündet. Ich verstehe es nicht. Leanore *hasst* die Lacroix-Familie. Sie hat Sebastians Mutter, Clarice Lacroix, ihr Leben lang für einfältig und peinlich gehalten, weil sie sich so wichtig genommen hat. Und für Sebastian hatte sie kaum bessere Worte.«

»Sie muss ihn ja auch nicht mögen. Sie braucht nur seinen Spiegel.« Ich legte den Kopf schief. »Wieso, denkst du, hat Leanore nie versucht, Adam auf ihre Seite zu ziehen?«

Celine schaute in Richtung des anderen Shuttleteils, und obwohl die Tür geschlossen war, dämpfte sie ihre Stimme. »Ich nehme an … was auch immer Leanores Plan ist, sie hat nicht geglaubt, dass Adam ihn mit ihr durchsetzen würde.«

»Was wohl bedeutet, dass wir ihren Plan nicht besonders mögen werden«, sagte ich und traute meinen Augen kaum, als Celine mir ein schiefes Lächeln schenkte.

»Nein, Harwood. Wahrscheinlich nicht.«

Die Barriere, die Nova von der Außenwelt abschirmte, glitt wie ein Regenschauer über unsere Körper hinweg. Ich machte einen Schritt nach vorne, und die Umgebung wandelte sich binnen weniger Sekunden. Aus endlosem Wüstensand wurde die grüne Insel, auf der Hunderte Gebäude standen. Die Stadt fächerte sich wie eine Fata Morgana vor uns auf, genauso, wie sie es vor zwei Tagen bereits getan hatte.

Doch wir alle brauchten nur Augenblicke, um zu begreifen, dass nichts so war wie bei unserem ersten Besuch.

Zwischen den Spiralringen der Stadt zog sich eine düstere schwarze Schneise. Wie ein verkohltes Brandmal hatte sie die Wassergräben und die dazwischenliegenden Häuser regelrecht miteinander *verschmelzen* lassen.

Die Schneise zog sich vom Norden aus in Richtung Westen. Vom Eingang des Labyrinths bis hin zur Außengrenze der Stadt. Der Tempel war verschont geblieben, doch die Zerstörung hatte die Hälfte von Nova dem Erdboden gleichgemacht.

Lily.

Mein Herz zog sich zusammen. Es war mir bisher leichtgefallen, zu glauben, dass Lily es wieder sicher aus den Höhlen unter Nova herausgeschafft hatte. Aber das hier? Wenn sie irgendwo dort gewesen war … sie hätte keine Chance gehabt.

»Ray, kommst du?« Dina schaute über ihre Schulter und nickte mir sanft zu. Sie und die anderen waren schon weitergegangen, und ich zwang mich, meine Beine in Bewegung zu setzen.

Wir hatten Matt und Cedric im Shuttle vor Nova zurückgelassen, weil ihre Wunden innerhalb der Stadtmauer nicht heilen würden. Nur Celine war bei ihnen geblieben, und wir wollten so schnell wie möglich Hüter zu ihnen schicken, damit sie verarztet wurden.

Doch je weiter wir vorankamen, desto mehr Steine und Geröll tauchten auf. Es schien eine Ewigkeit zu dauern, bis wir endlich am Platz mit dem Brunnen ankamen. Hier war alles so voller Trümmer, dass es kein Durchkommen mehr gab. Und die Steine ... sie waren über und über mit schwarzer Asche überzogen, Überbleibsel der Chaosmagie, die hier gewirkt hatte.

Es war unmöglich zu sagen, was darunter lag.

»Mein Gott«, hörte ich mich selbst hauchen. »Wenn hier jemand in der Nähe war ...«

Niemand setzte meinen Satz fort. Weil niemand die Worte hatte. Die Stille, die folgte, wurde erst durchbrochen durch ein feines Glockenleuten, das vom Tempel im Zentrum der Stadt zu kommen schien.

»Wir werden es herausfinden«, sagte Adam. Ich sah, wie er sich innerlich wappnete. Dann liefen wir in Richtung des Tempels weiter.

Die Hüter empfingen uns mit ernsten Gesichtern, rußverschmierter Haut und dreckiger Kleidung. Adam schickte sogleich einige von ihnen los, um nach Matt und Cedric zu sehen, die Übrigen informierten ihn über die Lage. Sie erzählten, dass die Quelle dank des Zeitstillstands nur leicht beschädigt worden war. Allerdings sei ein riesenhaftes Abby gesichtet worden, das nach dem Beben aufgetaucht war und eine Schneise der Verwüstung in der Stadt hinterlassen hatte. Es war ein Wesen, wie sie es noch nie zuvor gesehen hatten, und ... es war nicht allein gewesen.

Leanore und Sebastian lebten also. Adams Mutter musste

es dank ihrer Ignis-Kopie geschafft haben, das Abby zu kontrollieren. Und damit hatten sie und Sebastian sich samt der Athame den Weg aus der Stadt gebahnt.

»Wurden Leichen gefunden?«, fragte Adam, seine Stimme betont kontrolliert.

Im Hintergrund nahm ich wahr, wie Dorians Körper sich anspannte, und auch ich hielt den Atem an. Alles in mir wollte ein Lächeln auf den Lippen der Hüterin sehen, während sie uns sagte, dass unsere Freunde in Sicherheit waren.

Doch sie lächelte nicht, sie sprach auch nicht weiter. Und als sie uns in einen abgetrennten Raum im Erdgeschoss des Tempels brachte, wusste ich auch, wieso.

Mehrere Körper lagen in Tüchern eingewickelt auf dem Boden. Ich konnte ihre Gesichter nicht sehen, wusste nicht, wer sie waren, und es presste mir alle Luft aus den Lungen.

Ich starrte auf die Körper hinab, völlig reglos. Erst als Schritte ertönten und eine Reihe an Leuten in den Raum gelaufen kam, entwich mir ein erstickter Laut.

Zorya steuerte auf uns zu. Und hinter ihr: eine kleine Gruppe Magiehäscher, eine noch kleinere Gruppe Rebellen und … Lily.

Ich stürmte auf sie zu und zog sie in meine Arme, so fest ich konnte. Sie barg ihr Gesicht an meiner Schulter und umklammerte mich heftig, und fast sofort merkte ich, dass Lily von Schluchzern geschüttelt wurde.

»Lil …?«, sagte ich hilflos, doch schon löste sie sich von mir. Stattdessen trat sie auf Dorian zu und legte ihm die Arme um den Hals.

»Es tut mir so leid«, hörte ich sie flüstern. Und da begriff ich, von was … oder von *wem* sie redete.

Im Hintergrund hatten sich zwei Hüter zu den am Boden

liegenden Körpern gebeugt und falteten behutsam die Stoffbahnen über ihren Köpfen auseinander. Im ersten Moment konnte ich die Personen gar nicht zuordnen, so fremd sahen sie aus. In Edges Gesicht war in der kurzen Zeit, in der wir uns kannten, fast immer ein freches Lachen gewesen. Blicker war stiller, aber den muskelbepackten Riesen genau wie Edge da jetzt so liegen zu sehen, totenbleich, erstarrt, war völlig surreal. Und als mein Blick weiterwanderte, dorthin, wo eine Hüterin einen dritten Körper freilegte, fühlte ich, wie Tränen meine Wangen hinabliefen.

Es war Nessa Greenwater.

Dorian gab einen Laut von sich, den ich nicht in Worte fassen konnte. Ich wagte es nicht, zu ihm zu sehen. Wie festgefroren stand ich da und wusste nicht, was ich fühlen sollte.

Nessas Körper – und auch die von Edge und Blicker – waren mit schwarzen Linien überzogen. Mit Chaosmagie.

»Man hat sie in einem der leerstehenden Häuser nahe des Brunnens gefunden«, hörte ich Zorya leise zu Adam sagen. »Sie müssen ermordet und versteckt worden sein, noch bevor wir in die Tunnel unter Nova aufgebrochen sind. Vermutlich als das Gebäude eingestürzt ist und der Eingang offen gelegt wurde.«

Es war Leanore, dachte ich und merkte zu spät, dass ich es laut ausgesprochen hatte. Doch in mir gab es keinen Zweifel. Sie hatte Nessa und die anderen getötet, damit sie ihr nicht in die Quere kamen, während sie sich bei uns einschleuste. Und auch die Magiehäscherin hatte bei diesem Kampf ihr Leben lassen müssen.

»Deine Familie ist die Pest!«, schrie Dorian plötzlich neben mir und riss sich aus Lilys Umarmung los. Er lief auf Adam zu, der wie versteinert vor den Toten stand und selbst dann nicht auswich, als Dorian ausholte, um ihm ins Gesicht zu schlagen. »Ihr geht für eure eigenen Ziele über Leichen!« Dorians Stimme überschlug sich. »Und es ist meine Schuld, dass ich es auch nur eine Sekunde vergessen habe!«

Adam ließ es zu, dass Dorian mit den Fäusten gegen seine Brust schlug.

»Ich wusste es nicht«, hörte ich Adam leise sagen. »Ich wusste nicht, dass sie noch lebt.«

»Ach ja?« Dorians Fäuste zitterten an seinen Seiten. »Dann ist es Zufall, dass *deine* Mutter nun den Dolch hat, den meine Großmutter um jeden Preis haben wollte? Dass *deine* Familie ihr Ziel erreicht hat? Dass *deine* Familie das Einzige, was euch Sigil-Trägern jemals gefährlich werden könnte, an sich gebracht hat?«

»Dorian …«, versuchte ich es. »Er *wusste* es nicht.«

Dorian starrte mich an, in seinem Gesicht wüteten Schmerz und Wut. Er ließ es zu, als Dina und Celine ihn von Adam wegdrängten.

Dorian ließ es zu, dass Lily ihn in den Arm nahm und beruhigend über seine Schulter streichelte. Ihr Blick aber war auf mich gerichtet. »Wieso bist du dir so sicher?«, flüsterte sie. »Woher willst du wissen, dass das nicht immer schon sein Plan gewesen ist? Macht es dich nicht misstrauisch, dass nur Rebellen ums Leben gekommen sind? Ihr seid alle noch hier, oder nicht?«

Ich schluckte. Natürlich konnte ich Lily verstehen. Und Dorians Schmerz, denn nun hatte er seine letzte Verwandte verloren. Wie sollte ich ihnen begreiflich machen, was passiert war? Wie sollte ich Lily zeigen, dass wir auf der gleichen Seite standen?

»Ich wusste nicht, dass meine Mutter noch lebt«, wiederholte Adam. »Ich wusste nicht, dass sie hinter dem Dolch her ist. Ich kannte ihre Pläne nicht, hab es nicht mal geahnt. Aber nichts von dem, was ich jetzt sage, wird dich davon überzeugen.«

»Wie weise von dir!« Dorian drängte noch einmal nach vorne, jedoch ohne Adam zu berühren. Er starrte nur in sein Gesicht, und die Tränen in seinen Augen, gemischt mit dem Hass, der darin loderte, ließ eine Gänsehaut über meine Arme wandern. »Meine Großmutter hat dir trotz all dem Leid, das uns wegen deiner Familie widerfahren ist, vertrauen wollen.« Dorians Stimme brach. »Glaub mir, *Mirrorlord* … Diesen Fehler werde ich niemals wieder machen.«

31

Die Beerdigung der Gefallenen fand am Abend des nächsten Tages statt. Außerhalb von Nova wehte ein leichter Wind – er roch nach Abschied und trockenem Sand. Wir standen vor einer Reihe der seltsamen Steinformationen, die ich auf dem Weg nach Nova bereits bemerkt hatte: rechteckig angeordnete Steine in unterschiedlichen Farben, von denen ich damals nicht gewusst hatte, was sie bedeuteten.

Doch jetzt tat ich es.

Es waren *Gräber*.

Lily sagte ein paar Worte über die Verstorbenen, und ihre Stimme wurde im aufkommenden Wind zu allen Seiten getragen. Sie stand mit Dorian vorn am Grab von Nessa. Ihre schmale Gestalt war hoch aufgerichtet, während sie über Nessa und ihren Mut sprach, und von Edge und Blicker erzählte, die ihr Leben für das Auge gegeben hatten.

Am Ende warfen Dorian und Lily eine Handvoll Sand auf die aufgebauten Grabstätten. Der dumpfe Klang hatte etwas Endgültiges, und mein Herz zog sich zusammen.

Obwohl ich Edge und Blicker nur eine kurze Zeit lang gekannt hatte, glaubte ich, es hätte ihnen hier, an diesem vergänglichen Ort, der so vielen Veränderungen unterworfen war, gut gefallen.

Und Nessa hoffentlich auch.

Als wir an den Gräbern vorbeiliefen, ließ ich ebenfalls eine Handvoll Sand los und sah zu, wie die Brise mühsam versuchte, sie wegzutragen. Die Verluste lasteten schwer auf meinen Schultern, und ich kam mir auf seltsame Weise egoistisch vor, weil ich froh war, weder Cedric noch Matt verloren zu haben.

Sie wurden noch immer außerhalb von Novas Stadtgrenzen von den Hütern behandelt. Und bislang waren sie nicht aufgewacht.

Ich schloss die Augen, ließ den Wind meine Wangen streicheln. Erst, als alle anderen an den Gräbern vorbeigegangen waren, wagte ich es, zu Adam zu sehen.

Sein Blick war aufgewühlt. Er schaute kurz zu mir, aber ich gab ihm zu verstehen, dass ich hierbleiben wollte, also nickte er und lief – zusammen mit Dina und Celine – durch die Barriere nach Nova.

Die Rebellen blieben zurück.

Dorian bemerkte mein Starren. Für einen Moment wirkte er, als wollte er etwas zu mir sagen. Aber letztlich furchte er nur die Stirn, drückte Lilys Schulter und drehte sich um. Er und die anderen liefen in Richtung des Shuttles, das im umherwehenden Sand kaum zu sehen war.

Ich hatte es gewusst, ohne dass es mir jemand gesagt hätte.

Dorian und die anderen würden Nova verlassen.

»Lily …«, setzte ich an, als sie vor mir zum Stehen kam.

Sie schaute mich lange an, dann presste sie die Lippen zusammen und zog den linken Ärmel ihrer Jacke zurück. Ein Tattoo kam darunter zum Vorschein: ein stilisiertes Auge, dessen Pupille ein Siebeneck war. Jedes Mitglied der Rebellen trug dieses Zeichen auf der Haut.

Und Lily nun auch.

»Ich habe es mir gestern stechen lassen«, sagte sie leise zu mir. Dann holte sie tief Luft und ihre Stimme bebte, als sie weitersprach. »Ich gehe mit den Rebellen. Kommst du mit uns?«

Eine Träne lief mir über die Wange, weil ich die Antwort darauf kannte. Weil ich ahnte, dass auch Lily sie längst kannte. Und weil mir tief im Innersten klar war, dass wir uns hiervon nicht erholen würden.

»Du weißt, ich kann nicht. Nicht jetzt.«

»Du willst bei denen bleiben, die für all das hier verantwortlich sind?« Lily deutete auf die Gräber hinab.

»Du klingst schon wie Dorian«, sagte ich und versuchte, Lilys Hand zu nehmen, aber sie zog sie von mir weg.

»Und das ist unser Problem«, flüsterte sie – nun ebenfalls mit Tränen in den Augen. »Du denkst, das wäre etwas Schlechtes. Aber das ist es nicht. Dorian ist ein guter Mensch. Er will die Welt verändern. Adam will nur alles so zusammenhalten, wie es immer war, ganz egal, wie viele Menschen darunter leiden.«

»Das stimmt nicht«, widersprach ich. »Lily, es gibt so viel, was du nicht wissen kannst. Es ist nicht so einfach, wie du es dir vorstellst.«

Lily hob das Kinn. »Du klingst schon wie Adam«, warf sie mir meine Worte von eben an den Kopf.

»Lily …«, sagte ich eindringlich. *»Ich liebe dich.* Das weißt du. Du bist der wichtigste Mensch in meinem Leben und … du musst mir vertrauen, dass Adam alles dafür tun wird, dass –«

»Das hast du selbst nicht geglaubt!«, rief sie. »Du hast dich von ihm losgesagt, weil du tief im Herzen nicht davon überzeugt warst, dass er jemals etwas ändern wird. Dann ist er wieder aufgetaucht, und alles, wofür du gekämpft hast, war vergessen. Weil du ihn liebst!«

»Aber ist es bei dir nicht auch genauso mit Dorian?«, fragte ich leise.

Lily sah mich an, ihr schönes Gesicht voller Trauer. »Ja. Aber der Unterschied ist, dass er mich nicht liebt. Nicht so. Er liebt *dich*. Du warst nur zu sehr mit dir selbst beschäftigt, um das zu sehen.«

Ich fühlte mich, als würden mich Tonnen von Stein zu Boden drücken. Dorian sollte … in mich verliebt sein? Nein, das konnte nicht sein. Er hatte mich wochenlang durch die Trainingshalle gejagt, hatte mir immer wieder gesagt, dass ich nicht gut genug war für das, was auf uns wartete. Er hatte …

Er hatte seine ganze Zeit dafür aufgewendet.

Jeden Tag, über Monate hinweg.

O Gott.

Lily weinte, stumm und ohne sich die Tränen abzuwischen. »Ich hoffe wirklich, dass du dich nicht in Adam täuschst, Ray. Dass er genau das ist, was du in ihm siehst, und du dich nicht wegen jemandem aufopferst, der es nicht wert ist.«

Weitere Tränen folgten, als Lily mir einen letzten mutlosen Blick zuwarf. »Pass auf dich auf«, presste sie hervor, strich mir noch einmal sanft übers Gesicht und entfernte sich dann Schritt um Schritt von mir.

Hunderte Male rief ich sie in Gedanken zurück.

Geh nicht. Bitte, bitte geh nicht.

Noch vor kurzem hatte ich mir geschworen, dass niemals etwas zwischen uns kommen würde. *Untere und stolz darauf.* Ich hatte mir geschworen, dass ich stets an Lilys Seite bleiben würde, ganz egal, was passierte. Doch in diesem Moment kam mir kein Wort über die Lippen. Ich war innerlich wie gelähmt, unfähig etwas an der Situation zu ändern.

Lily war diejenige, die immer an meiner Seite geblieben war, und ich spürte, wie ich mich jetzt in mich selbst zurückzog. Es war ein Schutz, eine notwendige Betäubung.

Ich wurde wieder zu dem Mädchen, dessen Mutter gerade gegangen war und das keine Freunde mehr hatte, ein Mädchen, das niemanden brauchte, das niemanden an sich heranließ und keine Verbindungen knüpfte.

Weil sie ohnehin nur zerreißen würden.

Ziellos lief ich durch die Straßen Novas. Die Stadt war vollkommen ruhig, und ich achtete nicht darauf, welchen Weg ich einschlug, nahm einfach nur einen Schritt nach dem anderen und hatte das Gefühl, hundertfach im Kreis zu laufen, bis ich schließlich den Tempel vor mir sah.

Etwas orientierungslos blieb ich stehen, schaute in die hohen Korridore, in Richtung der unzähligen Wandgemälde. Dann lief ich zu den Zimmern, die die Hüter für uns bereitgestellt hatten.

Kurze Zeit später fand ich mich in einem Bad im Tempel wieder. Ich starrte lange auf mein eigenes Gesicht, bis die Objekte im Hintergrund zu einer Masse verschwommener Formen verschwanden.

Sie ist weg. Lily ist wirklich weg.

Ich zitterte, und mein Spiegelbild verschwamm. Lily war in meinen dunkelsten Stunden stets an meiner Seite gewesen. Sie hatte die verrücktesten Dinge getan, um mich aufzumuntern. Und jetzt …

Was sollte ich jetzt tun? Ich wusste nur, dass ich meine Gedanken übertönen wollte. Ich wollte sie davon abhalten, in meinem Kopf zu kreisen wie ein Strudel, der mich immer tiefer zog. Die anderen schliefen wohl längst – jeder von uns brauchte nach allem, was in den Höhlentunneln geschehen war, dringend eine Pause, aber ich hatte keine Ahnung, wie ich Ruhe finden sollte.

Ich war so verwirrt, dass ich mich kaum bewegen konnte. Die Verzweiflung über das, was im Labyrinth passiert war, hatte mich voll im Griff, und die Trauer um Lily und um die Toten schnürte mir die Kehle zu. Trotzdem schaffte ich es irgendwie, mich unter die Dusche zu schleppen. Das warme Wasser war wohltuend, aber als ich mich danach abtrocknete, spürte ich sie immer noch. Die Kälte der Chaosmagie. Ich wusste zwar, dass meine Körpertemperatur längst wieder normal war, dass ich im Grunde völlig in Ordnung war, die Kälte allerdings steckte in jeder meiner Bewegungen, selbst als ich frische Kleider anzog und zurück auf die Flure lief.

Ratlos blieb ich stehen, bis ich Musik hörte. Sie kam von irgendwoher. Erst, als ich einige Sekunden in die Dunkelheit gestarrt hatte, begriff ich, was ich da hörte: Es war ein Klavier. Jemand spielte darauf.

Langsam bewegte ich mich auf das Geräusch zu wie eine Motte auf das Licht. Es kam von einem Stockwerk tiefer. Ich lief durch die Korridore und am Ende davon lag das Musikzimmer, das ich bereits bei unserer Ankunft in Nova gesehen hatte. Vorsichtig trat ich näher – und da war Adam. Er saß an dem großen Klavierflügel. Außer ihm war niemand da, nur eine Gruppe leerer Sofas und Stühle.

Er ließ seine Finger über die Tasten gleiten, schnell, langsam, laut, leise, ohne auch nur hinzusehen. Ich schluckte, bereit, mich umzudrehen und zu gehen. Mir war bewusst, dass ich in einen privaten Moment hineingeplatzt war. Adam wog sehr genau ab, wann und wem gegenüber er Schwäche zeigte, ganz sicher hatte er allein sein wollen.

Doch ich war wie gebannt von dem Anblick. Adam hatte seinen Kopf leicht zurückgeneigt, so dass das Sonnenlicht, das vom Vorhang gedämpft wurde, ihm sanft über das Gesicht fiel. Er sah wunderschön aus.

Ich spürte durch die Verbindung, wie sehr er litt. All seine Schmerzen, das tiefe Gefühl von Verrat – er beugte sich über die Tasten, als ob er gleich zusammenbrechen würde. Es war, als ob seine Seele davon abhing, dieses Lied zu Ende zu spielen.

Ich konnte nicht wegsehen. Ich wusste nicht einmal, ob ich wegschauen wollte.

Bleib. Bitte.

Der Gedanke drang glasklar durch die Verbindung zu mir hindurch. Meine Hand verkrampfte sich an der Steinwand, und da brach Adam die Musik ab.

»Ich wusste nicht, dass du Klavier spielst«, sagte ich leise, nachdem ich zu ihm getreten war, und Adam zögerte, bevor er antwortete.

»Agrona hat es mir heimlich beigebracht, als ich fünf oder sechs Jahre alt war. Meine Mutter wollte nicht, dass ich mich mit so nutzlosen Dingen befasse. Aber Agrona meinte, es wäre der beste Weg, den eigenen Zorn rauszulassen, ohne dabei jemanden zu Brei zu schlagen.«

Ich schnaubte. »Das klingt genau wie etwas, das Agrona Soverall zu einem kleinen Kind sagen würde.«

Adam ließ von den Tasten ab. »Es tut mir leid. Dass Lily gegangen ist. Ich wollte deine Gedanken nicht hören, aber … dein Schmerz war sehr deutlich.«

Ich rieb mir über die Augen und wusste nicht, was ich sagen sollte, also schwieg ich.

»Ich würde verstehen, wenn du dich ihnen anschließen willst.« Adam hatte sich zu mir gedreht und schaute mich an. »Dank des Zeitfaktors in Nova werden außerhalb der Stadt kaum ein paar Sekunden seit eurer Verabschiedung vergangen sein. Du könntest sie also noch einholen, wenn du das möchtest.« Er atmete tief durch, zog die Brauen zusammen. »Ich will nur, dass du weißt ... was Whitlock gesagt hat, ist nicht wahr. Ich wusste nicht, dass meine Mutter noch lebt, aber ... ich habe die Möglichkeit auch nie in Erwägung gezogen. Und das hätte ich tun müssen. Es hat nicht zu ihr gepasst, ihr Leben freiwillig zu beenden. Ich hätte ahnen müssen, dass sie –«

Bevor Adam der düsteren, unauslöschlichen Realität seiner Fehler erliegen konnte – bevor er auch nur anfangen konnte zu befürchten, dass ich ihn für das, was seine Mutter tat, verurteilte –, setzte ich mich neben ihn auf den Hocker und schlang meine Arme um seine Taille.

Er umarmte mich zurück, stark und warm, und vergrub sein Gesicht in meiner Schulter. Ich spürte seine innere Zerrissenheit und wie sehr auch sein Verstand kreiste.

Sag mir, was du denkst, schob ich durch die Verbindung zu ihm. *Ich will nicht in deinen Gedanken stochern müssen.*

Er seufzte, doch ich spürte, wie ein kleiner Teil der Anspannung aus seinem Körper wich.

»Meine Mutter und ich ...«, sagte er langsam. »Du solltest wissen, dass wir nie ein gutes Verhältnis hatten. Die schwierige Beziehung zu ihrem Vater, ihre Pflichten und all die Erwartungen, die auf ihr lasteten ... all das hat sie kalt werden lassen. Ich dachte immer, dass sie nicht anders konnte, als mich von sich fernzuhalten. Sie hatte mich nicht haben wollen, ich wusste das. Ich war nur ein weiteres Kind, das geboren werden musste, um den Mirror zu stabilisieren …« Er seufzte. »Ich hatte das akzeptiert, weil ich dachte, dass sie trotzdem an meiner Seite steht. Aber … im Grunde hat sie mich die ganze Zeit belogen.«

Er suchte meinen Blick, und ich spürte ein Gefühl von Scham durch sein Innerstes wabern. »Weißt du, ich habe meiner Mutter geglaubt, als sie mir gesagt hat, dass mein Vater weit unter mir stehen würde. Sie sagte mir, er sei schwach, minderwertig – sein Blut hatte schließlich keine Magie.« Adams Kiefer spannte sich an. »Mein Vater hat anfangs sehr um mich gekämpft, wollte mehr Freiheiten für mich. Aber nach Pris' Geburt hat er irgendwann aufgegeben und ist gegangen.«

Adams freie Hand streckte sich nach mir aus und umfasste sanft meinen Nacken. »Es ist verrückt. Die Sieben schwören sich, eine stabile Erbfolge zu gewährleisten. Eine stabile Familie. Aber die Wahrheit ist: Matts Vater ist der Einzige, der sich noch um seinen Sohn kümmert. Dinas Eltern besuchen sie alle paar Monate, am liebsten, wenn es etwas zu feiern gibt. Celines und Cedrics Verwandtschaft hat sich nach dem Tod ihrer Eltern kaum noch blicken lassen. Unsere Familien sind alles – aber nicht stabil. Im Grunde hat Whitlock recht: Unsere einzige Stärke liegt darin, an der Macht festzuhalten. Das ist die einzige Konstante. Und diese Gier ist schuld daran, dass heute Menschen gestorben sind.«

»*Ich* bin schuld daran«, sagte ich heiser, »ich hätte nie mit Nessa Greenwater mitgehen dürfen. Wenn ich ihnen nicht geholfen hätte, nach der Athame zu suchen, wenn ich nicht so egoistisch mein eigenes Leben hätte verändern wollen, dann …«

»Tu das nicht.« Adams Hand hob sich, um mein Gesicht

darin zu wiegen, so dass wir in diesem Moment Spiegelbilder voneinander waren. »Du wolltest frei sein. Und du warst mutig genug, darum zu kämpfen. Das ist mehr, als ich je gewagt habe.« Er zog den Mund zur Seite, zögerte kurz, bevor er weiterredete. »Rayne, ich … ich habe dir damals gesagt, dass es kein Abweichen von den Gesetzen der Dark Sigils gibt. Dass wir ihnen folgen müssen und –«

»Ja, ich weiß«, unterbrach ich ihn. »Du musst es nicht wiederholen. Ich weiß.« Tränen trübten meine Sicht, *schon wieder*.

»Lass mich bitte ausreden.« Adam hatte die Nerven, leicht vorwurfsvoll zu klingen. Er schlang einen Arm um mich und hielt mich fest, während er mit der anderen Hand über mein Haar streichelte. »Wir müssen ihnen folgen, wir müssen tun, was von uns verlangt wird, und unser eigenes Glück hinter das Wohl aller stellen. So wurde ich erzogen. Aber …« Er holte tief Luft. »Aber dann habe ich dich getroffen und mich in dich verliebt. Und ich glaube, du hast recht. Mit allem, was du gesagt hast.«

Eine weitere Träne lief mir die Wange herunter. »Die Athame ist weg.«

»Für den Moment.« Adam lächelte. »Seit ich von der Prädiktion gehört habe, dachte ich, ich kann die Welt nur beschützen, wenn ich mich in allem zurückhalte. Jetzt jedoch … Ich weiß nicht einmal mehr, ob die Prädiktion mich betrifft oder meine Mutter. So oder so – ich kann das Schicksal nicht kontrollieren, egal, wie sehr ich mich anstrenge. Und ich will es auch nicht mehr. Ich möchte glücklich sein. So lange es mir erlaubt ist.«

»Glücklich«, wiederholte ich, meine Stimme krächzend und abgehackt.

Adam nickte. »Ja. Glücklich.« Er lehnte seine Stirn an

meine, und ich starrte ihn an, voller wirrer Gefühle, die drohten, mich zu übermannen. Tief in mir drin war ich mir sicher, dass ich bei allem, was geschehen war, kein Glück verdient hatte. Dass ich vor Sorge um Matt und Cedric vergehen und mich die Trauer um Lilys Fortgang lähmen sollte – und das tat es auch.

Aber in diesem Moment sah ich nur Adam und die Möglichkeiten, die vor uns lagen.

»Wartet nicht noch irgendwo eine Verlobte auf dich?« Meine Stimme war irgendwo zwischen Lachen und Schluchzen.

Adam wischte eine Träne auf meiner Wange mit seinem Daumen weg. »Nicht, dass ich deine Eifersucht nicht anziehend finde«, sagte er. »Aber es gibt keinen Grund dazu. Mein Herz gehört dir, Rayne. Ich liebe dich. Und es tut mir leid, dass ich nicht früher dafür eingestanden bin.«

Es war purer Instinkt – mich zu ihm zu lehnen und ihn zu küssen. Ich hatte beabsichtigt, dass es ein kurzer Kuss sein sollte, eine einfache Bestätigung all dessen, was ich in meinem Herzen trug, aber der Vorsatz verschwand, sobald sich unsere Lippen berührten. Ich öffnete meinen Mund für ihn, spürte seine Zunge an meiner, während Adam mein Gesicht streichelte und mit einer Hand meinen Rücken hinabfuhr.

»Ich will, dass du an meiner Seite bist«, sagte er, als er von mir abließ und wenige Millimeter Luft zwischen uns brachte. Er hatte seine Stimme gesenkt, aber ich konnte ihn immer noch deutlich hören; konnte fühlen, wie die Worte gegen meine eigenen Lippen flatterten. »Und wann immer der Drang in mir, den einfachen Weg zu gehen, zu groß wird, weiß ich, dass du neben mir stehst – in jeder Hinsicht neben mir –, und mir die Stirn bietest, wenn es nötig ist.«

»Und der Mirror?«, flüsterte ich. »Die Oberen werden das nicht akzeptieren, oder? Die Tradition …«

»Zur Hölle mit der Tradition.« Adam hob einen Mundwinkel, nicht ganz ein Lächeln, aber auch nicht weit davon entfernt. »Mir ist nur noch wichtig, was du willst. Alles andere – der Thron, mein Sigil –, all das hat keine Bedeutung ohne dich.« Er blickte mich beschwörend an. »Verstehst du? Ich denke … all das, was passiert ist, ist aus einem Grund geschehen. Es war nicht mein Schicksal, die Prädiktion zu erfüllen. Ich muss sie verhindern. *Wir.* Indem wir gemeinsam die Athame zurückholen.«

Mein Herz klopfte so heftig gegen meine Brust, dass ich kaum atmen konnte. Ich nickte, bevor ich mich hinterfragen konnte. Mein Herz hatte diese Entscheidung schon vor langer Zeit getroffen. »Okay.«

Er starrte mich an, dann küsste er mich wieder. Dabei zog er mich mit sich auf die Beine, hob mich etwas nach oben. Das Gefühl, von ihm gehalten zu werden, war wie ein Echo einer anderen Nacht, vor vielen Monaten, und ich ließ alle Zweifel ziehen, als Adam sich mit mir auf eines der Sofas legte, das neben dem Klavierflügel stand.

Ich schauderte, als seine Lippen über die empfindliche Haut an meinen Schläfen wanderten bis hin zu meinem Ohr. Seine Berührungen nahmen mir jegliche Fähigkeit, klar zu denken, und ich spürte, wie meine Hände leicht zu zittern begangen, als er sich über mich beugte.

»Willst du, dass wir aufhören?«, fragte er mich. »Sag mir, ich soll aufhören, und ich werde es tun.«

Ein kleiner Teil in meinem Verstand sagte mir, dass es ziemlich unvernünftig war, was wir hier vorhatten. An einem Ort ohne Türen, in einem Tempel voller Menschen.

Aber jetzt gerade war mir das ganz egal.

Ich legte beide Hände an Adams Kopf und ließ die Lichtmale an meinen Händen aufflackern. Seine Magie reagierte auf mich, auch seine Haut wurde von feinen Linien überzogen, und ich nahm ihn in Gedanken mit mir, bis das Musikzimmer um uns herum verschwand.

Wir befanden uns nun unter der Erde, in einer Höhle, in deren Mitte eine Lichtsäule emporwuchs und in der über mir, im Himmel, ein Bergsee aus Licht zu erkennen war.

Es war natürlich alles nur eine Illusion. Wir befanden uns an diesem verborgenen Ort, an dem Adams und meine Magie aufeinandertraf. Ein Ort, der nur in unseren Bewusstseinsströmen existierte. Doch es fühlte sich echt an, ich spürte die Erde unter meinem freigelegten Rücken, fühlte das Moos an meinen Füßen und roch den Duft von Feuchtigkeit und Pflanzen und Natur.

Adam schaute in die Höhle hinein, sein Blick voller Unglauben und Wunder. Statt ihm eine Antwort auf seine Frage zu geben, legte ich eine Hand an seinen Nacken und zog seinen Kopf wieder zu mir, damit ich ihn küssen konnte. Seine Lippen rieben immer intensiver über meine, und ich öffnete instinktiv den Mund für ihn. Ein Kribbeln bereitete sich über meinen gesamten Körper aus, es ging durch jede einzelne Zelle hindurch.

Ich ließ zu, dass Adam mein Oberteil nach oben schob. Dabei strichen seine Fingerkuppen zart an meinen Rippenbögen entlang. Und als er an meine Hose griff, um sie meine Beine hinabzustreifen, atmete ich schwer.

Alle Zweifel der letzten Monate verblassten. All die Tränen, die ich seinetwegen vergossen hatte. All die Wut. Stattdessen machte ich mich an Adams Kleidung zu schaffen, bis jedes einzelne Teil davon auf dem Boden verstreut lag, und uns nichts mehr trennte. Wir hielten inne und schauten uns einfach nur an. So lange, bis Adam schließlich nach unten griff, um eine Hand unter mein linkes Knie zu legen und es sanft nach oben zu ziehen.

Zwischen uns vibrierte die Magie, ein unaufhörliches Summen aus Schatten und Licht, aus Kälte und Hitze. Sie sickerte in jeden Teil meines Körpers, und als Adam sich endlich gegen mich presste, wölbte ich meinen Rücken und küsste ihn genauso heftig wie er mich. Es fühlte sich an, als würde die Magie sich um mein Herz ausweiten, bis ich nur noch eines dachte.

Mehr.

Jede Berührung linderte eine Leere in mir und ließ sie gleichzeitig neu auflodern. Überwältigt bohrte ich meine Fingernägel in Adams Rücken und fuhr damit an seinen breiten Schultern hinab. Er presste ein überraschtes Geräusch in meine Halsbeuge, irgendetwas zwischen einem Lachen und Stöhnen. Dann schaute er wieder zu mir herab, zog mich noch fester an sich, und das Geräusch, das aus meiner eigenen Kehle drang, wurde zu einem erstickten, zitternden Laut.

Meine Finger tasteten in unkontrollierten Bewegungen suchend umher, immer wieder, bis sich unsere Hände endlich fanden. Wir hielten uns fest, bis es schmerzte.

Ich werde nie mehr dieselbe sein, dachte ich, als ich unter Adams Berührungen auseinanderbrach. *Nur er und ich und der Sturm, der uns entgegenpeitscht.*

32

31. Juni 2022, 12:51 Uhr
Im Zentrum von Mirror-London
Leanore Tremblett ist 17 Jahre alt

W*ir werden nie wieder dieselben sein.*

Leanore umschloss Alius und Etas mit so festem Griff, dass Blut an ihrer Hand hinabtropfte. Sie stand im Schatten einer Birke und sah zu, wie das Mädchen auf Melvin zulief. Ihre Stimmen wurden zu Leanore herübergetragen, gerade laut genug, dass sie sie hören konnte.

Das Mädchen lachte und entschuldigte sich für die Verspätung. Melvin winkte ab, und sein Gesicht *strahlte* dabei.

Das musste Leanore ihr lassen: Sie war hübsch. Lebhaft und süß, ihr Körper muskulös, mit vielen Kurven. Ihre Wangenknochen gut definiert und ihre Augen groß.

Sie hieß Violet Greenwater und war die Tochter der Schmiedin.

Als Leanore heute hierhergekommen war, hatte sie sich mit Melvin versöhnen wollen. Er war endlich von dem College in Prime zurückgekehrt, nach vielen Monaten der Abwesenheit. Und Leanore wollte sich aussprechen, ihm erklären, wie fragil sie in dem Moment unten im düsteren Labyrinth gewesen war. Sie wollte Melvin sagen, dass es ihr besser ging und sie hatte gehofft ... gehofft, dass sie ihn um Verzeihung bitten könnte. Und dass sie ihn nicht verloren hatte.

Doch das hatte sie.

Melvin beugte sich zu Violet hinab und küsste sie auf die Wange. Als er sich zurückzog, lachte Violet erneut und legte ihm ein Amulett in die Hand.

Es hatte die Form eines Herzens.

Alles in Leanore wurde erfüllt von gellendem Kreischen, und sie lief davon, rannte, bis sie nicht mehr konnte, bis ihr keuchender Atem ihr die Kehle zuschnürte.

Sie fand sich wieder in einem kleinen Park, der an das Haus der Greenwaters grenzte. An einem Baum, in dem ein Schwarm Spektralvögel vor sich hinzwitscherte, hielt sie schließlich inne und ließ sich auf die Knie sinken.

Melvin hatte sich in dieses Mädchen verliebt, kein Zweifel.

Ein Schmerz, wie Leanore ihn noch nie gefühlt hatte, übermannte sie. Er hüllte sie von allen Seiten ein, so intensiv, dass ihre Sicht an den Rändern farblos wurde.

Es war, wie ihr Vater stets zu ihr gesagt hatte: Sie musste die Vergangenheit sterben lassen. Und genau das würde sie jetzt tun.

Sie würde die Gefühle in sich sterben lassen und endlich die Dunkelheit akzeptieren.

Seit dem Tod der Dienerin war sie nicht mehr dieselbe. Ihr Vater hatte ihn natürlich nur zu bereitwillig verschleiert, als Leanore der Verlobung mit Jonathan Ricard zugestimmt hatte. Statt sie zu bestrafen, hatte er ihr sogar endlich ihr Dark Sigil übergeben. Doch Leanore hatte nicht vergessen. Sie wusste noch immer genau, wo der Körper der Dienerin gelegen hatte, wo das Blut auf den Boden herabgetropft war.

Es hatte sich alles geändert – *sie* hatte sich geändert. Und Leanore war es leid, zu versuchen jemand zu sein, der sie nicht war.

Während Tränen über ihre Wangen liefen, hob sie die beiden Würfel in die Luft. Sie spannte das weißleuchtende Seil zwischen ihnen und ließ es sanft durch die Luft gleiten.

Wenige Sekunden später verstummten die Spektralvögel.

Dann fielen ihre toten Körper auf die Erde, ihre Köpfe leicht verdreht, wie damals schon einmal.

Ihr Vater hatte immer gewollt, dass Leanore ihre Pflicht erfüllte, dem Mirror alles gab, was sie geben konnte.

Und das würde sie auch. Der Mirror hatte noch nie eine Tremblett wie sie gesehen. Sie würden sie *anbeten*, selbst dann noch, wenn sie sie alle in den Abgrund riss.

Die Kälte in ihr war immer schon da gewesen, begriff Leanore. Der Einzige, der sie in Schach gehalten hatte, war Melvin. Sie war dankbar dafür gewesen, aber vielleicht war es leichter, endlich loszulassen und das zu tun, was sie tun *wollte*.

Angefangen mit Violet Greenwater.

33

Ich hatte jegliches Gefühl dafür verloren, wie viel Zeit vergangen war. Aber das spielte hier in Nova ja auch keine Rolle.

Adam und ich lagen aneinandergeschmiegt auf dem Sofa, und ich zeichnete träge die aufleuchtenden Magiemuster auf seinem Rücken nach. Es war fast hypnotisch, meine Finger über Kurven von Knochen und Muskeln zu ziehen, während sich Adams Brustkorb stetig hob und wieder senkte. Sobald ich mit einem Finger direkt auf seinem Rückgrat entlangstrich, ging ein leichtes Zittern durch seinen Körper, auch wenn ich mir sicher war, dass er es zu unterdrücken versuchte. Was wiederum dazu führte, dass ich es immer und immer wieder tat.

Irgendwann drehte er seinen Kopf, um mich anzusehen, sein Blick forschend. Er musste gespürt haben, dass ich über etwas reden wollte – vermutlich hatte er aber mit etwas anderem gerechnet als dem, was dann über meine Lippen kam.

»Warst du schon einmal auf einem Date?«

Adams Mundwinkel zuckten. Er drehte sich auf die Seite und schauderte etwas, als ich mit einem Finger das Symbol von Ignis auf seiner Haut umfuhr. »Warum?«, fragte er. »Bittest du mich um eine Verabredung?«

»Und wenn es so wäre?«

»Hm.« Adam runzelte die Stirn, einen gespielt-abwägenden Ausdruck im Gesicht. Zumindest *hoffte* ich, dass es gespielt war. »Ich habe über Dates in Prime gelesen. Was würden wir tun? Geht man noch ins Kino?«

Ich lächelte. »Ja. Sie zeigen aber fast ausschließlich Filme über den Mirror.«

Adam schnaubte. »Also nicht Kino. Ein Restaurant? Ein Spaziergang im Park? Oder … wie heißt das … uh, ein Picknick?«

Ich versuchte mir vorzustellen, wie ich mit Adam im Hyde Park auf einer karierten Decke mit Körbchen und eingewickelten Sandwiches saß, und scheiterte auf ganzer Linie.

»Es ist mir, ehrlich gesagt, egal, was wir machen. Ich möchte nur … ich möchte normale Dinge mit dir machen. An einem netten Ort sein. Es muss nicht einmal schick oder luxuriös sein, einfach … nett. Ich möchte herausfinden, was du gerne magst, abgesehen vom Manövrieren von Katastrophen.«

»Nicht wirklich meine Lieblingsbeschäftigung. Und anscheinend bin ich ja nicht mal sehr gut darin.«

Ich seufzte und ließ meine Hand weiter über Adams Brust wandern. »Nessas Tod ist nicht deine Schuld. Wann hörst du endlich auf zu versuchen, dich zum Bösewicht zu machen, wenn du es ganz offensichtlich nicht bist?« Ich lehnte mich zu ihm herab, ließ meine Nasenspitze über seinen Nacken gleiten. »Du bist der Inbegriff von Selbstlosigkeit. Du denkst nicht an dich. Niemals. Und ich weiß noch nicht, ob ich dich dafür bewundern oder hassen soll.«

Er schwieg fast eine Minute lang, und ich fragte mich, ob ich zu weit gegangen war. Lily hatte mal zu mir gesagt, dass ich die Angewohnheit hatte, mit der Tür ins Haus zu fallen und dabei nicht selten die Gefühle anderer Leute zertrampelte. Ich öffnete den Mund, um mich zu entschuldigen, aber Adam sprach zuerst.

»Also … und du kannst mir glauben, diese Frage ist ganz selbstsüchtig: Gehst du auf ein Date mit mir?«

Ich biss mir auf die Unterlippe, um das breite Lächeln zu unterdrücken, das sich um jeden Preis auf meine Lippen zu kämpfen versuchte. »Ja. Ich denke, ein Date wäre ein solider Weg, um herauszufinden, ob wir uns überhaupt mögen. Du weißt schon … fernab von diesem ganzen mysteriösen Magische-Verbindung-Kram.«

Adam blinzelte und schaute mich für einen Moment so verwirrt an, als wäre mir ein zweiter Kopf gewachsen. Und dann – ich konnte es kaum glauben – lachte er. Er lachte aus vollem Herzen, laut und ungehemmt. Erst nach ein paar Sekunden kniff er den Mund zusammen, wahrscheinlich weil er es nicht gewohnt war, jemandem diese Seite von sich zu zeigen. Aber ich umfasste seine Wangen und zog ganz sanft seinen Kopf zu mir.

»Du musst das nicht vor mir verstecken«, sagte ich dasselbe zu ihm, was er damals zu mir gesagt hatte, als der Tremor meine Hände zum Zittern gebracht hatte. Denn es gab nichts zu verstecken. Sein Lachen blendete mich, so wunderschön war er. Alle ungleichmäßigen Linien um seinen Mund, alle Unvollkommenheiten waren für mich absolut perfekt. In Adams Augen lag stets etwas, das mein Innerstes jederzeit in Brand setzen konnte, und dieses Lachen … dieses Lachen war wie eine Sonne, die so intensiv strahlte, dass es mich beinahe umbrachte.

»Du hast mir so sehr gefehlt, Rayne«, sagte er, und ich spürte durch die Verbindung, wie viel Überwindung es ihn kostete, das zu sagen. Mein Herz flatterte bei dem flüchtigen Halblächeln, das er mir zuwarf. Sobald er den Mantel des Mirrorlords ablegte, war er so … offen. Dann war er der Adam, von dem nur ich wusste, dass er hinter all den Mauern um sein Herz existierte: ein Junge, der die Freiheit vor sich sah und danach griff, wenn er die Chance dazu hatte.

»Mir ist klar, es ist schrecklich egoistisch«, flüsterte er. »Aber … ich bin froh, dass du dieses Mal geblieben bist.«

Das bin ich auch, antwortete ich in Gedanken und drückte mich an ihn. Adams Mund lag an meinem Haaransatz, und er atmete zittrig ein. Wir schauten uns an, dann küssten wir uns erneut.

Danach sagten wir nichts mehr, und ich spürte, wie mich die Müdigkeit langsam mit sich zog. Nach allem, was im Labyrinth passiert war, hatte ich keinerlei Kraftreserven mehr. Zwar war das Sofa zu klein, die Luft unangenehm schwül, aber ich hatte mich noch nie so friedlich gefühlt wie hier. In Adams Umarmung, mit seinem Atem an meinem Nacken, während sein Herzschlag immer ruhiger wurde.

In der Dunkelheit fiel mein Blick auf Adams Arm, auf das Lederarmband, in dem er Alius und Etas verwahrte. Ich musste an die Prädiktion denken, die ich im Gewölbe des Tempels gehört hatte. Adam mochte noch Zweifel daran haben, aber ich nicht mehr: Nach allem, was geschehen war, wusste ich, dass sich die Prädiktion niemals auf Adam bezogen hatte – sondern immer schon auf Leanore Tremblett.

Sie war diejenige, die den Untergang des Mirrors herbeiführen sollte. Doch es würde nicht so weit kommen. Wir würden diese Prophezeiung stoppen.

Seite an Seite.

Als ich das nächste Mal aufwachte, stand Zorya direkt vor uns in der Mitte des Musikzimmers. Sie hatte die muskulösen Arme vor der Brust verschränkt und die Stirn so stark in Falten gelegt, dass das Siebeneck-Tattoo darauf völlig seine Form verlor.

»Interessant«, sagte sie – nur das, sonst nichts.

Ich weigerte mich, rot anzulaufen. Adam und ich hatten die Nacht auf der Chaiselongue geschlafen, den Überwurf über unsere Körper gezogen, fest aneinandergeschmiegt. Selbst das laute Vogelgezwitscher von draußen hatte uns nicht wecken können.

Das war erst Zorya gelungen.

Wenn sie irgendwie überrascht war, Adam und mich nackt nebeneinander schlafend in einem Musikzimmer mitten im Tempel vorzufinden, zeigte sie es nicht. Ich ahnte, dass sie längst von uns gewusst hatte, so wie alle anderen auch – wir redeten hier schließlich von *Zorya.*

Sie wird uns nicht verurteilen, sagte ich mir, und Adam schnaubte und schickte seine Antwort über die Verbindung hinweg zurück.

Nein. Sie wird sich nur über uns lustig machen.

»Du hättest uns nicht so lange schlafen lassen sollen«, wandte er sich an Zorya, während er seine Hose vom Boden fischte. »Ich habe dir doch gesagt, dass die Hüter meinten, ich könnte heute Morgen mit dem Ältesten sprechen.«

»Der Älteste ist weit über tausend Jahre alt. Ich glaube, ein paar Stunden kümmern ihn nicht. Außerdem war ich der Meinung, Ihr braucht etwas Schlaf nach allem, was geschehen ist, *mein Lord.*« Ihr Blick zuckte zu mir. »Wobei ich nicht weiß, ob das kleine Flämmchen hier dabei geholfen hat.«

»Wenn ich dir das nächste Mal sage, dass du mich wecken

sollst, dann tust du das auch«, erklärte Adam. »Und spar dir die Kommentare.«

Zorya verzog den Mund. »Natürlich. Ich werde es künftig vermeiden, mir Sorgen um Eure Gesundheit zu machen.«

»Ich habe dich nicht darum gebeten.« Adam warf Zorya einen düsteren Blick zu, was die Magiehäscherin bloß mit einem unbeeindruckten Ausdruck im Gesicht quittierte.

»Irgendwer muss aber dafür sorgen, dass Ihr nicht vor Schlafmangel umfallt, da Ihr dem Thema selbst so wenig Bedeutung beimesst. Ich meine – bei allen Sieben, es wäre schrecklich, wenn Ihr eines Tages tatsächlich *erholt* wärt.«

Ich grunzte unartikuliert, so sehr musste ich ein Lachen unterdrücken. Zorya warf mir ein breites Grinsen zu, doch ich wusste, dass bei allem Humor auch tatsächliche Sorge in ihren Worten mitschwang.

Auf dem Papier war sie nur Adams Leibwache, die Anführerin seiner Armee, aber in Wahrheit war sie diejenige, die sich am meisten um ihn kümmerte. Und ich war unendlich froh darum.

»Na los, anziehen«, raunte sie und warf mir mein Shirt entgegen. »Bevor Ihr den Ältesten trefft … da ist noch jemand anderes, der bereits auf Euch wartet.«

Sie zwinkerte, und mein Herz schlug schneller. Meinte sie etwa …?

Ich griff nach Adams Hand und drückte sie fest. Dann tastete ich so schnell es ging nach meinen Klamotten. Neben mir streifte sich Adam bereits seinen schwarzen Mantel über und nahm die Schultern zurück. Ich sah den Moment genau, in dem der Junge, neben dem ich eingeschlafen war, verschwand. Zurück blieb der Herrscher des Mirrors, der gegen seine eigene Mutter in den Krieg ziehen musste.

Zorya brachte uns in den Raum, wo wir unsere erste Mahlzeit eingenommen hatten, und verließ uns dann. Mir entwich ein erstickter, erleichterter Laut, als ich Cedric zwischen Celine und Dina auf der langen Holzbank sitzen sah.

Sofort stürmte ich nach vorne und ermahnte mich, nicht zu fest zuzudrücken, als ich meine Arme um seine dünnen Schultern schlang.

»Geht es dir gut?«, flüsterte ich, und Cedric nickte mir mit einem schiefen Lächeln zu.

»Ja. Die Hüter haben mich ziemlich aufgepäppelt«, sagte er. »Keine Ahnung, was sie mir gegeben haben, aber sie waren recht optimistisch, dass ich noch ein paar Tage mitmache.«

»Nicht lustig«, sagten Dina und Celine wie aus einem Mund, und auch ich warf Cedric einen strengen Blick zu.

»Keine bleibenden Verletzungen?«, fragte Adam, und ich sah ihm deutlich an, wie erleichtert er war. Er stand vor Cedric, eine Hand auf dessen Schulter. Adams Blick wanderte über Cedrics Körper und blieb erst an den lilafarbenen Wunden an seinem Hals hängen … und dann an den blutunterlaufenen Augen.

Cedric schüttelte den Kopf, tätschelte Adams Hand beruhigend. »Nein. Es geht mir gut, wirklich.«

»Und …« Ich wagte es kaum zu fragen. »Und Matt?«

»Er ist noch draußen, außerhalb von Nova«, sagte Celine. »Die Hüter kümmern sich um ihn, aber bislang ist er nicht aufgewacht. Vielleicht sind es noch die Nachwirkungen von Divinus.«

Dina schnaubte. »Kein Wunder. Wenn ich Sebastian so lange in meinem Kopf gehabt hätte, bräuchte ich auch ein paar Tage, um wieder klarzukommen.« Sie schaute zu Adam. »Ein Hüter hat uns vorhin übrigens erzählt, dass sie glauben,

Sebastian hatte auch seine Hände bei der Trance des Ältesten im Spiel. Sie vermuten, Leanore wollte uns durch ihn auf den Eingang zum Labyrinth stoßen. Deshalb hat er immer wieder das Sonnensymbol gemalt – weil Sebastian ihn dazu gezwungen hat.«

Ich dachte daran zurück, wie wir dem Ältesten beim Malen zugesehen hatten. »Seine Hände haben gezittert.«

Cedric blickte mich aufmerksam an. »Möglicherweise ein Zeichen, wie sehr er sich gegen die Beeinflussung gewehrt hat.«

»Du meinst, er wollte uns warnen«, sagte ich leise und erinnerte mich an das Bild, auf dem der Dolch zu sehen gewesen war. Und die Figur, die danach griff.

Natürlich. Damit hatte er nicht Adam gemeint. Sondern Leanore. Der Älteste hatte versucht, uns einen Hinweis zu geben, wir hatten ihn nur einfach nicht verstanden.

Adam rieb sich über die Stirn. »Wir haben den Vorteil, dass wir in Nova außerhalb der Zeit agieren können. Solange wir hier sind, vergehen draußen nur ein paar Sekunden. Das müssen wir nutzen, und alles über die Athame herausfinden, was wir können. Bevor meine Mutter sie einsetzt.«

»Was denkst du denn, was sie machen wird?«, fragte Dina vorsichtig. »Ich meine … wir sind alle hier. Wem soll sie schon ein Sigil abnehmen? Sebastian? Ganz ehrlich – nach allem, was er getan hat, kann sie das meinetwegen sehr gerne tun.«

»Nikki«, erwiderte Adam und ließ sich auf einen der Stühle fallen. »Nikki mag sich von uns entfernt haben, aber sie ist nicht gegen uns. Das war sie nie. Sie ist eine der Sieben.«

Dina schnaubte. »Nikki waren im vergangenen Jahr Partys und Strandurlaube wichtiger als wir, Adam. Daraus hat sie nicht gerade ein Geheimnis gemacht.«

Er schüttelte den Kopf. »Das mag sein. Aber sie hat mich vor ein paar Wochen kontaktiert. Sie hat sich mit dem Enkel der Marquis-Familie verlobt und mir gesagt, sie würde gleich nach der Hochzeit nach Septem zurückkehren.«

Mehr als überrascht starrte Dina ihn an. »Nikki hat sich verlobt? Und davon hast du uns nichts erzählt? Ich war auf dem Empfang kurz davor, ihr meinen Champagner ins Gesicht zu spucken!«

»Sie hat mich darum gebeten, euch nichts zu sagen. Sie wollte selbst mit euch sprechen.«

Dina nickte. »Also gut. Wir schicken Nikki eine Warnung. Am besten taucht sie erst mal unter, bis wir wissen, was Leanore vorhat.«

»Das habe ich versucht«, gab Adam zurück. »Zorya hat gestern außerhalb von Nova Kontakt zu Agrona aufgenommen. Sie konnte Nikki bislang nicht erreichen. Sie war wohl nicht mehr auf dem Plateau und auch nicht in London.«

»Hat Zorya es Agrona erzählt?«, fragte ich. »Dass deine Mutter noch lebt?«

»Ja.« Adam zögerte. »Bislang gab es keine unüblichen Vorkommnisse mit Chaosmagie … oder Abbys. Aber für meine Mutter und Sebastian sind seit ihrer Flucht aus Nova ja auch nur wenige Stunden vergangen. Sobald wir die Stadt verlassen, müssen wir für alles gewappnet sein.«

Da ertönten auf einmal Schritte, und der Hüter, der uns damals im Tempel in Empfang genommen hatte, kam auf uns zugelaufen. Er wandte sich an Adam.

»Se'ene nu'unc paratus es'tib-ii. Vi'isn'ut-te ad'ilum-e duca'am?«

Ein ernster Ausdruck legte sich auf Adams Gesicht. Er nickte. »Ich wäre Euch sehr dankbar.«

Ich hatte keine Ahnung, was der Hüter gesagt hatte, aber er führte uns wieder zu dem Raum mit der runden Plattform, die uns das letzte Mal zur Magiequelle gebracht hatte. Ich versuchte, ruhig zu bleiben, während sie sich erneut in die Dunkelheit des Berges über uns hinabsenkte. Unten angekommen, liefen wir zu der Stelle, wo der Älteste bei unserer Ankunft auf dem Boden gesessen und wie besessen vor sich hingemalt hatte.

Er saß nun nicht mehr vor dem Bild mit den Sonnen. Stattdessen stand er ein paar Meter weiter, mit dem Rücken zu uns. Das Farbtablett und der Pinsel lagen noch neben seinen Füßen, aber er war offensichtlich nicht mehr in Trance, denn er schaute vor sich auf ein weiteres Gemälde. Ich konnte nicht erkennen, was darauf zu sehen war, weil der Älteste es mit seinem Körper verdeckte. Jetzt, da er nicht mehr gebeugt auf dem Boden kauerte, um manisch auf die Felswand zu malen, kam er mir auf einmal weitaus größer vor.

Und weitaus Ehrfurcht einflößender.

Der Hüter sagte etwas zum Ältesten in dieser seltsamen Sprache, dann verbeugte er sich vor ihm und ließ uns mit dem Ältesten allein.

Langsam drehte er sich um, und obwohl ich mich an den überirdischen Anblick der Hüter mit ihrer blauschimmernden Haut mittlerweile gewöhnt hatte … jetzt, da der Älteste uns mit wachen Augen ansah, überkam mich dennoch eine Gänsehaut.

Man merkte ihm an, dass er schon Tausende Leben geführt haben musste. Ich hatte mich noch nie so *jung* gefühlt.

Er trug wie zuvor eine weiße Robe, und in seiner Hand hielt er aus irgendeinem Grund eine leere Glasphiole.

»Sigil-Träger«, sagte der Älteste an Adam gewandt, und es

war schwer, seinem emotionslosen Äußeren abzulesen, wie er zum Mirrorlord stand. Aber ich hatte das Gefühl, zumindest einen Funken Respekt in seinem Blick zu erkennen.

»Ältester«, erwiderte Adam. »Ich hatte gehofft, dass wir uns unter weniger widrigen Bedingungen wiedersehen.«

Der Älteste legte leicht den Kopf schief. »Wir können uns die Bedingungen, unter denen wir handeln müssen, selten aussuchen.«

Adam atmete tief durch. Durch die Verbindung spürte ich, dass er seine Worte mit Bedacht wählte. »Meine Mutter … sie hat die Schattenathame, die unter Nova begraben lag, an sich genommen. Es heißt, es wäre ein achtes Dark Sigil, und wir fürchten, dass der Dolch eine große Gefahr für beide Welten ist – für Prime und für den Mirror. Gibt es irgendeinen Weg herauszufinden, wozu die Athame genau imstande ist? Denn, wenn ja, dann müsst Ihr es uns erzählen.«

Bei Adams letztem Satz kniff der Älteste die Augen zusammen. Nur leicht, aber ich sah es ganz deutlich.

»Wir wären Euch sehr dankbar«, schob ich hinterher, und als der Blick des Ältesten sich auf mich senkte, musste ich mich überwinden weiterzusprechen. »Im Labyrinth gab es Warnungen. Darüber, dass die Vorfahren der Träger den Dolch aus einem bestimmten Grund versteckt haben. Wir wollen nur wissen, welcher Grund das ist – um beide Welten zu beschützen. So wie Ihr bestimmt auch, oder? Helft uns – *bitte*. Ich meine, Ihr seid mit ziemlicher Sicherheit der älteste Mensch der Welt, also tragt Ihr eine gewisse Verantwortung.«

Auf meine Worte folgte Stille, und ich spürte, wie meine Wangen heiß wurden. O Gott, es war *völlig* mit mir durchgegangen. Hatte ich das gerade wirklich gesagt?

Als ich panisch zu Adam schaute, lag ein kleines Lächeln

auf seinen Lippen. Wie die anderen dreinschauten, wollte ich lieber gar nicht wissen.

Der Älteste betrachtete mich eine gefühlte Ewigkeit, dann schaute er ohne ein weiteres Wort zurück zu Adam. »Eure Mutter suchte, was Ihr sucht. Als sie es damals nicht fand, fragte sie mich nach der Ewigen Bibliothek.«

Eine ewige Bibliothek?

Ich musste ausnahmsweise nicht nachfragen. Cedric setzte zur Erklärung an. »In den Jahren der ersten Sigils wurden darin verschiedene Dokumente gelagert. Alte Schriftrollen, Codices, ein gigantisches Archiv über Magie. Sie liegt in Rom.«

»Prime-Rom?«

Cedric nickte mir zu. Dann schaute er zu Adam. »Wenn ich Zugriff zu diesen Büchern bekomme, dann könnte ich ganz sicher die Inschriften auf der goldenen Tür fertig übersetzen. Und die Wahrscheinlichkeit, dass wir in der Ewigen Bibliothek Schriften über die Entstehung und den Zweck der Athame finden, ist sehr hoch.«

»Vielleicht war das der Grund«, warf ich ein. »Leanore wollte, dass Matt dich dort unten im Labyrinth tötet. Wahrscheinlich, weil du der einzige Mensch bist, der herausfinden kann, was genau die Athame bewirkt, wenn man sie einsetzt.«

Adam seufzte bei meinen Worten und wandte sich erneut an den Ältesten. »Soweit ich weiß, wurde die Ewige Bibliothek vor Jahrtausenden versiegelt. Es heißt, es wurde so viel Wissen über Magie darin verwahrt, dass die Magie außer Kontrolle geraten ist. Sie legte sich auf sämtliche Bücher und machte alles, was darin geschrieben stand, zu einer tödlichen Gefahr. Man kann die Bibliothek nicht mehr betreten. Richtig? Ihr selbst habt sie damals verschlossen, wenn die Überlieferungen stimmen.«

Der Älteste antwortete nicht. Stattdessen schaute er auf die leere Glasphiole in seiner Hand hinab.

»Ich sagte Eurer Mutter, dass sie die Bibliothek niemals würde betreten können«, erklärte der Älteste mit ruhiger Stimme. »Die Magie darin ist zu mächtig, zu dunkel. Als ich die Bibliothek versiegelte, schwor ich, sie nie wieder zu öffnen. Bei meinem Leben. Und so war es auch – bis heute.«

Adam nickte. »Ich würde Euch unter anderen Umständen nicht darum bitten. Aber wir müssen meine Mutter aufhalten, bevor sie die Prädiktion erfüllt, Ältester. Und Rayne hat recht … wir können das nur tun, wenn Ihr uns helft.«

Da trat eine zarte Regung in das Gesicht des Ältesten. Er wusste natürlich, wovon Adam sprach. Schließlich hatte er die Prädiktion über die Trembletts entgegen jeglicher Befehle repariert und verwahrt. Er schaute von einem zum anderen, dann – langsam – machte er einen Schritt zur Seite.

Mein Herz stockte, als ich das Bild sah, das der Älteste bislang mit seinem Körper verdeckt hatte.

Für einen Moment glaubte ich, es wäre die Prädiktion, die Adam mir im Keller des Tempels gezeigt hatte. Doch sie war es nicht – selbst wenn sie ihr furchtbar ähnlich sah. Auch auf diesem Bild stieg Dunkelheit in den Himmel empor, und vor unseren Augen begannen die Schwaden sich zu bewegen. Die Schwärze breitete sich zu allen Seiten aus, auch dorthin, wo zwei Silhouetten auf einem Häuserdach dicht beieinander standen und nach oben sahen – zu einer Spiegelstadt zwischen den Wolken.

Wir waren wie erstarrt. Dann beugte sich Adam langsam nach vorne. Er war der Erste, der die Hand auf das Gemälde legte. Ich tat es ihm nach, dann Dina, Cedric und schließlich auch Celine.

Es dauerte nicht lange, bis die Stimmen zu uns drangen.

Ein Tremblett mit fehlgeleitetem Herzen wird das Ende des Mirrors herbeiführen. Mit dem Sigil, das verlorenging, werden beide Welten in Dunkelheit getaucht. Nur die erste Magie kann entscheiden, in welche Richtung sich die Waage neigt. Heilung oder Verderben. Die Wahl liegt in ihren Händen.

Ich wusste nicht, wie lange ich den Stimmen lauschte. Irgendwann zog ich die Hand weg. »Was … was bedeutet das?«, fragte ich unsicher und sah zum Ältesten.

»Es bedeutet, dass die Prädiktion sich geändert hat«, erklärte er. »Und dass es Hoffnung für die Welt gibt.«

Adam furchte die Stirn. »Aber … was ist mit ›erster Magie‹ gemeint?«

»Das herauszufinden ist nun an Euch«, sagte der Älteste und öffnete die Glasphiole, die er noch immer vor sich hielt. »Es gibt nur einen Weg, die Ewige Bibliothek zu öffnen. Mit derselben Magie, mit der sie verschlossen wurde. Verschwendet sie nicht.«

Damit legte der Älteste die offene Glasphiole in meine Hand, und ich war deshalb so verwirrt, dass ich sie einfach nur festhielt. Auch noch, als der Älteste vor meinen Augen in unzählige Magiepartikel zerfiel. Sein Kopf, sein Körper bis hin zu seinen Zehenspitzen, alles wurde zu einem gewaltigen Sternenschauer, der vor uns durch die Luft schwebte. In einem Moment hatte der Älteste noch als Mann vor uns gestanden, im nächsten existierte er nicht mehr.

Was zurückblieb, war ein blaues Leuchten, das so rein und hell war, dass ich es kaum ansehen konnte. Es sammelte sich in der Phiole, die ich mit beiden Händen zitternd umklammerte.

34

Während wir im Shuttle saßen schwebte das Opfer des Ältesten die ganze Zeit über unseren Köpfen. Er hatte sich in Magie aufgelöst … und warum? Weil er daran glaubte, dass wir die Prädiktion über die Zerstörung beider Welten würden verhindern können?

Die Verantwortung, die ich nun spürte, wog so unermesslich viel schwerer als die Phiole in meiner Manteltasche.

Gemeinsam beratschlagten wir darüber, was wir mit Matt machen sollten. Er lag immer noch schlafend auf der Trage neben uns. Es wäre leichter, ihn in den Mirror zu bringen, irgendwohin, wo er sicher war, doch keiner von uns hatte es laut vorgeschlagen. Nach allem, was im Labyrinth geschehen war … es schien undenkbar, uns jetzt aufzuteilen. Also wartete der Rest von uns im Shuttle, während Celine in dessen Tür einen Magiekorridor erschuf und so einen neuen Rollstuhl aus Septem holte. Wir hoben Matt von der Trage hinein und schlugen ihm die Kapuze seines Mantels über den Kopf, so dass man nicht sehen konnte, dass er bewusstlos war.

»Der Eingang zur Ewigen Bibliothek liegt an der Trajansäule«, erklärte Celine, als wir endlich bereit waren. »Die Türen in der Nähe sind zu öffentlich, aber ich bringe uns so nah heran, wie ich kann.«

Damit schob sie Clavis erneut in die Shuttletür, und einen Gang durch den Magiekorridor später kamen wir in einer weitläufigen Hotellobby nahe dem Forum Romanum heraus, wie Dina mir erklärte.

In Rom zu sein war nach der allgegenwärtigen Ruhe in Nova wie ein Schlag ins Gesicht. Die Geräusche der Stadt, der Verkehrslärm, das Hupen, das Schrillen der Stimmen, all das erschien mir doppelt so laut, als es wohl in Wirklichkeit war.

Cedric hatte die Führung übernommen. Zwar schien er dank der Behandlung der Hüter wieder etwas besser zu Fuß zu sein, aber er musste noch immer von Celine und Adam gestützt werden. Zusammen liefen wir über eine belebte breite Straße mit hohen Pinienbäumen, die voller Touristen war. Ihre Blicke und Comms waren auf eine Reihe römischer Ausgrabungen gerichtet, die dort hinter Absperrungen zu sehen waren. Doch sobald wir näher kamen, zogen wir alle Aufmerksamkeit auf uns. Es wunderte mich nicht. Ich trug noch immer die Soldatenuniform der Rebellen, während die anderen ihre schicken Brokatmäntel anhatten, die sie inmitten der vielen Mirror-Fans, die hier herumliefen, sofort als Obere outeten.

»Einfach weiterlaufen«, hörte ich Celine murmeln, und wir legten etwas Tempo zu.

Vom Forum Romanum war es nicht weit bis zum Trajanplatz, zu dem uns Cedric dirigierte. Es war ein großes Areal, das im Vergleich zur Stadt darum nicht bebaut war, sondern auf dem sich eine Reihe von Säulen befand, die früher wohl zu einem antiken Gebäude gehört hatte. Sie wurden von unten angeleuchtet, ebenso die vielen freigelegten Steine und Fundamente drum herum. Touristen tummelten sich dazwischen, zwar nicht ganz so viele wie in der Nähe des Forum Romanum, aber immer noch genug. Am Ende des Ausgrabungsplatzes befand sich die größte Säule von allen. Eine Engelsstatue stand auf ihrer Spitze, aber das war noch nicht alles. Uralte Formen und Inschriften wechselten sich ab mit reliefartigen Szenen, die sich um die Säule herumzogen.

»Und jetzt?«, fragte Dina, als wir direkt davorstanden und die Köpfe in den Nacken legten. Die Säule war gut dreißig Meter hoch, und obwohl die Verzierungen sicherlich uralte Geschichten erzählten, konnte ich keinerlei Magie darin spüren. Dafür bemerkten wir die Blicke der umstehenden Touristen umso mehr.

»Die Säule ist eigentlich ein Turm – und von innen hohl«, sagte Cedric und führte uns einmal um das Bauwerk herum. Tatsächlich fanden wir eine schlichte, hölzerne Tür in den Stein eingelassen. Celine zog ihren Schlüssel hervor. Eine Frau in Uniform – offenbar von einem Security-Team – schien auf uns aufmerksam geworden zu sein. Sie eilte näher und ließ eine Salve von schnellen italienischen Worten auf uns niederprasseln.

Da zog Adam seine Würfel hervor und streckte eine Hand zwischen uns. Wir alle reagierten blitzschnell und berührten ihn, bevor die Magie der Schicksalswürfel die Zeit um uns herum einfrieren ließ. Die vielen Stimmen und Rufe um uns herum verstummten, ein Schwarm Vögel am Himmel verharrte an Ort und Stelle. Und die wütende Security-Frau starrte uns an, als wollte sie uns festnehmen, bewegte sich aber keinen Millimeter mehr.

Dina stieß die Tür zur Säule nach innen auf. Wir traten hinein und verschlossen den Eingang wieder. Mit dem Rollstuhl war es furchtbar eng, und ich brauchte einen Moment, um mich zurechtzufinden. Wir befanden uns in einer schmucklosen runden Kammer, von der aus eine Wendeltreppe im Inneren des Turms nach oben führte. Beleuchtet wurde das ganze von ein paar elektrischen Lampen, die grelles Licht an die Wände warfen.

Cedric beachtete die Treppe nicht weiter, sondern ging mit einem angestrengten Atemzug auf die Knie. Und da sah ich es auch: Der Boden war nicht aus demselben Stein gehauen wie der Rest der Säule, sondern bestand aus schimmerndem Marmor. Fremdartige Symbole waren darin eingekerbt, die für jeden Menschen, der hier hereinkam, wohl einfach nur hübsche Ornamente waren.

Nach allem, was ich in den Höhlen unter Nova gesehen hatte, war ich mir sicher, dass es alte Sigil-Gravuren sein mussten.

»Hier ist der Eingang?«, fragte Celine.

Cedric nickte. »Ja.« Er strich mit seinen Fingern über eines der Sigil-Zeichen und ich lehnte mich etwas näher, um besser zu sehen. Die Einkerbungen zwischen den Symbolen waren ungewöhnlich tief.

Als ob man etwas hineinfüllen sollte.

Cedric hob den Blick zu uns, und mit einem Mal wirkte er extrem ernst. »In den alten Chroniken steht, dass die Archivare, die in der Bibliothek gearbeitet haben, damals dem Wahnsinn verfallen sind. Niemand weiß, wie es heute im Inneren aussieht. Aber es ist gut möglich, dass wir da drin nicht allein sind und … die Ewige Bibliothek ist wie ein schwarzes Loch. Deshalb hat man sie damals geschlossen. Weil sie sämtliche Magie in sich hineinzieht und sie nie wieder freilässt.« Er schaute von einem zum anderen. »Eure Magie wird sie unbedingt haben wollen, also seid vorsichtig.«

»Du meinst, die Bücher werden uns als leckeren Snack sehen?«, fragte Celine, beide Brauen nach oben gezogen. Als Cedric seiner Schwester nur ein Schulterzucken entgegnete, stöhnte sie. »Großartig. Wir hatten ja noch nicht genug Todesgefahr für eine Woche.«

»Ich mein es ernst«, setzte Cedric nach. »Verhaltet euch da drin extrem ruhig. Sagt am besten keinen Ton – ihr wisst nicht, was die Magie nach all den Jahrtausenden mit nur einem Wort macht. Okay? Und – wir sollten nicht zu viel Zeit darin verbringen.«

»Wie willst du dann das Wissen über die Athame finden?«, fragte ich. »Du hast selbst gesagt, es ist die größte Sammlung über die Magie, die es gibt. Wir könnten endlos suchen.«

Ein feines Lächeln umspielte Cedrics Lippen. »Keine Sorge. Jede Bibliothek funktioniert nach einer bestimmten Ordnung. Ich finde mich schon zurecht.«

»Natürlich tust du das«, sagte Dina, aber ihre Stimme war sanft und sie wuschelte Cedric liebevoll durch die blonden Locken.

Mit einem tiefen Atemzug holte ich die Phiole aus meiner Jackentasche hervor. Sofort wurde der kreisrunde Raum um uns herum von dem blauschimmernden Licht überzogen.

Danke, dachte ich stumm, auch wenn ich nicht wusste, ob der Älteste es hören konnte. Ich konnte seine Präsenz dank Ignis zwar spüren, aber natürlich war es nicht mehr der Älteste selbst, sondern nur noch die Magie, die er in den Jahrtausenden seines Lebens angesammelt hatte. Ich hielt noch einen Moment inne, dann leerte ich den Inhalt der Phiole mit einer einzigen Bewegung über die Sigil-Symbole.

Es dauerte kaum einen Wimpernschlag, bis der Boden zu vibrieren begann. Wieder war da das Gefühl eines kalten Regenschauers, der meinen Körper benetzte – genau wie beim Eintritt nach Nova.

Ein Ziehen ging durch mich hindurch, dann wandelte sich die Welt um uns zu etwas völlig anderem.

35

Kaum, dass wir die Schwelle durchbrochen hatten, verflüchtigte sich die Dunkelheit. Tief unter uns erwachten Feuer in großen Steinbecken zum Leben. Sie waren in Nischen in den Felswände eingelassen und erleuchteten auf einen Schlag alles unter uns.

Wir befanden uns auf einer Art Empore, direkt im Deckengewölbe eines gigantischen Raumes, und ich blickte staunend in die Tiefe, wo sich die Bibliothek erstreckte.

Der Raum zog sich so weit in die Länge, dass ich sein Ende selbst von hier oben nicht sehen konnte. Alles bestand aus geraden Linien und scharfen Winkeln, der gesamte Raum war ein architektonisches Kunstwerk, wie ich es bislang nur von Bildern aus dem Geschichtsunterricht kannte. Die Bibliothek schimmerte in einem sphärischen bunten Licht, die Farben schienen vom Gemäuer auszugehen. Im gewaltigen Mittelschiff, das leer war bis auf ein kostbar geschnitztes Lesepult, war das Licht besonders intensiv.

Und dann waren da – ein ungläubiges Lächeln zupfte hilflos an meinen Lippen – die Bücherregale. Die vielen … *vielen* Bücherregale. Sie waren auf beiden Seiten des Mittelschiffs in einzelnen Stockwerken angeordnet, bis hin zu den Emporen, die von dort ins Innere ragten.

Ich wandte den Kopf zur Seite, schaute zu den Büchern in unserer Nähe. Zwischen den Regalen glitzerten Juwelen in den Wänden, sie waren ein Teil des Gebäudes wie der Felsen selbst. Daher kam das bunte Licht also.

Ich fand keine Worte, um die Ewige Bibliothek zu beschreiben; ich konnte nur mit offenem Mund ehrfürchtig starren. Man könnte es *schön* nennen, aber das Wort würde nur an der Ungeheuerlichkeit des Raumes kratzen, der schillernden Opulenz seiner Kunstfertigkeit … und dann war da noch die schiere Masse an gesammeltem Wissen. Wie hatte Cedric gesagt? Jedes Wort hier drin konnte zur Gefahr werden. Undenkbar, was ein einfaches *Kneif mich mal* auslösen mochte.

Cedric deutete mit dem Kopf zur Seite der Empore, wo eine Treppe im Zickzack in die Tiefe führte. Den Rollstuhl konnten wir nicht mit nach unten nehmen, also ließen wir Matt auf der Empore und liefen los. Je weiter wir vordrangen, desto mehr Feuer erwachten zum Leben. Die Fackeln schienen auf unsere Schritte zu reagieren, als hätten sie einen Bewegungssensor.

Im Licht wurden immer mehr Einzelheiten sichtbar. Während das Mittelschiff vollkommen leer war – von dem hohen Lesepult abgesehen –, erstreckten sich die Stockwerke noch weit nach außen. Reihen um Reihen von kostbaren Bücherregalen erkannte ich. Rollen aus Papyrus und Bücher mit Gold- und Kupfereinbänden, einige davon riesig groß. Um viele von ihnen lagen zusätzlich schwere Ketten, bei denen ich in der Stille beinahe meinte, hier und da ein Klirren von Metall auf Metall zu hören, so als würden die Bücher sich gegen ihre Befestigung wehren. Abgesehen davon gab es kein einziges Geräusch.

Ich glaube nicht, dass noch jemand hier ist, dachte ich für mich, aber es kam mir eher wie ein Mantra vor, ein frommer Wunsch, von dem ich schon ahnte, dass er sich nicht erfüllen würde. Cedric presste einen Zeigefinger auf den Mund, während er in die Dunkelheit starrte, die zwischen den Regalreihen begann. Ich blickte mich um, eine Gänsehaut lief dabei über meinen gesamten Körper. Das Gefühl, aus den Schatten beobachtet zu werden, war wie eine lebendige Präsenz, die gegen meinen Rücken drückte. Und das Wissen, dass dasselbe Gefühl sich erst unlängst im Labyrinth unter Nova bewahrheitet hatte, half nicht dagegen.

Fühlst du das?, fragte ich Adam in Gedanken, und er neigte den Kopf zu mir und nickte.

Wir sollten uns beeilen.

Wir beschleunigten unsere Schritte, während wir Stockwerk um Stockwerk passierten. Die Bibliothek schien ein beinahe willkürliches Durcheinander zu sein, eine gigantische Sammlung, die ohne erkennbare Ordnung bis ins Kleinste sortiert war. Doch Cedric lief unbeirrt weiter nach unten – als wüsste er genau, wonach er Ausschau halten müsste. Er stützte sich mit sichtlicher Anstrengung am Geländer ab, doch sein Blick haftete stets konzentriert auf den Regalen. Mir wurde erst nach unzähligen Abzweigungen klar, dass die Bücher darin immer fremdartiger und älter wirkten, je weiter wir nach unten kamen. Die Bücher mussten nach dem Zeitpunkt ihrer Entstehung angeordnet sein.

Im letzten Stockwerk oberhalb des Erdgeschosses blieb Cedric schließlich stehen. Buntes Licht schien auch hier zwischen Regalen hervor – und funkelte auf den metallenen Einbänden der Bücher. Cedric legte eine Hand auf das Regal direkt vor ihm und fuhr geistesabwesend das gemaserte Holz nach, während er die Titel der Bücher studierte. Dann atmete er ein und schloss die Augen. So verharrte er einige wenige Sekunden, bevor er sich zu einem Buch mit einer Goldinschrift lehnte und – ich zuckte zusammen, so sehr erschrak ich mich – laut und deutlich sagte: »Wir müssen etwas über die Schattenathame wissen.«

Meine Sicht verschleierte. Ich wusste kaum, wie mir geschah. Cedrics Worte lagen nicht nur einfach in meinen Ohren, sondern blitzten als eine Reihe von Bildern vor meinem inneren Auge auf.

Männer und Frauen, die an winzigen Holztischen saßen. Mit Federn voller Tinte und blutigen Fingern beugten sie sich über Pergamente. Sie malten Inschriften, Gravuren, Sigil-Symbole darauf, ordentlich aufgereiht in Linien, mit Beschreibungen, Warnungen und Hinweisen.

Es war, als würde ich all das in meinem Kopf sehen, gestochen scharf, aber festgesetzt in einem Tumult von Emotionen, der so plötzlich wieder zum Stoppen kam, wie es angefangen hatte.

Auf einmal stießen meine Finger, die offenbar ziellos umhergetastet hatten, gegen glattes, abgenutztes Leder. Erschrocken öffnete ich meine Augen. Wir standen mit einem Mal im Zentrum der Bibliothek, im Erdgeschoss an dem Lesepult. Ein breiter Kreis aus Sigil-Gravuren war um uns herum im Boden eingelassen, so tief, dass sie eine Rinne bildeten.

Ich konnte mich nicht erinnern, mich bewegt zu haben. Die anderen standen neben mir, ihre Gesichter genauso überrascht. Jenseits des Mittelschiffs ragten die Stockwerke voller Bücher über unseren Köpfen empor. Und direkt vor uns, auf dem massiven Pult aus Mahagoni … lag ein einzelnes Buch.

Cedric musste es irgendwie herbeigerufen haben. Und wir

hatten seine Entstehung gesehen, während die Bibliothek uns mitsamt des Buches hierher gebracht hatte.

Wäre Lily jetzt hier – das wäre definitiv ein Moment für ein von Herzen kommendes *Abgefahren* gewesen.

Das Buch war viel größer als gewöhnliche Bücher. Der Einband schien in gehämmertes Kupfer gebunden zu sein, aber seine Oberfläche sah ölig aus und glänzte so intensiv, dass Cedric seine Finger erst zögernd aneinander rieb, ehe er es berührte. Die Inschrift auf dem Deckel schien ein Sigil-Symbol aus dunklem Metall zu sein, das sich, in der Mitte platziert, leicht von der Oberfläche abhob.

Adam legte eine Hand auf Cedrics Schulter und suchte seinen Blick. *Vorsichtig*, formte er stumm mit den Lippen, während ich das Wort deutlich über unsere Verbindung hörte.

Und ich wusste, was er meinte. Das Gefühl der Gefahr war plötzlich so allgegenwärtig, dass ich es in jeder Zelle meines Körpers spürte.

Cedric nickte, und ganz langsam hob er den Deckel des Buches. Schwaden von dunklem Dampf flossen zwischen den geschlossenen Seiten heraus, krochen über die Oberfläche des Pults und von dort in Richtung Boden, wo sie wie Wasser in Wellen weiterschwappten, bis der Dampf die kreisrunde Linie erreichte und dort in der Rinne versickerte.

Wir starrten uns schweigend an, und ich ahnte, dass wir alle denselben Gedanken hatten.

Das hier sollte jetzt wirklich sehr schnell gehen.

Cedric fing an, im Buch zu blättern. Die Seiten darin waren alt und bestanden aus handgefertigtem Pergament, auf dem eine fein säuberliche, kaum lesbare Schrift sichtbar wurde, die ich nicht ansatzweise hätte entziffern können. Cedric schlug Seite um Seite um, auf Text folgten große Illustrationen von

Sigil-Gravuren, die ich noch nie gesehen hatte, und Bilder von Menschen, die wohl zeigen sollten, welche Wirkung jede Gravur hatte.

Und dann hörten wir es. Aus dem Hintergrund der Bibliothek drang das Rasseln metallener Ketten zu uns. Wir hatten es bereits wahrgenommen, seit wir den Raum betreten hatten, aber nun wurde es schneller. Und es kam näher.

Adam und Dina hielten längst ihre Sigils in der Hand, und auch ich rief Ignis' Magie zu mir. Sie pulsierte an meinen Fingern und war bereit anzugreifen, falls es nötig wurde.

Neben mir stieß Cedric einen angespannten Atemzug aus, und da schlug auf einmal die Seite, die er gerade offen hatte, so schnell und heftig um, dass er das Buch loslassen musste.

Weitere Seiten blätterten sich wie durch Geisterhand um, immer schneller, bis das Buch schließlich eine kunstvolle Abschrift enthüllte. Der obere Teil der Seite zeigte eine einzelne Gravur mit einer Reihe Gravuren darunter, der Rest war mit der uralten Schrift bedeckt. Und darunter ... die Zeichnung eines Dolches.

Cedric fing sofort an, die Symbole auf dem Pergament mit dem Notizbuch zu vergleichen, das er aus dem Labyrinth mitgebracht hatte. Jedes Mal, wenn er am Ende einer Seite angelangt war, blätterte das Buch wieder um und das so schnell, dass die Luft, die es aufwirbelte, mein Haar zerzauste. Ich versuchte, mich auf die Seiten zu konzentrieren, aber das drängende Klappern von Metall auf Metall, das von den Regalen zu uns herüberschallte, drang mir durch Mark und Bein.

Da entwich Cedric ein Geräusch, das nicht gerade triumphierend klang, mir aber die Gewissheit gab, dass er gefunden hatte, wonach wir suchten.

Dina und Adam starrten ihn fragend an, doch Cedric

schaute noch immer auf das Buch hinab. Sein Gesichtsausdruck veränderte sich, etwas wie Bedauern legte sich darüber. Mein Puls schlug schnell gegen einen namenlosen, wachsenden Schrecken in meiner Brust.

Was hatte er herausgefunden?

Wieder klapperte es. Ich schaute empor, viele, viele Meter, und sah, wie sich auf einmal eine dunkle Gestalt auf dem obersten Stockwerk materialisierte. Ich blieb stehen und zwang den erschrockenen Ausruf in meine Kehle zurück. Die anderen folgten meinem Blick nach oben.

Lange Locken lagen um ein sehr schmales Gesicht, dürre Hände glitten vorsichtig über das Geländer. Die Gestalt trug etwas, das einst eine dunkle Robe gewesen sein mochte. Oder ein aristokratisches Gewand. Aber nun war es an so vielen Stellen zerrissen, das es kaum noch zu erkennen war.

Wer ist das?, fragte ich Adam atemlos.

Er starrte ebenfalls nach oben. *Einer der Archivare … nehme ich an.*

An den Händen des Mannes sah ich mehrere dicke Ringe glitzern – illusionäre Sigils, keine Frage. Blauleuchtende Augen, von Magie nur so durchzogen, hielten unsere Blicke gebannt. Die dünnen Lippen des Mannes fletschten sich zu einem Lächeln.

Auf seinem Kopf saß eine Krone aus Knochen.

Die Gestalt wandte sich ab und verschmolz mit den Schatten hinter sich, als wäre sie nie von ihnen getrennt gewesen.

Von oben trug die Luft ein Wort zu uns hinab, das mit einer Stimme so tief und schwarz vor Hass und Bosheit ausgesprochen wurde, dass es mir den Atem raubte.

»Eindringlinge.«

Die bunten Juwelen in den Wänden der Bibliothek schienen auf einmal zu summen. Ich konnte es im Hinterkopf hören: leise Stimmen, die vor Verzweiflung flüsterten, weinten, schrien.

Versuch es zu ignorieren, sagte Adam zu mir und zog mich und Celine um das Pult herum, so dass wir alle auf einer Seite standen. Ich rief Ignis' Magieklinge und beobachtete, wie auch Dina, Adam und Celine ihre Waffen zückten. Cedric atmete tief ein, dann umfasste er das Buch auf dem Pult und zog es beschützend an sich.

Ein tiefer, wütender Schrei hallte durch die Bibliothek. Er wanderte durch meine Brust, durch meine Ohren, presste sich in meine Knochen, Eingeweide, bis ich dachte, ich müsste verrückt werden. Als es aufhörte, erstarb es nicht nach und nach, sondern verstummte so plötzlich, als wäre es nie da gewesen. Ich versuchte, den anhaltenden Druck in meinen Ohren zu beseitigen.

»Eindringlinge!«, erklang es erneut. Die Stimme des Archivars knirschte in meinen Gehörgängen wie Steine, die aneinanderrieben. Diesmal materialisierte sich die Gestalt nur wenige Meter von uns entfernt. Sein Gesicht war von wahnhafter Erkenntnis erfüllt.

Er öffnete seinen Mund und kicherte. »Ist das nicht eine interessante Wendung der Ereignisse?«, säuselte er mit einer Stimme, die ganz und gar unmenschlich klang. Jetzt, da er so nah vor uns stand, wurde mir klar, wie sehr sein Körper von Magie durchzogen war. So sehr, dass sich Teile seiner Arme und sogar seines Kopfes regelmäßig aufzulösen schienen, so wie ich es bei den Spektralwesen des Mirrors immer wieder gesehen hatte.

»Eure Magie … sie wird das Prunkstück meiner Welt sein«, drang das wispernde Zischeln des Archivars zu uns.

Damit wandte er sich wieder ab und verschwand, halb schwebend, halb laufend, zwischen den Bücherregalen. Mit jedem Schritt, den der Archivar sich von uns entfernte, begannen jedoch neue Körper aus ihm herauszuschlüpfen: Exakte Abbilder seiner selbst, mit demselben wahnsinnigen Blick, derselben hageren Gestalt, die wie Geister in unsere Richtung schwebten.

Sie drängten sich zusammen und blockierten die Sicht auf den echten Archivar. Und ich konnte sie hören. Sie stöhnten und flüsterten und fluchten.

Dann stürmten Dutzende von ihnen schreiend auf uns zu.

Holz- und Papierreste regneten auf uns nieder. Plötzlich lag Staub dick in der Luft, und ich hatte kaum Zeit zu sehen – zu begreifen – … Da rief Adam: »Duckt euch!«

Das war überhaupt nicht nötig. Ich war bereits am Boden, getrieben von Schreck und Erstaunen, und alles, was ich tun konnte, war zuzusehen, wie die unheimlichen Spiegelbilder auf uns zusteuerten.

Die Magie, die so lange in der Bibliothek eingesperrt gewesen war, hatte sich nicht in Chaosmagie verwandelt wie in den Höhlen unter Nova. Nein, sie hatte etwas anderes hervorgerufen. Und ich war mir gerade nicht sicher, was schlimmer war.

Dina zerrte Cedric und mich auf die Füße, während Adam Celine nach oben half. Wir sprangen zur Seite, gerade rechtzeitig, bevor die Abbilder dort auf den Boden krachten, wo wir gerade noch gekauert hatten.

Hitze streifte meine Knöchel, und Ignis' Magie regte sich in mir. Ich versuchte einen Magiestoß auf einen der Schemen zu werfen, doch er ging geradewegs hindurch, ohne etwas zu bewirken.

Verdammt. Wir konnten sie nicht angreifen!

»Lauft!«, keuchte Dina. Sie brauchte es mir kein zweites Mal zu sagen.

Wir rannten los, und überall materialisierten sich neue Abbilder des Archivars, und das so plötzlich, dass wir in verschiedene Richtungen gedrängt wurden. Adams Hand griff nach meiner, und wir hielten aneinander fest. Eine Treppe tauchte vor uns auf, ich hatte keine Ahnung, ob es die gleiche war, die wir von der Empore heruntergekommen waren. Aber es blieb uns keine Wahl, denn die Archivare waren überall. Sie jagten uns von einem Stockwerk zum anderen. Als ich mit Ignis den Oberkörper eines der geisterhaften Spiegelbilder durchschnitt, blieb mein Angriff ohne jegliche Wirkung. Ich fluchte, und das Wesen kicherte und feuerte irgendeine Art Magiestoß ab, der Adam an der Schulter traf. Er taumelte zurück, seine Zähne vor Schmerz zusammengebissen, und mir entwich ein Schrei, als die Abbilder Adam mit ihren schemenhaften Händen an den Schultern packten und ihn geradewegs über das Geländer mit sich rissen.

Ich wollte hinterherspringen, aber sofort umzingelten mich weitere Abbilder. Ich versuchte sie mit Magiegesten abzuwehren und stürzte wieder zu Boden. Hände zogen mich von irgendwoher hoch, allerdings war ich zu geschockt, um mich zu bewegen. »Komm schon!«, schrie Dina mich an. Sie zerrte mich mit aller Kraft mit sich.

Wir stolperten den Weg zurück, den wir gekommen waren. Verdammt, wo war Adam? Wo waren Celine und Cedric?

Neben mir hörte ich Dina atmen, abgehackt und unregelmäßig. Erst, als wir wieder im Stockwerk über der untersten Ebene ankamen, hielten wir inne. Denn jetzt erkannten wir, warum wir es ungehindert hierhergeschafft hatten. Dutzende von Archivar-Abbildern strömten in ihren schwarzen Roben in das Mittelschiff der Bibliothek hinein – direkt auf das Zentrum zu, wie Motten ins Licht.

Mein Herz schlug immer schneller, und ich konnte kaum den Klang anderer Stimmen hören, so laut war das Magierauschen um uns herum.

Wir nahmen die letzte Treppe, die uns in die Halle führen würde. Sobald ich die unterste Stufe erreicht hatte, stieß ich mit Celine und Cedric zusammen. Ihre Augen waren vor Angst geweitet.

Ich streckte einen Arm aus, um die beiden aufzuhalten. Ich fühlte Dinas Atem in meinem Nacken und griff nach Cedrics Hand, während Celine meinen Pullover umklammerte und in Richtung des großen Pults zeigte, an dem wir eben noch gestanden hatten.

Dorthin, wo sich der echte Archivar befand. Direkt vor Adam.

Umgeben von unzähligen Spiegelbildern.

36

Der Mirrorlord«, hörte ich den Archivar – *den echten Archivar* – zischelnd sagen. Er hatte sich vor Adam aufgebaut, schaute ihn gierig an, vom Kopf bis zu seinen Füßen. Ein boshaftes Lächeln huschte über seinen Mund, und eine Hand hob sich, um Adams Gesicht zu berühren. Scharfe Knöchel kratzten über seine Wange, aber Adam blieb ganz still stehen.

»Ich habe dich schon viele Jahre beobachtet. Konntest du mich fühlen? Konntest du im Dunkeln meine Augen auf dir spüren?«

Adam antwortete nicht. Er hielt seine Würfel in der Hand, die weißen Lichtmale glühten auf seiner Haut, aber sonst regte er sich nicht.

»Deine Magie duftet … vorzüglich«, hauchte der Archivar. Er umrundete Adam, zwar mit einem gewissen Abstand, doch es wirkte, als würde er ihn langsam wie eine Schlange umwickeln wollen.

Dina, Celine, Cedric und ich warfen uns ängstliche Blicke zu. Die Abbilder hatten einen Kreis rund um das Pult gebildet, genau dort, wo die Einkerbung im Boden war. Unsere Angriffe gegen sie verpufften einfach. Wie sollten wir also zu Adam durchkommen?

Da hob der Archivar beide Hände, und ich hörte noch das Klacken der Metallketten um die Bücher, bevor uns erneut Bilder vor Augen traten.

Sterne fielen vom Himmel. Es war ein riesiger Kometenschauer. Doch es waren keine Sterne. Es waren Gebäude, die aus Magie geschaffen worden waren. Sie brachen entzwei, verloren das, was sie einst hatte echt werden lassen. Sie wurden zu Magie, die durch eine Barriere am Himmel strömte und die die Welt, die zwischen den Wolken gelegen hatte, wie ein enormer Schlund verschluckte.

Gleichzeitig richteten sich zwei hellgraue Augen zufrieden nach oben. Eine in Schatten gehüllte Person hob ihre Arme in die Höhe, ganz langsam, bis sie zu beiden Seiten ausgestreckt und in einer Linie zum Horizont gerichtet waren. Und während sie so dort stand und ihre Magie sie langsam in die Höhe hob, stiegen Schatten aus der Stadt vor ihr empor. In dünnen Fäden, die sich zu intensiven Schwaden zusammenfanden, wanden sie sich hinauf, und ihre Dunkelheit umhüllte erst Gebäude um Gebäude, dann die Stadt und schließlich die gesamte Welt.

Die Bilder endeten so abrupt, wie sie begonnen hatten. Die Vision verblasste, aber der Schrecken blieb.

Was … was zur Hölle war das gewesen?

Ich merkte Dina, Cedric und Celine an, dass sie dasselbe gesehen hatten wie ich. Auch sie wirkten, als wären sie in ihren Grundfesten erschüttert worden.

Doch war es echt? Würde so der Mirror enden?

Ich dachte an die jüngste Prädiktion des Ältesten, erinnerte mich an die Hoffnung, die in mir aufgekeimt war. Doch all das war falsch, oder? Wir würden die Prophezeiung nicht stoppen können. Ich wusste es mit einer unheimlichen Klarheit, die sich tief in meinen Verstand bohrte. Ja, die Waage neigte sich in die falsche Richtung. Wir konnten es nicht ändern. Warum sollten wir also noch kämpfen?

»Suche die Dunkelheit, Adam Tremblett«, drang die Stimme des Archivars zu mir. Er streckte eine Hand in Adams Richtung, als wollte er ihn am Kopf berühren. »Suche die Dunkelheit, dann wird die Dunkelheit zu dir kommen.«

Nein! In mir regte sich etwas, ein letzter Funke Verstand. Ich wusste, wir mussten etwas tun, sonst würden wir das hier nicht überleben. Verzweifelt versuchte ich, nach Dinas Hand zu greifen, doch auch sie starrte nur hilflos geradeaus. Ich wollte mich bewegen, einen Schritt nach vorne machen, aber ich *konnte* nicht. Eine Mutlosigkeit, wie ich sie noch nie gespürt hatte, brach über mir zusammen. Sie begrub mich unter einer Decke aus Trauer, aus der es kein Entkommen mehr gab.

Ein Chor aus Stimmen erfüllte meinen Kopf. Und diesmal klangen sie fast tröstlich.

Das Ende.

Erwarte das Ende.

Gerade als ich die Augen schließen wollte, flammte ein Licht auf. Es war durchzogen von einem flackernden Lila, das den Archivar für einen Moment vollständig zu umhüllen schien. Und bevor ich wusste, was passierte, verblassten sämtliche Abbilder um uns herum.

Erst erkannte ich die Gestalt nicht, die mit unsicherem Gang die Treppe heruntertaumelte und auf das Pult zulief. Sie hielt eine Hand hoch in die Luft gehoben. Ein Ring leuchtete daran, es war … Anima.

Matt!

Irgendwie war er aus seiner Bewusstlosigkeit erwacht und hielt nun sein Sigil in Richtung des Archivars. Der stieß einen wütenden Schrei aus, während er verzweifelt versuchte, seine Spiegelbilder erneut zu rufen. Als es nicht gelang, rauschte er so schnell auf Matt zu, dass die Wucht seiner Bewegung uns alle zu Boden warf.

Nachdem ich mich wieder aufgerappelt hatte, erkannte ich, wie Matt den Kopf des Archivars umklammerte. Der öffnete seinen Mund und schrie. Es war ein schreckliches Geräusch – voller Wahnsinn, Kummer, Zorn und den schlimmsten Gefühlen, zu denen ein Wesen überhaupt fähig war. Ich sah, wie Blut an den Seiten von Matts Hals herunterlief, wie sich sein Gesicht vor Schmerz verzerrte, je länger der Schrei dauerte, aber er hielt den Kopf des Archivars fest und zwang die Illusion, die er mit seinem Sigil hervorrief, direkt in ihn hinein. Das lilafarbene Licht glühte grell in den Augen des Archivars, bis sein Kreischen den Raum vollständig erfüllte und dann, ganz plötzlich, verstummte.

All die Trauer, die mich bis eben noch fest im Griff gehabt hatte, fiel von jetzt auf gleich von mir ab. Trotzdem konnte ich mich mehrere Sekunden lang kaum bewegen, so erschöpft war ich. Als ich endlich auf die Füße kam, war Cedric bereits auf allen vieren zu Matt gekrochen. Er hatte sich über ihn gebeugt, seine Augen waren vor Schreck weit aufgerissen. »Wach auf!« Er tätschelte Matts Gesicht. »Matthew, bei allen Sieben, wach auf. Komm schon, *bitte* …«

Doch Matt stöhnte nur. Aus seinen Ohren sickerte noch immer Blut, als wäre sein Trommelfell geplatzt, und er sackte in sich zusammen, sein Atem zittrig und angestrengt.

Ich schaute besorgt zu Adam. Er kniete neben Celine und

Dina am Boden. Vor ihm lag der Archivar, oder vielmehr die Reste von ihm. Er trug eine lange, schwarze Robe und hatte sich bereits fast vollständig in Magie aufgelöst. In dem geisterhaften Körper konnte ich seine Rippen sehen und einen Teil seines Schädels. Es war ein furchtbarer Anblick.

»Frische Luft … Stille …«, hauchte der Archivar geistesabwesend. Von Matts Illusion übermannt kauerte er auf dem Boden, und für eine winzige Sekunde glaubte ich, Erleichterung über sein schreckliches Gesicht ziehen zu sehen, bevor sein Körper sich – wie der Älteste – in unzählige Magiepartikel auflöste.

Ganz so, als hätte er sich nur durch puren Willen über die vielen Jahrhunderte hinweg zusammengehalten.

Die blauen Lichtfunken schwebten zur gewölbten Decke der Ewigen Bibliothek, und Adam, Celine und Dina standen langsam auf und neigten ihre Köpfe in die Höhe. Auch ich schaute auf die Emporen, wo die Magiefunken sich sammelten und dann verglühten, bis nur noch das Leuchten der Juwelen zurückblieb, das seinen geheimnisvollen Schimmer aus allen erdenklichen Farben auf die Bücher warf. Und mit einem Mal fühlten wir es alle.

Dieser uralte Ort, voller Geheimnisse und kostbarem Wissen, hatte endlich Frieden gefunden.

Eine gute Stunde später befanden wir uns in einer komplett anderen Welt. Celine hatte uns in irgendein Hotel in London gebracht, ich wusste nicht mal, welches, aber es war mir auch ganz egal. Es war wohl eins der Hotels, die von den Oberen als Zugang zum Mirror genutzt wurden und das demnach den Sieben unterstand.

Die Suite war luxuriös, in einem Kamin loderte ein Feuer,

und Celine hatte von irgendwoher Getränke und Essen organisiert, das wir jedoch kaum anrührten.

Die Sorge um Matt war viel zu groß.

Wir hatten seine Wunden gesäubert und ihn dann in einen Sessel neben dem Kamin gesetzt. Im Licht der Suite erkannte man die schweren Verletzungen auf Matts Gesicht noch deutlicher, aber wenigstens ging sein Atem regelmäßig.

Niemand von uns wusste, was geschehen würde, wenn er aufwachte. Ja, Matt hatte uns mit dem Archivar geholfen. Ja, er hatte ihn angegriffen und uns gerettet – aber war er wirklich wieder ganz er selbst oder war Sebastian dafür zu tief in seinen Kopf eingedrungen?

Es dauerte eine gefühlte Ewigkeit, bis Matts Augen schließlich aufflatterten. Diese wunderschönen bernsteinfarbenen Augen, die ich so sehr vermisst hatte. Ein paar Minuten lang sagte niemand etwas. Auch Matt nicht, obwohl ich sicher war, dass er unsere Anwesenheit bemerkt hatte. Während die anderen vor seinem Sessel standen, hockten Dina und ich direkt vor ihm und schauten Matt geradewegs an.

Er wand sich etwas, blinzelte mehrfach. »Ihr hättet mich zurücklassen sollen«, sagte er dann mit heiserer Stimme. Ein erleichterter Atemzug entwich mir, und ich hörte auch Dina neben mir seufzen. Das hier war unser Matt. Eindeutig.

»Wir würden dich niemals zurücklassen, das weißt du«, erwiderte Adam leise. »Nirgendwo.«

Matt drückte seine Hand, an der Anima saß, schützend gegen seine Brust. Sein Blick wanderte dabei von einem zum anderen – es war nicht schwer zu erkennen, wie überfordert er war. »Hey«, sagte er schließlich etwas hilflos.

»Oh, schieb dir dein ›Hey‹ sonst wohin«, fauchte Dina. Sie beugte sich nach vorne und umarmte Matt fest.

»Wirst du jetzt etwa sentimental?«, fragte Adam sie, und die Erleichterung war auch in seiner Stimme klar zu hören.

»Halt die Klappe, Adam.« Dina drückte Matt Küsse auf Wangen und Stirn. »Das hier ist ein Moment der Liebe.«

Matt schnaubte, halb schmerzhaft, halb lachend, erwiderte aber Dinas Umarmung. »Es ist auch schön, euch zu sehen.«

Sogar Celine kniete mit einem breiten Lächeln neben ihm, was Matt ein raues Lachen entlockte. »Nicht du auch noch, Cee.«

»Dieser Wichser hat dich zu seiner Marionette gemacht«, sagte Celine. »Einen der Sieben! Ich …« Sie schüttelte den Kopf. »Ich war mir wirklich nicht mehr sicher, ob wir dich je zurückbekommen.«

»Habt ihr aber.« Matt lächelte wieder, und es wurde noch etwas breiter, als er zu Cedric hochschaute. »Hey, Bücherwurm.«

»Hey«, erwiderte Cedric, und es war nicht schwer zu erkennen, dass er Tränen in den Augen hatte. Er blieb stehen, und ein Teil von mir wollte Cedric dafür gegen das Schienbein boxen, doch ich ließ es bleiben.

»Hast du Schmerzen?«, fragte Adam und reichte Matt ein Glas Wasser. »Brauchst du etwas?«

Matt atmete zitternd ein und sagte langsam: »Nein … ich brauche nichts.« Er trank einen Schluck. »Hab nur ein Rauschen im Ohr, das geht schon wieder weg.« Dann blinzelte er, und ich sah ihm deutlich an, wie er versuchte, seine Erinnerungen zu sortieren.

Als er schließlich zu mir aufblickte, atmete er tief durch. »Rayne, ich habe gegen dich gekämpft. Im … Labyrinth.«

»Nichts, was ich nicht ertragen kann«, flüsterte ich.

Matts Blick richtete sich in die Ferne. Er schien mit aller

Macht darauf konzentriert, nicht zusammenzubrechen. Dann schaute er langsam zu Cedric. »Und dich … ich hätte dich fast umgebracht.«

Es war wahr. Die Blutergüsse an Cedrics Kehle sahen heute noch schlimmer aus als gestern. Aber er war stärker, als sein kränklicher Körper es vermuten ließ. Er würde es schaffen.

»Es geht mir gut«, sagte Cedric.

Matt seufzte. »Was ist passiert?«

»Erinnerst du dich nicht daran?«, fragte ich vorsichtig.

»Ich weiß, dass Sebastian mich mit Divinus unter Kontrolle hatte. Aber ich …« Er furchte die Stirn. »Habe ich etwas … habe ich jemanden …«

Sofort zogen die Bilder an mir vorbei, wie Matt einen Dolch in Jareks Bauch gebohrt hatte. Der Anblick des Magiehäschers und das gequälte *Lauf weg* hatte sich für immer in mein Gedächtnis gebrannt.

»Du warst nicht du selbst«, wischte Adam Matts Frage fort. »Es spielt keine Rolle.«

Matts Gesicht verzerrte sich, und er verbarg es in seinen Händen. »Ich wusste … ich *wusste*, dass es wieder passieren kann«, sagte er leise. »Sebastian hat früher schon an mein Unterbewusstsein angedockt. Ich habe es ihm sogar erlaubt, ich *wollte* es, und … mir war klar, tief in mir drin, dass er immer noch einen Zugang hat. Er konnte darauf zugreifen. Alles, was er tun musste, war, mir seinen Spiegel für eine Sekunde vor die Augen zu halten. Ich bin nicht … sicher. Für euch. Er könnte mich jederzeit wieder zu seiner Marionette machen.«

Adam trat einen Schritt nach vorne, und ich beobachtete, wie er ein paar Münzen aus seiner Hosentasche zog.

Es waren Trites. Und ich wusste auch, welche. Diese Magiehemmer hatte er genutzt, um mich aus seinen Gedanken auszusperren.

»Wenn Sebastian es wirklich darauf anlegt, würden sie ihm wahrscheinlich nicht standhalten, aber sie sollten dich zumindest vor einem ersten Versuch schützen. Und dann kannst du ihn abwehren.«

Matt nahm die Münzen entgegen und nickte. »Danke.«

Ich warf Adam einen fragenden Blick von der Seite zu, und er erwiderte ihn.

Wenn du mich in deinem Kopf aushältst, brauche ich sie nicht mehr, sagte er zu mir, und ich konnte mir ein kleines Lächeln nicht verkneifen.

Wenn du dich benimmst, stehen die Chancen ganz gut.

Ein Stöhnen drang über Matts Lippen. Er neigte den Kopf so tief, dass ich sein Gesicht nicht mehr sehen konnte.

»Was ist?«, fragte Dina.

»Ich erinnere mich jetzt an Jarek«, antwortete er leise, mit kläglicher Stimme. »Ich erinnere mich, wie er mich *ansah*. Ich erinnere mich, dass es mir nichts bedeutet hat, ihn zu töten. Ich konnte nichts fühlen. Es war mir egal, und ich … Wenn ich zurückgehen könnte und wüsste, was ich tun würde, hätte ich mir eine Kugel durch den Kopf jagen lassen, bevor ich Jarek jemals berührt hätte.«

Matts Wangen wurden feucht. Er sah so verloren aus, und ich wollte ihn gerade umarmen, doch Cedric war schneller. Er lehnte sich zu Matt hinab und schloss ihn in seine Arme.

Ich sah es ihm an: In diesem Moment hätte er alles getan, um den Kummer aus Matts Blick zu nehmen.

»Adam hat recht. Es ist nicht deine Schuld. Wenn du nicht gewesen wärst, dann hätte es keiner von uns aus der Bibliothek geschafft. Du hast uns das Leben gerettet. Uns allen.«

»Das bringt Jarek auch nicht zurück«, schluchzte Matt. *»O Gott.«*

Dina fuhr Matt sanft durch die Haare. »Wir haben ihn im Garten von Septem beerdigt. Der Palast ist eine Ruine, aber … wir haben ihm einen schönen Platz ausgesucht. Sobald wir Sebastian und Leanore aufgehalten haben, besuchen wir ihn, in Ordnung?«

Matt nickte, doch es liefen noch immer Tränen über seine Wangen.

»Matt«, setzte Adam vorsichtig an. »Kannst du dich erinnern, was passiert ist, während du bei Sebastian und Leanore warst? Kann du uns mit irgendwelchen Informationen weiterhelfen?«

Matts Augen schlossen sich. Er atmete zitternd aus und schüttelte den Kopf. »Ich bin mir nicht sicher …«

»Versuch es«, drängte Adam.

»Leanore hat uns alle getäuscht …«, begann Matt. »Sie wollte dem Auge … Informationen zuspielen. Über das Plateau. Und über Nova.«

»Hongkong«, hauchte ich. Es war also wirklich, wie ich vermutet hatte. »Leanore hat Nessa genau die Informationen gegeben, die sie brauchte, um nach Nova zu kommen. Sie hatte von Anfang an keine Chance.«

»Sonst weiß ich nicht viel«, sagte Matt hilflos. »Sie haben mich die meiste Zeit über eingesperrt, und … Sebastian war nicht da. Nur … ein anderer Mann. Ich … kann mich nicht erinnern, ich …«

Ich schloss die Augen und versuchte, meinen Kopf freizubekommen. Irgendetwas war längst im Gange, und wir hatten es einfach noch nicht verstanden. Leanore würde das alles nicht tun, wenn sie kein größeres Ziel damit verfolgte.

Plötzlich weiteten sich Matts Augen, und er starrte auf seine Sigil-Hand hinab. »Es war Pelham. Kornelius Pelham. Leanore hat mit ihm gesprochen. Sie wollte … etwas über das Plateau wissen. Sie wollte wissen, welche Regierungsvertreter aus Prime dort sein würden.«

Regierungsvertreter aus Prime? Was interessierten Leanore irgendwelche Politiker? Und was hatte Kornelius Pelham damit zu schaffen? Seit Adam ihn vom Posten des Höchsten Magistrates enthoben hatte, um ihn durch Agrona Soverall zu ersetzen, war Pelham sicherlich nicht gut auf uns zu sprechen. Und es wunderte mich nicht, dass er mit Leanore gemeinsame Sache machte. Schließlich hatte er auf ihren Befehl hin über Jahre hinweg die verdünnte Magie in die Armenviertel Primes geliefert und dadurch die Chaosmagie überhaupt erst heraufbeschworen.

Aber *trotzdem* …

»Warum sollte sie das wissen müssen?«, vollendete Adam meinen Gedanken.

Das Unbehagen war Matt deutlich anzusehen. Doch er schüttelte nur ein weiteres Mal den Kopf. »Ich … ich bin mir nicht … ganz sicher.«

»Matt! Denk nach!«, bat Dina.

»Ich glaube, sie will sie dort abfangen«, sagte er vorsichtig, als würde ihm die Information gerade erst wieder einfallen. »Ich – sie hatten mich in dieser Phase so oft mit Divinus kontrolliert und wieder freigelassen, dass ich mir nicht sicher bin, ob ich mir das alles nur eingebildet habe, aber …«

»Sie?«, drängte Adam, eine Spur von Alarm in seiner Stimme. »Die Politiker aus Prime? Wo will sie sie abfangen? Auf dem Plateau?«

Matt nickte, und mit einem Mal schien er nicht mehr verwirrt und gequält. Stattdessen stand ihm der Schrecken voll und ganz ins Gesicht geschrieben.

»Deine Mutter …«, sagte er. »Sie wollte nicht länger im Schatten von Prime stehen, das waren ihre Worte. Sie will sich vom Mirror befreien und die *richtige* Welt neu formen.«

Adam atmete ein … und wieder aus. Dann griff er in seine Tasche und holte sein Spectum hervor. »Ich informiere Agrona«, sagte er knapp. »Sie muss sofort die Wachen auf dem Plateau verstärken.«

Doch als Adam den Deckel des Handspiegels winterblau aufleuchten ließ, erschrak ich, denn das Gesicht von Agrona Soverall sah völlig verstört aus.

»Mein Lord, ich habe schlechte Nachrichten«, platzte es aus ihr heraus, bevor Adam überhaupt sprechen konnte, woraufhin Dina ein genervtes Stöhnen entwich.

»Dem Nächsten, der diese Worte in genau dieser Reihenfolge sagt, verpasse ich eine«, murmelte sie und rieb dabei mit der Hand über das Schlangenband an ihrer Taille. »Ich habe schlechte Nachrichten satt.«

Agrona verzog das Gesicht missbilligend, aber bevor sie Dina zurechtweisen konnte, hakte Adam ein.

»Sag schon, Agrona. Was ist es?«

»Leanore … Deine Mutter ist vor wenigen Minuten am Plateau aufgetaucht.«

Adams Miene wurde zu Eis. »Wo ist sie jetzt?«

»Sie hat die Konferenzsäle bisher nicht betreten, sondern sich in die Privaträume zurückgezogen. Im Moment hat sie, bis auf wenige Magiehäscher, niemand zu Gesicht bekommen. Und ich will, dass es dabei bleibt.«

»Was hat sie vor?« Ich schaute von einem zum anderen. »Was meint sie damit, dass sie die *richtige Welt neu formen* will?«

»Was, wenn sie diesen Auftritt nur veranstaltet, um uns dorthin zu locken und dann an unsere Sigils zu kommen?«, fragte Celine.

Dina nickte. »Es könnte eine Falle sein. Aber was haben wir für eine Wahl? Wenn Leanore es wirklich auf die Prime-Regierungsvertretungen abgesehen hat, können wir nicht tatenlos zusehen. Wir haben diese Leute eingeladen, um die Welten näher zueinander zu bringen. Nicht, um sie jetzt einer Verrückten …«, sie warf Adam einen entschuldigenden Blick zu, »… zum Fraß vorzuwerfen.«

»Was ist mit Nikki?«, fragte Adam an Agrona gewandt, die daraufhin den Mund verzog.

»Ein Häscher meinte, sie bei deiner Mutter gesehen zu haben.«

Plötzlich kam Bewegung in Cedric. Er drängte sich neben Adam, und seine Stimme klang ungewohnt scharf. »Ihr *müsst* dafür sorgen, dass sie in Sicherheit ist! Egal, was es kostet!« Er schaute zu uns, sein Blick besorgt. »Es gibt etwas über die Athame, das ich euch noch nicht gesagt habe.«

»Was ist es?«, fragte ich leise, während Adam sein Spectum langsam schloss und damit die Verbindung zu Agrona trennte.

Cedric schaute zu mir auf, wieder mit diesem Ausdruck des Bedauerns im Gesicht, und seufzte. »Ich hatte es richtig übersetzt«, erklärte er. »Als wir unten im Labyrinth waren. Die Symbole an der goldenen Tür, die Warnungen … Ich verstehe es jetzt. Weil die Schattenathame nicht dauerhaft über eine Blutverbindung mit einem Träger verknüpft wird, braucht sie etwas anderes, um Magie wirken zu können. Und zwar die Lebenskraft desjenigen, der die Athame führt.«

Ich starrte Cedric an. Ich fühlte mich, als würde ich mich durch tiefes dunkles Wasser kämpfen.

»Also gibt es doch ein Opfer?«, fragte ich. »Jemand muss sterben?«

Cedric nickte langsam, und furchte dabei die Stirn. »Dieses Buch, das ich in der Bibliothek gefunden habe, muss geschrieben worden sein, nachdem die Athame bereits in Nova versteckt war. Die Informationen waren auffällig … zurückhaltend formuliert, aber in einem war es sehr klar: *Wer die Athame führt, wird alle Lebenskraft verlieren und in einen ewigen Schlaf sinken, aus dem es kein Erwachen mehr gibt.*«

Kein Erwachen. Cedric hatte recht. Das war letztlich nichts anderes als sterben.

Ich zitterte. Denn ich wusste, was das bedeutete. Meine Hoffnung auf Freiheit … sie war nur ein naiver Wunsch gewesen. Niemals würde jemand von uns dieses Opfer in Kauf nehmen, um unser eigenes Glück zu finden.

»Das ist aber noch nicht alles«, flüsterte Cedric. »Was die Prädiktion angeht … es gab einen Satz in dem Buch, der mich stutzig gemacht hat. Die Athame wurde darin als *Wegbereiter* bezeichnet. Für etwas, das die Macht hat, *alle* Magie auf der gesamten Welt zu kontrollieren.«

»Du meinst … ein weiteres Sigil?«, fragte Adam, und Cedric hob nur die Schultern.

»Ich weiß es nicht. Aber in jedem Fall bestätigt es das, was in den Inschriften im Labyrinth zu lesen war. Der Dolch ist gefährlich. Nicht nur für euch, nicht nur wegen der Dark Sigils. Er könnte den Untergang für alle bedeuten.«

Wundervoll, dachte ich bitter. Was zum Teufel hatten wir da bloß auf die Welt losgelassen?

»Wir müssen meiner Mutter so schnell wie möglich die Athame abnehmen«, sagte Adam und schaute dann zu mir.

Wir werden sie zurückholen, sagte er über unsere Verbindung hinweg, und zu meinem Erstaunen nahm er dabei vor allen anderen meine Hand, um sie zu umschließen. *Wir werden die Athame zurückholen – und dann finden wir eine Lösung.*

Ich drückte Adams Finger, ein warmes Gefühl in meinem Bauch. Doch da war auch noch etwas anderes. Eine furchtbare Vorahnung. Denn wie hatte der Älteste gesagt? Es lag an uns, in welche Richtung sich die Waage neigen würde.

Heilung oder Verderben.

Und sosehr ich auch daran glauben wollte, dass wir das Richtige taten … es konnte keine Gewissheit geben. Nicht, bis wir am Ende des Weges angekommen waren.

TEIL 6

EIN WUNSCH DES HERZENS

37

29. November 2024, 19:41 Uhr
Mirror-London, Septem
Leanore Tremblett ist 19 Jahre alt

Schritte ertönten im Korridor.

Leanore musste sich nicht umdrehen, um zu wissen, wer es war. Selbst nach all den Jahren, in denen sie sich nicht gesehen hatten, hätte sie den Klang seiner Schritte überall erkannt.

Er kam mit einigen Metern Abstand hinter ihr zum Stehen. Sie stellte sich vor, wie die Falte auf seiner Stirn hervorstand, während er darüber nachdachte, wie er dieses Gespräch eröffnen sollte. Doch sie würde ihm die Entscheidung nicht abnehmen.

Diese Bürde musste er allein tragen.

»Hallo Lea«, sagte er schließlich, und sie verabscheute sich dafür, dass ihr verräterisches Herz beim Klang seiner Stimme noch immer aus dem Takt zu geraten schien.

»Ich …«, setzte er an und seufzte. »Ich weiß nicht, ob ich dir zuerst gratulieren oder mein Beileid ausdrücken soll.«

Beinahe hätte sie gelacht. Da hatte er natürlich recht. In den drei Jahren und zehn Monaten, in denen sie sich nicht mehr gesehen hatten, hatte es zahlreiche große und erinnerungswürdige Anlässe gegeben, denen er ferngeblieben war.

Da wäre die Hochzeit, zu der man sie gezwungen hatte.

Die Geburt ihres Sohnes, die gemäß dem Zeitplan knapp danach gefolgt war.

Der tragische Tod ihres Vaters, der inzwischen schon über drei Monate her war und der den Mirror in Aufruhr versetzt hatte.

Und natürlich ihre Krönung einige Tage später, die – schließlich liebten die Oberen gute Feste – selbigen Aufruhr gleich wieder hatte versiegen lassen.

»Was denkst du denn, was wohl angebrachter wäre?«, fragte sie zurück, ohne sich umzudrehen. Dabei ließ sie den weißgoldenen Fingerhut, den sie sich zu ihrer Krönung hatte anfertigen lassen und der schärfer als jede Klinge war, sanft kratzend über den Rand des Fensters gleiten. »Beileid oder Glückwünsche?«

Wieder seufzte Melvin. »Er war immerhin dein Vater, Lea. Egal, wie groß die Gräben zwischen euch waren. Sein Tod muss dich völlig unvorbereitet –«

»Spar es dir«, unterbrach sie ihn härter, als sie es beabsichtigt hatte. Eigentlich hatte sie sich fest vorgenommen, beherrscht zu bleiben, wann auch immer Melvin Harwood den Weg zurück in den Mirror finden würde. Solange sie sich erinnerte, hatte er eine Art an sich gehabt, die ihre Selbstbeherrschung sofort aushebeln konnte. »Ich habe mich auf den Tod meines Vaters vorbereitet. Im Grunde genommen schon seit meiner Geburt.«

»Sind die Gerüchte denn wahr?«, fragte Melvin. »Beatrice hat behauptet, dass er ermordet wurde.«

Leanore ließ die falsche Fingerkuppe zum Stillstand kommen, das Kratzen verstummte. Für einen Moment wägte sie ab, Melvin mit derselben Lüge abzuspeisen wie alle. Es wäre natürlich gnädiger gewesen. Aber Gnade hatte er nicht verdient.

Nicht, seit er sie in einem dunklen Korridor am Ende der Welt zurückgelassen hatte. Sie und all ihre Verzweiflung.

»Ja, es stimmt«, antwortete sie kühl, und während sie erneut mit der messerscharfen Spitze des Fingerhuts über das Fenster fuhr, hielt sie den Blick auf die Stadt vor sich gerichtet.

Er ist qualvoll verendet, wie er es verdient hat. Ich habe ihm erst die Kehle aufgeschnitten und ihm dann die Würfel entrissen. Sie haben vor Glück förmlich gesummt, als ich sie an mich genommen habe.

Melvin entließ einen halberstickten, gequälten Laut. Er hatte ihren Gedanken also gehört. Das war in der Vergangenheit immer wieder passiert, seit sie Alius und Etas trug. Halbverschluckte Gedanken, brüchige Wortfetzen, ein Bewusstseinsstrom, der nicht ihr eigener war und den sie anfangs nicht zuordnen konnte.

Bis sie begriffen hatte, dass es Melvins Gedanken waren.

Die seltsame Verbindung war schwach, es vergingen Monate, in denen sie ihn kaum hörte. Heute schien die Ausnahme zu sein.

»Niemals hättest du …«, setzte Melvin an, aber Leanore redete über ihn hinweg.

»O doch. Habe ich.«

Nun kam er auch noch die letzten Meter auf sie zugelaufen. Und sie musste es ihm lassen – er hatte nichts von seinem typischen Harwood-Mut eingebüßt, denn trotz allem, was er nun wusste, griff er an ihre Schultern und wirbelte sie regelrecht herum, bis sie nichts anderes tun konnte, als ihn anzusehen.

»Lea«, sagte er eindringlich, und erneut setzte ihr Herz einen verräterischen Schlag aus. Melvins Augen blitzten und sein Mund, den sie so oft geküsst hatte, verzog sich nach unten. »So bist du nicht. Hör auf, dich mit aller Macht zu einem Monster machen zu wollen!«

»Sag mir nicht, was ich tun soll – oder wie ich deiner Meinung nach *bin*!«, wies sie ihn schroff zurecht. »Mir wurde jeden Tag meines ganzen Lebens gesagt, was ich darf und was nicht. Wage es nicht. *Du* schon gar nicht!«

Melvin starrte sie lediglich an, und in diesem Moment fühlte Leanore ihn wieder wie damals. Sie fühlte seine Ruhe, die sich in Wellen um sie herum ausbreitete. Es war ein warmes Gefühl, so warm, wie es nicht möglich sein sollte.

»Geh«, sagte sie heftig.

Melvins Blick blieb auf ihr haften, für eine Sekunde oder zwei. Doch dann ging ein Ruck durch seinen Körper. Er wandte sich von ihr ab und verließ den Raum, gefolgt von einem endgültigen Klacken der Tür.

Lea wusste, dass sie den Sturm in ihrem Inneren jetzt nur durch eins beherrschen konnte. Sie lief durch ihre Gemächer, bis sie vor einer Tür zu stehen kam. Das Schloss reagierte, als sie Alius und Etas dagegen presste, dann lief sie hinein in den Raum.

Ihr Blick fiel auf drei riesige, gläserne Käfige. Sie waren gut geschützt – Leanore war nicht lebensmüde –, doch in den Käfigen selbst toste die Chaosmagie so wundervoll wütend umher, dass das Glas regelrecht vibrierte.

Nur ab und an, wenn das Getose und das Kreischen etwas nachließ, setzte sich die Magie zu Formen zusammen. Zu

Körpern, deren weißglühende Augen sich in Leanores Richtung drehten, als wüssten sie bereits genau, dass sie ihr eines Tages dienen würden.

Vor den Käfigen lagen mehrere zerbrochene Sigils. Sie alle hatten die Form eines Drachens, aber keines von ihnen hatte bisher vollbracht, was sie sich davon erhofft hatte.

Die Knochen, die auf dem Boden der Käfige sichtbar waren, waren der Beweis dafür.

Keines der Sigils konnte die Chaosmagie steuern, wie Ignis es konnte. Aber Leanore hatte Geduld. Und auch wenn Leute wie Nessa Greenwater glaubten, dass ihr Schmiedetalent einzigartig auf diesem Planeten war … eines Tages, ob es Jahre dauerte oder nicht, würde es Leanore gelingen, ein Sigil zu erschaffen, mit dem sie die Chaosmagie kontrollieren konnte.

Irgendwo aus der Ferne drang Babygeschrei zu ihr. Sie hatte darauf bestanden, Adam zu seiner Sicherheit in ihren eigenen Gemächern unterzubringen. Doch nun erinnerte seine Stimme sie daran, dass sie in erster Linie nicht einen Sohn geboren hatte, sondern vor allem einen Erben. Es war eines der vielen Kuriositäten im Leben der Sieben. Auf den Höhepunkt ihrer Macht folgte sogleich das Gebären ihres Machtverfalls. Denn nichts anderes war Adam: das Ende ihrer eigenen Bedeutsamkeit.

Das Schreien verstummte. Sie lauschte noch einen Moment, dann trat sie näher an den Käfig heran und legte ihre Hand auf das dicke Glas. Reglos beobachtete sie die Chaosmagie dabei, wie sie sich immer wieder zu einem Abby zusammensetzte, um gleich darauf zu Partikeln zu zerstäuben. Und während eine verräterische Träne nach der anderen über Leanores Wangen lief, schaute sie direkt in die Dunkelheit hinein und wünschte sich … wünschte, mit allem, was sie hatte, dass sie eines Tages einfach in sie hineinlaufen konnte.

Sie wollte ihn willkommen heißen, all den Hass, der dort auf sie warten würde, und der ihr dabei half, endlich das gebrochene Herz, das Melvin Harwood in ihr hinterlassen hatte, wie einen Parasiten aus ihr herauszuschneiden.

38

Celine brachte uns von London geradewegs zum Plateau. In einer Sekunde standen wir in der luxuriösen Suite mit dem dicken Teppichboden, in der nächsten leuchtete bereits ein blauer Magiekorridor vor uns auf.

Wir kamen in demselben Eingangsbereich heraus, den ich erst vor einer Woche an der Seite von Lily, Dorian und den anderen betreten hatte. Oder vor *Tagen*, ich wusste es nicht einmal genau. Wahrscheinlich kam es darauf an, ob man die ständigen Zeitstillstände mitberechnete oder nicht.

Es war ruhig, niemand war zu sehen. Unsere Schritte kamen mir unheimlich laut und hallend vor, während wir in den weitläufigen, mit Spiegeln verkleideten Korridor abbogen, der in Richtung des Empfangssaals führte und uns den Blick nach draußen öffnete.

Die Nacht war sternenklar, aber überlagert von seltsamen schwarzen Flecken. Es waren so viele davon, dass sie den gesamten Himmel in einen Schleier aus Schwärze hüllten, durchbrochen nur durch gelegentliche Blitze, die ein gezacktes Silber auf die gewaltigen Gebäude unter uns warfen.

Es war Chaosmagie, da war ich mir sicher. Sie folgte Leanore offenbar überallhin und wartete nur auf ihre Befehle, die sie ihr einflüstern würde.

Ich spürte die Erschöpfung in mich hineinsickern. Im Grunde hielt ich mich nur noch dank der Adrenalinreste auf den Beinen. Das … und das Wissen, dass die anderen an meiner Seite stehen würden, egal, was heute hier passierte.

»Der Konferenztag müsste schon vorbei sein«, sagte Adam leise. »Nach dem offiziellen Teil sollten sich die Oberen und Unteren zum Abschluss im Festsaal einfinden.« Er hatte sein Spectum in der Hand, aber ich spürte durch die Verbindung hinweg, dass etwas nicht stimmte. »Agrona antwortet nicht mehr. Tynan ebenfalls nicht.«

Bei der Erwähnung seines Vaters legte sich Sorge auf Matts Gesicht. Die beiden hatten seit Monaten keinen Kontakt mehr gehabt – und das hier würde wohl kaum ein nettes Wiedersehen werden. Ich starrte in den leergefegten Korridor, der vor uns lag. Zu sagen, dass ich ein schlechtes Gefühl hatte, wäre wohl die Untertreibung des Jahrhunderts.

»Gehen wir nach oben«, schlug Celine vor. »Konfrontieren wir Leanore. Eine andere Wahl haben wir sowieso nicht.«

Matt hielt Adam am Arm zurück. »Sollten wir nicht erst die Leute hier rausbringen?«

Adam öffnete den Mund, doch plötzlich ertönte vor uns ein Laut, den ich nicht zuordnen konnte. Er klang ganz leise, ein bisschen erstickt. Was war das?

Adams Blick glitt zu einer Tür vor uns, die offen stand. Sie führte in einen Raum, der wohl so etwas wie ein kleines Lounge-Areal sein sollte. Jedenfalls standen ausladende Sofas und ein Springbrunnen darin. Ohne ein weiteres Wort lief Adam auf einen der ausladenden Sessel zu.

Was ist los?, fragte ich ihn, bekam aber keine Antwort.

Die anderen warfen sich verwirrte Blicke zu, und fast im gleichen Moment erkannte ich, dass dort jemand saß.

Es war ein Mädchen mit silbrigblonden Haaren und sehr … sehr bleicher Haut. In dem weißen Kleidchen wirkte sie so dünn und zerbrechlich, als könnte sie jeden Moment von einem Lufthauch davongetragen werden.

»Pris«, hörte ich ihren Namen gleichzeitig aus mehreren Richtungen zu mir dringen. Sowohl Dina und Matt als auch Cedric und Celine starrten das Mädchen ungläubig an. Wieso war sie hier – ganz allein?

Adam kniete schon vor dem Sessel und hatte die Hand des Mädchens ergriffen.

Priscilla. Seine kleine Schwester, die einen Herzfehler hatte und seit Jahren im Sterben lag. Ich hatte sie bislang nur auf einem Spectum-Sigil gesehen, das Adam mir gezeigt hatte. Damals war sie noch in einem Sanatorium gewesen, einem der Krankenhäuser des Mirrors. Sie war vierzehn Jahre alt, soweit ich wusste, doch so in sich zusammengesunken, wie sie auf diesem ausladenden Sessel saß, wirkte sie viel … viel jünger.

»Was machst du hier, Pris?«, fragte Adam. Er strich besorgt über einen Verband, den sie am Arm trug und auf dem kleine Blutflecke zu erkennen waren. Dann legte er behutsam beide Hände an Priscillas Gesicht, um sie sich anzusehen. Als wir nähertraten, wurde mir klar, wie gläsern der Blick des Mädchens war.

»A … Adam.« Sie blinzelte und fokussierte ihren Bruder mit sichtlicher Anstrengung.

»Wieso bist du nicht im Sanatorium?«

Sie lächelte, streckte eine ihrer Hände zu ihm aus, und Adam umgriff sie wieder. »Das … das ist nicht mehr nötig.«

»Wie meinst du das?«

Priscilla fasste an ihren Hals. Sie zog an einer Kette, brauchte aber zwei oder drei Anläufe, um sie nach oben zu befördern. Was auch immer für ein Anhänger daran hing – er war offenbar sehr schwer. Adam half ihr, und sobald die Kette freigelegt war, erstarrten er und alle anderen im Raum. Auch mir entwich alle Luft aus den Lungen, denn Adam hielt Solis in der Hand.

Die Sonnenkugel.

Das Dark Sigil von Nikki.

»Pris ...«, hauchte Adam. Ich spürte seine Fassungslosigkeit in Wellen durch unsere Verbindung dringen, während er erneut über den Verband an Priscillas rechtem Arm strich.

Ich wusste jetzt, was darunter verborgen lag. Wir alle wussten es. Weil jeder einzelne von uns – Cedric ausgenommen – es bereits erlebt hatte.

Eine Gravur, die direkt in die Haut geritzt worden war.

Eine Gravur, mit der das Verbindungsritual vollendet wurde.

»Wer hat das getan, Pris?«, fragte Adam, obwohl er es natürlich längst wusste. Leanore musste es irgendwie geschafft haben, Nikki nicht nur ihr Sigil abzunehmen, sondern es hier – außerhalb des Nexus – ihrer eigenen Tochter anzulegen.

Ich spürte, dass Adam seiner Schwester das Sigil am liebsten sofort vom Hals zerren wollte und sich nur mit Mühe eines Besseren besann.

»Pris?«

Doch die Augen des Mädchens waren vor Erschöpfung zugefallen, sie antwortete nicht. Vorsichtig legte Adam den Kopf an die Stirn seiner Schwester. Mit einer Hand strich er ihr liebevoll über die langen, weißen Haare. »Wir bringen dich in den Mirror zurück, in Ordnung? Ich möchte, dass sich jemand um dich kümmert und sicherstellt, dass es dir gutgeht.«

»Es geht ihr hervorragend.«

Die Stimme kam von der Tür, und ihr eiskalter Klang drang mir bis ins Mark.

Leanore lief in den Raum. Ihr Gesicht war mit einigen Schrammen versehen, doch sie schien sich keine größeren Verletzungen aus Nova zugezogen zu haben. Sie trug einen schwarzen Brokatmantel, der bis zum Boden fiel, darunter eine graue Hose, ein graues Oberteil und viele Schmuckstücke, von denen ich nicht sagen konnte, welche davon Sigils waren und welche nicht. Ihre weißen Haare lagen in sanften Wellen über ihren Schultern, und am Gürtel hing, in einer Halterung, die Schattenathame.

Dina, Matt, Celine und ich griffen sofort an unsere Sigils und gingen in Kampfposition. Leanore allerdings lief völlig gelassen an uns vorbei. Und als Matt eine Hand in ihre Richtung ausstrecken wollte, um sie einer Illusion zu unterwerfen, von Adam aber mit einem kurzen *Warte* davon abgehalten wurde, lächelte sie sogar.

»Warum?«, fragte Adam und erhob sich dabei langsam aus seiner knienden Position, ohne jedoch einen Millimeter von seiner Schwester abzurücken. Er sagte nur das … nur ein einzelnes Wort … doch es erschien mir wie ein Peitschenhieb, der die Stille gewaltsam durchschnitt.

»Ich hätte sonst niemals tun können, was ich tun musste«, erwiderte Leanore. Sie blieb einige Meter von Adam entfernt stehen und musterte ihn eingehend. In ihrer Mimik lag keinerlei Bedauern. »Als Mirrorlady haben alle um mich herum jeden meiner Schritte beobachtet. Du weißt selbst, wie das ist. Jetzt noch besser als je zuvor. Ich musste von der Bildfläche verschwinden … und deshalb musstest du meinen Platz einnehmen.«

Wut und Unglaube tosten durch Adams Unterbewusstsein

wie Wellen, die mit immenser Wucht an eine Klippe prallten, aber seine Stimme klang dennoch vollständig beherrscht. »Du hast deinen Tod vorgetäuscht«, sagte er leise. »Ich dachte, du hättest dir das Leben genommen. Septem war ein Trümmerhaufen – und das schon, bevor der Palast zerstört wurde. Aber das Schlimmste von allem ... das, was ich dir niemals verzeihen werde: Du hast Pris im Stich gelassen! Was, wenn sie während deiner Abwesenheit gestorben wäre? Bedeutet dir deine eigene Tochter wirklich so wenig?«

»Deine Schwester ist einer der Gründe, weshalb ich all das hier tue, Adam.«

Alius und Etas rotierten in Adams Hand. Sie strahlten ihr weißes Licht zu allen Seiten aus. »Gib mir die Schattenathame«, knurrte er. »Ich bin jetzt Mirrorlord. Es ist *meine* Aufgabe ...«

Leanore lachte. »Du bist wirklich durch und durch wie dein Großvater«, sagte sie und schaute Adam mit all dieser Kälte an, die sie ihrem Sohn wahrscheinlich sein gesamtes Leben lang entgegengebracht hatte. »Hör zu, Adam. Es war noch nie einfach, ein Tremblett zu sein. Wir kämpfen jeden Tag an vorderster Front. Unsere Handlungen beeinflussen das Leben von Millionen von Menschen, im Guten wie im Schlechten. Doch wir sind dafür geboren, diese Last zu tragen. Es ist in unserem Namen. In unserem Blut.« Sie hielt kurz inne, und ihr Blick lag dabei ununterbrochen auf Adam. »Ich weiß, dass es meine Schuld ist, dass wir nie wirklich eine Familie sein konnten. Und ich wünschte, ich wäre in der Lage gewesen, dich mehr zu lieben. Aber du und ich ... wir sind zu Höherem berufen. Wir gehören nicht zu den Menschen, die sich von ihren Gefühlen leiten lassen müssen.«

Adam betrachtete seine Mutter mit kühler, nachdenklicher

Ruhe, die ich kaum in Einklang bringen konnte mit dem inneren Tumult, den ich in ihm spüren konnte. »Wo ist Nikki?«, fragte er.

»Drüben, beim Empfang.« Das Lächeln auf Leanores Lippen wankte nicht, kein einziges Mal. »Sie ist der Mittelpunkt der Feierlichkeiten, könnte man sagen.«

Der Unterton in ihrer Stimme war unüberhörbar, und eine Gänsehaut wanderte meinen Rücken hinauf.

Was meinte sie damit?

Ungeduld zuckte über Adams Gesicht. Seine Mutter stand nur wenige Meter von ihm und seiner Schwester entfernt, machte aber immer noch keine Anstalten näher zu kommen.

»Was du getan hast, ist Wahnsinn«, setzte Adam schließlich an und deutete auf Priscilla. »Man darf zwei Dark Sigils nicht mit einer Blutlinie verbinden.«

Ein Anflug eines Schmunzelns strich über Leanores Gesicht. »Das hat man uns so gesagt, ja. Ich schätze, wir werden jetzt sehen, ob das tatsächlich stimmt.« Sie neigte den Kopf, um ihrer Tochter zuzulächeln. »Sie hätte kaum noch ein paar Tage gehabt, hieß es im Sanatorium. Bist du nicht glücklich? Deine Schwester darf *leben*. Solis ist das perfekte Sigil für sie. Es wird sie heilen und für immer vor allen Verletzungen schützen.«

Adam ballte beide Hände zu Fäusten. Durch die Verbindung zwischen uns konnte ich hören, wie zerrissen er innerlich war. Wie krampfhaft er versuchte, das Gefühl von Hoffnung nicht zuzulassen, weil er wusste, dass Priscilla das Sigil nicht behalten durfte.

»Lebt Nikki noch?«, wollte er wissen, und Leanore nickte.

»Als ich sie das letzte Mal gesehen habe, lebte sie noch.«

Erdrückende Stille erfüllte den Raum. Dann seufzte Leanore und ließ sich auf eines der Sofas sinken. Sie lehnte sich zurück und schlug die Beine übereinander, als hätte sie für dieses Gespräch alle Zeit der Welt.

»Du hast Violet Greenwater getötet«, sagte Adam zu ihr. »Ihr Sohn hat damals zusehen müssen. Er hat alles miterlebt, wusstest du das?«

Leanore nickte unumwunden. »Violet Greenwater war … ein Fehler. Das gebe ich zu. Ich hatte sie für etwas gehalten, das sie nicht war.«

»Nessa Greenwater hat dir nie vergeben – und mir auch nicht. Sie hat Septem zerstört. Deinetwegen!«

Leanore zog die Schultern nach oben. »Nun, jetzt ist sie tot. Das hat in etwa dieselbe Wirkung wie Vergebung, denke ich.«

»Du bist verrückt geworden. Du hast Tausende von Menschen getötet mit deinen Befehlen, den Magiehandel auszuweiten. Die Chaosmagie hat sich in Prime nur deshalb so stark ausgebreitet, weil *du* mehr Einfluss und Macht wolltest!«

Leanore hielt inne, blinzelte. Dann lachte sie auf einmal, und ihr Gesichtsausdruck wirkte beinahe mitleidig. »Du denkst, es ging mir darum, Einfluss in Prime zu erkaufen? Mit gepanschter Magie? *O Adam …* Du hast so ein cleveres Köpfchen, aber wie deinem Großvater fehlt auch dir die Vorstellungskraft, wozu Chaosmagie fähig ist.«

»Dann bitte … erleuchte mich«, fuhr Adam mit bitterem Ton fort. »Erweitere meinen Horizont. Sag mir, warum du all das, dem Generationen von Sieben ihr Leben untergeordnet haben, unbedingt zerstören musstest.«

»Ganz einfach.« Leanore lehnte sich vor, schaute von Dina zu Matt, Celine und Cedric. Nur mich würdigte sie keines Blickes. »Ich tat, was ich tat, für die Sieben. Die Magistrate … die Höflinge … der gesamte Adel des Mirrors … sie alle sind bloß von Neid zerfressen, weil wir stärker sind als sie. Sie versuchen, unsere Macht mit Plattitüden über Pflicht und Kontrolle kleinzureden, und hoffen, wir würden es in unseren goldenen Käfigen nicht merken. Sie haben unsere Fähigkeiten über Jahrhunderte als Last behandelt statt als das Geschenk, das sie in Wahrheit sind.«

»Das war *unsere* Entscheidung!«, erwiderte Adam scharf. »Die Sieben haben getan, was sie tun mussten. Um den Frieden zu wahren! Um den Mirror und Prime zu beschützen!«

»Die Welt ist immer dann am sichersten, wenn Systeme unter einem Herrscher und einem Gesetzbuch vereint sind. Im Vergleich zu Anarchie und Korruption, die diese Welt jetzt plagen. Und genau das wird die Chaosmagie für uns tun. Sie wird uns endlich auf die Position erheben, die wir hätten haben sollen, seit wir die Magie vor all den Jahrhunderten in der Wüste gefunden haben.«

Adam starrte seine Mutter an. »Was? Das ist dein Plan? Du willst Prime mit der Chaosmagie unterjochen? Wirklich? Wofür haben unsere Vorfahren den Mirror denn geschaffen? Um die *richtige* Welt von alldem fernzuhalten, nicht, um sie mit Magie zu *fluten*. Du selbst hast mir das als Kind eingebläut, *immer wieder …*«

»Weil ich es musste«, gab Leanore unverblümt zu. »Weil du einer von ihnen werden musstest. Ein treuer Gläubiger des Mirrors. Weil wir nur so hierher gelangen konnten. An diesen Ort. In diesem Moment.« Damit richtete sich Leanore auf. Wir gingen sofort in Habachtstellung, aber Adam hob erneut eine Hand, um uns zurückzuhalten. Er ließ seine Mutter auf ihn zulaufen und beobachtete angespannt, wie sie sich neben ihm zu Priscilla hinabbeugte, ihr einige Strähnen aus dem Gesicht strich und sie zufrieden anlächelte.

Dann richtete sie sich auf, bis sie von Angesicht zu Angesicht ihrem Sohn gegenüberstand.

»Hör mir zu, Adam«, sagte Leanore. »Wenn die alten Wege in Stein gemeißelt sind, ist jegliche Schöpfung automatisch ein Akt der Gewalt. Wenn wir über uns hinauswachsen wollen, müssen wir das akzeptieren.«

»Prime wird nicht einknicken, nur weil du Abbys in ihre Städte jagst. Die Menschen sind wehrhafter als das.«

»Die Menschen sind vor allem eins: sehr zugänglich für Magie.« Leanore legte den Kopf schief. Dann fasste sie an Adams Schulter, und zu meiner Überraschung ließ er es geschehen. »Ich hätte dich gerne an meiner Seite für das, was kommt. Ich weiß, ich war nicht die Mutter, die du gebraucht hättest. Höhere Ziele erfordern Opfer, und du und deine Schwester seid lange dieses Opfer gewesen. Aber jetzt … jetzt können wir immer noch zusammen diesen Weg gehen.«

Langsam griff Adam an Leanores Hand und zog sie von seiner Schulter herab. »Nein.«

Sie nickte, nicht überrascht, aber doch enttäuscht. »Das bedaure ich«, sagte sie. »Aber das Angebot halte ich aufrecht. Du bist mein Sohn, Adam. Mein Blut fließt in deinen Adern. Ich will dir nicht schaden.«

»Dann hör auf.«

Leanore lächelte dünn. *»Nein.«*

Nun hob Adam wieder eine Hand. Nicht, um an Alius und Etas zu greifen, wie ich es zuerst vermutete. Sondern um Matt ein Zeichen zu geben. Der streckte sogleich eine Hand in Leanores Richtung, um sie in eine Illusion zu ziehen, und ich *ahnte,* dass sie ein Ass im Ärmel haben musste, wenn sie sich so arglos in unsere Mitte begab. Aber ich hatte nicht gedacht, dass sie Matt allein durch ihre Stimme stoppen würde.

»Das würde ich nicht tun, Matthew«, sagte sie, völlig ruhig.

Neben mir ballte Matt seine ausgestreckte Hand zur Faust. »Wieso nicht?«

Sie wandte sich an ihn. »Ganz einfach.« Das Lächeln trat zurück auf ihre Lippen. »Wenn du mich jetzt in eine Illusion versetzt, wird das komplette Plateau in Chaos versinken. Und alle Gäste, die ihr so sorgfältig ausgewählt habt, werden innerhalb weniger Minuten tot sein.«

39

Was hast du getan?«, fragte Adam leise, doch statt zu antworten, beugte sich Leanore nur zu Priscilla hinab. Sie flüsterte ihr etwas ins Ohr, aber Adams Schwester reagierte nicht. Sie war vor Erschöpfung eingeschlafen oder womöglich bewusstlos geworden. Trotzdem hob Leanore sie mit einer Leichtigkeit auf die Füße, als wäre sie eine Feder, und das stimmte ja auch. Pris wirkte unfassbar zerbrechlich.

»Sie braucht einen Arzt«, sagte Adam, was Leanore zum ersten Mal, seit sie den Raum betreten hatte, einen wütenden Laut entlockte.

»Sie braucht *mich*! Und ich werde sie mit mir nehmen und gesund pflegen, wenn ich hier fertig bin.«

Adam fasste an die Schulter seiner Schwester. »Du nimmst Pris nirgendwohin mit. Nicht ohne mich.«

Leanore seufzte. Sie strich Priscilla noch einmal über den Kopf und nickte dann in Richtung Tür. »Dann komm mit. Kommt alle mit. Es ist ohnehin nicht sehr höflich von uns, die Gäste so lange allein zu lassen.«

Damit lief Leanore ohne jedes weitere Wort in Richtung der Tür, Priscilla in ihrem Arm. Adam starrte den beiden hinterher und umklammerte dabei die Schicksalswürfel so fest in einer Faust, dass seine Knöchel scharf hervorstachen.

»Wir sollten sie einfach festsetzen«, sagte Dina sofort. »Lass Matt ihr eine Illusion verpassen.«

Adam schüttelte den Kopf. »Sie blufft nicht. Wenn sie sagt, dass die Menschen auf dem Plateau in Gefahr sind, wenn ihr etwas geschieht, dann ... dann müssen wir das ernst nehmen.«

Wir folgten Leanore in den Festsaal. Hier hatte ich erst vor kurzer Zeit beobachtet, wie Adam mit Pandora Cavendish über die Tanzfläche geschwebt war. Auch jetzt tanzten die Leute darin. Es waren weniger als beim Empfang. Die Prominenten und Wissenschaftlerinnen vom Eröffnungsabend waren verschwunden, dafür erkannte ich sämtliche führende Politiker und Staatsoberhäupter. In absoluter Perfektion bewegten sie sich zu leisen Klängen durch den Saal, und dabei schienen sie so konzentriert zu sein, dass sie kaum einen Laut von sich gaben. Man hörte nur die Sohlen ihrer Schuhe und die Stoffe der Kleider, die mit schleifenden Geräuschen immer wieder über das Parkett streiften.

»Bei allen Sieben«, hörte ich Matt flüstern. Sein Blick war auf einen Punkt mitten in der Menge gerichtet. Dort, in der Mitte des Saals, lagen zwei Gestalten am Boden. Die Tanzenden bewegten sich rhythmisch um sie herum, als würden sie die Körper gar nicht wahrnehmen. Sie umkreisten sie wie ein Mückenschwarm, und es dauerte, bis sich eine Lücke darin auftat, die groß genug war, um hindurchzusehen.

Der Atem stockte mir. Es war Nikki. Ihr Gesicht war in unsere Richtung geneigt, die Augen geschlossen, die wunderschönen blonden Haare wie ein Heiligenschein um sie herumgelegt. Ich konnte nicht sehen, ob sie atmete.

Und neben ihr ... Ich musste zweimal hinsehen, bis ich den Mann erkannte.

Es war Kornelius Pelham. Das letzte Mal hatte ich ihn getroffen, als er noch der Höchste Magistrat des Mirrors gewesen war. Er hatte damals edelste Roben und unzählige Sigils getragen. Und er hatte aus seiner Abscheu mir gegenüber – einem unteren Mädchen, das nun Trägerin eines Dark Sigils werden sollte – keinen Hehl gemacht.

Auch er lag reglos am Boden.

Doch im Gegensatz zu Nikki waren seine Augen weit aufgerissen.

»Ist er ...«, fragte ich, meine Stimme heiser.

»Tot, ja.« Es war Leanore, die geantwortet hatte. Sie hatte Priscilla auf einen Sessel am Rand des Saals platziert und kam nun wieder neben uns zum Stehen. Sie hielt ihren Blick ebenfalls auf Pelham und Nikki gerichtet. »Nach hundertelf Jahren hat Kornelius Pelham es geschafft endlich abzukratzen.«

Der gleichgültige Tonfall in ihrer Stimme ging mir durch und durch.

Niemand von uns hatte Pelham gemocht. Adam hatte ihm bei der ersten Möglichkeit sein Amt entzogen. Und auch Dina, Celine, Matt und Cedric hatten nie ein gutes Wort über ihn verloren. Aber trotzdem – Leanore sprach über ihn, als wäre er nur Dreck unter ihren Schuhsohlen.

Und natürlich verstand ich, was sein Tod bedeutete. Die Athame benötigte Lebenskraft, hatte Cedric gesagt. Leanore musste Pelham dazu gebracht haben, den Dolch zu benutzen, um Nikki das Sigil abzunehmen. Er hatte ihn eigenhändig geführt. Deshalb war er gestorben.

Es war genauso, wie Cedric es erklärt hatte. Die Trennung eines Dark Sigils erforderte ein Opfer.

Und das erste Opfer war Pelham gewesen.

Mein Blick glitt über den Rest des Saals, als ich eine bekannte Gestalt in der Nähe des Podiums aufragen sah. Es war Sebastian. Seine Augen blitzten freudig. Er winkte sogar zur Begrüßung in unsere Richtung.

»Es reicht jetzt mit dem Theater.«

Die Worte waren von Matt gekommen. Er stand mit wütender Miene neben mir und hob den Arm, bis seine Finger direkt auf Leanores Kopf zeigten. Auf seiner Haut formten sich sekundenschnell lilafarbene Symbole und kaum, dass Anima an seiner Hand aufglühte, wurde Leanore auch schon von einer Illusion erfasst.

Ihr Blick rückte in die Ferne, ihre Arme fielen schlaff nach unten. Sie bewegte sich nicht mehr.

»Na endlich«, sagte Dina anerkennend. »Nehmen wir ihr die Athame ab. Lasst uns Nikki holen und die Leute nach draußen schaffen. Dann stopfen wir ihr am besten den Mund und stecken sie in den Nachtturm.« Auf Adams Stirnrunzeln hin setzte Dina nach: »In eine *schöne* Zelle, wenn es sein muss.«

Dina wollte gerade nach der Schattenathame an Leanores Gürtel greifen, als auf einmal ein Ruck durch die Menge ging. Die rhythmischen Tanzbewegungen stoppten. Die Paare drehten sich nicht mehr im perfekten Einklang um die eigenen Achsen, stattdessen brach Chaos aus. Die Leute gingen wütend aufeinander los. Zwei Frauen, die sich direkt neben uns gerade noch Arm in Arm hin- und hergedreht hatten, fingen an, sich gegenseitig zu würgen.

Ich verfolgte fassungslos, was passierte. Schreie ertönten von allen Seiten. Menschen griffen sich grundlos an, in ihren Blicken stand Mordlust. Und all das war so unwirklich, so völlig abwegig, dass mir kein einziges Wort über die Lippen kam.

»Brich die Illusion!«, rief Cedric und griff an Matts Schulter. »Brich sie! Sofort!«

Matts Augen waren groß geworden. Er ließ seine Hand, die er noch immer in Leanores Richtung gestreckt hatte, sinken, und die lilafarbenen Zeichen auf seiner Haut verblassten.

Erneut ging alles ganz schnell. Die Schreie verstummten, die Menschen richteten sich auf, glätteten ihre Kleidung. Dann fassten sie einander an den Händen und fingen erneut an, sich im Kreis zu drehen. Ungläubig verfolgte ich, wie ein Mann mit halbzerrissenem Sakko und blutiger Nase im perfekten Walzertakt durch den Saal glitt. Und erst jetzt wurde mir bewusst, dass jeder von ihnen – ohne Ausnahme – ganz genau die gleichen Bewegungen ausführte. Sie drehten sich im Kreis, jeweils in Pärchen, sehr nah beieinander. Und dabei starrten sie einander an, ohne sich wirklich anzusehen.

So als wären sie geistig überhaupt nicht anwesend.

Leanore blinzelte. Sie schaute sich um, dann blickte sie zu Matt, und ein kleines Lächeln formte sich auf ihren Lippen. »Ich habe doch gesagt, du solltest das nicht tun, Matthew.«

»Wie?«, fragte Adam. »Was hast du mit ihnen gemacht?«

Eine Frau und ihr Partner tanzten ganz nah an mir vorbei. Er hatte nur noch ein Hosenbein, sie nur einen hochhackigen Schuh. Ich schaute ihnen hinterher und horchte dabei in mich hinein. Es dauerte nicht lange, bis ich spürte, dass *in ihnen drin* etwas nicht stimmte.

Das Puzzle setzte sich sehr schnell in meinem Kopf zusammen. Ich hatte es schließlich bereits in der Athamekammer unter Nova erlebt. Dort hatte Leanore die Abbys gesteuert, als gäbe es nichts Leichteres auf der Welt.

»Sie tragen Chaosmagie in sich«, hauchte ich und schaute

zu Leanore. »So ist es doch, oder? Sie kontrollieren die Menschen mit Ihrem Sigil.«

Leanore wandte sich zu mir, und ihre Augen glänzten wie Messerspitzen. »Kluges Köpfchen«, sagte sie, ihr Tonfall unbekümmert. »Und jetzt, da wir das geklärt haben, entschuldigt mich bitte.« Sie machte einen Schritt von uns weg, und bevor wir nach ihr greifen konnten, hörten auf einmal einige der Gäste wieder auf zu tanzen und schoben sich wie eine schützende Wand zwischen Leanore und uns. Dort blieben sie stehen, während Adams Mutter in Richtung des Podiums lief, wo Sebastian stand und auf sie wartete.

»Dreh die Zeit zurück«, sagte Dina zu Adam, der nur den Kopf schüttelte.

»Um was zu tun? Ihr habt es doch gesehen. Sie hat alle unter Kontrolle. Wir können sie nicht von hier wegbringen und sie auch nicht außer Gefecht setzen. Wenn sie die Menschen nicht mehr steuert, töten sie sich gegenseitig.«

»Aber wir *müssen* etwas tun!«, sagte Celine, woraufhin Adam zu mir schaute. Ich sah ihm an, wie schwer es ihm fiel, die Frage zu stellen, die in diesem Moment durch seinen Kopf schwirrte.

Kannst du die Leute von der Chaosmagie befreien?

Ich schluckte. Tatsächlich konnte ich die Fragmente in den Körpern der Leute fühlen, jetzt, da ich wusste, dass sie existierten. Aber es war anders als sonst. Die Chaosmagie war überall in ihrem Blut, und es waren nur ganz winzige Partikel. Leanore hatte alle Anwesenden damit infiziert wie mit einem Virus, und das so fein dosiert, dass sie offenbar keinerlei Schaden davontrugen. Zumindest keinen körperlichen.

Dadurch wirkten sie wie Marionetten, die jedoch nicht leblos waren, sondern immer noch bei vollem Bewusstsein.

Wie sollte ich bloß jedes einzelne Element aus diesen Menschen herauslösen? Die Chaosmagie war hauchzart und die Menschen waren ständig in Bewegung. Es war wie mit Dorians Trainingssphären. Nur tausendfach … millionenfach schlimmer.

Die Chaosmagie ist mit ihren Körpern verbunden, antwortete ich Adam in Gedanken. *Ich weiß nicht, ob ich ihnen schade, wenn ich sie herauslöse.*

Versuch es. Du konntest diese Tür öffnen, die Magie spricht zu dir. Du schaffst das.

Das Vertrauen, das über die Verbindung hinweg zu mir strahlte, ließ mich sofort ruhiger werden. Ich wusste, wie sehr Adam es hassen musste, mich um diese Sache zu bitten. Und dass er es trotzdem tat, weil er daran glaubte, dass ich meine Kräfte selbst einschätzen konnte, bedeutete mir alles.

Also nickte ich und konzentrierte mich auf die noch immer tanzende Menge um uns herum. Doch als ich gerade dabei war, den Ersten von ihnen ins Visier zu nehmen, kam Leanore auf dem Podium des Saals an.

»Untere!«, rief sie in die Menge. »Es ist Zeit, in eure Welt zurückzukehren. Sagt den Menschen in euren Ländern, wie die Zukunft aussehen wird. Sagt ihnen, es gibt nur eine Lösung, um die Magiekrankheit in ihren Städten zu besiegen. Sie müssen sich an einen Verhaltenskodex halten. Einzelnen Städten und Ländern wird nach Ermessen ein gewisses Maß an unabhängiger Herrschaft zugestanden, aber nur so – nur vereint – können wir die Chaosmagie und auch die Korruption stabilisieren.« Langsam hob sie die Arme. »Das Zeitalter der Unordnung endet heute«, sagte sie. *»Einheit und Stärke.«*

Ich hatte noch nie einen so bescheuerten Slogan gehört.

Aber die versammelte Menge rief ihn gehorsam zurück, als würde er ihnen aus dem Herzen sprechen.

Leanore beobachtete zufrieden, wie sich sogleich ein Teil der Menge aus ihrem ewigen Tanzrhythmus löste. Statt sich weiter im Kreis zu drehen, bewegten sie sich zu den Ausgängen.

Zu den Shuttles. Auch Sebastian lief in Richtung der Landungsbrücken, Priscilla im Arm, was Adam sofort dazu brachte, ihm hinterherstürmen zu wollen.

Sogleich stellten sich ein paar der Gäste in seinen Weg. Wie eine menschliche Mauer umringten sie uns und sorgten dafür, dass Adam nicht ohne weiteres an ihnen vorbeikam.

Nicht, ohne Gewalt gegen sie anzuwenden.

Und da wurde mir noch etwas bewusst. Anhand der unterschiedlichen Kleidung war es völlig offensichtlich: Es waren nur die Unteren, die Leanore zu den Shuttles schickte, die an den Landungsbrücken warteten.

Die Oberen blieben im Saal zurück.

»Sie will, dass sie mit der Chaosmagie in ihren Körpern nach Prime zurückkehren«, hörte ich Cedric flüstern. Und er hatte recht. Mit den Regierungsvertretern, die hier anwesend waren, wäre sie imstande, der gesamten Welt ihren Willen aufzuzwingen. Dank der Chaosmagie in ihrem Blut sollten sie die Welt nach und nach gemäß Leanores Vorstellungen umstrukturieren.

Das war ihr Plan.

»Sie ist wahnsinnig«, hauchte Celine. »Völlig wahnsinnig.«

Matt nickte. »Aber … sie kann all diese Leute doch unmöglich kontrollieren, wenn sie auf der ganzen Welt verstreut sind.«

»Das muss sie auch nicht«, erwiderte Cedric. »Sie hat ihnen ihren Willen eingepflanzt und den tragen sie mit sich. Die Chaosmagie wird sich nach und nach in ihren Körpern ausbreiten, und bis sie daran sterben, ist es längst zu spät.« Er schaute zu Matt. »Kannst du die Leute mit einer Illusion zurückhalten?«

Matt presste die Lippen sichtlich zweifelnd aufeinander, hob aber beide Hände. Seine Lichtmale flackerten lilafarben auf, ebenso legte sich ein Schimmer über seine Augen, während er seine Magie in alle Richtungen ausstreckte. Sein Kiefer spannte sich an, alles an ihm zitterte für einige Sekunden, dann ließ er nach.

»Ich kann ihren Verstand nicht greifen«, erklärte er. »Es ist, als wären sie alle überhaupt nicht mehr hier.«

»Jetzt, da das geklärt ist …«, sagte Leanore. Ihre Stimme hallte zu uns herüber. Sie stand noch immer auf dem Podium, einige Dutzend Meter von uns entfernt. Und nun deutete sie – ich brauchte eine Sekunde, um es zu verstehen – mit einem ausgestreckten Arm direkt auf mich, »… hätte ich gerne dein Armband, Rayne Harwood.«

Kaum, dass Leanore die Worte ausgesprochen hatte, wandten sich die verbliebenen Oberen im Saal in unsere Richtung.

Eine Sekunde lang herrschte Totenstille.

Dann stürzten sie auf mich zu.

40

Sie alle fixierten mich – nur mich. Ein Mann im feinen Anzug war gerade noch damit beschäftigt gewesen, Adam davon abzuhalten, seiner Schwester nachzustürmen, doch nun wirbelte er zu mir herum. Eine Spur aus getrocknetem Blut zog sich über seine Nase und Kinn, sie stammte vom Gerangel vor wenigen Minuten. Und nun hob er seine Faust, um mir einen Schlag ins Gesicht zu verpassen.

Ich sah den Angriff kommen und schaffte es auszuweichen. Und als weitere Gäste in meine Richtung drängten, hatten sich die anderen längst um mich herum aufgestellt.

»Cee?«, rief Matt, doch es wäre nicht nötig gewesen. An Celines Händen erwachte bereits ein winterblau schillernder Schirm, der sich Sekunden später wie eine Seifenblase um uns herumzog. Außer Nikki trug sie das einzig wirklich defensive Sigil. Dadurch waren ihre Schilde um ein Vielfaches stärker als von jedem von uns.

Die Oberen prallten dagegen, als würden sie sich auf eine Wand aus Glas werfen. In kürzester Zeit waren wir umgeben von allen verbliebenen Gästen – ich sah sogar Agrona und Matts Vater unter ihnen, die ebenfalls mit vor Wut verzerrter Miene auf Celines Schild einschlugen.

»Fuck«, hörte ich Dina hinter mir sagen. Sie hatte sich Seite

an Seite zu mir gestellt, ihre schreckgeweiteten Augen auf die Menge gerichtet. »Was machen wir jetzt?«

»Wir halten Rayne den Rücken frei.« Adam schaute mich geradewegs an. *Versuch es.*

Ich nickte, hob die Hände und schloss die Augen. Die Chaosmagie bewegte sich wie umherflirrende Staubkörner durch die Körper der Menschen, und es gelang mir erst nach mehreren Versuchen, einen der Partikel zu zerstören.

Das wird ewig dauern.

Einer nach dem anderen, gab Adam zurück. *Ich verschaffe dir so viel Zeit, wie es möglich ist.*

Ich spürte Adams Vertrauen durch die Verbindung sickern, also nickte ich. Während er an meine Hand griff und für alle anderen die Zeit einfror, entfaltete sich Ignis' Magie in mir und schwärmte dann in hauchdünnen Linien von blendendem Rot durch die Halle.

Ich wusste nicht, wie lange es dauerte, doch als ich den ersten Gast – Matts Vater – von sämtlichen Partikeln befreit hatte, war die Zeitmanipulation der Schicksalswürfel längst vorbei. Tynan Coldwell sackte zu Boden, in seinem Inneren spürte ich kein bisschen Chaosmagie mehr.

Sehr gut, hörte ich Adams Stimme. *Mach weiter.*

Das tat ich.

Während Adam immer wieder die Zeit anhielt, fokussierte ich einen Oberen nach dem anderen, angefangen bei Agrona. Ich zitterte nicht nur an den Händen, sondern am ganzen Körper, weil ich mich so sehr anstrengte, bei ihrer Befreiung keinen Fehler zu machen. Als auch sie schließlich zu Boden sackte, wurde es etwas leichter, und ich verfiel in einen immergleichen Rhythmus aus Suchen und Zerstören.

Über das Adrenalinrauschen in meinen Ohren hinweg

nahm ich wahr, dass ab und an einer der Angreifer durch Celines Schild hindurchbrach. Adam konnte die Zeit nicht für immer anhalten, doch jedes Mal, wenn sich uns jemand näherte, hatten Matt, Dina und er die Situation schnell unter Kontrolle. Dabei hielten sie Cedric und mich in ihrer Mitte, so dass niemand an uns herankam. Das Problem war nur: Es wurden mehr.

Celine keuchte, ihr Atem war von allen am lautesten zu hören. Ihre Arme bebten, und ich ahnte, dass sie den Schild nicht mehr lange würde aufrechterhalten können.

Konzentrier dich, hörte ich Adams Stimme und nickte. Je schneller ich war – desto weniger Obere konnten uns angreifen. Ich ließ mich von meinen Instinkten leiten, befreite einen Gast nach dem anderen, doch inmitten des steigenden Chaos fiel es mir immer schwerer, meine Aufgabe zu erledigen.

Neben mir waren Matt und Dina damit beschäftigt, eine Gruppe von Magiehäschern abzuwehren, die ebenfalls von der Chaosmagie vereinnahmt worden waren und sich durch den Schild gekämpft hatten.

Einer von ihnen stürzte sich wie ein angreifender Stier auf Matt. Er bereitete sich auf den Angriff vor, seine lilafarbene Magiewaffe – ein Dolch – war bereits gezückt. Doch die Chaosmagie in dem Körper des Mannes machte den Häscher unfassbar stark. Seine Schlagkraft reichte aus, um Matt mit einer einzigen Bewegung rückwärts zu Boden zu schicken.

Neben ihm fiel auch Dina auf die Knie. Celine wäre ebenfalls gestürzt, hätte Dina nicht schnell ein Bein nach oben gehoben. Ihr Knie stützte Celine im Rücken, und Dina hievte sie aus dem Weg, bevor die Faust einer Häscherin sie treffen konnte. Celine rollte zweimal um die eigene Achse, bevor sie sich wieder fing, ihre Stiefel in den Boden drückte und sich aufrichtete. Als ich mich umdrehte, hatte sich Dina ebenfalls auf eine weitere Gruppe geworfen.

Es schien, als hätte die Chaosmagie alles Menschliche in diesen Leuten ausgelöscht, und das machte sie so gefährlich – für uns und für sie selbst. Sie griffen uns ohne jegliche Rücksicht auf eigene Verletzungen an, ohne Sinn und Verstand.

»Ich könnte etwas Hilfe gebrauchen!«, hörte ich Dina rufen. Ihre Stimme war nicht direkt panisch, aber definitiv knapp davor.

Eine Frau hatte Dina an einem Bein gepackt und riss sie nun zu Boden. Noch im Sturz schnappte sich Dina ein Tablett, das auf den Boden gefallen war, und begann, damit auf die Frau einzuschlagen. Und obwohl Dina mehrere gute Treffer erzielte, schaffte die Frau es schließlich, Dina auf den Rücken zu drücken und sie zu würgen.

»Bei allen Sieben!« Dina fluchte. Sie drückte die Frau von sich und rollte sich aus dem Weg, um einem weiteren Treffer zu entgehen.

Die nächsten Minuten waren ein reines Bewegungsrauschen. Und ich spürte, wie die anderen in den Rückstand gerieten. Niemand von ihnen wollte einen Oberen verletzen. Also wehrten Adam, Celine, Matt und Dina nur ab und griffen nicht an. Doch dadurch verloren sie nach und nach die Oberhand.

Da packte auf einmal jemand nach mir. Ich konnte nicht sehen, wer es war, weil Adam denjenigen sofort zur Seite drängte. Aber dadurch verlor Cedric seine Deckung. Eine Obere griff nach seinem Hals und hob ihn nach oben. Er hing in der Luft und konnte sich kaum bewegen. Seine Gesichtsfarbe wurde gräulich, und in diesem Moment stürzte sich Matt auf die Frau. Mit einer schnellen Bewegung bohrte er seinen Magiedolch in ihren Oberschenkel. Blut floss daraus hervor, und die Frau sackte halb taumelnd zur Seite.

»Matt«, hauchte Cedric erschrocken.

»Wenn wir sie nicht ausschalten, töten sie uns!«, rief Matt, und ohne eine Sekunde zu warten, rannte er nach vorne, um seinen nächsten Angreifer mit einem gezielten Angriff bewegungsunfähig zu machen.

»Er hat recht«, sagte Adam, und durch die Verbindung spürte ich, dass er es hasste. Er wusste, dass diese Leute nichts dafür konnten, was sie taten. Aber es stimmte: Wir konnten es uns nicht leisten, unsere Kräfte zurückzuhalten.

Als Celines Schild in sich zusammenfiel, warf sich jemand von der Seite auf mich. Zwar konnte ich den Schlag noch rechtzeitig abwehren, aber dafür bekam der Mann meine Kehle zu fassen. Er würgte mich mit einer wahnsinnigen Kraft, und ich versuchte, ihn zu treten, was mir jedoch nicht gelang.

Schon im nächsten Moment hatte Adam sein Magieseil um den Oberkörper des Mannes gewickelt. Auf seiner Haut leuchteten die weißen Lichtmale – und anhand seines aufgewühlten Gesichtsausdrucks ahnte ich, wie oft Adam bereits die Zeit zurückgedreht hatte, um so zu verhindern, dass jemand von uns zu Boden ging.

Er schlug dem Mann mit der bloßen Faust ins Gesicht und legte dabei offensichtlich sämtliche Kraft hinein, denn dieser landete keine Sekunde später bewusstlos auf dem Boden.

Ich keuchte und zwang Luft in meine Lungen.

»Alles in Ordnung?«, fragte Adam.

Ich nickte. Dann schaute ich mich entsetzt um. »Wo sind die anderen?«

Dina und Celine waren nirgendwo zu sehen. Und Cedric und Matt waren auch weg.

Die Oberen hatten es irgendwie geschafft, uns auseinanderzudrängen. Im Getümmel entdeckte ich noch Celines blauen Haarschopf, und weiter links von ihr glaubte ich, Matt, Dina und Cedric zu erkennen – bevor sie endgültig von der Menge verschluckt wurden.

Adam hielt meinen linken Arm umklammert, damit wir nicht auch getrennt wurden. Doch die Oberen schienen es gar nicht zu versuchen. Sie bildeten stattdessen wieder eine menschliche Wand und trieben uns wie Schafe vor sich her.

Es war Leanore – das musste ich mir inmitten all des Chaos immer wieder bewusst machen. Leanore steuerte diese Menschen, und sie hatte ganz sicher einen Plan.

Zumindest erkannte ich, wohin die Oberen uns führen wollten. Sie drängten uns in Richtung der Landungsbrücken, dort, wo die Shuttles angedockt waren.

Mach weiter, drängte mich Adam, und obwohl er versuchte, ruhig zu bleiben, spürte ich, wie er allmählich die Beherrschung verlor. Seine Haut glühte förmlich vor Magie, und er wehrte jeden Angreifer, den Leanore in meine Richtung schickte, weiter ab.

Immer mehr Obere, die ich von der Chaosmagie befreien konnte, fielen in sich zusammen. Aber es waren noch so viele – bestimmt weit mehr als die Hälfte aller Leute im Saal drangen weiter in unsere Richtung vor.

Als sich ein jüngeres Mädchen auf Adam stürzte, erkannte ich sie nicht sofort. Erst, als er sie an den Armen packte und vor sich hielt, begriff ich, dass es Pandora Cavendish war.

Seine Verlobte.

Ich presste die Lippen aufeinander und fokussierte mich voll und ganz auf sie. Eifersucht hin oder her, ich musste dafür sorgen, dass sie aus dem ganzen unbeschadet herauskam.

Also verfolgte ich die winzigen Chaosmagiepartikel in ihrem Kopf und zerstörte sie mit voller Konzentration, bis keiner mehr übrig blieb.

Mein Herz pochte heftig gegen meinen Brustkorb. Ich krümmte mich vor Anstrengung, im selben Moment, in dem Pandora das Bewusstsein verlor. Aber ich musste weitermachen. Gerade wollte ich mich aufrichten, mich auf das nächste Opfer konzentrieren, doch da nahm ich eine Bewegung in meinem Rücken wahr.

Jemand stand direkt hinter mir, Rücken an Oberkörper.

Und ich hatte es nicht bemerkt.

»Rayne!« Adam packte mich erschrocken an den Schultern und drehte mich zur Seite. Sein Blick war auf einen Punkt hinter mir gerichtet, und etwas Helles flackerte über seine Augen hinweg. Er wurde geblendet. Als ob ein Licht von einer spiegelnden Fläche reflektiert wurde. Als ob …

Alle Luft verließ meine Lungen, als ich es sah. Sebastian stand hinter mir, und weil Adam mich aus dem Weg gedrängt hatte, hatte er ihm sein Sigil, den Engelsspiegel, geradewegs vor das Gesicht gehalten.

Adam versuchte noch, den Blick zu senken, doch es war zu spät. Er wurde wie ein Magnet gewaltsam zurückgezogen, bis er direkt in Divinus hineinstarrte.

Adam bewegte sich nicht mehr.

Er schaute Sebastian lediglich entgegen, seine Hände, die mich gerade noch festgehalten hatten, fielen schlaff an seinem Körper herab.

Ein Lächeln legte sich auf Sebastians Lippen. »Schön, dass du mich noch nicht ganz aus deinem Herzen geschnitten hast«, sagte er zu Adam, der ihn weiterhin reglos ansah.

»Lass ihn sofort frei«, drohte ich, während ich mich an Adams Ärmel klammerte, um auf keinen Fall von ihm getrennt zu werden. »Sebastian, ich schwöre dir … lass ihn frei, oder du bereust es.«

Sebastian rieb sich mit Zeigefinger und Daumen über das Kinn, als wollte er extra zur Schau stellen, dass er über mein Angebot nachdachte. »Ich weiß, du meinst es ernst, aber … ich hab schon so viel über deine *jahrelange* Kampferfahrung gehört. Ich muss sagen, es ist wirklich verlockend, dich einmal in Aktion zu sehen.«

Ein Geräusch drang aus meiner Kehle, das einem Knurren wohl ziemlich nahekam, und ich ließ mich nicht zweimal bitten. Während die Oberen sich in einem Kreis um uns herum aufstellten, als würden sie eine Arena bilden, stürzte ich wütend und mit gezückter Magieklinge auf Sebastian zu.

Ich schlug so hart auf ihn ein, wie ich konnte, und zwang ihn so, meinen Angriff mit beiden Händen um den Griff seines Spiegelspeers, zu blocken. Unsere Magiewaffen prallten erneut aufeinander, und meine Augen tränten bei dem plötzlichen Aufflackern roter und goldgelber Magie.

Seine Bewegungen waren schnell – zugegeben –, aber es wirkte, als müsste er über jede Geste, die er ausführte, erst nachdenken. Außerdem ließ seine Verteidigungshaltung zu wünschen übrig – seine Ellbogen waren nicht ausreichend gebeugt, und die Handgelenke waren zu stark belastet, als er sein Gewicht gegen mich stemmte.

»Du kämpfst nicht sehr oft, was?«, fragte ich ihn über das Rauschen hinweg.

Sebastian starrte mich an, und es war mehr als deutlich zu sehen, dass ich mit meinen Worten mitten ins Schwarze getroffen hatte. Mitten in seinen Stolz.

»Ich kämpfe so oft, wie es nötig ist«, patzte er zurück.

Und nötig ist es wohl eher selten, dachte ich. Sebastian hatte sein Sigil seit zwei Jahren, danach war er aus Septem verschwunden. Garantiert hatte er sich nicht seine Freizeit damit vertrieben, Abbys aus dem Mirror zu bekämpfen.

»Du bemitleidest mich«, bemerkte er, während wir umeinander herumwirbelten. »Das ist … neu.«

»Es ist kein Mitleid, es ist Bedauern«, zischte ich. »Du verrätst alle, die dein Leben lang an deiner Seite gestanden haben. Und das nur, weil dir die Macht, die du ohnehin schon hattest, nicht ausgereicht hat.«

»Ich wurde für den Thron geboren«, gab Sebastian bloß schroff zurück und stürzte zum ersten Mal voller Wut mit seiner Magiewaffe auf mich zu.

Ich musste zurückspringen, um dem Speer auszuweichen. Dadurch brach meine Defensive auf, aber ich behielt den Rhythmus bei und begab mich sofort wieder in die Offensive. Ein Wirbel aus Magiestößen, ein paar Schritte, die sich in präzisem Kontrapunkt zu seinen bewegten, schon rutschte Sebastian aus, landete flach auf seinem Rücken, und dann war der Strahl meiner Magieklinge nur eine Haaresbreite von seinem Hals entfernt.

Ich überragte ihn, keuchend, Schweiß tropfte mir in die Augen. Ich könnte ihn töten, wenn ich wollte. Wahrscheinlich sollte ich es tun. Es wäre sicherer für uns alle, ihn und sein Sigil endlich aus dem Weg zu räumen.

»Nicht so schüchtern«, sagte Sebastian und hatte die Unverschämtheit, mich dabei anzulächeln. »Na los. Zeig mir den Harwood-Mut, von dem alle ständig erzählt haben.«

Ich presste die Spitze meiner Klinge noch etwas fester gegen Sebastians Hals. Und weil mich dabei ein Zittern durchfuhr, kratzte ich an seiner Haut entlang, so dass eine dünne Blutspur hinabtropfte.

Der Anblick erschreckte mich so sehr, dass ich zurückwich – und dabei gegen jemanden stieß.

Zwei Hände umklammerten meine Arme. Etwas drückte gegen meine Gelenke, und ich war so perplex, dass ich viel zu spät reagierte. Es war Leanore. Ich hatte sie nicht kommen sehen, und als ich nun herumwirbeln wollte, um sie von mir zu stoßen, konnte ich es nicht.

Sie hatte mir Fesseln angelegt. Schon wieder! Meine Arme waren hinter meinem Rücken verschränkt, und ich spürte die Magiehemmer, die die feurige Hitze, die eben noch durch mein Blut gerauscht war, binnen Sekunden verebben ließen.

Verdammt, verdammt, verdammt!

»Los, beweg dich«, raunte Leanore mir zu.

Bewegen? Wohin?

Sebastian rappelte sich mit einem amüsierten Blick in meine Richtung vom Boden auf und umfasste Adams Arm. »Na, wer ist jetzt bedauernswert?«

Adam reagierte nicht. Er stand noch immer reglos mitten im Saal, und die Furcht in mir wuchs ins Unermessliche.

Du musst dich befreien!, rief ich ihm innerlich zu, doch Adam antwortete nicht – und ich konnte keinen noch so flüchtigen Gedanken in seinem Kopf hören. Stattdessen flüsterte Sebastian etwas in sein Ohr, so leise, dass ich es nicht verstehen konnte.

Was auch immer es war: Sebastian hatte Adam mit Divinus voll unter Kontrolle.

»Zum Shuttle«, wies Leanore Sebastian an. »Vorzugsweise, bevor die anderen Sieben hier auftauchen.«

»Warum? Wollen Sie nicht auf sie warten?«, kommentierte ich schnippisch, und Leanores einzige Reaktion war es, dass sie den Griff an meinem Unterarm verstärkte, bis es schmerzte, und mich dann förmlich hinter sich herschleifte. Im Gegensatz zu mir ließ sich Adam widerstandslos von Sebastian abführen.

Es dauerte nur ein paar Minuten, bis wir draußen auf einer der Landungsbrücken ankamen. Fast alle Shuttles hatten bereits mit den Unteren abgelegt, nur ein letztes schwebte noch an dem Plateau. Jeglicher Widerstand, zu dem ich in der Lage war, half nichts. Einen Moment später wurde ich in den Innenraum gestoßen, wo ich auf den Boden fiel und mit dröhnendem Kopf liegen blieb. Adam stieg mit regloser Miene zu, gefolgt von Sebastian.

Außer uns war das Shuttle leer, und ich starrte zurück auf das von Licht erfüllte Plateau, in der Hoffnung, noch Dina, Matt oder Celine auf uns zurennen zu sehen.

Doch niemand kam.

»Flieg los«, sagte Leanore an Sebastian gerichtet. Er schaute kurz zu mir, einen unleserlichen Ausdruck im Gesicht, dann lief er in Richtung des Cockpits.

Leanore brachte Adam dazu, sich auf einen der Sitze sinken zu lassen. Danach beugte sie sich zu mir, bis ihr Gesicht nur wenige Zentimeter von meinem entfernt war. Sie hantierte mit den Fesseln an meinem Rücken und kettete mich damit an einer Eisenstange neben dem Ausgang fest. Dann fasste sie an die Athame, die an ihrem Gürtel hing, und streckte sie in die Richtung meiner zusammengebundenen Hände.

»Sobald wir landen«, sagte Leanore zu mir. »Hast du die Wahl, ob du dir Ignis selbst abschneidest oder ob wir jemand anderen um Hilfe bitten.«

Ich starrte sie nur an, und Panik durchflutete mich in Wellen.

Ja, ich hatte mir aussuchen wollen, ob ich Ignis trug oder nicht. Wie lange ich es tragen und wann ich es weitergeben wollte. Aber nicht so.

Nicht so.

Schon sprangen die magiebetriebenen Motoren des Shuttles an, doch ich hatte nur Augen für die Athame. Leanore hielt sie bedrohlich nahe an meinen Unterarm, genau dorthin, wo das Drachenarmband saß. Feine Linien tauchten darum auf. Wie ein magischer Knoten verbanden sie Ignis mit meinem Körper, und ich wusste, was die Linien bedeuteten, ohne dass es mir jemand erklären musste.

Das … das war das Band zwischen mir und meinem Dark Sigil.

Das Band, das Leanore durchschneiden lassen wollte.

Ich schaute verzweifelt zu Adam, doch er saß völlig regungslos da. Eine Träne floss mir über die Wange, als Leanore die Athame gegen das Band drückte.

»Na? Wofür wirst du dich entscheiden?«, fragte sie und ließ dabei das Band zittern wie die gespannte Saite einer Violine.

»Bitte nicht«, keuchte ich. Ein ersticktes Flehen lag in meiner Stimme, das ich verabscheute, aber nicht unterdrücken konnte.

»Oh, wieso der plötzliche Gesinnungswechsel?« Leanore lächelte, ihr Gesichtsausdruck wenig überrascht. »Es ist wohl nicht so leicht, diese Macht loszulassen, hm?«

»Es geht nicht um Macht, es geht um …« Mein Erbe. Das Vermächtnis meines Vaters. Seiner gesamten Familie – *meiner Familie.*

Denn obwohl alle über Melvin Harwood sagten, dass er das Leben im Mirror gehasst hatte, dass er hatte frei sein wollen … hatte er sich eben anders entschieden. Er hatte der Athame und damit auch Leanore den Rücken gekehrt. Weil er begriffen hatte, dass es das Richtige war. Weil er sein Sigil in Sicherheit bewahren wollte. Weil er die Verantwortung übernahm, damit Ignis nicht in Hände geriet, die es vielleicht missbrauchen würden.

Das war es, was Adam mir immer wieder versucht hatte zu erklären: Die Magie der Dark Sigils durfte nicht leichtfertig weitergereicht werden.

Dieses Erbe – es hatte mir sehr lange nichts bedeutet, wie auch? Ich hatte keinen meiner Vorfahren je kennengelernt. Und trotzdem … trotzdem waren sie alle ein Teil von mir. Ihre Seelen lagen nun in meinem Blut. Und das bedeutete etwas, das wusste ich jetzt.

Ich war ihretwegen nicht allein.

Und ich war es nie gewesen.

Ich bewegte meinen Kopf nach vorne, und das so schnell, dass meine Stirn mit voller Wucht gegen Leanores schlug. Ich hörte sie stöhnen, doch der Schmerz durchzuckte mich gleichermaßen. Ich sah nur noch Lichtflecken vor den Augen, spürte ein fieses Pochen an meinem Schädel, wo ich sie getroffen hatte.

»Verdammte Göre«, presste Leanore hervor. Ich sah, wie sie blind mit einer Hand an der Shuttlewand über sich entlangtastete, bis sie einen Knopf erreichte. Die Motoren des Shuttles wurden lauter, gleichzeitig schloss sich die Tür auf Leanores Befehl hin mit einem Surren.

Sie rastete mit einem Klacken ein und dann …

… dann geschah alles gleichzeitig.

Das Shuttle setzte sich in Bewegung und flog durch die sternenklare Nacht in Richtung Prime davon.

Die Tür wurde von einem intensiven Magieblau überlagert. Es breitete sich zu allen Seiten aus und formte sich zu einem Korridor.

Und im nächsten Moment packten zwei Hände Leanore an den Schultern und zerrten sie in den Korridor hinein. Ich sah gerade noch, wie Adams Mutter, deren Gesicht vor Verwunderung wie erstarrt wirkte, im Magieblau verschwand.

Statt ihr trat jemand anderes aus dem Korridor heraus – Celine. Ich blickte sie schwer atmend an, als das Licht um uns herum wieder verschwand.

Schweiß und Tränen brannten mir in den Augen, und ich musste einige Male blinzeln, bis sich mein Sichtfeld schärfte.

Celines blaue Haare waren zerzaust, und sie hatte offene Wunden an Stirn und Schläfe. Trotzdem blickte sie mich mit einem kleinen triumphierenden Lächeln an – in ihrer Hand hielt sie die Schattenathame!

Sie hatte es geschafft! Sie musste Leanore im Korridor den Dolch abgenommen haben!

»Alles in Ordnung?«, fragte Celine mich.

»Danke.« Das Wort platzte förmlich aus mir heraus. Erst jetzt merkte ich, wie sehr ich zitterte. Nicht wegen des Tremors, sondern wegen der puren Angst, die mir noch immer in den Knochen saß.

Celine schnaubte und beugte sich zu mir hinab. »Mach keine Szene, Harwood«, sagte sie, doch ihr Tonfall war gutmütig. »Ich kann dich immer noch nicht ausstehen. Aber du gehörst zu den Sieben. Und damit bist du Familie.« Sie neigte den Kopf nach hinten, als Schritte erklangen. Ihre Miene verdüsterte sich. »Ganz im Gegensatz zu dir.«

»Du brichst mir das Herz, Cee«, entgegnete Sebastian. Er musste das Shuttle auf Autopilot geschaltet haben, denn es flog auch ohne seine Hilfe weiter. Stattdessen wiegte er den Engelsspiegel drohend in einer Hand.

»Mach mich los!«, raunte ich, aber es war zu spät. Sebastian stürzte sich auf Celine, und was folgte, war ein Kampf, der so wild war, dass ich überhaupt nicht hinterherkam. Sie waren beide geistesgegenwärtig genug, hier im Shuttle keine großen Magiegesten heraufzubeschwören, aber darüber hinaus schenkten sie sich nichts. Sie warfen einander durch den Innenraum des Shuttles, schlugen und traten heftig auf den anderen ein. Als Sebastian Celine mit voller Wucht gegen eine der Wände warf, fiel ihr die Schattenathame aus der Hand. Scheppernd rutschte sie in meine Richtung, blieb jedoch außer Reichweite liegen.

»Celine!«, rief ich verzweifelt, als Sebastian sie an den Schultern packte und die beiden keuchend und schreiend im vorderen Teil des Shuttles verschwanden.

Eine Gänsehaut zog sich über meine Arme, als die Kampfgeräusche nur wenige Sekunden später verstummten. Ich versuchte, mich aufzusetzen, irgendwie meine Fesseln von der Stange in meinem Rücken zu befreien, aber ich hatte keine Chance.

Schritte kamen näher. Mein Blick zuckte zu Adam, doch er war nach wie vor völlig in sich selbst versunken. Die Angst hatte mich fest im Griff, und ich musste mich zwingen, den Kopf zu heben, um zu sehen, wer auf mich zulief.

Das Gefühl der Erleichterung, als Celine zuerst in den Hauptraum zurückkam, währte nur kurz. Denn ihr Blick war leer und hinter ihr … hinter ihr folgte Sebastian.

Er hatte eine aufgeplatzte Lippe, an der Blut hinablief. Trotzdem war sein Mund zu einem derart breiten Lächeln verzogen, als könnte er sein Glück kaum fassen.

41

Was mach ich jetzt nur mit euch?«, fragte Sebastian, mitten im Raum stehend. Celine setzte sich neben Adam, ihr Blick war leer und in die Ferne gerichtet.

Sebastian schaute auf die beiden hinab. »Ich muss sagen, das lief alles viel besser, als ich es mir vorgestellt habe. Ich hätte nicht zu träumen gewagt, dich voll und ganz für mich zu haben.«

Den letzten Teil hatte er direkt an Adam gerichtet. Sebastian schaute vergnügt auf ihn hinab, und bei dem Leuchten in seinen Augen machte sich in meiner Magengegend ein furchtbares Gefühl breit.

»Sebastian …«, hauchte ich, aber er ignorierte mich. Stattdessen lief er noch einmal ins Cockpit zurück, und als er wieder zu uns zurückkam, merkte ich, wie das Shuttle in eine enge Kurve flog, und dann – konnte das stimmen? – wieder in Richtung Plateau steuerte.

»Ich glaube, wir machen Folgendes«, setzte Sebastian an und stellte sich unmittelbar vor Adam auf. Dabei hielt er eine Hand fest um den Griff von Divinus geschlungen. »Wir gehen jetzt alle zurück zu dem Fest. Und dann wirst du, Adam, vor den noch verbliebenen Oberen eine Rede halten.« Er beugte sich zu Adam hinab, drückte eine Hand gegen die Wand hinter dessen Kopf, so dass er seinen Mund unmittelbar an Adams Ohr pressen konnte. »Du wirst den Oberen erzählen, dass du nie Mirrorlord sein wolltest. So ist es doch auch, oder? Wie wäre es, wenn du einfach abdankst?«

Sebastian zog sich etwas zurück und beobachtete Adam.

Ein Schauer lief über meinen Rücken hinab, als ich merkte, dass Adam nun nicht mehr völlig teilnahmslos wirkte, sondern seinen Blick aufmerksam auf Sebastian gerichtet hielt.

Als würde er ihm zuhören *wollen*.

»Befrei dich von dem, was dich so zurückhält«, raunte Sebastian leise und lockend in Adams Ohr. »Du willst die Bürde des Throns gar nicht, das weiß ich. Du willst tief in deinem Herzen aus alldem ausbrechen. Gib mir den Thron. Erklär mich zum neuen Mirrorlord. Ich bin viel besser dafür geeignet, das war dir schon immer klar …«

Eine schwere Pause legte sich über das Shuttle, und ich konnte nichts anderes tun, als Sebastian anzustarren und dabei zu versuchen, nicht die Angst zu zeigen, die seine Worte in mir auslösten.

Stattdessen hielt ich an der zweiten Emotion fest, die an die Oberfläche stieg.

Wut.

»Lass ihn in Ruhe, Sebastian!«, fauchte ich und zerrte an meinen Fesseln, so heftig, dass das Metall laut klappernde Geräusche durch das Shuttle schickte. Und ich wünschte – ich wünschte mit allem, was ich in mir trug, dass ich die verdammten Magiehemmer-Trites an meinen Handgelenken einfach zu Asche verwandeln könnte.

Sebastian ignorierte mich. Er hielt seinen Blick starr auf Adam gerichtet, während er eine Hand an dessen Kopf legte, um ihn nahe bei sich zu halten. »Du willst doch mit Rayne zusammen sein, oder nicht? Stell es dir vor … stell dir vor, du könntest auf deine Macht verzichten. Stell dir vor, dass du dir nie wieder um die Dunkelheit in deiner Seele Sorgen machen musst. Ich weiß, du fürchtest dich vor dir selbst, das hast du mir oft genug erzählt. Stell dir vor, du könntest diese Gefahr einfach loslassen und endlich den Menschen, der dir am wichtigsten ist, unbeschwert lieben.«

Als Sebastian aufhörte zu reden, liefen mir Tränen die Wangen hinab. Denn mir war klar, tief in mir drin, wie sehr er Adam mit diesen Worten treffen würde.

Sie würden ihn *bis ins Mark* treffen, direkt in sein Herz.

Ohne jeden Zweifel. Und genau daran konnte der Engelsspiegel anknüpfen … indem er Adam inmitten seiner eigenen Dämonen gefangen hielt.

Tatsächlich dauerte es nur wenige Sekunden, bis Bewegung in Adams Körper kam. Sein Blick war nun fokussiert nach vorne gerichtet – genauso wie der von Matt, kurz bevor er Jarek einen Dolch in die Brust gestoßen hatte. Doch statt auf Sebastian loszugehen, stand Adam nur auf und lief durch das Shuttle. In meine Richtung.

Kurz bevor er bei mir ankam, beugte er sich zum Boden, und ich verstand erst nicht, was vor sich ging … bis er nach der Schattenathame griff und sie an sich heranzog.

Sebastian hatte Adams Bewegung ebenfalls verfolgt. Seine Augen weiteten sich. »Du sollst *abdanken*, Adam. Leg den verdammten Dolch zur Seite, sonst –«

Adam hob eine Hand, und mir entwich ein ungläubiges, fassungsloses Keuchen, als er Sebastian mit einem weißlich aufflackernden Magiestoß traf. Und das mitten im Gesicht. Sebastian wurde von der Wucht so heftig gegen eine Wand gestoßen, dass er nicht ohne weiteres wieder aufstehen konnte.

»Hör auf«, murmelte Sebastian benommen, während Blut aus seiner Nase lief. »Du willst mir … du willst mir gehorchen, Adam … Du willst mich … zum Mirrorlord machen …«

Erneut hob Adam eine Hand und versetzte Sebastian mit einer perfekt ausgeführten Geste in Stase. Sebastians Körper erstarrte, so wie es auch schon im Höhlenraum geschehen war. Und ein bisschen kam es mir wie höhere Gerechtigkeit vor, dass er einfach nicht aus seinen Fehlern lernte.

Totenstille breitete sich im Shuttle aus. Die Luft schien für mehrere Sekunden stehenzubleiben.

»Adam?«, flüsterte ich, während ich mich an die Hoffnung klammerte, dass er sich aus Sebastians Kontrolle hatte befreien können.

Doch Adams Gesicht blieb starr, sein Blick ausdruckslos. Er stand vor mir, mitten im Raum, die Athame noch immer in der rechten Hand fest umklammert.

Da traf es mich. Eine Welle der Erkenntnis, die so stark war, dass ich laut aufkeuchen musste.

Der Engelsspiegel fand die tiefsten Sehnsüchte – und wenn sie stark genug waren, überschatteten sie alles andere.

Unter dem Einfluss des Spiegels musste Adam ihnen folgen.

Egal, was es ihn kostete.

»Adam …«, hauchte ich voller Angst, und es war, als hätte meine Stimme ihn aus seiner Trance gerissen. Adam führte die Schattenathame in Richtung von Alius und Etas, die in dem Lederband an seinem linken Arm lagen. Dieselben Linien, die ich vorhin auch an mir selbst bemerkt hatte, tauchten auf, kaum, dass sich die Spitze des Dolches dem Sigil näherte.

Das Band kam zum Vorschein.

»Adam!«, schrie ich und zerrte erneut an meinen Fesseln. Ich warf mich mit voller Wucht hinein, versuchte, meine Hände aus den metallenen Schellen herauszuwinden, bis mir die Haut aufriss.

Er wollte sich die Schicksalswürfel abschneiden. Nicht nur meinetwegen. Sondern auch wegen der verdammten Prophezeiung.

Ich *musste* es verhindern.

Mein gesamter Verstand war in diesem Moment auf die Fesseln in meinem Rücken fixiert, dass ich zunächst gar nicht bemerkt hatte, dass Celine ebenfalls aufgestanden war. Erst, als sie direkt vor Adam zum Stehen kam, richtete ich meinen Blick auf sie.

Ihr Gesicht war vor Sorge verzerrt, ihre blauen Augen zuckten über Adam hinweg. Ich hatte keine Ahnung, was Sebastian ihr im Vorderteil des Shuttles eingeflüstert hatte, aber es hatte offenbar keine große Wirkung bei ihr entfaltet. Sie schien wieder bei klarem Verstand zu sein.

Und sie schien die Situation sofort zu verstehen. »Hör auf«, beschwor sie Adam. »Tu das nicht. Bitte! Hör auf!«

Sie hatte mit beiden Händen an den Griff der Athame gefasst, so dass ihre Finger nun Adams umklammerten. Ihre Arme spannten sich an, und ich hörte sie vor Anstrengung keuchen, während sie versuchte, die Dolchspitze von den Schicksalswürfeln wegzuhalten.

Doch Adam ließ nicht von seinem Vorhaben ab. Ich spürte es durch die Verbindung: Seine Magie war ruhig und glasklar, die Ruhe eines Menschen, der keinerlei Zweifel kannte.

»Es ist besser so«, hörte ich ihn mit einer Stimme sagen, die mir völlig fremd erschien. »Ich hätte das schon viel früher sehen müssen.«

»Adam, bitte!« Celines Stimme brach, und sie schrie auf, als Adam einen Magiestoß direkt auf sie abfeuerte. Er drängte Celine mit einem Schild von sich, und führte dabei die Athame an das magische Band heran, das sich um seinen Arm formte.

Ich rief seinen Namen, immer wieder. Denn ich wusste – ich *wusste*, er würde sich damit töten, wenn wir ihn nicht aufhielten.

Celine rappelte sich auf, ihr Gesicht voller Tränen. Sie versuchte, Adam mit Magiegesten unter Kontrolle zu bringen, aber er wehrte sie jedes Mal ab.

»Ist okay«, sagte sie schließlich und kam noch einmal auf ihn zugelaufen. Sie hatte mir dabei den Rücken zugewandt, ich konnte ihr Gesicht nicht sehen – nur die nach oben gestreckten Hände, die sie dieses Mal wie eine Friedensgeste vor Adam hielt.

»Gib sie mir«, hörte ich Celine sagen. »Ich mach es für dich. Ich führe die Athame. Gib sie mir.«

Was?

Es war wie ein Schlag gegen die Brust. Ich starrte Celines Hinterkopf an, ohne mich zu bewegen. Die Bedeutung dieser Worte war völlig unmöglich. Meine Gedanken rasten vor Schrecken und Angst.

Nein. Nein, nein, nein.

Sanft löste Celine die Athame aus Adams Händen. Und Adam … er streckte die Hand mit Alius und Etas aus und hielt sie Celine entgegen.

Ich weinte und rief Celines Namen. »Du wirst sterben, ist dir das nicht klar?«

Sie drehte sich nicht einmal zu mir um. Und sie zögerte keine Sekunde. Celine hob den Dolch, setzte ihn an und schnitt.

»Nein«, wimmerte ich immer wieder. Der Schmerz, der in diesem Moment durch mein Herz brach, drohte mich zu übermannen. Ich sah es nicht, aber ich fühlte, wie Adams Magie versiegte. Es war, als würde sie aus meinem Inneren herausgeschnitten werden.

Die Athame fiel mit einem furchtbaren Scheppern auf den Boden. Und als Celine und Adam gleichzeitig neben ihr zusammensackten und reglos liegen blieben, gab ich mich der Verzweiflung vollständig hin.

Vage nahm ich wahr, wie sich die Tür des Shuttles surrend öffnete. Es konnten kaum Minuten vergangen sein.

Stimmen drangen an mein Ohr, und jemand beugte sich zu mir und strich mir über die Haare. Finger tasteten vorsichtig meine Armgelenke entlang.

»Bei allen Sieben, Rayne, du blutest überall«, sagte eine Stimme, dann verschwand der Druck an meinen Händen, und ich fiel kraftlos nach vorne.

Ich blinzelte, versuchte, zu mir zu kommen. Wir waren wieder zurück an der Landungsbrücke, das Plateau lag direkt hinter dem Steg, genauso, wie wir es verlassen hatten.

Matt beugte sich über mich, sein Gesicht ganz verzerrt vor Sorge. Und als ich seinen Blick erwiderte, nickte er mir kurz zu, bevor er sich von mir löste.

Ich folgte seiner Bewegung, und erst da schienen sämtliche Geräusche, sämtliche Gefühle zu mir zurückzukehren. Cedric und Dina knieten in der Mitte des Shuttles. Ich hörte Cedric weinen, leise und unendlich verzweifelt. Er hielt Adam in den Armen, strich über seine weißblonden Haare, doch sein Blick haftete auf der anderen Gestalt.

Auf Celine.

»Komm schon«, hörte ich Dina keuchen. Ein grünliches Licht erhellte den Innenraum des Shuttles.

Ich kroch langsam näher. Erst da sah ich, was sie tat. Dina hatte ihr Schlangenarmband um ihr eigenes Handgelenk – und um das von Celine gewickelt.

»Komm schon, du sture Ziege«, schluchzte sie, und die Magie in Anguis flackerte dabei heftig auf. »Jetzt atme schon!«

Ich hatte sie so etwas noch nie tun sehen. Nur einmal, vor endlos langer Zeit, war ich dabei gewesen, als Dina jemandem Lebensenergie entzogen hatte. Aber nun ...

... nun versuchte sie offenbar, ihre Energie an Celine abzugeben.

Doch Celine reagierte nicht. Sie blinzelte zwar, aber zwischen ihren halbgeöffneten Lippen hatte sich Schaum gebildet. Ihre Haut wurde grau.

Ich hatte nicht gewusst, dass ein Mensch in so kurzer Zeit so grau werden konnte.

Erneut nahm mir ein Tränenschleier die Sicht, aber ich zwang mich, zu Adam zu schauen. Er war völlig in sich zusammengesunken, seine Gesichtsfarbe noch blasser als sonst, praktisch kreidebleich. An der Stelle an seinem Arm, wo das Lederband mit den beiden Würfeln lag, schien seine Haut aufgerissen zu sein. Darunter trug er seine Sigil-Narbe, das wusste ich, weil ich schon hundertfach mit den Fingern darübergestreichelt hatte. Dort hatte man ihm die Gravur von Alius und Etas in die Haut geritzt, so wie er selbst es bei mir getan hatte.

Doch nun wirkte die Haut darunter geradezu infiziert, und ich ahnte, dass die Gravur nicht mehr zu erkennen war.

Ich umklammerte den Griff der Athame, die neben mir am Boden lag, und zog sie zu mir. Sie war der Grund dafür, warum all das hier geschehen konnte und nichts … nichts davon war es wert gewesen, dass ich sie nun in der Hand hielt.

Adam, schickte ich in Gedanken zu ihm, aber die Verbindung zwischen uns existierte nicht mehr. Dieses Mal war sie wirklich zerstört worden. Eisige Krallen hatten sich um sein Bewusstsein gewickelt und ihn mir entrissen.

Ich spürte es mit aller Klarheit.

Adam trug keine Magie mehr in sich.

Keinen einzigen Tropfen.

Ich senkte den Kopf und schluchzte. Schluchzte so sehr, dass es mich durchschüttelte. Ich streckte die Hände aus, legte eine davon auf Celines Beine, und mit der anderen umklammerte ich Adams kalte Finger.

Es tat so weh. Alles. Es fühlte sich an, als würde meine Seele aus meinem Körper gerissen werden, so stark verkrampfte meine Brust. Und ich wurde von der kalten Gewissheit erfasst, dass ich zwar weinen konnte, bis keine Tränen mehr in meinem Körper waren, aber sich trotzdem rein gar nichts ändern würde.

Dina schrie Celine immer noch an, und das Schlangenband in ihrer Hand glühte. »Komm schon«, hörte ich sie sagen, gefolgt von verzweifelten Lauten, während sie mehr und mehr Magie in sie hineinkanalisierte.

»Die Athame … arbeitet … gegen mich …«, keuchte sie. »Ich kann es nicht … stoppen.«

»Hör auf, Dina«, flüsterte Cedric heiser, aber Dina schüttelte den Kopf und machte weiter, auch wenn sie selbst bereits fahl wurde, und ich sehen konnte, dass sie kurz davor stand, das Bewusstsein zu verlieren.

Da streckte Matt die Hände aus, um beide Seiten von Dinas Gesicht zu umfassen. Er zog sie in eine Umarmung, und mein

Herz krampfte sich zusammen, als Dina aufhörte sich zu wehren und Anguis mit zitternden Fingern zu sich zurückzog.

»Ich will Sterne sehen«, hörte ich Celine schwach in Richtung ihres Bruders murmeln. »Ich hab vergessen, wie sie aussehen.«

»Du wirst sie wiedersehen«, weinte Cedric und umklammerte ihre Hand. »Das verspreche ich dir.«

Celines Körper zuckte einige Male. Dann starrte sie Cedric nur noch an, aber sie war nicht mehr hier.

Sie war einfach nicht mehr hier.

Wir saßen um Adam und Celine herum. Beide lagen reglos dort, doch während ich an Adams Handbeuge einen schwachen Puls fühlte, wurde Celines Körper totenbleich. Ihre Atmung kam zum Stillstand, und als ich eine Hand auf ihr Dekolletee presste, spürte ich, wie ihr Herzschlag sich verlangsamte, bis er kaum noch wahrzunehmen war.

Ich sah die anderen an. Unglaube und Trauer wechselten sich auf ihren Gesichtern ab, Matt hielt Dina in den Armen, während Cedric bloß da saß, Adam gegen sich gelehnt hielt und wie betäubt auf seine Schwester hinabsah.

»Das wollte ich nicht«, drang da auf einmal eine Stimme zu uns, und ich drehte mich langsam um. Es war Sebastian. Er kauerte an der Wand und starrte fassungslos in unsere Richtung.

Mein Gott. Ihn hatte ich völlig vergessen.

»Ich ... ich wollte nur, dass Adam abdankt.« Sein Blick heftete sich auf Matt, ein flehender Ausdruck in seinen Augen. »Du kennst mich. Ich wollte nicht –«

»Du bist das Letzte!«, stieß Matt hervor und schaute Sebastian mit Tränen in den Augen an. »Du hast mich dazu gebracht, Jarek zu ermorden! Und wenn du nicht so machthungrig wärst, wäre Celine noch am Leben.«

Sebastian kam etwas näher, er kroch auf allen vieren über den Boden. »Jareks Tod war … unglücklich. Und das hier … ich wollte das nicht.« Er schaute eindringlich zu Matt, dann zu Dina, dann zu mir. *»Bitte.«*

Niemand von uns sagte etwas.

Niemand von uns würde ihm vergeben.

»Geh, Sebastian«, flüsterte Matt schließlich, seine Stimme leise und schneidend, während er den Blick von ihm abwandte. »Verschwinde.«

»Aber …«

»Verschwinde«, wiederholte Matt. »Sonst bringe ich dich um.«

Sebastians Augen weiteten sich. Er schaute noch einmal zu Celine und Adam, sein Blick verzweifelt. Als niemand von uns mehr reagierte, drückte er sich mühevoll nach oben und verschwand durch die Tür nach draußen.

Er verließ uns – ließ uns hier sitzen, an diesem Ort zwischen den Welten, wo uns in nur wenigen Stunden *alles* genommen worden war.

SIEBEN TAGE SPÄTER

42

Ein Sturm zog auf.

Es war einer dieser himmelverdunkelnden Stürme aus Blitzen, peitschendem Wind und nie enden wollendem Regen, der das Leben in einer Stadt für Stunden zum Erliegen bringen konnte.

Den Kopf in den Nacken gelegt, schaute ich nach oben – nach Prime.

Ein Ozean machte sich über mir breit. Er reichte von Horizont zu Horizont, während peitschende Wellen darüber hinwegrollten.

Es war eines dieser Dinge, an die ich mich wohl nie gewöhnen würde, egal wie viel Zeit ich im Mirror verbrachte. Mir kam es immer noch völlig surreal vor, dabei zuzusehen, wie das Wetter Prime in Aufruhr versetzte. Denn egal ob Hitze, Schnee, Regen oder Gewitter, hier im Mirror spielte es keine Rolle.

Man konnte nicht sehen, was am Himmel vor sich ging, weil man *selbst* der Himmel war. Man sah nur – so wie jetzt gerade –, wie sich die Welt über einem nach und nach verdunkelte, wie sie von Blitzen erschüttert wurde und wie irgendwo zwischen hier und dort wie von Zauberhand Regen aufstieg.

Ich umklammerte das Herzamulett meines Vaters, das um

meinen Hals lag, und stellte mir vor, wie es wäre, jetzt dort zu sein. In einem Boot, mitten auf den Wellen. Die Luft würde sich wie elektrisch aufgeladen anfühlen, meine Zunge würde kribbeln, meine Haare vom Wind aufgebauscht werden, während Regentropfen und Gischt mein Gesicht benetzten. Und das Donnergrollen … es würde jeden noch so lauten Gedanken einfach überdecken.

In diesem Moment hätte ich alles dafür gegeben.

Denn die Stille … die Stille um mich herum war einfach unerträglich.

Alles, was in den letzten Wochen passiert war, kreiste wie ein Karussell durch meine Gedanken. Ich dachte an Lily, die seit unserer Verabschiedung wie vom Erdboden verschluckt war. An Dorians wütenden Blick und die hasserfüllten Worte, die er Adam an den Kopf geworfen hatte. An Nikki, die nur noch ein Schatten ihrer selbst war, seit sie ihr Sigil verloren hatte. Ich dachte an Nessa, Edge und Blicker, die in der Wüste vor Nova begraben lagen, an den Ältesten, der sich geopfert hatte – und an all die Leben, die seit dem Tag auf dem Plateau in Gefahr waren.

Ich hatte viele retten können. All diejenigen, die ich von der Chaosmagie befreit hatte – auch Agrona und Matts Vater –, waren wieder aufgewacht. Doch ein Großteil der Menschen, die Leanore infiziert hatte, waren wieder in Prime. Sie gingen ihrem Alltag nach, ihren Regierungsgeschäften – und das würden sie tun, so lange, bis Leanore sie sich zunutze machte.

Oder bis wir sie davon befreien konnten.

Es gab kein Zeichen von Leanore und Adams Schwester. Obwohl Adam überall nach ihnen suchen ließ – sie waren wie vom Erdboden verschluckt. Auch wenn ich ahnte, dass es nicht lange so bleiben würde.

Ich wandte meinen Blick von Prime ab und griff an meinen Gürtel, wo die Schattenathame befestigt war. Gedankenverloren strich ich darüber. Es war inzwischen wie ein Reflex, als müsste ich mich ständig vergewissern, dass sie noch hier war. Der einzige Sieg, den wir errungen hatten und der mir doch nichts bedeutete.

Ja, ich sollte mich wohl glücklich deshalb fühlen. Ohne die Athame konnte Leanore die Prädiktion unmöglich Wirklichkeit werden lassen. Aber welchen Preis hatten wir dafür zahlen müssen?

Tief im Herzen wusste ich, ich hätte die Athame, ohne zu zögern, für Celines Leben und Adams Magie eingetauscht.

Ich ließ von dem Griff ab und ließ den Blick über die Umgebung schweifen. Der Felsvorsprung, der vor mir lag, war nichts als karger Stein. Davor nur endlose Leere, ein gräuliches Nichts, das bis ans Ende der Welt zu reichen schien.

Das letzte Mal, als ich am Nexus gewesen war, war er über und über von Nebel umgeben gewesen. Ich hatte nichts von der Außenwelt sehen können, es hatte gewirkt wie ein eigener Mikrokosmos, mit einer steinernen Insel, die abgekoppelt von allem war.

Das Einzige, das sich bewegte, war ein blauschimmernder Vogel, der über meinem Kopf seine Bahnen zog. Von seinen Flügeln perlte ein Leuchten ab, mit dem er sanfte Linien in die Luft malte.

Ich war mir nicht sicher gewesen, ob Echo zu mir zurückkehren würde, nach allem, was geschehen war. Doch kaum, dass wir einen Fuß in den Mirror gesetzt hatten, war er mir nicht mehr von der Seite gewichen.

Einen Moment lang verfolgte ich seine Bahnen noch, dann streckte ich die Hand in seine Richtung aus. Er drehte ab, steuerte auf mich zu und landete mit einem eleganten letzten Flügelschlag auf meiner Hand. Sein Schnabel pickte zärtlich in meine Haut, und ich lächelte auf ihn herab, setzte ihn mir auf die Schulter und drehte mich um.

Ich lief auf den Nexusturm zu. Matt stand bereits am Eingang und wartete. Er trug dieselben weißen Leinenkleider wie ich und lehnte an der Pforte, ein weicher Ausdruck auf seinem Gesicht.

»Du hättest mich rufen können«, sagte ich, als ich bei ihm ankam.

»Ich weiß. Aber du hast ausgesehen, als könntest du die Ruhe brauchen.« Er lächelte etwas, als Echo auf seine Worte hin aufflatterte, eine Kurve flog und im nächsten Moment zu Magiepartikeln zerstäubte, nur um sich dann in seiner Raubkatzengestalt schnurrend an Matts Beine zu drücken.

»Geht es los?«, fragte ich.

»Ja. Alles ist vorbereitet. Die anderen warten schon auf uns.«

Ich holte tief Luft, schaute noch ein letztes Mal in die weite, unendliche Leere hinaus, dann folgten Echo und ich Matt in die Gewölbe des Nexus.

Hier hat alles angefangen, dachte ich, und fand in Gedanken an den Tag zurück, an dem ich Ignis an diesem Ort entgegengenommen hatte. Damals hatte ich die Angelegenheit – mein Verbindungsritual – schnell hinter mich bringen wollen. Und obwohl mir klar gewesen war, dass sich mein gesamtes Leben ändern würde … ich hatte es trotzdem nicht verstanden.

Dass auch *ich* mich ändern würde.

Während wir durch die steinernen Korridore liefen, die kreisförmig zum obersten Stockwerk führten, hielt meine rechte Hand den Griff der Athame fest umklammert.

»Meinst du …« Matts Stimme, so leise sie auch war, hallte durch die Korridore. Er drehte den Kopf zu mir. »Meinst du, Adam wird noch auftauchen?«

»Nein.« Ich verzog den Mund.

Er würde nicht kommen. Er würde weiter im Dunkeln sitzen und niemanden sehen wollen. Wie in den vergangenen Tagen schon.

»Ist eure Verbindung immer noch weg?«, wollte Matt wissen. Sein Blick lag schwer auf mir, und er legte einen Arm um meine Schulter.

Ich nickte. »Ich glaube nicht, dass sie wiederkommt.«

Matt lächelte, wenn auch schwach. »Abwarten.«

Ich lehnte mich an ihn. Sein Optimismus hatte mir wirklich gefehlt.

Wir waren inzwischen am oberen Ende der Treppe angekommen. Jenseits der großen Pforte sah ich Cedric und Agrona Soverall. Sie standen bereits im Quellraum, vor ihnen das Magiebecken. Auch Dina war dort – sie trugen dieselbe weiße Leinenkleidung wie Matt und ich.

Wie jeder der Sieben, die heute an Cedrics Verbindungsritual teilnehmen würden.

»Bist du nervös?«, fragte ich Matt. Er würde das Ritual zusammen mit Agrona durchführen. Er würde Cedric den Saphirschlüssel anlegen. Dafür hatte er die letzten Tage intensiv die Abläufe geprobt, immer und immer wieder, nur um ja keinen Fehler zu machen.

Matt zog den Mund zur Seite und schaute hinab, dorthin, wo Cedric am Quellbecken stand. »Ich will es einfach nicht noch schwerer für ihn machen, als es ohnehin schon ist.«

»Das wirst du nicht«, flüsterte ich. »Du bist an seiner Seite. Das ist alles, was für Cedric zählt.« Ich drückte Matts Schulter aufmunternd und wollte ihn gerade sanft durch die Pforte schieben, als er sich noch einmal zu mir drehte.

»Ray … darf ich …« Matt zog abwägend die Brauen zusammen. »Darf ich dich noch etwas fragen?«

Ich nickte.

Matt holte tief Luft. »Unten im Labyrinth … kurz bevor Sebastian mich dazu gezwungen hat, euch anzugreifen …« Er rang sichtlich nach Worten. »Meine Erinnerungen sind nicht sehr klar. Ich tue mich schwer, herauszufinden, was ich mir eingebildet habe und was nicht, aber …« Ein kurzes Zögern. »Hat Sebastian wirklich gesagt, Cedric wäre in mich verliebt?«

Oh.

Ich schaute zur Seite, hinein in den Quellraum. Cedric hatte den Rücken zu uns gedreht – er hatte unsere Ankunft noch nicht bemerkt.

Was sollte ich bloß sagen?

Matt griff an meine Schultern, sein Blick nun nicht mehr ausweichend, sondern drängend. »Stimmt es?«

»Ich glaube, das solltest du Cedric selber fragen.«

Ein Seufzen. Matt ließ von mir ab, der Ausdruck in seinem Gesicht wurde nachdenklich. »Als wir noch jünger waren, da habe ich oft versucht herauszufinden, ob er vielleicht … aber … Ceddy war schon sein Leben lang sehr zurückhaltend. Ich hatte nie das Gefühl, dass er mich als jemanden sieht, den er … interessant finden könnte. Ich meine, er ist mit Abstand der klügste Mensch, den ich kenne. Um *Welten* klüger als ich, und … ich dachte nicht, dass jemand wie er …« Matt brach ab und seufzte tief, sichtlich frustriert von sich selbst. »Na ja. Und wenn es so wäre. Er wird heute zum Träger. Er wird Teil der Sieben. Du weißt ja, was das bedeutet.«

»Ja«, flüsterte ich und umklammerte Matts Hand.

Matt schaute mich traurig an. »Was ich dir damals in der Bella Septe gesagt habe, darüber, dass niemand von uns je glücklich werden kann … Dir ist hoffentlich klar, dass ich damit falschliegen wollte. Ich wollte unbedingt, dass es bei uns anders wird. Dass ich mich täusche und sich irgendwie doch alles wie durch ein Wunder fügt. Egal, wie naiv es auch war. Und alles, was passiert ist … ich hätte nie gedacht, dass …«

»Schon gut«, flüsterte ich. Ich ertrug es nicht mehr, Matt so zu sehen. Ich zog ihn in eine Umarmung. Wir hielten uns fest, eine gefühlte Ewigkeit lang, und als ich ihn wieder losließ, nickte er und drückte die Schultern zurück.

»Okay. Dann wollen wir ihn mal zum Träger machen.«

Ich lächelte. Echo drückte sich aufmunternd gegen meine Beine. Dann liefen wir zusammen in den Quellraum hinein.

Unsere Reise zurück nach Mirror-London dauerte über einen Tag. Bis der Saphirschlüssel Cedric ganz und gar akzeptierte, würde es noch Zeit brauchen. Also flogen wir mit einem der Magieshuttles durch die unendliche Leere der Mirror-Welt, bis wir die schroffen Klippen von Mirror-London erreichten – und schließlich die Themse und damit auch unser Ziel.

Der Wiederaufbau Septems war noch nicht sehr weit fortgeschritten. Wie ich inzwischen wusste, hatte Adam sich in den letzten Monaten voll und ganz auf das Plateau konzentriert. Den Palast hatte er dafür vernachlässigt. Nur der Thronsaal, ein Großteil des Verwaltungsapparats und einige Privaträume waren dank der Sigils, die das Gebäude nach und nach rekonstruieren würden, wieder aufgebaut.

Während Cedric, Matt und Dina sich in ihre Räume zurückzogen, liefen Echo und ich durch den breitesten Korridor des Palastes. Wir steuerten auf die enorme Flügeltür an dessen Ende zu. Eine Gestalt zeichnete sich dort vor dem Durchgang ab, und ich hob die Hand zum Gruß, was Zorya sogleich erwiderte.

»Ist alles gut gelaufen?«, fragte sie mich, und ich nickte.

»Ja. Cedric sah auf dem Rückweg schon viel besser aus.«

Erleichterung legte sich auf Zoryas Gesicht. »Das sind gute Nachrichten.«

Ich nickte. Dann schaute ich an Zorya vorbei auf die Tür, die sie bereits seit Tagen bewachte. Ein Siebeneck war darauf abgebildet. Und alle Gravuren der Dark Sigils.

»Hat er etwas gesagt, während wir weg waren?«, fragte ich leise und spürte ein unangenehmes Ziehen in meinem Inneren, als Zorya den Kopf schüttelte.

»Mach dir nicht zu viele Sorgen«, sagte sie zu mir und legte eine Hand auf meine Schulter. »Adam ist stark. Er … er wird sich arrangieren. Gib ihm etwas Zeit.«

Ich konnte nur hoffen, dass Zorya damit recht behielt. Denn seit Tagen schien nicht nur Septem, sondern der gesamte Mirror von einer Art Lähmung erfasst zu sein. Jeder spürte, dass der Welt – *beiden Welten* – eine große Änderung bevorstand, die womöglich katastrophale Folgen mit sich brachte. Doch niemand unternahm etwas. Niemand handelte.

Weil sie alle darauf warteten, dass Adam ihnen sagte, was zu tun war.

»Nimm dir eine Pause«, sagte ich zu Zorya und legte ihr eine Hand auf die Schulter. Sie beäugte mich kurz skeptisch, aber schließlich nickte sie und fuhr mit einer Hand zum Abschied über Echos großen Raubkatzenkopf.

»Danke, Flämmchen.«

Ich schaute ihr nach, als sie durch den Korridor davonlief,

die Schultern nicht wie sonst stolz erhoben. Als Zorya um die Ecke verschwand, stellte ich mich vor die große Tür. Echo verwandelte sich in einen Vogel zurück, und ich holte tief Luft, bevor ich die Tür nach innen drückte und eintrat.

Das Innere des Thronsaals war kalt – um vieles kälter, als es draußen gewesen war. Sigil-Fackeln säumten die Wände, ihr unruhiges Licht ließ meinen eigenen Schatten vor mir weglaufen.

Der hintere Teil – dort, wo der neue Thron des Mirrors stand – war jedoch von Dunkelheit umhüllt, und ich schauderte, als ich sah, was davorstand, zwang mich aber, einen Fuß vor den anderen zu setzen und meinen Atem dabei so ruhig wie möglich zu halten.

Erst, als ich vor dem gläsernen Sarg zum Stehen kam, wurde mein Herzschlag ruhiger. Er stand in der Mitte des Thronsaals auf einem halbhohen Podest. Mehrere Blumengestecke lagen darum; ein Kranz aus Lilien war darauf drapiert worden. Auf das Glas selbst war ein Symbol aufgemalt: zwei Rauten, in der Mitte ein Schlüsselloch.

Clavis.

Echo drehte langsame Bahnen um den Sarg, bevor er auf einem der Blumenkränze landete und durch das Glas hinabsah.

Eine Gänsehaut legte sich über meine Haut, von der Stirn bis zu den Zehenspitzen. Auf Celines Haut war keinerlei Wunde zu erkennen, und ihre blauen Haare fielen in wunderschönen, perfekten Wellen über ihre Schultern. Sie trug ein nachtblaues Kleid und sah aus, als würde sie einfach nur schlafen – auch wenn ich wusste, dass es aus diesem Schlaf kein Erwachen mehr geben würde.

Noch nie hatte ich mir so sehr gewünscht, einem ihrer vorwurfsvollen Blicke ausgesetzt zu sein, wie jetzt.

»Die anderen hatten gehofft, dass du noch auftauchst«, sagte ich nach einigen Minuten leise. Auf meine Worte folgte jedoch nur bedrückende Stille, die jegliche Luft aus dem Saal zu rauben schien. Also lief ich um den Sarg herum und zwang mich, nicht zu zögern, während ich auf den aus Stein geschlagenen Thron zusteuerte.

Mit jedem Schritt gab die Dunkelheit seine Form etwas mehr preis. Er saß halb schräg auf dem Sitz, ein Bein angewinkelt. Auf dem anderen balancierte er eine Glasglocke.

Ich hielt den Blick auf Adam fokussiert. Er saß da wie eine erhabene Statue, hoch über mir, unerreichbar. In diesem Moment wirkte es unmöglich, dass ich einmal sein Gesicht berührt und seine lächelnden Lippen geküsst hatte. Er wirkte genauso unnahbar wie die Leere, die jede Mirror-Stadt umgab.

»Adam«, versuchte ich es noch einmal, und diesmal reagierte er. Seine grauen Augen trafen auf meine grünen, doch er schaute mich mit einer Kälte an, die ich noch von früher als seine wirksamste Rüstung kannte. Die Erinnerung daran lähmte mich für einen Moment, aber ich zwang mich, sie nicht das überlagern zu lassen, was ich von Adam kannte.

Ich wusste, wer er war, wusste, wie er aussah, wenn er verstimmt war, wenn er sich konzentrierte oder wenn er versuchte, seine Amüsiertheit nicht zu zeigen. Ich kannte seine Augen, die die Farbe eines Sturms über dem Ozean hatten, und die jeden Raum, den er betrat, mit wachem Blick begutachteten. Ich wusste, dass sich diese starren Lippen zu einem schiefen, belustigten Lächeln krümmen konnten, und ich wusste auch, wie Adam klang, wenn er von Herzen lachte.

Es war ein harter Kampf gewesen, ihn in all seinen Facetten kennenzulernen. Und ich würde niemandem erlauben, mir das wieder wegzunehmen.

Nicht einmal Adam selbst.

»Ich wäre keine sehr gute Gesellschaft gewesen«, antwortete er schließlich. Dabei schaute er nicht mehr zu mir, sondern wieder auf die Glasglocke, die er auf seinem Knie balancierte, als wollte er sich mit dem Anblick quälen.

Ich gab nach und folgte seinem Blick, auch wenn ich es nicht sehen wollte. Hinter dem dicken Glas schwebten zwei Würfel. Sie drehten langsame, träge Bahnen umeinander, und alle paar Sekunden floss ein hauchdünner Faden Chaosmagie aus ihrem Inneren heraus, bevor er von den schweren Magiehemmern, die am Glas angebracht waren, wieder vernichtet wurde.

»Du kannst dich nicht ewig hier einsperren«, flüsterte ich. »Celine hätte es nicht gewollt.«

Adam schnaubte. »Sie wollte auch nicht sterben.«

Mein Herz verkrampfte. »Adam …«

»Ich wusste, dass sie in mich verliebt war«, sagte er leise. Es waren Worte, mit denen ich am allerwenigsten gerechnet hatte, doch ich wagte es nicht, etwas zu sagen, nicht, wenn er endlich *überhaupt* redete.

»Ich wusste es schon seit Jahren. Und ich dachte … ich dachte, es wäre einfacher für sie, wenn ich es ignoriere. Schließlich war ihr klar, dass es unmöglich war, schon bevor du aufgetaucht bist. Aber ich hätte mit ihr sprechen sollen. Sie hatte es verdient. Und vielleicht hätte sie das alles dann auch nicht getan.«

Das alles. Damit meinte er Celines Opfer.

»Das stimmt nicht«, verneinte ich und wusste tief im Inneren, dass es wahr war. »Auch wenn du für sie nicht mehr als ein Freund gewesen wärst … Celine hätte dich trotzdem gerettet. Du warst ihre Familie.«

Adam schwieg. Erneut schaute er auf Alius und Etas hinab. Erneut schien er sich völlig in ihrem Anblick zu verlieren. Ich ahnte, was er dachte: Noch konnten die Magiehemmer der Chaosmagie sehr leicht standhalten, aber wir alle wussten, dass es keine Lösung für die Ewigkeit war. Ob es einen Monat, ein Jahr oder länger dauerte … früher oder später würden wir einen neuen Träger für die Schicksalswürfel suchen müssen.

Jemand, der nicht Tremblett hieß.

In den letzten sieben Tagen hatten wir zwar alles dafür getan, um nirgends durchsickern zu lassen, dass Adam sein Dark Sigil nicht mehr trug. Nicht einmal die Diener und Magiehäscher, die das neue Septem bewohnten, wussten davon.

Doch es gab Gerüchte.

Und sie würden sich schon sehr bald über den gesamten Mirror ausbreiten, daran hatte ich keinen Zweifel.

»Es … es tut mir so leid, Adam«, sagte ich, obwohl mir selbst klar war, wie nichtssagend diese Worte waren. Aber andere hatte ich nicht für ihn.

Er neigte den Kopf in meine Richtung, dann holte er tief Luft und sagte zum zweiten Mal etwas Überraschendes.

»Ich habe die Verlobung mit Pandora gelöst.«

»Du hast *was*?«

Natürlich sollte ich mich freuen. Und das tat ich auch. Aber Pandora Cavendish – das wusste ich jetzt – hatte Stabilität für den Mirror bringen sollen. Die Verlobung hatte überall für große Entzückung gesorgt.

»Ist es nicht unklug, das ausgerechnet jetzt platzen zu lassen?«

»Ihre Familie hätte die Verlobung ohnehin aufgelöst, sobald sie erfahren hätte, dass ich kein Träger mehr bin. Aber darum geht es nicht. Es war nicht fair, niemandem gegenüber.

Und eine Hochzeit ist auch nicht das, was der Mirror jetzt braucht.«

Ich starrte Adam an und nickte langsam. »Okay«, brachte ich nur etwas lahm hervor, während Tausende Fragen in meinem Kopf umherschwirrten.

Was tun wir jetzt?

Was sollen wir den Leuten sagen?

Was kann ich machen, damit es dir bessergeht?

Die Fragen drangen nicht zu Adam durch, natürlich nicht. Die Verbindung zwischen uns war endgültig zerbrochen – ich versuchte das zu akzeptieren, aber es fiel mir schwer. Noch vor Monaten wäre ich wohl glücklich gewesen, endlich meine Gedanken wieder für mich zu haben, aber jetzt ...

Ich fühlte mich so *leer*.

Als ich nichts mehr sagte, kam Bewegung in Adam. Er setzte die Glasglocke mit den Würfeln vorsichtig auf dem Boden ab. Dann stand er vom Thron auf und kam auf mich zu. Unmittelbar vor mir blieb er stehen, und erst jetzt aus der Nähe erkannte ich, wie schlimm er aussah. Seine Augen waren von dunklen Ringen umgeben, seine Wangenknochen stachen scharf hervor.

Er wirkte, als ob die Magie, die er verloren hatte, ihm auch einen Teil seiner Lebenskraft genommen hatte.

»Es tut mir leid, dass ich euch alleingelassen habe«, sagte er zu mir. »Ich musste nachdenken. Über unseren nächsten Schritt.«

»Unseren nächsten Schritt?«, wiederholte ich unsicher. »Und welcher soll das sein?«

Adam nahm meine Hände, und ich war so unfassbar erleichtert über diese Geste, dass ich meine Finger ganz automatisch mit seinen verschränkte.

Er schaute mich an, mit einem seltsamen Ausdruck in seinen Augen, den ich nicht deuten konnte.

»Wir haben die Schattenathame«, fing er an. »Für den Moment genügt das, um die Prädiktion zu verhindern. Aber wir können nicht sicher sein, dass es ausreicht. Wir brauchen etwas, das wir meiner Mutter entgegensetzen können. Und deshalb müssen wir den Mirror zu voller Stärke zurückführen. Es ist Zeit, dass sich die Oberen darauf besinnen, wozu wir diese Welt ursprünglich erschaffen haben: Um die Folgen der Magie zu kontrollieren. Er war nie dazu gedacht, sich über die anderen Menschen zu stellen. Der Mirror sollte Prime *dienen*, es schützen. Und das muss er jetzt auch, wenn wir die Welt retten wollen. Dazu müssen wir alle Häscher zusammenziehen und auch die Magistrate hinter uns vereinen. Wir brauchen die Rebellen des Auges, wir brauchen Verbündete in Prime. Und all das …« Adam schaute mich eindringlich an. »All das geht nur, wenn die Menschen Vertrauen in jemanden haben. In einen starken Anführer.«

Ich umklammerte Adams Hände. Er hielt inne, nahm einen ruhigen Atemzug, bevor er weitersprach.

»Und dieser Anführer bin ich nicht mehr.«

Ich wollte sofort verneinen. Ich wollte Adam sagen, dass er falschlag. Dass es niemals seine Magie gewesen war, die ihn zu einem guten Anführer gemacht hatte, sondern sein Kopf und vor allem sein Herz.

Aber ich konnte nicht.

Denn es spielte keine Rolle, was ich glaubte. Adam hatte recht. Im Mirror wie in Prime zählte Magie mehr als alles andere. Und wenn die Oberen herausfanden, was passiert war … Sie würden ihn nicht mehr anerkennen.

»Wir brauchen jemanden, der die beiden Welten, so unterschiedlich sie sind, vereinen kann«, fuhr Adam fort. »Jemanden, der eine Einheit schafft, bevor meine Mutter alles in Trümmer legt.«

Erst da verstand ich, worauf Adam hinauswollte. Der Gedanke übermannte mich beinahe, und ich konnte ihn nur ungläubig anstarren, während ich seine Hände umklammerte. »Du … möchtest einen neuen Mirrorlord ernennen?«

Adams Blick, in dem so viel Scharfsinn lag, durchdrang mich förmlich. Als könnte er noch immer bis tief in mein Innerstes sehen, auch ohne die Verbindung. Er legte beide Hände an mein Gesicht und fuhr mit den Daumen so behutsam über meine Wangenknochen, als wäre ich das Wertvollste, das er je besessen hatte.

»Nein, Rayne. Ich will keinen neuen Mirrorlord ernennen.« Seine Lippen krümmten sich zu einem zarten Lächeln, das gleichermaßen wie ein Versprechen und eine Herausforderung wirkte. »Sondern eine Mirrorlady. *Dich.*«

EPILOG

3. Januar 2025, 21:52 Uhr
Eine Wohnung am Rand von Prime-London
Melvin Harwood ist 20 Jahre alt

Die Französische Revolution.

Der Wirtschaftsaufstieg Chinas im einundzwanzigsten Jahrhundert.

Präsidenten der Vereinigten Staaten.

Die ersten Sigil-Gravuren und ihre Bedeutungen.

Melvin zog das vierte der Bücher zu sich heran. Nicht, weil er sich nicht für die Geschichte Primes interessierte – er hatte *so vieles* nachzuholen. Doch er war auf der Suche nach etwas. Und das würde er in normalen Geschichtsbüchern nicht finden.

Er blätterte durch die Seiten und scannte deren Inhalt. Es ging darin um die Anfänge der Gravuren. Diese Sigils, die es bereits vor vielen Jahrtausenden gegeben hatte, waren zwar nicht effizient, aber elegant. Und sie basierten auf einer völlig anderen Gravurtechnik, als sie heute verwendet wurde. Es war eine Sprache … fast eine Art Poesie, bei der die Linien und Symbole mit den Gefäßen, in die sie eingebrannt waren, eine Einheit bildeten. Eine Poesie, die mit den Jahrhunderten verlorengegangen war.

Die Sigils von damals erzählten *Geschichten,* während die Sigils von heute nur ihre Macht demonstrieren wollten.

Melvin schaute auf das Buch hinab. Es war nur eine Abschrift eines Buches, das vor langer Zeit verlorengegangen war. Viele Bedeutungen der ersten Sigils waren seither aus dem Wissen der Menschen verschwunden und würden wohl nie wiedergefunden werden.

Zumindest, dachte Melvin … zumindest, solange sie niemand entschlüsseln konnte.

»Sind das Hieroglyphen?«

Die Frage traf ihn so unerwartet, dass Melvin kurz zusammenzuckte.

Nora stand hinter ihm. Kastanienbraune wilde Locken, grüne Augen, ein breites Lächeln. »Sorry. Ich wollte dich nicht erschrecken.«

»Schon gut«, antwortete Melvin und schüttelte den Kopf, um sich zu sammeln. Nur mit aller Kraft widerstand er dem Drang, das Buch vor sich zuzuschlagen. Die Geheimniskrämerei zwischen Nora und ihm lastete schwer auf ihm, es war Zeit, dass er ihr erzählte, wer er war und woher er kam.

Aber erst, wenn er gefunden hatte, wonach er suchte.

Nora schien zu spüren, dass er gerade mit den Gedanken woanders war. Sie fragte nicht weiter nach. Stattdessen stellte sie ihm eine Tasse Tee auf den Schreibtisch und beugte sich hinab, um ihn auf die Wange zu küssen. Dann richtete sie sich wieder auf und fuhr sich über den Bauch. »Mach nicht so lange. Rayne ist heute sehr unruhig, und du hast sie verzogen, sie beruhigt sich nur, wenn du ihr etwas vorliest.«

Melvin lächelte und legte eine Hand auf Noras.

Ihren Bauch zu berühren, war ein unglaubliches Gefühl. Er konnte sie … spüren.

Seine *Tochter*.

Vor nicht allzu langer Zeit hätte sich dieser Gedanke wie ein Urteilsspruch angefühlt. Etwas, das man ihm auferlegt und er nie gewollte hatte. Doch nun … nun sah er Kinderaugen vor sich, möglicherweise ja so strahlend grün wie Noras, die ihn voller Vertrauen und Liebe ansahen. Er stellte sich vor, wie er das kleine Mädchen in seinen Armen wiegen, wie er ihm beide Welten zeigen, ihm alles beibringen würde, alles Magische und Nicht-Magische.

Nein, es war kein Urteil mehr, an das Wort *Vater* zu denken.

Er wollte es, mehr als er je etwas gewollt hatte. Er wollte dieses Kind in den Armen halten, es aufwachsen sehen und alles dafür geben, dass es glücklich wurde.

Seine Tochter … *Rayne*.

Es war ein Name, den es in der Harwood-Familie noch nie gegeben hatte. Er bedeutete *Königin*. Denn das war Rayne für ihn: Sein Antrieb, seine Bestimmung. Mit ihr würde es einen neuen Anfang geben, dafür wollte er sorgen.

Als Nora im Wohnzimmer verschwunden war, beugte sich Melvin wieder über das Buch. Schon seit Wochen glich er die Symbole darin mit seinen eigenen Notizen ab. Es waren die Inschriften, die er im Labyrinth tief unter Nova gesehen hatte. Ein Symbol, das Melvin seither nicht mehr aus dem Sinn ging und ihn in seinen Träumen heimsuchte. Es hatte etwas mit der Athame zu tun, aber nicht nur …

Die Athame war gefährlich, ja. Doch bloß, weil sie der Schlüssel zu etwas noch viel Mächtigerem war. Zu einer Waffe, die beide Welten dem Untergang weihen könnte, wenn sie in die falschen Hände geriet.

Melvin verstand es nicht. Noch nicht. Nur eins wusste er: Leanore durfte niemals davon erfahren. Sie durfte diese Waffe niemals in ihre Finger bekommen.

Das Mädchen, das er einst geliebt hatte, gab es nicht mehr. Er hatte sie an die Dunkelheit verloren.

Jetzt blieb ihm nur noch, dafür zu sorgen, dass sie nicht die gesamte Welt damit überzog.

DANKSAGUNG

Dass es möglich war, dieses Buch zu schreiben, verdanke ich einer Reihe an wundervollen Menschen:

Christiane – Superhelden-Agentin und Top-Lektorin in einem! Ich danke dir fürs Beiseitestehen, Miträtseln und Weiterdenken, auch dann noch, wenn ich schon längst mit tausend Knoten im Kopf auf meinem Teppich liege.

Jana – Ich bin so froh, dass wir alle Höhen und Tiefen des Schreibens miteinander teilen. Niemand versteht so gut wie du, was eine leere Seite mit einem macht. Danke für deine ehrliche Meinung und die perfekten GIFs zur richtigen Zeit … und einfach, dass du meine Freundin bist. <3

Ein ganz großes Dankeschön geht außerdem:

… an meine Eltern und meine gesamte Familie – ihr seid die Besten!

… an die tollen Menschen im Fischer-Verlag, insbesondere Julia, Charlotte, Toni (wahhh!!), Jessy, Steve, Lena, Stefanie, Andrea und Esther.

… an Max – für das weltbeste Cover (mal wieder). DANKE!

… an Benni Cullen für die schönste Premierenlesung!

… an alle Buchhändler da draußen, die meine Bücher mögen und sie weiterempfehlen. Ihr seid großartig.

Zuletzt: Danke an all meine Leser. Eure lieben Posts, Rezensionen und Nachrichten bedeuten mir unendlich viel. Ohne euch wäre nichts hiervon möglich. DANKE!!

DARK SIGILS

Alius & Etas

Die Schicksalswürfel

Im Besitz der Familie Tremblett

Blutlinie des Ersten Trägers

Zeitmanipulation

Anima

Der Seelenring

Im Besitz der Familie Coldwell

Illusionsprojektion

Anguis

Das Schlangenband

Im Besitz der Familie Solomon

Lebensabsorption

Clavis

Der Saphirschlüssel

Im Besitz der Familie Attwater

Raummodifikation

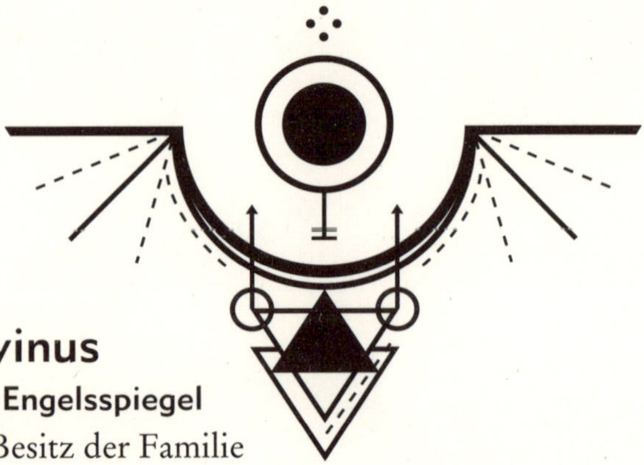

Divinus

Der Engelsspiegel

Im Besitz der Familie
Lacroix

Willensstimulation

Ignis

Das Drachenarmband

Im Besitz der Familie
Harwood

Magieelimination

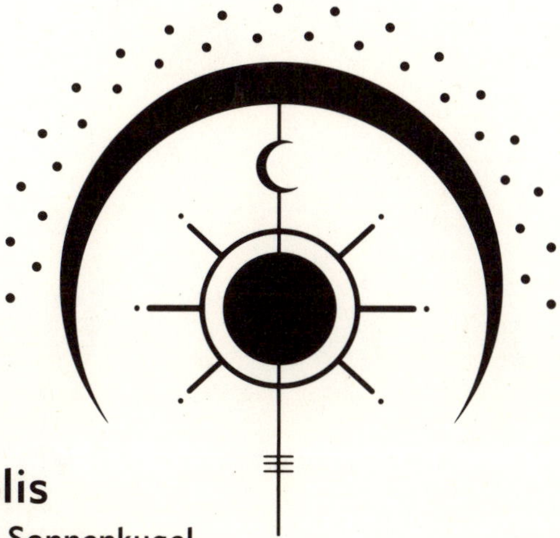

Solis

Die Sonnenkugel

Im Besitz der Familie Fairburn

Lebensregeneration